交通运输管理类规划教材

交通运输法

郑　翔　张长青　著

北京交通大学出版社
·北京·

内 容 简 介

本书比较全面系统地论述交通运输法的基本原理和各种基本法律制度。在总论部分，对交通运输法、交通运输关系的基本理论做了比较清晰的说明，特别结合国家"一带一路"倡议分析交通运输法律的发展趋势。在后五章"分论"部分，分别论述铁路运输、道路运输、航空运输、内河水路运输和海上运输法律法规，介绍了相关的主要交通法律基本理论和相关法律制度。本书关注交通运输领域中出现的新的经济关系和相关法律规制，探讨了高铁、"网络预约出租汽车"、无人机和互联网租赁自行车这些交通领域中的前沿问题。在编写体例上，每章前面有导读，后面有练习题，并且通过 M⁺Book 的运用，补充了相关章节必要的法律法规、最新的案例和许多前沿探讨资料，大大拓展了本书所涉猎的内容，增加了许多重要的背景信息，有利于读者掌握交通法律制度的体系、法律规定在实践运用中的现实效果和交通运输法律制度的前沿问题。

图书在版编目（CIP）数据

交通运输法 / 郑翔，张长青著. — 北京：北京交通大学出版社，2018.6
（交通运输管理类规划教材）
ISBN 978 - 7 - 5121 - 3389 - 1

Ⅰ. ① 交… Ⅱ. ① 郑… ② 张… Ⅲ. ① 交通运输管理 - 法规 - 中国 - 高等学校 - 教材 Ⅳ. ① D922.296

中国版本图书馆 CIP 数据核字（2017）第 265161 号

交通运输法
JIAOTONG YUNSHU FA

出 版 人：章梓茂　　　责任编辑：郭东青
出版发行：北京交通大学出版社　　电话：010 - 51686414　　http：//www.bjtup.com.cn
地　　址：北京市海淀区高梁桥斜街 44 号　　邮编：100044
印 刷 者：北京鑫海金澳胶印有限公司
经　　销：全国新华书店
开　　本：185 mm×260 mm　　印张：22.5　　字数：576 千字
版　　次：2018 年 6 月第 1 版　　2018 年 6 月第 1 次印刷
书　　号：ISBN 978 - 7 - 5121 - 3389 - 1/D · 217
印　　数：1 ~ 2000 册　　定价：68.00 元

本书如有质量问题，请向北京交通大学出版社质监组反映。对您的意见和批评，我们表示欢迎和感谢。
投诉电话：010 - 51686043，51686008；传真：010 - 62225406；E mail：press@ bjtu.edu.cn。

前　言

　　近些年我国交通领域迅猛发展，取得了令世人瞩目的成就。高铁技术在全球领先，并走出国门带动国际经济发展。网络预约出租汽车和互联网租赁自行车发展迅速，成为"共享经济"发展中的成功案例。无人机的生产和销售占到全球市场绝大多数的份额。特别是国家"一带一路"倡议、"京津冀协同发展"战略的提出，为综合交通运输发展，为跨国跨地区的交通一体化发展提供了非常好的时机。国家为推动交通运输产业的发展，为规范交通运输领域中出现的新的经济现象，也颁布和修改了许多交通法律法规。因此，为反映交通运输法律制度发展的新规定和新趋势，特编写此书。

　　本书是作者长期从事交通运输法的教学和研究的成果，以多年使用的教学讲义为基础，结合交通法律制度发展的新问题和作者的新思考，反映作者近些年的研究所得。本书比较全面系统地论述交通运输法的基本原理和基本法律制度，分为总论和分论两篇。在总论部分，对交通运输法、交通运输关系、交通运输管理体制、综合交通运输的基本理论做了比较清晰的说明，特别是结合国家"一带一路"倡议分析了交通运输法律体系的发展趋势。在后五章"分论"部分，分别论述铁路运输、道路运输、航空运输、内河水路运输和海上运输法律法规，介绍了相关的交通法律基本理论和主要法律制度。每个章节的基本脉络都是先介绍该交通运输方式的法律制度概况，然后分别说明该交通运输方式的建设法律制度、运输法律制度和安全管理制度。并且结合该特定交通运输方式中的特殊问题进行说明和介绍，例如，在铁路运输法律制度中，探讨铁路晚点、高铁运输安全等问题；在道路运输法律制度中，探讨网络预约出租汽车管理、互联网租赁自行车管理和城市轨道交通等问题；在航空运输法律制度中，探讨通用航空管理、无人机管理等法律问题；在水路运输法律制度中，探讨航道管理、港口管理等问题；在海上运输法律制度中，探讨提单、海上保险合同问题。

　　本书在编写体例上有较大的创新，在每章前面有引例、提要，后面有练习题。同时通过 M⁺Book 的运用，补充了该章节相关的必要的法律法规、最新的案例和许多前沿探讨资料。读者通过扫描书中的二维码，可以很方便地阅读相关资料。这大大拓展了本书所涉猎的内容，增加了许多重要的背景信息，有利于读者掌握交通运输法律制度的体系、法律规定在实践运用中的现实效果和交通运输法律制度的前沿问题。本书希望能够为交通运输法律制度的完善提供理论支持，为从事交通运输法律教学、理论研究和实务工作的人员提供研究参考。书中难免有所错漏和不足，还请各位读者给予谅解，多提宝贵意见。

　　本书的研究受到北京市社科基金课题《京津冀交通一体化法治协同问题研究》(17FXB011)，北京市法学会课题《北京市公共交通安全法律问题研究》(BLS〔2017〕B007-1)；北京交通大学基本科研业务费项目《大型城市治理交通拥堵法律问题研究》(J17JB 00020)，北京交通大学2017年度校级教改项目《交通运输法教材建设》的基金支持，同时获得北京交通大学北京社会建设研究院基金支持。本书的出版获得了北京交通大学教材著作出版基金资助。本书的写作过程中，得到了国家铁路局、国家交通运输部科学研究院、北京市交通委相关专家提供的资料和意见，特此感谢。感谢我们的学生张道莹、朱晟辰、王耀飞、崔爱民、李京文、王子弥、山茂峰、党锐等同学不辞辛苦帮我查找相关资料，并帮助整理相关案例和材料。感谢北京交通大学出版社郭东青编辑的认真编辑。感谢北京交通大学法学院所有帮助我们提供各种资料和提出意见建议的同事们，谨向他们表示诚挚的谢意。

著　者

2018 年 6 月

目　录

上篇　总论

下篇　分论

上篇 总论

第*1*章

交通运输法概述

本章导读

    交通运输法是调整交通运输关系的法律规范的总称。交通运输关系主要包括交通运输管理关系及交通运输合同关系。本章从交通运输业、交通运输法、交通运输法律体系的概念的概念出发，介绍了交通运输法的特点和发展概况，并且对不同交通运输方式的法律制度进行了比较。

1.1　交通运输业概述

    交通运输是人类社会必不可少的活动之一。尤其是进入现代社会，交通运输逐步发展成为国民经济的一个重要的物质部门，是实现人与物的位移的重要手段和工具。交通运输业是国民经济中的基础产业，是经济发展的基本需要和先决条件，也是现代社会的生存基础和文明标志。因此，交通运输业的发展，对于促进社会经济的发展，促进社会分工、大工业发展和规模经济的形成，巩固国家的政治统一和加强国防建设，扩大国际经贸合作和人员往来都具有重要作用。

    当前我国交通运输业正处于全面快速发展时期，由铁路、公路、水路、航空和管道组成的综合交通运输体系在各行业全面发展的形势下，互相促进、互相补充，形成了更加完善的交通运输网络体系。

1.1.1　交通运输方式的概念和特点

    交通一词，有广义和狭义之分。广义的交通是指人类利用一定的工具，为缩短或延长人员、货物、音讯等的距离而进行的各种活动，包括运输、邮电和通信等。狭义的交通则仅指人类利用一定的载运工具、线路、港站等实现旅客、货物等空间位移的活动，仅仅指人的流动与物的流动；包括公路、铁路、水路、航空、管道五种交通方式。

    现代交通运输，已经成为国民经济的重要的生产部门，是社会人、物和信息流动的载体和工具。由于信息流动是以非实体性的数据作为运送对象的，与以人或者物为运送对象的实体性运输行为相比，具有更为复杂的特殊性，因此，这里仅探讨和研究以人和物为运送对象的实体性运送行为的交通运输。

交通运输方式，是指实现人或者货物流动的形式。现代的交通运输方式主要有五种：铁路交通运输、公路交通运输、水路交通运输、航空交通运输、管道交通运输。

各种交通运输方式具有不同的特点，比如铁路交通运输受到地形的影响较为严重，维护费用很高，但机动性也很高，货物和旅客的装载能力很大，能源消耗很低。而公路交通运输是一种可实现"门到门"运输的交通运输方式。当路网密度大的时候，它具有很高的普遍性。其营运费用比铁路交通运输高，消耗的能量也多，但是小批量的商品和价值较高的货物却特别适合用这种交通运输方式。水路交通运输普遍性受到很大的局限，基础设施的修建费用和维护费用都很高，运输时间长。但运量特别大，且能源消耗很少，多用于货物运输，旅客运输只限于旅游和短途。航空交通运输突出优点是快捷舒适，但基础设施修建的费用高、能源消耗大、运输成本高。管道交通运输速度慢，但能力高，适宜长距离连续运输液体（石油）或气体（天然气）等物质。

1.1.2　交通运输业的特点

就传统意义上的交通运输业来说，具有以下特点。[①]

1. 运输业表现为生产过程在流通过程中的延续

工农业生产，当其产品投入流通领域之时，对企业来讲，就已经完成了其生产过程，而运输生产是在流通领域继续从事生产，它表现为一切经济生产过程的延续。运输业不断为企业提供原料、燃料和半成品并把其运往消费地，以保证企业不间断地进行生产。

2. 运输生产的产品形态是运输对象的位移

运输生产不改变劳动对象的属性和形态，只是对它的空间位置的移动。运输生产所创造的使用价值和交换价值，附加于其运输对象上。作为旅客来说，运输满足了旅客的旅行需要，运输产品被直接消费了；作为货物来说，运输产品附加在其成本上，在交换中列入流通所需资金。

3. 运输产品不能储存

为满足运输市场的需要，运输企业必须储存一部分运力。特别是线路、站场等运输设施，是必须提前投入的。但是，运输产品是直接向用户出售的，不经过批发、储运等环节。这是区别于其他物质生产部门的重要的客观标志。

4. 运输合同的标的是承运人的运输劳务行为

承运人以完成人或者物的位移为劳务的目标，承运人的劳动物化在运

---

① 运输特点有多种描述，本文仅从运输生产性质、产品形态、合同特点等方面做一般理解。

送行为的过程之中。因此，托运人有权要求承运人将货物安全、准时运送到目的地，但不能拒绝提取货物而要求承运人赔偿；承运人有权要求托运人支付运费（报酬），但不能随便处置货物或者将货物出售给他人。

就现代运输而言，运输产品已经逐步走向多元化与系列化，承运人可以为客户提供多层次、多品种的运输服务。运输产品不仅表现为旅客或者货物的位移，而且还表现为在位移过程中承运人所提供的相关的附加增值服务。特别是货物运输，随着物流业的发展，货物运输往往成为综合物流服务的一个中间环节，货物运输在物流过程中表现为服务链条上的一个节点。就运输业的服务对象而言，其要求已经不仅是物的位移，而且还包括仓储、装卸等延伸服务，许多情况下，运输企业的客户范围已经由面向消费者而转向了物流企业，运输企业有些直接成为第三方物流企业。

1.1.3 我国交通运输业发展趋势

改革开放以来，我国的铁路、公路、水路和航空等交通运输方式均得到较快的发展，而且随着交通运输事业市场化程度的不断提高，各种交通运输方式之间的市场竞争也已全面展开。但是，各种交通运输方式发展并不平衡，而且在承担社会运量方面也存在分工不合理、运能浪费等问题。各种交通运输方式之间的衔接不畅，综合交通运输枢纽建设较为滞后。

发展交通运输业，第一要满足国民经济和社会发展总体需要，特别是满足社会经济向循环经济、绿色经济、生态经济、知识经济发展的基本需要；第二要符合经济社会可持续发展对交通运输的总体要求，建立安全、高效、经济、协调、绿色的交通运输体系；第三是交通资源的占用、环境的破坏及交通伤亡等要控制在国家允许范围内，实现资源、环境、交通的和谐统一，也就是说交通运输业的外部经济性要实现最大化。

综合运输服务"十三五"发展规划

交通运输业是国民经济中基础性、先导性、战略性产业，是重要的服务性行业。交通运输业的发展，对国民经济的发展具有举足轻重的意义。交通运输业，是向社会提供运输服务的产业，其产品具有公共产品的特点，交通运输产业的发展目标，是为满足国民经济发展的需要，社会效益是交通运输业的基本价值取向。因此并非所有的交通运输产业的发展都有很好的经济效益，有些项目经济效益很低甚至没有效益或者在相当长的时期内没有经济效益，如用于国防目的的铁路、用于扶贫目的的铁路和缓解城市交通的城轨铁路以及国土开发型的公路等。世界各国在交通运输项目的建设方面，始终存在着以追求经济效益为主要目标的交通设施和以追求社会效益为主要目标的交通设施两种情况，前者被称为经营型的交通基础设施，后者被称为社会公益型的交通基础设施。当然，这两种基础设施的划分不是绝对的。在现实世界中，纯粹的社会公益型的基础设施和纯粹的经营型的基础设施都是不存在的，且在一定的条件下，两者可以转换。

不同性质的交通基础设施要求有不同的投资来源、投资主体、投资回报，它们的发展也要求有不同的战略和政策。区分两类不同性质的基础设施，目的在于为它们的发展制定不同的战略规划和提供不同的政策环境。交通运输业要适应经济发展的要求，必须转变观念、解放思想，运用现代经济理念，用科学发展观指导交通运输工作，真正实现交通运输业快速健康有序的发展。

1. 全面深化交通运输改革

1）深化交通管理体制改革

深入推进简政放权、放管结合、优化服务改革，最大限度取消和下放审批事项，加强规划引导，推动交通项目多评合一、统一评审，简化审批流程，缩短审批时间；研究探索交通运输监管政策和管理方式，加强诚信体系建设，完善信用考核标准，强化考核评价监督。完善"大交通"管理体制，推进交通运输综合行政执法改革，建设正规化、专业化、规范化、标准化的执法队伍。完善收费公路政策，逐步建立高速公路与普通公路统筹发展机制。全面推进空域管理体制改革，扎实推进空域规划、精细化改革试点和"低慢小"飞行管理改革、航线审批改革等重点工作，加快开放低空空域。加快油气管网运营体制改革，推动油气企业管网业务独立，组建国有资本控股、投资主体多元的油气管道公司和全国油气运输调度中心，实现网运分离。

2）推进交通市场化改革

加快建立统一开放、竞争有序的交通运输市场，营造良好营商环境。加快开放航空、铁路等行业的竞争性业务，健全准入与退出机制，促进运输资源跨方式、跨区域优化配置。健全交通运输价格机制，适时放开竞争性领域价格，逐步扩大由市场定价的范围。深化铁路企业和客货运输改革，建立健全法人治理结构，加快铁路市场化运行机制建设。有序推进公路养护市场化进程。加快航空运输市场化进程，有序发展专业化货运公司。积极稳妥深化出租汽车行业改革，完善经营权管理制度。

3）加快交通投融资改革

建立健全中央与地方投资联动机制，优化政府投资安排方式。在试点示范的基础上，加快推动政府和社会资本合作（PPP）模式在交通运输领域的推广应用，鼓励通过特许经营、政府购买服务等方式参与交通项目建设、运营和维护。在风险可控的前提下，加大政策性、开发性等金融机构信贷资金支持力度，扩大直接融资规模，支持保险资金通过债权、股权等多种方式参与重大交通基础设施建设。积极利用亚洲基础设施投资银行、丝路基金等平台，推动互联互通交通项目建设。

2. 建立健全现代综合交通运输体系

构建现代综合交通运输体系，是适应把握引领经济发展新常态，推进供给侧结构性改革，推动国家重大战略实施，支撑全面建成小康社会的客观要求。综合交通运输发展，必须充分体现政府统筹发展各种交通运输方式的思路和重点，从宏观上、战略上、全局性的高度，突出交通运输与经济社会的协调发展，以及各种交通运输方式彼此协调发展等问题。

综合交通运输体系，是要将各种交通运输方式统一到国家整个运输网络中来，利用不同交通运输方式的优势，实现优势互补，全面发展，联网联运，综合运行的大运输的目标。从系统工程的角度看，运输具有很强的网络性，这种网络性必然要求各种交通运输方式之间的联系要畅通、行为要统一、合作要有效，才能保证大系统的统一运转，从而提高运输系统的综合效益。因此，建立综合交通运输体系，是现代运输业发展的必然趋势。发展综合交通运输体系的基本原则如下。

1）衔接协调、便捷高效

充分发挥各种交通运输方式的比较优势和组合效率，提升网络效应和规模效益。加强区域城乡交通运输一体化发展，增强交通公共服务能力，积极引导新的生产消费流通方式和新业态新模式发展，扩大交通多样化有效供给，全面提升服务质量效率，实现人畅其行、货畅其流。

2）适度超前、开放融合

有序推进交通基础设施建设，完善功能布局，强化薄弱环节，确保运输能力适度超前，更好发挥交通先行作用。坚持建设、运营、维护并重，推进交通与产业融合。积极推进与周边国家互联互通，构建国际大通道，为更高水平、更深层次的开放型经济发展提供支撑。

3）创新驱动、安全绿色

全面推广应用现代信息技术，以智能化带动交通运输现代化。深化体制机制改革，完善市场监管机制，提高综合治理能力。牢固树立安全第一理念，全面提高交通运输的安全性和可靠性。将生态保护红线意识贯穿到交通运输发展各环节，建立绿色发展长效机制，建设美丽交通走廊①。

3. 发挥交通运输的战略支撑作用

1）打造"一带一路"互联互通开放通道

着力打造丝绸之路经济带国际运输走廊，积极推进与周边国家和地区铁路、公路、水路、航空、管道连通项目建设，发挥航空网络灵活性优势，率先实现与周边国家和地区互联互通。加快推进21世纪海上丝绸之路国际通道建设。以福建为核心区，利用沿海地区开放程度高、经济实力强、辐射带动作用大的优势，提升沿海港口服务能力，加强港口与综合交通运输大通道衔接，拓展航空国际支撑功能，完善海外战略支点布局，构建连通内陆、辐射全球的21世纪海上丝绸之路国际运输通道。加强"一带一路"通道与港澳台地区的交通衔接。强化内地与港澳台的交通联系，开展全方位的交通合作，提升互联互通水平。

2）构建区域协调发展交通新格局

强化区域发展总体战略交通支撑。按照区域发展总体战略要求，西部地区着力补足交通短板，强化内外联通通道建设，改善落后偏远地区通行条件；东北地区提高进出关通道运输能力，提升综合交通网质量；中部地

---

① 参见《"十三五"现代综合交通运输体系发展规划》，2017年2月3日。

区提高贯通南北、连接东西的通道能力，提升综合交通枢纽功能；东部地区着力优化运输结构，率先建成现代综合交通运输体系。同时，要构建京津冀协同发展的一体化网络和建设长江经济带高质量综合立体交通走廊。建设以首都为核心的世界级城市群交通体系，形成以"四纵四横一环"运输通道为主骨架、多节点、网格状的区域交通新格局。坚持生态优先、绿色发展，提升长江黄金水道功能。

3）发挥交通扶贫脱贫攻坚基础支撑作用

强化贫困地区骨干通道建设。以革命老区、民族地区、边疆地区、集中连片特殊困难地区为重点，加强贫困地区对外运输通道建设。加强贫困地区市（地、州、盟）之间、县（市、区、旗）与市（地、州、盟）之间高等级公路建设，实施具有对外连接功能的重要干线公路提质升级工程。加快资源丰富和人口相对密集贫困地区开发性铁路建设。在具备水资源开发条件的农村地区，统筹内河航道枢纽建设和航运发展。夯实贫困地区交通基础。实施交通扶贫脱贫"双百"工程，加快推动既有县乡公路提级改造，增强县乡城镇中心的辐射带动能力。加快通乡连村公路建设，鼓励有需求的相邻县、相邻乡镇、相邻建制村之间建设公路。改善特色小镇、农村旅游景点景区、产业园区和特色农业基地等交通运输条件。

4）发展引领新型城镇化的城际城市交通

推进城际交通发展。加快建设京津冀、长三角、珠三角三大城市群城际铁路网，推进城市群城际铁路建设，形成以轨道交通、高速公路为骨干，普通公路为基础，水路为补充，航空有效衔接的多层次、便捷化城际交通网络。加强城市交通建设。完善优化超大、特大城市轨道交通网络，推进城区常住人口300万以上的城市轨道交通成网。加快建设大城市市域（郊）铁路，有效衔接大中小城市、新城新区和城镇。优化城市内外交通，完善城市交通路网结构，提高路网密度，形成城市快速路、主次干路和支路相互配合的道路网络，打通微循环。推进城市慢行交通设施和公共停车场建设。

4. 提升交通发展智能化水平

1）促进交通产业智能化变革

实施"互联网＋"便捷交通、高效物流行动计划。将信息化智能化发展贯穿于交通建设、运行、服务、监管等全链条各环节，推动云计算、大数据、物联网、移动互联网、智能控制等技术与交通运输深度融合，实现基础设施和载运工具数字化、网络化，运营运行智能化。利用信息平台集聚要素，驱动生产组织和管理方式转变，全面提升运输效率和服务品质。

培育壮大智能交通产业。以创新驱动发展为导向，针对发展短板，着眼市场需求，大力推动智能交通等新兴前沿领域创新和产业化。鼓励交通运输科技创新和新技术应用，加快建立技术、市场和资本共同推动的智能交通产业发展模式。

2）推动智能化运输服务升级

推行信息服务"畅行中国"。推进交通空间移动互联网化，建设形成旅客出行与公务商务、购物消费、休闲娱乐相互渗透的"交通移动空间"。支持互联网企业与交通运输企业、行业协会等整合，完善各类交通信息平台，提供综合出行信息服务。完善危险路段与事故区域的实时状态感知和信息告警推送服务。推进交通一卡通跨区（市）域、跨交通运输方式互通。

发展"一站式""一单制"运输组织。推动运营管理系统信息化改造，推进智能协同调度。研究铁路客票系统开放接入条件，与其他交通运输方式形成面向全国的"一站式"票务系统，加快移动支付在交通运输领域的应用。推动使用货运电子运单，建立包含基本信息的电子标签，形成唯一赋码与电子身份，推动全流程互认和可追溯，加快发展多式联运"一单制"。

3）优化交通运行和管理控制

建立高效运转的管理控制系统。建设综合交通运输运行协调与应急调度指挥中心，推进部门间、交通运输方式间的交通管理联网联控在线协同和应急联动。全面提升铁路全路网列车调度指挥和运输管理智能化水平。开展新一代国家交通控制网、智慧公路建设试点，推动路网管理、车路协同和出行信息服务的智能化。建设智慧港航和智慧海事，提高港口管理水平和服务效率，提升内河高等级航道运行状态在线监测能力。发展新一代空管系统，加强航空公司运行控制体系建设。推广应用城市轨道交通自主化全自动运行系统、基于无线通信的列车控制系统等，促进不同线路和设备之间相互联通。优化城市交通需求管理，提升城市交通智能化管理水平。

提升装备和载运工具智能化自动化水平。拓展铁路计算机联锁、编组站系统自动化应用，推进全自动集装箱码头系统建设，有序发展无人机自动物流配送。示范推广车路协同技术，推广应用智能车载设备，推进全自动驾驶车辆研发，研究使用汽车电子标识。建设智能路侧设施，提供网络接入、行驶引导和安全告警等服务。

4）健全智能决策支持与监管

完善交通决策支持系统。增强交通规划、投资、建设、价格等领域信息化综合支撑能力，建设综合交通运输统计信息资源共享平台。充分利用政府和企业的数据信息资源，挖掘分析人口迁徙、公众出行、枢纽客货流、车辆船舶行驶等特征和规律，加强对交通发展的决策支撑。

提高交通行政管理信息化水平。推动在线行政许可"一站式"服务，推进交通运输经营许可证件（书）数字化，促进跨区域、跨部门行政许可信息和服务监督信息互通共享。加强全国治超联网管理信息系统建设，加快推动交通运输行政执法电子化，推进非现场执法系统试点建设，实现异地交换共享和联防联控。加强交通运输信用信息、安全生产等信息系统与国家相关平台的对接。

5）加强交通发展智能化建设

打造泛在的交通运输物联网。推动运行监测设备与交通基础设施同步建设。强化全面覆盖交通网络基础设施风险状况、运行状态、移动装置走行情况、运行组织调度信息的数据采集系统，形成动态感知、全面覆盖、泛在互联的交通运输运行监控体系。

构建新一代交通信息基础网络。加快车联网、船联网等建设。在民航、高铁等载运工具及重要交通线路、客运枢纽站点提供高速无线接入互联网公共服务。建设铁路下一代移动通信系统，布局基于下一代互联网和专用短程通信的道路无线通信网。研究规划分配智能交通专用频谱。

推进云计算与大数据应用。增强国家交通运输物流公共信息平台服务功能。强化交通运输信息采集、挖掘和应用，促进交通各领域数据资源综合开发利用和跨部门共享共用。推动交通旅游服务等大数据应用示范。鼓励开展交通大数据产业化应用，推进交通运输电子政务云平台建设。

保障交通网络信息安全。构建行业网络安全信任体系，基本实现重要信息系统和关键基础设施的安全可控，提升抗毁性和容灾恢复能力。加强大数据环境下防攻击、防泄露、防窃取的网络安全监测预警和应急处置能力建设。加强交通运输数据保护，防止侵犯个人隐私和滥用用户信息等行为。

5. 促进交通运输绿色发展

1）推动节能低碳发展

优化交通运输结构，鼓励发展铁路、水路和城市公共交通等交通运输方式，优化发展航空、公路等交通运输方式。科学划设公交专用道，完善城市步行和自行车等慢行服务系统，积极探索合乘、拼车等共享交通发展。鼓励淘汰老旧高能耗车船，提高运输工具和港站等节能环保技术水平。加快新能源汽车充电设施建设，推进新能源运输工具规模化应用。制定发布交通运输行业重点节能低碳技术和产品推广目录，健全监督考核机制。

2）强化生态保护和污染防治

将生态环保理念贯穿交通基础设施规划、建设、运营和养护全过程。积极倡导生态选线、环保设计，利用生态工程技术减少交通对自然保护区、风景名胜区、珍稀濒危野生动植物天然集中分布区等生态敏感区域的影响。严格落实生态保护和水土保持措施，鼓励开展生态修复。严格大城市机动车尾气排放限值标准，实施汽车检测与维护制度，探索建立重点区域交通运输温室气体与大气污染物排放协同联控机制。落实重点水域船舶排放控制区管理政策，加强近海以及长江、西江等水域船舶溢油风险防范和污染排放控制。有效防治公路、铁路沿线噪声、振动，减缓大型机场噪声影响。

3）推进资源集约节约利用

统筹规划布局线路和枢纽设施，集约利用土地、线位、桥位、岸线等资源，采取有效措施减少耕地和基本农田占用，提高资源利用效率。在工程建设中，鼓励标准化设计及工厂预制，综合利用废旧路面、疏浚土、钢轨、轮胎和沥青等材料以及无害化处理后的工业废料、建筑垃圾，循环利用交通生产生活污水，鼓励企业加入区域资源再生综合交易系统。

6. 拓展交通运输新领域新业态

1）积极引导交通运输新消费

促进通用航空与旅游、文娱等相关产业联动发展，扩大通用航空消费群体，强化与互联网、创意经济融合，拓展通用航空新业态。有序推进邮轮码头建设，拓展国际国内邮轮航线，发展近海内河游艇业务，促进邮轮游艇产业发展。大力发展自驾车、房车营地，配套建设生活服务功能区。鼓励企业发展城市定制公交、农村定制班车、网络预约出租汽车、汽车租赁等新型服务，稳妥推进众包服务，鼓励单位、个人停车位等资源错时共享使用。

2）培育壮大交通运输新动能

以高速铁路通道为依托，以高铁站区综合开发为载体，培育壮大高铁经济，引领支撑沿线城镇、产业、人口等合理布局，密切区域合作，优化资源配置，加速产业梯度转移和经济转型升级。

3）打造交通物流融合新模式

打通衔接一体的全链条交通物流体系，以互联网为纽带，构筑资源共享的交通物流平台，创新发展模式，实现资源高效利用，推动交通与物流一体化、集装化、网络化、社会化、智能化发展。推进"平台＋"物流交易、供应链、跨境电商等合作模式，鼓励"互联网＋城乡配送""物联网＋供应链管理"等业态模式的创新发展。推进公路港等枢纽新业态发展，积极发展无车承运人等互联网平台型企业，整合公路货运资源，鼓励企业开发"卡车航班"等运输服务产品。

4）推进交通空间综合开发利用

依据城市总体规划和交通专项规划，鼓励交通基础设施与地上、地下、周边空间综合利用，融合交通与商业、商务、会展、休闲等功能。打造依托综合交通枢纽的城市综合体和产业综合区，推动高铁、地铁等轨道交通站场、停车设施与周边空间的联动开发。重点推进地下空间分层开发，拓展地下纵深空间，统筹城市轨道交通、地下道路等交通设施与城市地下综合管廊的规划布局，研究大城市地下快速路建设。

1.2 交通运输法

1.2.1 交通运输法的基本概念

交通运输法，是调整交通运输关系的法律规范的总称。交通运输关系包括交通运输管理关系、交通运输建设关系和交通运输运营关系。交通运输管理关系是交通主管部门对交通运输活动实行领导、组织和管理所产生的行政管理关系；交通运输建设关系是指在交通运输建设中规划、设计、施工、监理、咨询等方面形成的合同关系；交通运输运营关系是交通运输企业与托运人或旅客之间所产生的货运合同关系和客运合同关系。

交通运输立法同运输业的发展状况有着密切联系。19世纪以前，整个运输业处于手工业生产阶段，依靠驮畜、畜力车、人力车、木帆船等运输工具进行运输，这时的陆上运输立法比较简单，通常由民法调整。19世纪以后，机械运输业出现，1807年第一艘轮船"克莱蒙特号"在纽约哈得逊河下水，1825年第一条蒸汽牵引铁路在英国开始办理货运业务，20世纪初活塞式飞机飞行成功，使运输业进入新的发展阶段。随着海、陆、空交通工具的迅速发展，高速公路的出现以及交通运输活动的日趋频繁，交通运输立法受到各国普遍重视，并日趋完备。[1]

1.2.2　交通运输法律体系

法律体系，是指法律规范之间的有机结合体，所要解决的基本问题是法律规范之间的内在联系与区别。由于社会是一个庞大、复杂的有机整体，各种社会活动、利益关系都是相互作用并内在地联系在一起的，而任何一项法律又都具有直接的调整社会活动和社会关系的作用，一个国家不可能通过单项法律的作用实现对社会整体的管理。社会的整体性和法律调整范围的单一性，要求各法律部门必须相互配合、紧密联系，形成一个完整的法律体系，才能有效地实现管理社会整体的目的。交通运输法律体系，是指以交通运输法律规范之间的内在联系为纽带而建立起来的法律系统。具体说，交通运输法律体系是指以国家制定的交通运输基本法为基础，以各种交通运输方式的基本法律为主干，以交通运输主管部门发布施行的行政法规为补充，形成不同等级、不同层次、内容完备、界限明确、结构合理、组织严密的统一协调的法规群体。交通运输行为涉及各个方面，既有交通运输基础设施规划、建设过程中的行为，也有交通运输生产过程中的托运人、收货人、旅客、承运人之间的行为；既有运输方面的民事法律行为，也有行政管理方面的行政法律行为。所有这些交通运输行为，都是靠法律规范的规范性、指导性、协调性、强制性来约束和保障的。因此，在交通运输的大系统中，法律规范是构建交通运输系统健康运转的制度基础。

从运输行业来看，完成社会的人的流动和物的流动的过程，需要各种运输方式的配合与协调。从社会大背景来看，各种交通运输方式在运输系统中各有优势、互为补充，充分发挥各自的优势，是建立有效运输体系的

---

[1]　胡乔木. 中国大百科全书：法学卷. 北京：中国大百科全书出版社，1993：317。

必然要求。我国的交通法律制度体系是由各种运输方式的基本法律所构成的，基本上形成了一个较为完整的体系，且具有四个层次。

1. 交通法律

交通法律由全国人大或者人大常委会制定，并针对不同交通运输方式先后制定了专门法律，如《中华人民共和国公路法》（1997 年发布，1999 年、2004 年、2009 年、2016 年修正）、《中华人民共和国道路交通安全法》（2003 年发布，2007 年、2011 年修正）、《中华人民共和国铁路法》（1990 年发布，2009 年、2015 年修正）、《中华人民共和国海商法》（1992 年）、《中华人民共和国海上交通安全法》（1983 年发布，2016 年修正）、《中华人民共和国港口法》（2003 年发布，2015 年修正）、《中华人民共和国航道法》（2014 年发布，2016 年修正）、《中华人民共和国民用航空法》（1995 年发布，2009 年、2015 年、2016 年、2017 年修正）、《中华人民共和国国防交通法》（2016 年）。这些法律构成了中国交通法律制度的基本框架。

2. 交通行政法规

交通行政法规是由国务院制定，例如《道路运输条例》（2004 年发布，2012 年、2016 年修正）、《收费公路管理条例》（2004 年）、《公路安全保护条例》（2011 年）、《铁路安全管理条例》（2013 年）、《铁路交通事故应急救援和调查处理条例》（2007 年发布，2012 年修订）、《航道管理条例》（1987 年，2008 年修正）《国际海运条例》（2001 年发布，2016 年修正）、《航标条例》（1995 年发布，2011 年修正）、《国内水路运输管理条例》（2012 年发布，2016 年、2017 年修正）、《内河交通安全管理条例》（2002 年发布，2011 年、2017 年修正）、《民用机场管理条例》（2009 年）、《民用航空安全保卫条例》（1996 年发布，2011 年修正）等规定。这些法规数量比较多，也处在不断调整中。

3. 部门规章

部门规章，即国务院有关部门制定的有关交通运输规范的部门规章，例如《网络预约出租汽车经营服务管理暂行办法》（2016 年）、《机动车驾驶员培训管理规定》（2006 年发布，2016 年修正）。部门规章通常都是对某一具体交通问题进行具体细化的规定，相对而言更新也很快。

4. 地方法规

地方法规，即由地方立法机构制定的适用于本地区的法律法规，如《北京市公路条例》（2007 年发布，2010 年修正）、《上海市道路交通管理条例》（1997 年发布，1999 年、2000 年、2001 年、2016 年修订）。各地针对本地的交通实际，通常会有更为严格的交通管理法律法规。

此外，最高人民法院对交通法律法规的具体适用也会进行司法解释，例如，《交通事故赔偿司法解释》（最高人民法院 2012 年）。最高人民法院的司法解释也是交通法律法规的渊源。

根据我国目前交通运输法律规范的现状，绘制交通运输法律体系基本框架图，如图 1-1 所示。

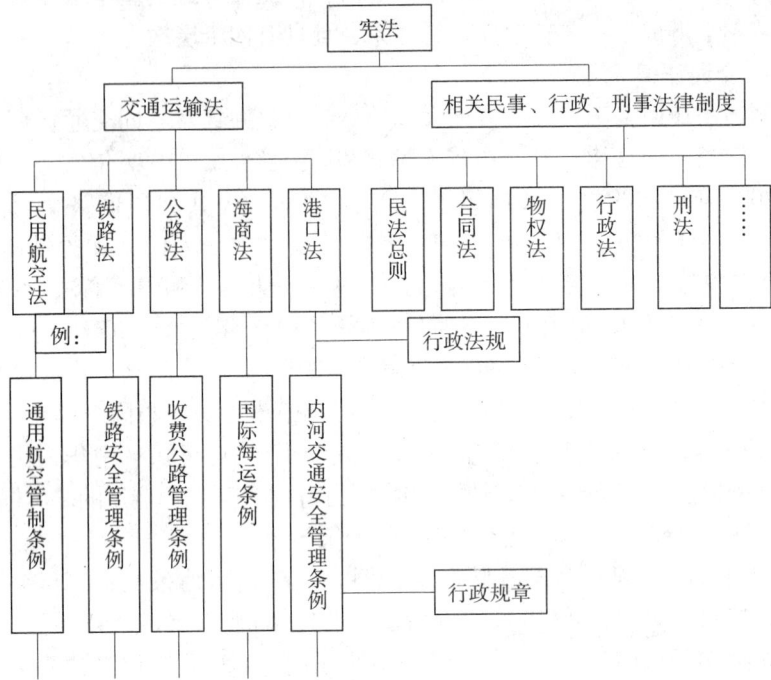

图 1-1　我国交通运输法律体系基本框架图

在宪法层面下，有交通运输法律制度，除了各种交通方式的基本法以外，还有相关的安全法，如《道路交通安全法》和《海上交通安全法》。在行政法规层面不仅有国务院制定的行政法规，也有地方政府制定的行政法规，此外还有相关行政规章上千部。地方法规主要涉及的内容是安全管理。

各种交通运输法规在时间、空间上，是相互联系、相互作用的，它是以国家基本法律为依据、以运输法律为主体、运输法规和规章为补充的法律规范体系。在这个体系中，总体目标是一致的，立法原则是统一的，等级层次是清晰的。作为交通运输法律体系组成部分的各单项法规，其与群体法规之间是相互依存、相互衔接的，是部分与整体的关系。

法律规范的关联性，一方面表现为不同的法律规范之间具有高度的一致性，比如在运输规范方面铁路与其他交通运输方式在主体上是一致的、行为规范上是一致的；另一方面表现为不同法律规范之间具有互相渗透、互相借鉴、互相融合的倾向，以致在某些共性问题上统一性要求越来越高。在交通运输法规体系中，不同法规之间层次清晰，形成以不同交通运输方式的法律基础为基础、以法规为主体的交通运输法规群体。在纵向关系中，法律、行政法规、地方法规、规章之间具有明显的等级性。在横向关系中，分为若干相互联系、相互作用而又各自独立的分系统。

而我国目前缺少交通运输法律体系的最基础的法律规范——综合交通运输法，这对交通运输行业综合规划、协调发展是不利的。因此，从综合交通运输的发展趋势来看，需要在研究交通运输基本法律制度的共性基础上，制定综合交通运输法，以规范综合交通运输中的各种交通运输方式联网联运的问题，为建立完善的交通运输体系提供法律保障。

1.2.3　交通运输相关法律

交通运输涉及国民经济各个领域，产生出一些基本的社会关系和经济关系。对其调整除了需要基本的交通运输法律体系以外，其他相关法律也会从不同角度不同层面对交通运输关系进行调整。比如，宪法作为国家的根本大法，其法律原则和规则也是交通运输立法的基础和依据，因此，作为交通运输法律体系的渊源来讲，宪法是其中最重要的法律规范。在宪法之下，涉及民事、行政和刑事的基本法律，也是交通运输法律的渊源。比如，《中华人民共和国合同法》（1999 年，以下简称《合同法》）、《中华人民共和国侵权责任法》（2009 年）、《中华人民共和国安全生产法》（2002 年发布，2009 年、2014 年修正）是涉及不同领域的基本法律规范，也是交通运输法律关系的法律依据。

1.3　交通运输法的特点

交通运输立法与交通运输业的特点是紧密相连的。交通运输立法反映了交通运输业的客观现实，与运输业的发展相适应。从我国交通运输立法的历史发展来看，主要有以下特点。

1.3.1　部门立法是运输行业立法的基本方式

在我国，运输法律基本上是由不同的运输主管部门负责起草和制定的，铁路法由铁路主管部门负责起草，民航法由民航主管部门负责起草，而海商法和公路法是由交通部负责起草，虽然最终的审议和决定权在全国人大常委会，但这些部门起草的法律在相当的程度上都有一些部门利益的倾向。部门立法是交通运输立法的基本特点，这不仅是由于在交通运输行业中，存在着不同的交通运输方式，而不同的交通运输方式其管理体制与运行模式又各有特色，因而反映在立法需求方面，主要是运输部门的需求。同时，运输立法属于经济立法的范畴，其技术性立法的特征必然要求部门做更多的立法基础工作，以便能够突出部门的特点，满足交通运输方式对法律规范的要求。但随着交通运输行业整体的发展，立法的统一化趋势已经显现，对综合交通运输体系的调整也需要建立综合性的运输法律制度。

1.3.2　运输活动集中管理是运输立法的基本原则

运输活动集中管理的立法原则，是由交通运输行业特点所决定的。比如铁路运输与民用航空运输，都强调统一指挥。这是网络性很强的运输企业的必然要求，是生产属性的必然反映，也是运输安全的客观需要。即使是运输主体相对分散的公路运输方面，集中管理也是基本的要求。比如，对公路线路的管理，对运输工具的管理，都需要统一协调。在建设交通运输基础设施、保证交通运输的畅通等方面，更需要加强集中管理。当然，这里的"集中管理"并不是指政府直接管到企业，把企业管住管死，而是指政府要在运输规划、运输组织、运输联通等涉及全局的运输活动方面协调管理，以保障全国运输的畅通。

1.3.3　现代运输立法国际化倾向越来越明显

在我国交通运输立法中，特别强调借鉴国外的运输立法经验和成熟的立法例，特别是在海商和民航方面，许多条文直接引用了国际公约或者发达国家的立法规定。这不仅是由于交通运输方式的立法基础是共同的，而且还因为法律规范本身在技术经济中的应用是相同的。它本身并不带有特殊的国家色彩，只不过在涉及国家运输政策时，其法律规范要体现本国经济的特色。

必须明确，交通运输立法与一个国家的经济发展的需求是紧密相连的，也与科学技术的发展紧密相连，新技术的应用也推动着运输立法的不断更新。交通运输法是对交通运输行为的法律规范，交通运输法是国家法律体系的组成部分，其立法原则与国家的基本立法原则是一致的；也与国家的基本法律的规定是一致的，比如《合同法》《民法总则》等法律原则同样适用于交通运输法。

1.4　不同交通运输方式法律制度的比较和联系

目前我国从事客货运输业务的交通运输方式主要包括铁路、公路、水路、航空四种，水路包括海洋、内河水路运输以及港口建设。在上述不同交通运输方式的法律制度方面，铁路、公路与水路主要是国内运输，因而偏重于国内立法，而民航和海商涉外因素多一些，因此，偏重于涉外立法，要考虑国际通行的规则。由于铁路和公路的国内运输量比较大，客户比较多，因此，铁路与公路法律规范，在国内的影响比较大，而海商法的国际影响较大。

1.4.1　法律规范内容的差异性

在不同交通运输方式的法律规范中，在建设方面，都或多或少地涉及与其他交通运输方式规范相协调的问题。在运营方面，也都有运输合同，但合同的内容有很大的差异。

在法律规范的内容上，运输法律规范基本上由旅客运输和货物运输两类规范构成。与运输相关的运输工具的租赁等法律规范方面，海上运输和民用航空器租赁的规范比铁路、公路要复杂得多。而在铁路法中基本没有涉及运输工具的租赁问题。在客货运输两大类运输业务方面，铁路运输、公路运输、航空运输和海洋运输有很大的不同。比如，铁路法、民用航空法、海商法中均有限额赔偿的规定，但三家的赔偿限额标准不同、适用依据不同；在声明价格运输方面，名称上也有不同，铁路法称为保价运输，民用航空法和海商法称为声明价值。

1.4.2 运输法律规范构成各有不同

在法律规范的构成上，铁路与公路（包括内河水路运输）的法律规范主要是国内法，而民用航空法和海商法除了国内法，还有大量的国际公约和惯例。特别是海商法，其中大多数的法律规范直接是由国际公约或者习惯转化而来。比如在确定承运人责任方面，基本上是1978年的《联合国海上货物运输公约》（简称《汉堡规则》）的翻版。而铁路法由于制定较早，在参照其他国家的法律制度或者国际公约方面较少。虽然铁路也参加了国际联运，但在现有的铁路法中基本上没有反映。

1.4.3 法律规范之间的协调

现行的交通运输法律规范之间缺乏必要的协调性，这对发挥综合交通运输的作用是不利的。从各种交通运输方式之间的法律规范协调性来看，主要涉及两个方面。一是运网的协调，即联网方面的法规。联网，即各种交通运输方式之间要在线路、站点、航线等方面连接成网，也就是说铁路、公路、民航、水路之间，要通过合适的接口安排，使之互相之间达到最便捷的转运、最直接的运输，最有利于客户利用运力，方便客户。各种交通运输方式之间的联网，有利于发挥综合交通运输的作用，提高运输效率。二是运输行为的协调，即联运方面的法规。联运，是各种交通运输方式的运输活动要形成一个统一的方便的运输网。联运既可以是一票到底的方式，也可以是分段继运的方式。要尽可能地为客户提供最便捷的交通运输服务，减少交通运输中间转运环节，提高交通运输效率。

因为不同交通运输方式存在着互联互通的需求，相关的交通立法就应该考虑这种需求，在制度设计中保障互联互通的实施，不同交通运输方式的立法都要保障相互协调和统一。

本章小结

本章首先明晰了交通运输业的概念和特点，在此基础上分析了交通运输法的概念和特点，然后对交通运输法律规范进行比较，总结异同。

本章的重点和难点是交通运输法律制度的概念和体系。

习题

一、名词解释

交通运输　交通运输法　交通运输业

二、多项选择题

1. 现代交通运输业包括以下几种基本交通运输方式（　　　）。

    A. 铁路　　　　　　　　　　　B. 公路

    C. 水路　　　　　　　　　　　D. 航空

2. 交通运输法律规范的特点是具有（　　　）。

    A. 广泛性　　　　　　　　　　B. 复杂性

    C. 技术性　　　　　　　　　　D. 变动性

三、简答题

1. 我国有哪几种交通运输方式？每种交通运输方式的特点是什么？

2. 我国交通运输的发展趋势是怎样的？有何前景？

3. 我国不同交通运输方式之间是如何竞争和协调的？

4. 各种交通运输方式立法有何特点？

四、论述题

1. 建立和完善交通运输法规体系必须遵循哪些基本原则？

2. 各种交通运输法律制度有何差异？

3. 各种交通运输法律规范之间如何协调？

4. 试述交通运输法律规范的作用。

第2章

交通运输法律关系

本章导读

　　交通运输关系是人们在运输生产过程中所形成的社会关系，受到法律调整后形成交通运输法律关系。本章分析了交通运输法律关系概念和特点，重点探讨了交通运输法律关系要素和交通运输法律行为。

2.1　交通运输法律关系概念和特点

2.1.1　交通运输法律关系的概念

　　交通运输法律关系是人们在运输生产过程中所形成的社会关系。交通运输法律关系涉及的范围和内容比较广泛，既有建设交通运输基础设施过程中所形成的设计、施工、监理等社会关系，也有交通运输工具的开发、制造、销售、使用所形成的社会关系，以及运用交通运输工具完成人与物的位移的运输关系。交通运输法律关系，一般是指基于完成人与物位移的运输关系，也就是说仅针对运输行为所产生的法律关系。广义上的交通运输法律关系，还包括运输建设以及与运输有关的法律关系。

　　交通运输法律行为，反映的是参与交通运输活动的主体的行为，包括合法行为和不合法行为，由此而产生的后果反映在法律上就是法律关系。因此，交通运输法律行为是交通运输关系的前提，交通运输法律关系是交通运输法律行为的必然后果。

　　在合法的交通运输法律行为情况下所产生的交通运输法律关系，其主体的权利是合法的、有效的，是受到法律保护的；而在不合法的行为情况下所产生的交通运输法律关系，其违法行为人要对行为的后果负责，所产生的法律关系通常就是侵权损害法律关系，这里的侵权损害的法律后果既包括行政责任，也包括民事和刑事责任。比如，破坏交通运输设施的行为，就是非法行为，行为人既要承担赔偿运输企业的损失的民事责任，构成犯罪的，还要承担刑事责任。

2.1.2　交通运输法律关系的特点

交通运输法律关系，是经过交通运输法律规范调整而形成的社会关系，具有如下特点。

1. 综合性

交通运输法律关系的综合性，是指在交通运输法律关系中，既有纵向的交通运输行政管理法律关系，也有横向的平等主体之间的民事法律关系；既体现国家与交通运输行业的关系，也体现客户与交通运输企业的关系。在主体方面，既有国家行政机关，也有自然人、法人和其他社会组织。

2. 权利义务的复杂性

在交通运输法律关系中，权利义务的内容非常复杂。既有行政权利义务的内容，也有民事权利义务的内容，甚至也可能发生刑事权利义务的内容。例如在交通运输企业管理、行业监管、交通运输规划管理等法律关系中体现较多的是行政权利义务，在旅客运输合同、货物运输合同、交通设施建设投融资合同中体现的更多的是民事权利义务，在交通运输安全管理、交通运输事故调查处理中体现的更多的是刑事权利义务。

3. 客体内容的广泛性

在交通运输法律关系中客体既可以是物，如运输工具；也可以是行为，如交通运输行为。在具体客体相关内容中也相当复杂，可以说凡是交通运输以及与交通运输相关的产业都是交通运输法律关系所涉及的内容。比如，科学技术在运输行业的应用，也是交通运输法律所要规范的内容。国家要通过法律规范的形式，明确科学技术在交通运输行业中的应用所需要遵循的规则，既要有利于提高交通运输业的科技含量，也要有利于保障运输的安全畅通。① 这样就使得交通运输法律关系客体还可以是知识产权等无形权利。

2.2　交通运输法律关系要素

交通运输法律关系的要素包括主体、客体和内容三个方面。

2.2.1　交通运输法律关系的主体

交通运输法律关系主体，是指参与整个交通运输活动的人。这里的"人"，既包括自然人，也包括法人、其他社会组织。法人，有企业法人、社团法人和政府机关；其他社会组织的范围比较广，既有非法人企业，如合伙企业，也有社团组织等。自然人乘坐运输工具，与承运人发生旅客运输合同关系；货主托运货物，与承运人发生货物运输合同关系；政府管理

---

① 在铁路法、民用航空法、海商法、公路法等运输法律中，均有鼓励运输科技推广应用的规定。

交通运输业，形成运输行政管理关系；社会中介机构为运输业提供咨询服务，形成咨询服务法律关系，等等。所有与交通运输业相关的当事人都是交通运输关系的主体。

承运人，是运输市场准入制度所要解决的首要问题。《合同法》运输合同一章中有承运人这个词，但没有给承运人下定义。只是提出公共运输的承运人的概念。① 公共运输承运人，按照通常的观点解释，就是依法取得法人资格，以营利为目的，使用运输工具运送旅客或者货物的企业或者个人。这个概念的要点在于：第一，以营利为目的；第二，使用运输工具。营利是作为从事公共运输活动的经济目标；使用运输工具是其物质条件。运输工具是作为公共承运人必须具有的基本条件。即铁路承运人应当具有铁路运输工具；公路承运人应当具有汽车等运输工具；民航承运人应当具有飞机这样的运输工具。这就把无运输工具的承运行为排除在承运人之外，他们的行为可能属于客货运输代理行为。②

从合同法的规定来看，承运人指的是运输合同的一方当事人，是为另一方提供客货运输服务的人。实践中，根据不同的交通运输方式，把承运人分为铁路承运人、民航承运人、海洋运输承运人、内河水路运输承运人和公路承运人。但是在立法上，民航法和海商法在规定运输合同关系时都称为承运人，在铁路法中没有这个概念，而是用了铁路运输企业。由于当时铁路企业比较单一，合资铁路等并未出现，因此，铁路法上的铁路运输企业，包括国家铁路运输企业、地方铁路运输企业。③ 可以预见，当相关法律修订时会统一承运人的概念，对承运人的概念和内涵加以明确。当承运人通过多种交通工具完成运输货物的义务时，这种合同就如同多式联运合同。但实践中，这类合同的承运人与托运人的权利、义务和责任并不是按照多式联运的原则来确定的，而是通过双方签订的具体的综合性的合同约定。④

明确承运人，对于确定主体的法律责任具有重要意义，也是立法所要解决的首要问题。作为市场准入的主管部门，给予申请人以运输市场主体的资格，实际上就是赋予申请人作为运输活动承运人的资格，从申请人角

---

① 参见《中华人民共和国合同法》第288条。
② 关于货运代理的问题比较复杂。有的货运代理是代表托运人与承运人签订货物运输合同；有的货运代理又是代表承运人与托运人签订货物运输合同。货运代理代表谁的行为，关键看代理合同是如何约定的。严格意义上讲，货运代理只能是承运人的代理人，而不是托运人的代理人。但是现在普遍存在物流公司以托运人的名义与承运人签订合同，所以货运代理合同有多种表现形式。
③ 《铁路法》第73条规定，国家铁路运输企业是指铁路局和铁路分局。这个定义只说明铁路运输企业指的是谁，而没有说明铁路运输企业应当具备什么条件。在铁路法中，涉及铁路运输合同的，都是以铁路运输企业作为一方当事人，而没有考虑非铁路运输企业作为承运人的情况。该法第23条规定专用铁路和铁路专用线开展共用的时候，参照铁路运输企业的规定。这就把具有专用铁路和铁路专用线的企业在充当承运人角色时定位为铁路运输企业，也就是铁路承运人。
④ 由于运输主体的复杂性，有的租赁铁路运输工具运输货物的企业，在实践中也有不作为铁路承运人的，而只是一般的承运人。有的承运人既要通过铁路，也要通过公路甚至是民航等运输工具完成运输生产活动，因此，实际上，承运人已经是一个综合性的概念，而不单纯是按照交通运输方式的不同进行分类。

度看，取得客货运输许可，即具有了从事客货运输的权利能力，其行为才受到法律的保护。因此，申请人首先应当是具备法律主体资格的人，包括企业法人、自然人和其他组织。

企业法人从事某种生产经营业务的权利能力或者资格，来源于法律的规定。根据目前的工商行政管理企业注册登记管理的规定，一个独立的企业法人，可以在法律规定的范围内从事相应的民事法律行为。为保证旅客和货物运输畅通而有序地进行，促进运输市场的健康发展，政府应当对进入运输市场的主体实行监管，明确承运人的条件和资格，防止无序竞争或者过度投机给客户和合法承运人造成损失。不同交通运输方式对承运人规定了不同的条件，行业主管部门根据规定的条件，审查申请人的申请，符合条件的进入，不符合条件的不允许进入，这是目前行业管理的普遍做法，也就是许可制度。行政许可有利于控制主体进入市场的平衡，避免过度进入而给市场带来无序竞争，从而导致整个行业的盲目发展，结果损害消费者和从业者的利益。符合条件的自然人也可以申请运输经营许可，取得承运人的资格。对于自然人而言，主要是从事个体运输，通常在公路、水路客货运输经营方面较多，对于铁路、民航和海运，由于条件的要求比较高，自然人作为独立的承运人很难进入这些领域。

从法律角度看，承运人的条件，应当至少包括以下几个方面内容：①承运人应当具有企业法人资格；②承运人应当具有与其从事的旅客和货物运输业务相关的运输工具和从业人员；③有保证运输安全的必要的设施设备和管理制度；④承运人应当具有相应的责任支付能力。

由于不同交通运输方式的运输条件不同，对承运人的要求也不同。因此，不可能有统一的规定。但从运输市场健康发展的角度看，实行市场准入管制是十分必要的。

2.2.2　交通运输法律关系的客体

客体是法律关系主体的权利义务所指向的对象。在交通运输关系的客体方面，具体包括以下四个方面：一是运输劳务行为；二是政府的管理行为；三是智力成果；四是相关的物。在交通运输经营方面，劳务行为是最常见的客体，而在交通运输建设方面，规划、施工、监理等方面的法律关系客体也是劳务行为，而在建设过程中采购原材料等行为所形成的关系，其客体则是物；在运输新技术应用方面，其客体为智力成果。

2.2.3　交通运输法律关系的内容

交通运输法律关系的内容，是指主体的权利义务。不同的法律关系，其内容是不同的。比如，旅客运输合同法律关系，其主体承运人的基本权利是收取运费，基本义务是保证将旅客安全准时运送到旅行目的地，旅客则有权要求承运人将其安全准时运送至旅行目的地，同时要支付运费。而在交通运输建设施工合同中，建设单位的权利是要求施工方按照合同的约定质量完好地、按时完成工程并交付，其基本义务是支付施工费用，承包方则有权要求建设单位支付施工费用，同时有义务保证工程质量符合国家的规定和合同的约定。[①]

2.3 交通运输法律行为

交通运输法律行为，是指交通运输主体的行为。交通运输主体是交通运输法律关系的主要内容之一，所有参与交通运输活动的人（包括自然人和法人、其他社会组织）都是交通运输法律关系的主体，都要按照法律的规定或者合同的约定享有权利、承担义务。

2.3.1 交通运输法律行为的类别

从交通运输系统来看，其法律行为主要包括以下五个方面。

1. 交通运输规划法律行为

交通运输规划法律行为，涉及的主体包括国家交通运输规划主管部门、规划编制部门、城市规划主管部门、相关的运输企业，这些法律行为所产生的规划法律关系，涉及交通运输基础建设与国家规划部门之间的关系，可以归入行政法律关系之中。

2. 交通运输基础设施建设法律行为

这类法律行为包括建设工程设计法律行为、施工法律行为、质量监管法律行为、劳动用工法律行为、发包与承包法律行为等，因建设所形成的建设法律关系是多种多样的。这类法律关系的内容非常丰富，涉及规划部门、设计部门、建设单位、施工企业、监理机构、质量检验、安全管理等方面，现有的法律包括规划法、建筑法、合同法、安全生产法等基本法律和运输行业法律规范。

3. 交通运输经营法律行为

这类行为主要是交通运输经营人与客户之间的运输关系，其核心是实现人与物的位移，也是交通运输活动的目的。交通运输经营法律行为主要是运输合同行为，交通运输经营人按照旅客或者托运人的要求，将人或者货物运送至目的地，旅客或者托运人支付相应的运输费用。这类法律行为的基本法律包括合同法、铁路法、民用航空法、海商法、公路法等。

4. 交通运输安全法律行为

交通运输安全与运输活动紧密相当，特别是现代交通运输业，运输速度越快、运量越大，其风险性也越大，对运输安全的要求也越严格。因此，各国都特别重视对运输生产的安全管理，设立专门的机构监督运输安全行为。我国有关交通运输安全的立法主要有海上运输安全法、道路运输安全法、铁路安全管理条例、民用航空安全保卫条例等。

---

① 法律关系的要素涉及的法律理论问题较多，这里仅做初步论述。

5. 交通运输标准法律行为

对于现代交通运输而言，标准化建设是保障交通一体化的前提和基础。在运输的各行业之间，应当有相一致的标准，比如为方便联合运输，在运输工具方面应当有适合联运的标准，目前的集装箱已经基本实现全球标准化，实行统一的标准箱，方便港口作业、公路和铁路运输倒装接运。

标准化法制建设涉及的内容非常多，既有硬件标准，也有服务标准。标准建设是现代化运输的必然要求，是社会化大生产的必然要求。因此，在完善运输标准时，应当在综合交通运输的统一化前提下，充分反映不同交通运输方式的要求，实现标准系列化、层次化的目的，从而推进综合交通运输业务的开展。

2.3.2　运输合同的概念

🔗 **合同法**

根据《合同法》第288条规定："运输合同是承运人将旅客或者货物从起运地点运输到约定地点，旅客、托运人或者收货人支付票款或者运输费用的合同。"《合同法》对运输合同的定义，说明了运输合同的基本内涵：①运输合同的主体是承运人、旅客、托运人或者收货人；②运输合同以运送旅客或者货物为直接目的，当事人订立合同的目的是直接将旅客或货物运送到约定的地点；③运输合同是双务、有偿合同，运输合同的双方当事人互负对待给付义务，承运人的主要义务是实现人或物的空间位移，从起运地点运输到约定地点，旅客、托运人或者收货人的主要义务是支付票款或者运输费用。任何一方取得利益均须支付相应的对价。

1. 运输合同的当事人

1）承运人

承运人是进行旅客或物品运输经营活动，并以此而取得报酬或运费的人，包括运输企业与从事运输服务的个人。承运人一般为运输工具的所有人，但不以所有人为限，使用他人的运输工具而进行运输行为的人，也可以作为承运人。

一般来说，承运人首先应拥有适当的运输工具，配备掌握运输技术的运输专业人员并具有较雄厚的经营资本。其次，从现代企业制度角度来说，运输企业一般是企业法人，能够独立承担法律责任，其资格首先应符合法人的一般法律规定，在运输技术要求较高的领域，承运人进行运输经营活动还必须符合专门运输法的规定。即使是具有独立民事责任能力的自然人，在进行运输经营时也必须取得特定承运人资格。在我国，承运人既有国有企业运输组织，如铁路公司、航空公司等，也有集体运输组织及城镇运输个体户和农村运输专业户等。

承运人从事运输经营活动，其首要目标是获得利益。但是，由于运输生产的性质决定，运输经济关系的相对方不是特定的、少数的个人或组织，而是不特定的、全社会的人或组织，因而运输经营活动具有公用性质，但即使在同一承运人从事的运输业务中，公用性程度也是不同的。运输行业的二重性使得承运人在经营活动中必须考虑经济效益和提供公共服务作用的对立统一。为协调矛盾，避免承运人只从私人利益考虑，侵害社会公共利益，法律必须对运输经营活动予以控制和调节。另外，考虑到特定地区和线路上所容纳的运力与运输需求应当适应，并且应当具有运行的固定性和规律性，国家往往进而要求限制承运人数量，并且限制承运人之间进行无节制的自由竞争。法律为了维护社会公共利益，同时也是为了平等保护运输合同关系双方主体的权益，需要对承运人加以严格的资格（或身份）规定，并明文规定其权利范围并课以法律义务。必须注意社会生活中并非一切运输生产活动都具有同等的公用性，因此，西方国家有所谓公用承运人和独立承运人之分。我国有营业性运输和非营业性运输之分，只有营业性运输才属于运输企业生产活动。

2）托运人及旅客

托运人是指与承运人订立货物运输合同的一方当事人。托运人在货物运输合同中，以自己的名义将货物交付给承运人进行运输。依运输合同，托运人承担支付运费的义务，享受其货物从一地运送到另一地的权利。

旅客是旅客运输合同中与承运人订立合同的当事人。旅客作为运输合同一方当事人，人数是不特定的，可以是一人，也可以是多人（即团体旅客）。在旅客运输合同中，旅客既是当事人，又是被运输的对象。严格地说，旅客运输合同当事人应为承运人和购票人，购票人因购票行为的完成而与承运人成立运输合同。一般而言旅客就是购票人，但客票仅仅是运输合同的证明，本身并不表明购票人的身份（记名的火车票、飞机票等除外），在运输合同实际履行之前，购票人可以自由转让客票。因此往往认为实际乘车的旅客是合同当事人。

一般而言，旅客的运输合同主体资格没有任何特别限制。但考虑到旅客运输的安全，往往对有可能造成其他旅客生命、财产损害或损害旅客运输秩序的人加以限制，如对恶性传染病人可以拒绝运输。

另外无论是国际或是国内运输，国际公约和国内法对旅客分类一般是分为成人和儿童，但对儿童的划分标准也各有不同。通常运输规则中对儿童采取了身高标准。这一方面是依据旅客身高、体重所需空间、费用确定不同的票价，另一方面是考虑儿童需要特别监护，需明确承运人和监护人之间的责任。随成年旅客同行持半价票或免票的儿童是否是运输合同的当事人，在理论上有不同看法。有一种观点认为，儿童仅为运输对象，而不认为是合同当事人。但实际上半价票乘客由于其已经支付了合同的对价，这一对价与承运人所付出的劳务量是对应的，所以半价票乘客理应属于运输合同的主体。免票乘客，虽然其往往不具有民事行为能力，但其享受了承运人提供的服务，实际形成了合同关系，应视为运输合同的第三人，由法律法规规定其享受服务、取得赔偿等权利，否则不利于对他们利益的保护。

3）收货人

收货人就是在货物运输合同中有权依照合同的约定接收货物的人。收货人一般是承运人和托运人以外的第三人，但托运人也可以在运输合同中指定自己作为收货人。在收货人为第三人的情况下，运输合同在性质上属于"为第三人利益合同"，收货人是运输合同的收益人。收货人在行使领取货物的权利时，也应当依法承担相应的法律义务。

2. 运输合同的客体和标的

一般而言，客体是权利义务的对象，标的是指目标、目的。标的概念在理论上只能直接与行为相关联，应指行为所要达到的目的。通说认为运输合同的标的为服务，即运输合同标的不是被运送的货物或旅客及其行李包裹，而是运送行为本身。运输合同属于提供服务的合同，运输合同的客体应是运输服务作用的对象，即人身和货物。

1）人身及其行李包裹

人身作为运输合同的客体具有特殊性，其特殊性表现在以下方面。

作为运输合同一方当事人的旅客必须将自身"交付"给承运人，这是承运人履行运送任务的先决条件，缺少这一交付行为，承运人不具履行运送服务的可能。从合同关系来看，此种交付与货物的交付具有同一性质。

旅客既是运送服务的对象，又是能动的活动主体，基于对人的生命健康价值的特殊保护，客运中要求承运人提供适合人身安全和旅行舒适的最高保障和完善服务，人身运输的性质决定客运合同承运人的义务内容与货运合同中承运人的义务内容差异极大。

旅客应服从承运人的管理。由于旅客的能动性，旅客在运送过程中，一方面，有权享受承运人必须提供的各种服务；另一方面，旅客必须遵守运送方所要求的安全规则，服从承运人的指示和管理。在全部运送期间和运送过程中，旅客都有服从承运人指示和管理的义务。从承运人角度看，其对旅客享有命令权、管辖权和某种准司法权。这些权力并不来源于承运人的身份或垄断、独占地位，而是来源于人身运输中的安全需要。

旅客在旅途中携带的行李物品分为自带行李和托运行李。自带行李是指由旅客自行随身携带、自行保管的行李。自带行李的费用实质上已包括在客票价内，但自带行李也要占据运输工具空间和载重，因此，运输法为了保护承运人的权利，一般都对自带行李做重量和体积上的限制。托运行李是指需由承运人负责载运、保管的行李。托运行李均需有行李票，即旅客应为托运行李另行付费。行李运输是旅客与承运人之间的从合同，依附于旅客运输合同。

2）货物

货物作为运输合同的标的，包括一切可以运输的有形物。物能否运输，取决于物的自然属性以及包装技术。不同的物对运输安全的要求不同，对包装的要求亦有不同。不同的物和不同包装的物对承运人来说，所在运送期间应付出的照管服务量不同。所以，货物的种类、包装、数量、体积以及自然属性等，决定了承运人照管义务的内容。因此，各种交通运输方式均对物做详细分类并提出不同的包装要求。

随着当代运输包装技术的发展，集装箱运输已经成为最新式运输包装方式，目前海洋水路中还使用车辆和铁路货车进行滚装滚卸运输，这些新的运输技术不仅简化了运输劳务强度、提高了便利度和安全性、加快了运输速度，同时也构成运输合同的具体权利义务内容。货物可根据不同交通运输方式的条件做多种分类，如普通货物、特种货物和危险品，整车（船）货物与零担货物，散装货和集装货等。这种分类的意义在于各种不同货物所需的运输费用不同和运输手段不同，所有这些差异都会直接或间接地决定运输合同的内容。

3）运输工具

运输工具不同于其他生产劳动工具，其是运输法律关系中的重要客体，与运输合同的客体和标的密切相关。在运输合同中，运输工具不是一般的合同客体或者标的，但其是承运人提供的基本运输条件，关系到运送的安全和速度，即关系到承运人履行合同义务问题。所以，运输工具也是构成合同内容之一。运输工具一方面是承运人履行合同的手段，另一方面是旅客和托运人合同权利实现的物质基础。运输合同中往往规定承运人应提供与运输经营活动性质相适应的运输工具，而且合同成立后不得随意变更运输工具。

3. 运输合同的内容

运输合同的内容是指运输合同的当事人依运输合同所享有的权利和须承担的义务。如运送人有义务依约定的期限、地点将运送物品或旅客运抵目的地，有收取运费的权利，托运人或受货人、旅客有支付运费的义务等。

2.3.3　运输合同的种类

根据不同的标准，可以将运输合同分为不同的种类。同一种类的运输合同又可以依据其他分类标准进行二次分类或三次分类。因此，运输合同呈现出多层次、多分支、相互交叉的模式状态，各种运输合同共同组成一个完整的、独立的合同体系。

1. 根据交通运输对象划分的运输合同

交通运输对象是借助交通运输工具进行空间位移的人身和物品。以交通运输对象为标准，将运输合同划分为旅客运输合同和货物运输合同。旅客运输合同是指把旅客作为运输对象的合同，是承运人将旅客及其行李按约定的时间安全送达目的地，旅客向承运人支付规定的运费的协议。当事人有承运人和旅客两方。货物运输合同是指以货物为运输对象的合同，是承运人按照托运人的要求将货物从起运地运到目的地，托运人或者收货人支付运费的合同。当事人为托运人和承运人。旅客和货物各自不同的自然属性和社会属性，决定了其对运输条件的要求也不相同，因而也具有不同的法律意义。划分的意义在于两种合同的法律适用不同。

2. 根据交通运输方式划分的运输合同

当代交通运输方式主要是公路运输、铁路运输、内河运输、海上运输、航空运输和管道运输。与此相应,运输合同划分为公路运输合同、铁路运输合同、水路运输合同、海上运输合同、航空运输合同和管道运输合同。这种划分的意义在于每种交通运输方式的运输合同都有相应的专门运输法予以调整。不同运输合同的相互区别,在各专门运输法中均得到具体的体现。

3. 根据交通运输是否跨越国界划分的运输合同

根据交通运输是否跨越国界将运输合同分为国内运输合同和国际运输合同。交通运输对象的起运点、所经线路和终点均在一国境内的,为国内运输合同。交通运输对象跨越一国或者多国边界的,为国际运输合同或称涉外运输合同。此种划分的意义在于前者适用国内法,后者则需适用有关国际公约和国际惯例。

4. 根据交通运输方式的种类划分的运输合同

以交通运输方式的种类为标准,运输合同可分为单式运输合同和多式联合运输合同。所谓单式运输合同,就是用一种交通运输方式完成运输行为的合同。所谓多式联合运输合同(简称多式联运合同),是指托运人(或旅客)与多式联运经营人签订的、由多式联运经营人组织多个承运人通过衔接运输的方式将货物或者旅客运输至目的地,托运人或者旅客支付运费的运输合同。

5. 根据是否需要支付客票或运费划分的运输合同

以旅客或托运人是否需要支付客票或运费为标准,运输合同可分为有偿运输合同和无偿运输合同。一般而言,在运输合同中,旅客或者托运人应当对承运人的运输行为支付报酬或运费,但实践中也存在无偿运输合同,如为熟人托运货物。无偿运输合同仍是以运输合同为标的,应以运输合同性质确定当事人的权利义务。相比较而言,无偿运输合同中承运人的责任较有偿运输合同中承运人的责任为轻。

上述分类方法有些是互有交叉的,也可分不同层次进一步细化。

2.3.4 运输合同的特征

运输合同属于提供服务的合同,合同标的是运送行为本身,而不是被运送的货物或人身;其次,运输合同是双务有偿合同,多数是诺成、标准合同,运输合同整体上具有计划性。运输合同是承运人开展运输业务的法律形式,是实现人员、财物从一地流动到另一地的重要法律工具。运输合同的特征既不同于一般民事合同,又不同于其他种类的经济合同。这些特征体现为以下几个方面。

1. 当事人自由意志法律化

合同是两个以上当事人意思表示的合意,本质上是当事人通过自由协商，决定其相互间权利义务关系，并根据其意志调整他们相互间的关系。为使当事人的意思能产生法律上的拘束力，当事人应依法享有自由决定缔约、缔约伙伴和合同内容、自由决定合同的变更和解除等问题。当事人在法律范围内享有的这种自由都是合同自由原则的体现。合同自由原则指合同当事人在是否订立合同、与谁订立合同、订立何种内容的合同等方面有自主决定的权利。合同自由原则贯穿于合同法的始终，是合同立法、司法、法律解释等应遵循的基本原则。早期法律不干涉当事人的合同行为以及相互之间的权利义务关系，当事人的合意对双方均具有相当于法律的约束力。社会生产力的持续发展导致垄断产业出现，在垄断条件下，统一的国内市场和密切的国际市场联系需要国家扩大职能范围，担负起调节国民经济总体运行的责任。缺乏国家的积极干预，市场经济就会陷入一片混乱。这导致了国家对经济生活全面干预，国家干预的基本形式之一就是限制合同自由。

运输作为新的投资领域，其对资本的吸引力要比其他领域更为强烈，资本的大规模集中导致垄断的迅速形成，继而对整个社会的全部生活发生重大影响，国家便迫不及待地将运输管理提到议事日程上来。商品经济发展到以市场对资源配置起基础性作用，即所谓现代市场经济的时候，国家对交通运输进行了更为完全彻底的控制和干预，运输成为完全的公共事务，运输线路开辟变更、设施建设、运价、当事人资格等，往往都取决于国家意志。

在运输合同领域，运输业从开始形成就不是私人事务，所以当事人从开始就不存在真正的合同自由。在运输合同领域，限制合同自由发生得最早、最普遍。考虑到运输特有的社会性、公益性，国家制定运输法律对运输关系加以严格管理，一方面规定运输基础设施公用化和国有化，另一方面对承运人、运价、线路、时间均详细地加以规定。

此外，随着运输关系的国际化，进一步加深了国家对运输关系的干预程度。从工业革命之后，交通运输工具日益发达，世界各地之间的距离日益缩短，科学技术在交通中的大量运用导致统一的技术规则产生。与此同时，全球市场日益形成，各国之间的经济贸易关系发生频繁，各国之间的相互需要日益强烈。运输不再完全是一国的国内事务，而是具有了很强的国际性。

然而，由于运输合同仍然是合同，而合同的本质仍然是自由，假如剥夺当事人的全部自由，合同关系就不复存在，经济关系就成为高度集中统一的计划经济模式，如战时军事运输，所以，法律仍旧保留当事人一定的自由。自由的程度则取决于立法者对运输合同关系的认识和运输关系对法的要求。这种要求表现为社会公共利益的需要。一般情况下，实行自由竞争利大于弊的领域，当事人合同自由度大，反之则小。例如，在运输业内部，与铁路运输比较，公路运输可以适当竞争，则合同自由度最大。

2. 承运人资格特定化

运输合同当事人，一方为旅客和托运人，另一方为承运人。旅客和托运人是不特定的社会公众，而承运人必须是具有特定资格、拥有运输能力的企业或经济组织。运输合同双方当事人的法律地位固然是平等的，但由于运输组织的垄断性和对全社会的巨大影响，事实上双方根本不可能平等。同时由于运输组织的社会意义，一方面，国家需要保护或扶持运输企业，或者由国家直接经营运输业务，避免运输企业经营失败给全社会直接造成危害；另一方面，国家要保护运输业利用者即社会公众的利益，需对承运人加以种种限制、赋予种种义务。因此表现为承运人必须具有特定资格，承运人必须具有特定的身份。

在我国，对运输企业主体资格方面的要求主要包括：运输企业首先应符合民法规定的法人条件，其次必须符合公司法的一般规定。公路运输等允许民营的运输，运输经济组织和个体户也必须取得相应的资格，在批准的范围内从事经营。

3. 运输合同的强制缔约性

运输合同的强制缔约性体现在公共运输中。承运人所从事的运输活动，面向的是社会公众；承运人的活动不是孤立、单一的，而是具有普遍的社会意义，即具有社会公共事务的职能。运输职能社会化决定国家必须扮演投资者、建设者、管理者的多重角色，而承运人之所以能够成为承运人，承运人的运输活动范围，以及对运输活动结果所负有的责任，国家均以法律作出相应的详细规定。《合同法》第289条规定："从事公共运输的承运人不得拒绝旅客、托运人通常、合理的运输要求。"在我国，从事公共运输的承运人主要包括面向社会公众的运输行业。公共运输关系到社会生活的各个阶层和各个方面，关系到人们的日常生活和企业的正常生产经营，乃至国家的政治生活和社会稳定，因而有必要对其加以严格的管制。

4. 合同内容格式化

运输合同广泛采用标准合同的形式，主要是由运输营业频繁、不断重复进行的特点决定的，而且由于国家对运输合同当事人的自由意志加以限制，往往通过法律、法规对运输合同当事人的权利义务内容加以确定化，也就是说合同的基本内容不是由具体合同当事人双方协商确定，而是由相应的专门法律法规予以详细规定，只有法律法规未作规定、没有不同规定或允许当事人协商的，当事人才能行使合同自由。这样由承运人制定格式合同，是运输经济关系产生的必然要求。运输经营者利用标准合同可以节省时间，降低运送成本；而旅客或托运人也可基于标准合同，避免讨价还价，减少缔约的麻烦。

本章小结

本章首先介绍了交通运输法律体系的概念，在此基础上分析了交通运输法律体系的特点和内容。明确了交通运输法律行为的概念，并且详细分析了运输合同的基本理论。

本章的重点和难点是交通运输法律体系的特点和内容。

习题

一、名词解释

交通运输法律关系　承运人　旅客　运输合同

二、单项选择题

1. 旅客运输合同的标的是指（　　）。

    A. 旅客　　　　　　　B. 列车

    C. 运输行为　　　　　D. 旅客和行李及包裹

2. 交通运输合同关系中的（　　）作为一方当事人是固定不变的。

    A. 交通运输企业　　B. 旅客

    C. 托运人　　　　　D. 收货人

三、多项选择题

1. 交通运输的对象是（　　）。

    A. 旅客　　　　　　B. 货物

    C. 行李　　　　　　D. 运输行为

四、判断题

1. 旅客运输合同从旅客支付票款购得车票时起即开始生效。

2. 对于承运人无过错，而是由于第三者的原因造成的人身伤亡，承运人也应承担赔偿责任。

3. 收货人原则上既享有权利又承担义务。

五、简答题

1. 交通运输法律关系的内容和特点是什么？

2. 交通运输法律关系的要素有哪些？

3. 简述交通运输法律行为。

4. 交通运输法律行为的特点有哪些？

5. 运输合同的概念和特征是什么？

六、论述题

1. 试述交通运输法律关系。

第3章

交通运输管理制度和发展战略

本章导读

交通运输管理制度包括交通运输管理体制和具体的监管内容、监管措施、监管程序等内容。交通运输发展战略方向是建立综合交通运输体系。以"一带一路"倡议为背景,交通国际合作面临新的法律问题。

3.1 交通运输管理机制

3.1.1 我国交通运输管理体制

♀ "十三五"交通领域科技创新专项规划

交通运输市场监管,是指监管部门对交通运输市场主体行为实行的监督管理。在市场经济条件下,政府的经济管理职能包括两个方面,即宏观调控和微观管制。

宏观调控是指政府运用宏观经济政策对宏观经济运动所进行的"控制"或"调节",它是政府通过调整其所掌握的某些经济变量(如财政支出、货币供给),来影响市场经济中各种变量的取值,从而影响私人经济部门行为的政策过程。宏观调控或宏观经济政策的目标是:充分就业、价格稳定、国际收支均衡和经济增长。

♀ 解读

微观管制是指行政机构通过法律授权,制定并执行的直接干预市场配置机制或间接改变企业和消费者供需决策的一般规则或特殊行为。它的最终目的是要增进公共利益或合法私人利益,并使之避免或减少由个体经济决策(生产、销售及价格行为)带来的损害。常见的微观管制政策主要分为以下几种:①竞争政策,如制定和实施反垄断法、反不正当竞争法;②规制政策,如价格管制、准入和退出管制;③社会性管制,社会性规制是政府为控制(负)外部性和可能会影响人身安全健康的风险,而采取的行动和设计的措施。包括对制药业、工作安全、产业安全、污染的排放控制、就业机会、教育等的规制,集中表现为外部不经济和内部不经济两种市场失灵的规制上,如根据总环境容量核定排污企业的排污标准和排污量，并收取相关费用；④治理政策，如对产品质量和工作场所健康与安全设定的标准等。

此外，政府还可以作为国有资产所有者，通过参与投资交通运输建设和运营，来直接参与交通运输市场。主要是指国有资产的营运管理、部分社会公益事业和部分城市公用事业的投资和直接管理活动。

政府监管是政府职能的体现，政府监管的目的是要保证市场的健康发展。要保证监管有效进行，必须建立健全规范的监管体系。而监管体系中最重要的是监管主体。市场监管不是某一个部门的职能，而是不同的行政机关根据自己的职能对市场主体、市场行为进行监督管理。就市场主体而言，国家工商行政管理机关，对违法企业可以给予吊销营业执照即取消法人资格的处罚。就市场行为而言，价格部门有权对企业的定价行为依法监管；税务部门对主体纳税行为进行监督检查；环境保护部门对企业执行环保法律规范进行检查等。

对交通运输市场的监管，首先要明确的是市场监管主体。目前交通运输市场监管在国家层面是交通运输部。其主要职责如下。

（1）负责推进综合交通运输体系建设，统筹规划铁路、公路、水路、民航以及邮政行业发展，建立与综合交通运输体系相适应的制度体制机制，优化交通运输主要通道和重要枢纽节点布局，促进各种交通运输方式融合。

（2）负责组织拟订综合交通运输发展战略和政策，组织制定综合交通运输体系规划，拟订铁路、公路、水路发展战略、政策和规划，指导综合交通运输枢纽规划和管理。

（3）负责组织起草综合交通运输法律法规草案，统筹铁路、公路、水路、民航、邮政相关法律法规草案的起草工作。

（4）负责拟订综合交通运输标准，协调衔接各种交通运输方式标准。

（5）牵头组织编制国家重大海上溢油应急处置预案并组织实施，承担组织、协调、指挥重大海上溢油应急处置等有关工作。负责船员管理和防抗海盗有关工作。

（6）负责国家公路网运行监测和应急处置协调工作，承担综合交通运输统计工作，监测分析交通运输运行情况，发布有关信息。

（7）拟订经营性机动车营运安全标准，指导营运车辆综合性能检测管理，参与机动车报废政策、标准制定工作。

（8）承担公路、水路国家重点基本建设项目的绩效监督和管理工作。统筹协调交通运输国际合作与交流有关事项。

（9）管理国家铁路局、中国民用航空局、国家邮政局，并按有关规定管理国家铁路局、中国民用航空局、国家邮政局机关党的工作。

3.1.2 交通运输市场监管的内容

我国交通运输市场是由五个部分组成的综合性的交通运输市场，不同的交通运输市场具有相对的独立性，互相之间既有联系也有区别。由于交通运输方式的特性不同，管理体制不同，各种交通运输方式的监管内容和程序也不尽相同。交通运输管制的八项主要职能，包括市场准入和退出、普遍服务、互联互通、资源（线路）管理、消费者权益保护（主要为运输服务质量）、资费管理、路网建设、运输安全管理。具体来看，其管制主要内容如下。

1. 市场准入和退出管制

交通运输体系的进入管制主要考虑以下两方面：一方面，考虑到运输产业运力需要合理分配，与经济布局、产业政策、社会需求等因素相匹配，需要对新企业的进入施行必要的控制，以避免重复建设、过度竞争，导致社会资源浪费等问题；另一方面，进入管制并不等于不容许新企业的进入，而是恰恰相反，需要适度降低市场准入的门槛，通过直接或间接的途径，以发挥竞争机制的积极作用。而且对新进入的企业还应该给予适当的扶持措施，通过采取一些优惠手段使新企业尽快成长，与原有企业实行势均力敌的竞争，以实现公平、有效的竞争。从保障生产和供应的高度稳定性角度考虑，对交通运输企业还需要实行市场退出管制，设立退出壁垒，防止运输企业在无利可图或者在更好的投资业务吸引下，任意退出市场，导致运输市场的不稳定，人们需求不能得到充分满足。

2. 普遍服务

交通运输行业属于与公众生活密切相关的公益性垄断性行业，因此政府管制通常要求运输企业提供普遍服务。交通运输普遍服务是指包括无法通过商业化运营来补偿成本，但又出于某些宏观因素考虑而必须提供的运输服务，主要包括军事物资、扶贫救灾、军人残疾人和在校学生等大量非营利性的公益运输服务。普遍服务主要包括服务的普遍性、接入的平等性及用户承受性三方面内容。

3. 互联互通

各种交通运输方式构成综合交通运输体系，最需要强调的就是各种交通运输方式之间的互联互通。因为运输市场的竞争是一种不完全竞争，当某个通过网络经营的运输企业具有市场垄断地位的情况下，往往只希望通过自己的网络向消费者提供服务，拒绝与其他竞争厂商联网，而且往往通过各种手段来排斥竞争对手。这就需要一种非市场机制的外在力量——政府管制，以促进运输企业之间的联网，并对阻碍互联互通的行为进行惩戒。

4. 资源（线路）管理

交通运输资源一般指运输线路、运输工具等各种资源，这些都属于公共资源，其管制应遵循公正性、效率性及公益性原则。管制者应当客观、透明和无歧视地分配和管理运输资源，保证不同运输企业的平等地位。目前中国运输资源的分配权主要掌握在交通运输主管部门、地方政府等机构中，多头管制的结果难以保证资源分配的公正性。并且原运输资源按部门或地区来分配的做法，也有悖于效率原则，因为许多潜在的更能有效使用这些资源的企业被排除在外。如果不能公正、有效地分配资源，社会公益的实现更无从谈起。

5. 消费者权益保护（主要为运输服务质量）

交通运输涉及多种交通运输方式，消费关系复杂。交通运输企业与客户之间的关系与一般的商业企业不同，虽然都有合同的约束，但运输合同属于格式合同，承运人是否履行了合同义务，是否达到了服务标准，需要政府予以监管，以维护消费者的合法权益。因此，政府主管部门应当制定运输服务标准，这个标准应当成为运输业服务质量的最低服务水平。运输监管部门要对运输企业的服务质量进行监督，确保各运输企业按照国家批准的线路（航线）、时间、站点完成运输活动，不得随意减少班次、降低服务水平，对于违反服务标准的行为，监管部门要给予相应的行政处罚。

6. 资费管理

对资费的监管，是交通运输监管法律制度的主要内容。交通运输直接关系到人民群众的生活，对运价实施监管是交通运输主管部门的基本职责。运价，除了客货运输的基本价格以外，还有其他收费内容。比如基础设施收费，包括交通线路使用费、高速公路通行费、机场建设费、港口建设费等，都属于运价的范畴。对这些方面的运输价格，国家要制定相应的政策，实施有效监管。对运输价格的管理的原则，属于国家定价的，要严格按照程序制定运价，比如铁路运价由国务院、国务院物价主管部门、国务院铁路主管部门按照权限分别管理，则各个主体应当按照事权的规定而对运价实施监管。公路运价基本上是放开的，但政府要根据公路运输市场的状况给予适当的引导和限价，以保障公路运输市场的健康发展。在交通运输体系中，提供运输服务的企业往往同时提供垄断性业务和竞争性业务。在无政府管制的条件下，垄断的运输企业完全有可能在垄断业务领域制定垄断高价，而在竞争性业务领域制定低价，通过内部业务之间交叉补贴行为以排斥其他竞争企业。而且运输资费的管理还往往承担一些产业政策目的，例如鼓励公交出行，减少城市交通拥堵等公益性需求都会使得交通运输资费不能完全通过市场竞争来形成，而必须由政府加以管制。同时，在交通运输体系中也存在少数垄断厂商采取合谋行为，共同获取垄断利润的可能性。因此，为制约运输企业的各种不正当竞争行为，就使得政府管制成为必要。发展市场经济应该更多地让价格发挥配置资源的作用，政府的价格管制边界则应严格限定在市场失灵领域，如垄断企业的价格制定及非垄断企业的卡特尔定价行为等方面。

7. 路网建设

交通运输体系属于典型的规模经济。规模经济是指产品单位成本随着规模即生产能力的提高而逐步降低的规律，是衡量产业规模结构效率的重要指标。而且其资本投入往往具有资产专有性，比如铁路轨道一旦建成，就很难改变用途。即使是在通用性资产，即给定资产再出售价格不会降低的条件下，转让成本的存在也会导致沉淀成本，特别是当转让成本提高资产购买价格与降低资产打捞价值时。而且资产投资转让也会产生转让成本。规模经济、沉淀成本和转让成本的存在，使得政府必须对交通运输资源（线路）的配置进行管制，路网建设和路网布局必须合理规划，交通运输立法应该对运输设施的统筹规划和建设作出规定，统一规划，统一建设。这样就可以促使交通运输网络更加系统化，更有利于综合交通运输的互联互通。同时要明确规划制定的程序，通过规范的程序保证交通运输规划的科学化、体系化。同时政府应通过长期契约、垂直一体化和激励管制等管制手段避免造成交通运输能力紧张、社会资源浪费等问题的出现。

8. 运输安全管理

从各国管制历史经验来看，放松管制的结果往往带来运输事故的增加。而交通运输安全事关社会和人民群众财产安危，关系到经济发展和社会的和谐稳定。运输安全管理不仅是个经济问题，而且是个政治问题，同时还涉及环境保护、科学技术、宣传教育及人员素质等方面的重大问题，它是保障社会安定，保证经济建设快速健康发展，构建和谐社会的重要环节。交通运输安全管理对确保旅客和其他人员人身安全，保障货物安全、完好位移，提高运输企业的经济效益和社会效益，维护运输企业的良好信誉和形象，保障社会稳定，都具有十分重要的意义。安全监管的主要内容包括：①制定相应的安全标准；②监督实施已建立的安全标准；③调查和处理运营事故。

3.1.3　交通运输市场准入制度的概念

交通运输市场准入制度，是指进入运输市场、成为运输市场主体的条件和资格。运输市场准入，着重解决的是谁可以成为合格的客货运输的承运人，也就是说承运人应当具备什么样的条件，进入运输市场需要履行哪些程序，简单说，市场准入是解决运送旅客和货物行为的主体资格问题。

实行市场准入制度，是从源头上加强对运输企业的管理，维护运输市场秩序，促进运输市场的公平竞争，以维护运输各方当事人的合法权益。运输市场准入制度的意义如下。

1. 实行市场准入制度，是促进运输市场健康发展的需要

运输市场是一个不完全开放的市场，尤其是铁路、民航运输市场，规模效益十分明显。如果充分开放，允许任何人进入，则可能降低运输效率，影响运输市场有序发展。即使在市场化程度很高的公路运输市场，对公路运输主体的条件和资格，也有很明确的要求。这些条件，是保证运输安全所必需的基本条件，是从事运输活动所必须具备的前提条件。

2. 实行市场准入制度，是维护运输市场公平竞争的需要

市场需要在公平、平等的环境下开展竞争，在一个不完全开放的市场中，公平竞争是难以做到的。有的情况下，可能会产生恶性竞争，导致运输效率低下，运输成本增加，服务质量下降。因此，一方面，通过设置准入制度，有一定门槛限制，保证进入运输市场的主体具备最起码的运输条件，能够为社会提供必要的运输服务；另一方面，通过市场准入制度，可以适度控制进入运输市场的主体，达到规模效益、有效竞争。

3. 实行市场准入制度，是维护运输客户合法权益的需要

运输是一项特殊的服务，它的特点是服务对象与服务内容的统一性，即服务对象本身要发生服务的内容，运输主体有义务将旅客从甲地运送至乙地，而旅客作为服务对象也有权利要求运输主体将其安全、正点运送至旅行目的地。对运输市场主体而言，必须具备相应的运输条件，才能完成运输的目的。因此，通过准入制度，明确进入运输市场的主体必须具备的条件，从而具备为服务对象提供相应运输服务的能力。

4. 实行市场准入制度，是国家对运输市场实行有效监管的需要

通过对申请人的审查、许可管理，可以有效地监督运输市场，维护运输市场秩序，促进运输市场有序健康地发展。

3.1.4　运输经营许可证的申请

不同交通运输方式的许可证的申请程序有所不同，交通运输主管部门根据不同交通运输方式的特点规定了不同的申请条件。但一般而言，申请运输经营许可证应当符合以下条件。

（1）申请书，要求写明申请人的名称、地址、法定代表人的姓名及联系方式等。

（2）申请人的基本情况，包括注册资本，企业经营状况，企业股东背景等。

（3）申请人开展运输业务的筹备情况，比如，申请从事铁路旅客运输的，应当提供运输动力、旅客运输车辆、安全管理等情况及相关的证明材料，是否取得线路经营权等证明材料。

（4）开展运输业务的可行性研究报告，可行性研究报告包括拟开展的运输业务情况，这是审查机关审查和审批的基础。

（5）国务院交通主管部门规定的其他资料。

申请人提供的文件资料，是运输行政主管部门审查审批的基础，因此，这些文件资料，要能充分反映申请人是否具备拟从事的运输业务的必要条件，是否能够保证旅客和货主的利益和其他承运人的利益。

3.1.5　运输经营许可证的审批程序

审批程序是交通运输主管部门审查批准申请人的申请所必须遵守的办事规则。一般情况下，交通运输行政主管部门在接到申请人的申请后，应当及时作出准予或者不准予的决定。审批机关在审批当事人的申请时，除了实质性审查以外，还有程序性审查。

（1）对申请人的申请资料的审查。要按照相关法律规范的规定，审查申请人提供的资料是否符合要求，对不符合要求的，应当给予相应的资料时间。资料审查主要是形式审查。

（2）审批期限。行业主管部门对申请人的申请，应当在审批期限内作出，不能无限制地拖延。规定多长时间合适，则要根据需要审查事项的难易程度作出决定。

（3）颁发许可证。许可证的内容包括申请人的名称、许可证的有效期限、颁发日期、颁发机关、许可证内容。

（4）公告。对于获得许可证的申请人，应当有相应的公告程序，向社会宣布哪些申请人获得了许可证，以便于全社会的监督。

3.2 综合交通运输法律制度

3.2.1 综合交通运输体系的概念

现代交通运输，已经不是单一的交通运输方式的独立运输，而是融合了全部交通运输方式的综合交通运输。在全球资源和环境双重的压力下，如何更好地发挥各种交通运输方式的优势，最大限度地提高资源利用率和保护环境，成为各国交通运输立法关注的热点问题。综合交通运输，也已经成为我国交通运输发展战略的重要内容。

综合交通运输是相对单一的交通运输方式而言的，是各种交通运输方式在运输社会化的范围内和统一的运输过程中，按其技术经济特点组成分工协作、有机结合、连接贯通、布局合理的交通运输体系。综合交通运输建立在五种交通运输方式基础之上，是社会经济和运输生产发展到一定阶段的产物。综合交通运输就是将不同的交通运输方式有机结合在一起，构成连续的、综合性的一体化运输。通过一次计费、一份票据、一次保险，由各运输区段的承运人共同完成人员、货物的全运输。综合交通运输体系是针对相对单一和封闭的运输体系而言的，它包括水路运输系统、公路汽车运输系统、铁路运输系统、航空运输系统和管道运输系统，并以交通运输工具的种类加以区分，具有很强的生产部门性。综合交通运输是指根据各种交通运输方式的现代技术经济特征和社会对资源消耗、建设成本、运行成本的可承担能力，在框架结构优化、运输系统一体化、全面信息化的战略目标和政策指引下，由多种交通运输方式按照功能组合、优势互补、技术先进、合理竞争、资源节约的原则进行网络化布局发展，共同构建形成的有效满足社会经济发展需要、一体化紧密衔接、运行高效的交通运输有机整体。

传统的交通运输业只是五种交通运输方式的简单总和，仅体现了运输业的"全"，而综合交通运输体系则重点体现各种交通运输方式之间的"协"——运输全过程的协作，运输发展的协调和运输管理的协同。综合交通运输着眼于各种交通运输方式的有机联系，协作配合，连接贯通。从交通运输建设来看，综合交通运输通过统筹规划并促进各种交通运输方式的协调发展，合理布局，从而提高交通运输总体效率和效益；从交通运输的组织管理角度看，综合交通运输是在统一的运输市场中各种交通运输方式的系统结构联合，运作协同。在整个综合交通运输建设过程中，涉及两大系统：一是交通运输网络系统，这是实现运输的基础；二是交通运输行为系统，这是运输服务质量和运输效率最终体现的系统①。如图 3－1 所示。

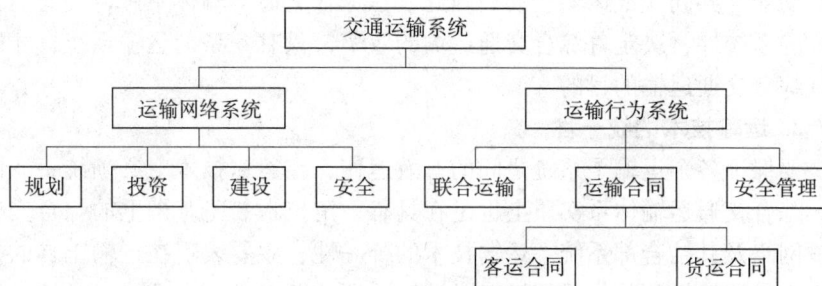

图 3－1　交通运输系统

在交通运输系统中，交通运输网络系统是基础，在这个系统中，涉及两个基本方面：一是交通运输基础设施的建设，包括规划、融资、施工、安全管理等方面；二是交通运输工具的生产、研制和开发，要实现交通运输的运输目标，必须有相应的运输工具，而且运输工具必须适合交通运输网络的运行。

在交通运输网络系统的基础上，建立并实现交通运输行为系统。所谓交通运输行为系统，是指个不同交通运输方式之间的实现运输生产活动一体化的过程，是实现人和物的流动的过程。在这个系统中，涉及对内对外两个方面：对内，是不同交通运输方式之间的协调、合作、联合运输；对外，是运输企业或者说承运人与客户之间的运输合同行为，是承运人提供运输服务、客户支付费用的过程。在法律上，对内体现的是联合运输承运人之间的协作合同关系；对外体现的是承运人与客户之间的运输合同关系。

3.2.2　综合交通运输系统的特点

综合交通运输体系或者叫综合的交通运输体系，是相对于单一运输体系而言的，就是各种交通运输方式在社会化的运输范围内和统一的运输过程中，按其技术经济特点组成分工协作、有机结合、连接贯通、布局合理的交通运输综合体。它具有以下特点。

1. 交通运输方式的系统性

综合交通运输是相对于单一运输而言的，在单一交通运输方式中，由

---

①　罗仁坚. 我国现代综合交通运输体系理论研究发展回顾［J］. 综合交通运输，2009（2），12.

于运输线路和工具的特殊性，决定了在经济技术上存在交通运输网络体系的完整性，只有完整的交通运输网络，才能保证运输过程的畅通与便捷。比如，铁路运输，强调统一指挥的原则，就是因为铁路运输的网络特征决定了必须统一指挥，才能提高效率。在其他交通运输方式中也同样存在组织网络上的统一性。而在综合交通运输体系中，各种交通运输方式组成一个国家的整个运输网络体系，各种交通运输方式是大运输网络体系中一个子系统，在保证综合交通运输大系统的完整性的前提下，各子系统充分发挥其功能，共同完成运输活动。因此，在综合交通运输体系中，交通运输方式的系统性，决定着综合交通运输的效率，只有完备的运输系统，才能实现综合交通运输的目的。

2. 运输技术的统一性

要保证各个运输子系统之间的有效运作，在运输技术上必须统一。因此，综合交通运输体系实质上也是在具有一定技术装备基础上的综合交通运输网络及其结合部系统。运输技术的统一性，主要表现在运输工具的技术标准、运输场所的作业标准以及运输凭证的统一方面。运输工具技术标准的统一，有利于在不同交通运输方式之间的转运与继运；运输场所的作业标准的统一，有利于提高运输效率；运输凭证的统一，有利于办理运输业务，方便当事人利用综合交通运输体系实现人与物的流动的目的。

3. 运输过程的协调性

综合交通运输体系中最关键的运输生产系统，即各种交通运输方式的联合运输系统。因此，整个运输过程中的协调是综合交通运输必须解决的基本问题。随着电子信息技术的不断发展，为解决交通运输方式之间的行为沟通创造了条件，电子数据交换系统可以轻松、快速、有效地解决不同交通运输方式之间的信息交流，通过同一运输平台，可以将不同交通运输方式的优势充分利用和组合起来，为当事人提供便捷、经济的运输服务。

4. 综合交通运输的经济性

综合交通运输最大特点在于它的经济性，即它可以充分发挥不同交通运输方式的优势，实现运输的目的。比如，铁路的优势是大宗、长距离的货物运输，民航的优势是客运长距离的运输和小件货物的快速运输，公路的优势是便捷的中短途运输，水路运输利用河流可以经济地完成运输活动，将这几种方式有机结合，当事人可以根据自身的特点选择相应的交通运输方式，或者利用综合交通运输网的特点，实现一票到底的快捷运输，既经济又方便。

3.2.3　综合交通运输法的主要内容

发展综合交通运输，是国民经济发展的必然要求，也是实现经济节约型社会的必然要求。通过对运输资源的整合，充分发挥各种运输工具的优势，实现资源共享、优势互补、效率优先、方便快捷的运输目标。而综合交通运输法，是实现此目标的法律保障。

综合交通运输法的调整对象就是各种交通运输方式的协调发展活动中产生的社会关系。对综合交通运输的管理，要从单一的、各自为政的运输管理体制转变为整体的、全国性交通运输网络的管理体制上来。综合交通运输法的主要内容如下。

1. 综合交通运输管理机构

在综合交通运输法中，要明确国家交通运输主管部门负责全国交通运输行业的管理，对交通运输发展进行规划、协调、监管。根据交通运输方式的不同特点，设立专门的管理机构，隶属于主管部门，以便实现在统一管理前提下的各种交通运输方式的健康有效运作。

2. 交通运输建设规划

规划是综合交通运输法律制度的核心内容之一。就不同发展模式对各种交通运输方式发展的规模和布局要求，从规划发展层面，对交通运输与物流发展对资源的占用与消耗、社会总运输成本的支出、环境代价以及对城市形态发展的影响等方面进行透彻分析。同时，围绕各种交通运输方式协调运行规划的制定，从充分体现政府统筹发展各种交通运输方式总体思路和发展重点的角度，探讨交通运输与经济社会协调发展以及各种交通运输方式协调发展等宏观性、战略性和全局性问题。为此，一是要坚持以发展为主题，加快交通基础设施建设，完善综合交通网络空间布局，扩大运能，扭转运输对国民经济的瓶颈制约；二是要进一步转变发展观念，坚持增强供给能力、提高运输效率和改善服务质量并重的原则，强化各种交通运输方式的衔接和协调，推进运输结构优化升级，促进一体化运输；三是要全面落实科学发展观的基本要求，正确处理交通运输发展与经济社会发展全局的关系，认真解决交通运输发展的总量、结构和科技含量问题，深化交通运输管理体制改革，充分发挥交通运输的支撑和引导作用；四是要科学合理地确定交通发展目标；五是要准确地把握交通运输发展的主要任务，努力建立便捷、通畅、高效、安全的综合交通运输体系。

3. 综合交通运输投资

综合交通运输投资，涉及我国投融资体制改革。在综合交通运输法，应当对涉及综合交通运输的投资项目实行多元化，鼓励不同交通运输方式的运输企业参与综合交通运输基础建设，国家在政策上应当给予扶持。

4. 综合交通运输基础设施建设

综合交通运输基础设施建设，包括设计、施工、监理、咨询等方面，应当按照我国的建筑法、合同法、城市规划法等法律的规定，在综合交通运输基础设施建设方面，做到有序进行。

5. 综合交通运输相邻关系处理

在建设综合交通运输基础设施时，要考虑处理好相邻关系，包括各种交通运输方式之间的连接与协调，运输基础设施与厂矿企业的货物运输的协调，运输企业与物流企业的协调。

3.3 "一带一路"倡议

3.3.1 "一带一路"倡议的提出

2013年9月和10月，中国国家主席习近平在出访中亚和东南亚国家期间，先后提出共建"丝绸之路经济带"和"21世纪海上丝绸之路"（以下简称"一带一路"，The Belt and Road，OBOR）的重大倡议；"丝绸之路"作为一个历史概念，自古就是东西方文明交流和经贸合作的通道和桥梁，更是连接亚、欧、非三大洲以及太平洋、印度洋和大西洋三大洋的战略大通道。2015年3月28日，国务院授权国家发改委、外交部、商务部联合发布了《推动共建丝绸之路经济带和21世纪海上丝绸之路的愿景与行动》。"一带一路"倡议坚持共商、共建、共享原则，致力于亚欧非三大洲国家的陆海互联互通，建立和加强沿线各国互联互通伙伴关系，构建全方位、多层次、复合型的互联互通网络，实现沿线各国多元、自主、平衡、可持续的发展。

"一带一路"起于中国，途经中亚、西亚、南亚和东南亚地区，辐射欧洲。东连亚太经济圈，西牵欧洲经济圈；总覆盖人口约44亿，占世界总人口的63%；沿线国家经济总量约23万亿美元，占全球经济总量的29%。构建"一带一路"的交通运输体系是"一带一路"倡议实施的先决条件和重要基础，是塑造经济空间格局以及主导经济空间格局演化的重要力量。加快一带一路的交通运输体系的建设，目标是加快提升中国与周边国家交通基础设施的互联互通水平，并形成区域交通运输一体化，为共同发展创造条件。"一带一路"的发展面对复杂多变的国际地缘政治经济格局，"一带一路"交通的建设需要法律规范的保障，中国相关交通立法在"一带一路"建设中应发挥以下几方面的作用：一是要成为"一带一路"战略实施的重要制度保障，发挥立法引领、推动、规范和保障作用；二是成为交通管理组织和相关机构协调相关职能的制度规则，通过立法工作加强统筹协调，搭建交通国际合作平台；三是通过立法，反映中国和"一带一路"沿线国家的实际交通需求，完善国际交通互联互通规则。

3.3.2 "一带一路"交通合作概况

1. "一带一路"沿线国家和中国的交通情况

"一带一路"沿线铁路、公路、航空和海运等交通运输业基础设施较为完善，西欧、南欧、中东、东南亚和东亚等沿海地区交通运输业设施指数明显优于内陆地区，跨洲货物运输以海运为主，人员交流以航空运输为主。其中，西欧、南欧、东亚、南亚地区的铁路、公路交通网已具规模，东亚—东南亚—南亚—西亚—中东—南欧一线的海运交通网极为发达，西欧、南欧、东亚、东南亚地区的民用航空基础密度明显高于其他地区。

目前，"一带一路"沿线国家已经初步具备互联互通的基础条件。实践中，有一些跨国交通通道已经在发挥巨大作用，如由中国陇海铁路和兰新铁路与哈萨克斯坦铁路接轨的新亚欧大陆桥（第二亚欧大陆桥）和"渝新欧"国际铁路，是目前亚欧大陆最为便捷的东西通道。此外，中国与中亚国家管道运输合作也取得了重大突破，在很大程度上缓解了中国的能源需求。

为"一带一路"倡议的实现，中国将一方面加快与沿线国家的交通连接，如发展突破国家界限的"欧亚铁路网计划"；另一方面加快推进公路、铁路、民航、海运等多种交通运输方式的互联互通。同时，利用交通基础设施建设和运营"走出去"，带动铁路建设与相关设备，航空服务、设备及整机生产等产业增长。

2. "一带一路"交通互联互通领域中国已做的工作

1）积极参加国际交通组织

2016 年 7 月 5 日中国向联合国交存了加入《国际公路运输公约》（TIR）的批准书，为建设通往欧洲的快速"新丝绸之路"迈出重要一步。中国积极参加国际海事组织、国际劳工组织等多边框架下的会议谈判，承担国际交通运输相关工作，如派员在国际海事组织、国际船级社协会等组织担任重要职位，为国际组织贡献了中国交通智慧，参与重大问题的权益平衡决策。参与设立金砖国家开发银行（Development Bank，BRICS）与亚洲基础设施投资银行（简称亚投行，Asian Infrastructure Investment Bank，AIIB），发挥丝路基金作用，吸引国际资金为"一带一路"交通基础设施提供融资渠道。

2）推动交通基础设施建设和国际交通的互联互通

中国加快推进交通基础设施互联互通和大通道建设，积极开辟多式联运跨境交通走廊，推动中蒙俄、中国—中亚—西亚、中国—中南半岛、新亚欧大陆桥、中巴、孟中印缅等国际经济合作走廊建设，在海上丝绸之路建设、促进国际运输便利化等方面都取得了重要进展。持续推进与沿线国家共建重点港口、高速铁路等基础设施。开通了中欧等国际集装箱运输和邮政班列，形成了国际物流大通道。建设了上合组织国际物流园和中哈物流合作基地。积极推进"21 世纪海上丝绸之路"战略支点建设，参与沿线重要港口建设与经营，推动共建临港产业集聚区，畅通海上贸易通道。建设了新疆丝绸之路经济带核心区、福建"21 世纪海上丝绸之路"核心区。

3）中国—东盟交通合作不断深化

东盟是"一带一路"建设的重点和优先方向，也是我国交通运输对外合作的重要伙伴。我国与东盟在交通运输领域的合作不断深化。在第 15 次中国—东盟交通部长会议中通过了《中国—东盟交通合作战略规划（修订版）》和《中国—东盟交通运输科技合作战略》。中国与东盟的海陆空综合交通运输方式主要是：海上——将中国和东南亚国家临海港口城市串联起来；内河——中国出资澜沧江—湄公河河道建设，打造黄金水道；公路——南（宁）曼（谷）、昆（明）曼（谷）公路已经开通，东南亚正在形成两横两纵的公路通道；铁路——中国计划以昆明和南宁为起点，建设泛东南亚铁路联系东南亚陆路国家。

4）与"一带一路"沿线国家签订重要的交通协议

目前，中国已同俄罗斯、塔吉克斯坦、哈萨克斯坦、卡塔尔、科威特等 30 多个沿线国家签署了同"一带一路"建设相关的合作协议。同时，中国已签署包括与东盟、新加坡、巴基斯坦等在内的 12 个自贸协定，涉及 20 个国家和地区。

中蒙俄《沿亚洲公路网政府间国际道路运输协定》商签工作已完成并成功组织试运行，助力"一带一路"与俄罗斯欧亚经济联盟建设、蒙古国"草原之路"倡议相对接；完成了《上合组织成员国政府间国际道路运输便利化协定》的生效程序；签订了《中哈俄国际道路临时过境货物运输协议》并组织开展试运行活动；签订了《大湄公河次区域交通发展战略规划》《大湄公河次区域便利货物及人员跨境运输协定》等相关协定。

3.3.3　与"一带一路"相关的主要交通政策

1. 国民经济和社会发展第十三个五年规划纲要

《中华人民共和国国民经济和社会发展第十三个五年规划纲要》（2016 年 3 月 18 日）第五十一章为推进"一带一路"建设。纲要指出要健全"一带一路"合作机制，围绕政策沟通、设施联通、贸易畅通、资金融通、民心相通，健全"一带一路"双边和多边合作机制。在"设施联通"章节中提出"基础设施互联互通是'一带一路'建设的优先领域"。

2. "十三五"现代综合交通运输体系发展规划

《"十三五"现代综合交通运输体系发展规划》（2017 年 2 月 3 日），指出要强化战略支撑作用，打造"一带一路"互联互通开放通道。着力打造丝绸之路经济带国际运输走廊。

3. 关于全面深化交通运输改革的意见

交通运输部 2014 年 12 月 31 日发布《关于全面深化交通运输改革的意见》，该意见指出要完善综合交通运输规划编制机制，服务国家"一带一路"战略，建立跨区域的交通运输规划编制协调机制。推进陆上和海上战略通道建设，推进区域交通互联互通和国际运输便利化。

4. 关于进一步鼓励开展多式联运工作的通知

交通运输部等十八个部门在 2017 年 01 月 04 日发布了《关于进一步鼓励开展多式联运工作的通知》，通知指出要深化国际运输交流合作，加快制定修订国际运输双边、多边协定，强化与国际多式联运规则对接。推动与"一带一路"沿线国家在技术标准、单证规则、数据交换、通关报关、资质认证、安全与应急处置等方面开展务实合作。

5. 铁路标准化"十三五"发展规划

《铁路标准化"十三五"发展规划》（2017 年 3 月 2 日）指出，"一带一路"等国家重大发展战略的实施，需要充分发挥标准通用技术语言的作用，要完善铁路标准体系，加强重点领域标准制修订，支撑互联互通建设，助力快速畅通铁路大通道的形成。而且需要动态完善优化铁路装备标准，促进我国铁路装备制造水平整体提升。

3.3.4 "一带一路"交通国际合作的法律需求

全球或地区治理的典型特征是以规则为基础的治理，规则作为人类活动的行为规制和行动导引，它和原则、规范、决策一起构成国际机制的基本要素。共建"一带一路"合作框架的推进，需要逐步规范交通基础设施投资和运营等经济活动，通过规则来降低交易成本、减少不确定性并明确参与方的权利义务。"一带一路"交通国际合作机制的建立应分为两个方面：一是交通运输体制的建立，即运输合作组织职能和岗位责权的调整及配置；二是交通运输制度的建立，不仅包括交通法律法规，也包括各种规章制度。"一带一路"交通国际合作的实现，需要相关的制度保障。

1. 需要协调交通规划制度

目前，"一带一路"交通基础设施建设，不仅沿线国家的自身建设规划不完善，而且也缺乏从全局、整体角度对交通运输网络布局与关键通道及设施建设的总体规划。这是影响投资者积极参与"一带一路"交通基础设施建设，特别是参与一些重要通道及关键枢纽建设项目的重要因素。因此，加快推进沿线国家相关规划完善，并从全球化及与全球交通运输网络衔接的高度加强"一带一路"交通基础设施网络布局规划，实现总体规划与各国规划的有机衔接，是促进沿线各国加大投资力度、吸引全球金融资源和投资者共同参与关键环节、通道设施建设的关键举措。

2. 需要建立交通合作管理平台

当前，"一带一路"尚未形成专门的区域交通合作平台，而是采取灵活的方式，以双边的高层会晤、主场外交、多边机制嵌入相关议题等形式，谋取沿线国家交通国际合作的共识。例如，已经建立的交通部长会议机制，其主要职责在于组织和协调各类形式的国际合作，包括制定统一的关税、交通法规和技术标准，建立便利的运输条件，推动经济技术合作等，最终实现跨国、跨区域商贸物资流动的畅通。"一带一路"交通发展需要建立区域内海陆空一体化无缝运输物流网络，因此需要建立区域间交通合作管理平台，协调交通基础设施网络的互联互通，促进海陆空运输便利化，实现多种交通运输方式物流信息交换共享合作，在新增航线、跨境货物运输、航空服务等方面增进合作。同时提升交通安全环保水平，保障航行安全与海洋环境清洁。

3. 交通基础设施的标准和技术水平需要协调和兼容

"一带一路"交通国际合作体系，必然是连接铁路、公路、水路、民航等多种交通运输方式的综合交通运输体系，是各种交通运输方式按照各自技术经济特征和比较优势形成的交通运输有机整体。综合交通运输体系的有效有序运行需要统一交通标准技术基础，对各种交通运输方式基础设施建设、运输组织、管理服务等制定统一的技术要求，科学合理地引导各种交通运输方式协调衔接。从体系构成上来说，"一带一路"交通运输标准体系主要包括基础标准、运输服务标准、工程设施标准、安全应急标准、信息化标准、统计评价标准、运输装备和产品标准，以及其他相关领域标准，这些标准的核心指标应该统一衔接。

4. 需要建立交通建设资金融资制度

"一带一路"建设最初由中国倡导，并且积极推动了金砖国家开发银行、亚洲基础设施投资银行以及丝路基金的设立，中国实际已经成为"一带一路"沿线各国基础设施建设资金的主要供应者。但为了实现"一带一路"的"共商共建共享"，形成沿线国广泛和充分的参与，需要完善"一带一路"交通建设资金融资制度，保障资金融通的安全，在采用PPP等方式进行交通项目建设时，注意参与主体的利益保护，形成合理的资金融通、利益分配和风险分担机制。

5. 需要建立交通通道安全和维护制度

安全是交通管理的基础目标，"一带一路"交通通道跨越不同的国家和地区，运营线路超长，运输量巨大，交通安全管理不得不面对很多新现象、新问题和新矛盾。例如，影响交通通道安全的因素非常多，不仅涉及政治、经济等因素，还往往涉及宗教信仰、风俗习惯等因素。要适应"一带一路"中综合交通运输体系、智能交通发展的需要，需要建立国际合作的交通通道安全和维护制度，以保障交通设施建设和运营的安全。

6. 需要规范国际联运机制

当前，国际联运机制并不完善。在铁路方面，《国际铁路货物联合运输协定》与《关于铁路货物运输的国际公约》各自使用一套体系，没有统一运单，致使中欧贸易货物运输衔接困难；在公路方面，也存在公约差异的问题，如欧洲的《国际公路货物运输合同公约》在俄罗斯等国家就不被使用，中国与中亚的公路过境运输也存在着大量制度问题。而且我国自身关于联运的规则也不规范，出入境货物通关程序、税收征管、企业管理、货物验收等还存在很多制度上的缺陷。

3.4　中国促进"一带一路"交通国际合作的立法趋势

"一带一路"作为中国提出的一种新型区域合作机制，需要充分考量"一带一路"建设所涉阶段的复杂性及国家的差异性。中国在促进"一带一路"交通国际合作中的基本理念是以区域整体利益观代替本国局部福利观，更突出中国向周边国家提供区域公共产品的功能。

1. 梳理交通法律法规，及时进行立改废

中国立法部门正在对交通相关法律、法规、规章和规范性文件进行全面系统的清理。为适应"一带一路"倡议发展要求，对与国家交通战略方针政策不一致，与法律法规不一致、与新经济形势不一致的交通法律规定，正在研究相关的交通理论，并且逐步拟定立改废的处理意见及理由。例如，《民用航空法》已经列入立法计划，修订后的法律即将出台。

2. 积极参加国际相关交通公约和达成交通合作双边协定

在当前经济全球化的趋势下，跨国法律规则也在不断发展，各国不同的法律制度之间，相互渗透、相互吸收、借鉴和移植。法律全球化促进了法律技术化趋势的发展，在营运车辆与驾驶员管理、交通控制、交通违章处罚、交通事故处理程序与损害赔偿等方面，大量的法律越来越被看作是一种技术而跨越了国界。中国也在积极参加国际相关交通公约，促进交通公约的规则统一。同时也在积极和沿线国家建立交通合作双边、多边协定，促进交通国际合作机制的完善。

3. 建立综合交通运输体系合作监管机制，完善交通便利化措施

中国正在努力促进不同交通运输方式互联互通，建立综合交通运输体系的合作监管机制，规范联合监管措施，例如统一载货清单。同时，将交通便利化措施制度化，立法规范跨境运输、口岸快速通关"绿色通道"。加强与沿线国交通跨境监管程序协调，扩大在交通海关通关、关税征管、交通责任承担、交通执法与交通安全等方面的务实合作。

4. 促进交通标准与国际标准接轨

结合我国交通运输发展实际，接轨国际先进标准，完善具有中国特色的标准体系。加强标准翻译工作，深化国际合作与交流，扩大我国在国际交通标准领域的影响力，推动中国标准融入或提升为国际标准。积极参与国际标准化组织（International Organization for Standardization，ISO）ISO/TC 269、国际电工委员会 IEC/TC 9、国际铁路联盟 UIC 等国际标准化组织战略、政策和规则的制定修改。及时跟踪国际交通标准发展动态，开展中外标准的研究和对比分析，积极转化适合我国国情的国际标准，参考借鉴国外先进标准，加快接轨步伐。结合海外工程承包、重大装备设备出口和对外援建等，多层面、多方式宣传和推介中国标准。

3.5　"一带一路"交通国际合作面临的主要障碍和对策

交通合作项目的顺利实施对推进中国与"一带一路"沿线国家关系的友好发展有着重要作用，同时友好的国家关系对交通合作项目的实施也起着重要的作用。

3.5.1　"一带一路"交通国际合作面临的主要障碍

1. 交通需求存在较大的差异性

虽然多数"一带一路"沿线国家都对倡议给予积极回应，但由于涉及国家数量庞大，各个国家的战略需求不同，文化多元，思维理念有着极大的不同。在交通运输业贸易中，地区间发展极不平衡。欧洲是主要的交通运输业出口地区，也是交通运输业贸易的顺差来源地，亚洲是交通运输业的主要逆差地区。

从交通设施建设需求来看，发达国家的建设需求大部分是升级需求，比如老旧铁路线路改造升级为高铁；发展中国家和欠发达国家的交通基础设施建设不足，还处于初步建设过程中。基础设施一般具有投资大、周期长、回报率低的问题，"一带一路"沿线国家多为发展中国家，大多处在工业化初期阶段，经济发展水平不高，基础设施条件较差。基建投资支出不足，普遍呈现基础设施落后的现状——人均 GDP、人均公路里程、人均铁路里程等指标均远低于中国。

2. 沿线国家政治与社会安全形势复杂

"一带一路"沿线国家多为发展中国家与欠发达国家，经济社会发展较为滞后，政治局势也长期处于动荡之中，社会安全局势尤其严峻，为中国与沿线国家关系治理带来严峻挑战。一是部分沿线国家政治局势不稳定，中亚、中东、北非等地区局势不稳，民族与宗教问题错综复杂；二是恐怖主义形势较为严峻，极端势力和恐怖主义事件时有发生；三是民族宗教文化多元。"一带一路"沿线连接欧亚大陆地区，民族宗教文化非常复杂，涵盖了儒家、佛教、印度教、伊斯兰教、基督教等多种文明体系，而这些文明体系衍生出的政治制度、社会制度及文化制度均有着极大的差异，各国之间相互竞争。在国内法律环境方面，有些国家（如东南亚的新加坡、马来西亚等国）的法律制度相对比较稳定，而有些国家的法律法规较为杂乱，立法透明度差，执法和司法的任意性较大，政府腐败也较为严重。而且还有些"一带一路"沿线国家对规则认同度很低，尚未与中国签署任何双边或区域经贸协定。

3. 对"一带一路"规则的认识存在较大差异

重视经济利益是部分沿线国家积极呼应"一带一路"倡议的重要原因，也是驱使这些国家与中国开展积极合作的重要动因。但是有些国家虽然重视与中国开展经济合作，但防范中国的戒心较重，在地缘政治上，希望中国、日本、美国等在该地区形成一种战略平衡。例如，南亚的印度视中国为竞争对手，对"一带一路"的合作存有疑虑。战略互信严重不足无疑是中国与沿线国家形成交通国际合作的障碍，对双方的交通合作进一步深入发展造成极大制约。

3.5.2 促进"一带一路"交通国际合作的对策

"一带一路"实现交通国际合作，需要建立一种"多层次"的国际合作法律保障机制。从形式上表现为全球性、区域性、双边性条约以及相关国家的国内法律，还应包括有法律约束力的条约，也需要无法律约束力的非正式协议。应注意利用现有规则尽可能地将各方面的事项予以规定，以双边条约或多边条约的形式将成果固定，从而明晰各方的权利义务，为交通合作中可能出现的争端提供解决途径，更好地保护合作各方的利益。

1. 形成共同治理机制

自 1995 年全球治理委员会首次对"治理"加以界定以来，治理的要义便在于强调"多元协同、利益协调、制度规范、公正公平、有序高效"。治理机制是治理主体按照一定程序和原则设置议题达成共识或决策的互动关系，反映了治理主体间的权力配置、责任划分和利益协调。共同治理机制应该是多元的，需要允许机制化合作与非机制化合作并存。

实现交通国际合作，需要充分依靠中国与有关国家既有的双边及多边机制，借助既有的、行之有效的区域合作平台、双边及多边的投资合作协议，推动形成双边、区域多层次交通合作机制，可以考虑在交通领域形成专门的次区域或区域合作组织。"一带一路"交通发展中，每个行为体均是平等的成员。交通国际合作需要充分考虑不同国家的经济利益与战略需求，通过共同治理来推进"一带一路"框架下各类交通项目的合作，形成相互平等与尊重的关系。

实现"一带一路"国际合作机制的基本思路是：先由交通发达国家大国协调组建沿线国家广泛参与的多边组织或次区域交通合作组织，理顺已有的次区域、区域、跨区域乃至全球多边合作交通协作机制，在达成共识的基础上，进一步整合交通交叉重叠、标准具有趋同态势的区域机制，最终实现沿线国家交通畅通、有效合作的目标。从中国角度来看，应以交通基础设施建设为突破，优先部署中国邻国的铁路、公路项目。同时发展海陆联运，将陆上丝绸之路和海上丝绸之路有效衔接。

2. 形成多层次全方位的交通协作机制

首先，要加强各国交通等相关部门间的协调，在国家层面建立一体化的交通合作框架。其次，通过多边政府和行业协会谈判，形成多层次的全方位交通协作机制。具体而言，要推动交通管理相关部门信息互换、监管互认、执法互助，逐步建立互惠、互利的便捷交通管理、关税减免、跨国物流服务等机制，同时促进沿线主要国家的核心陆路口岸、港口、空港，建立与我国核心口岸之间统一的信息共享和业务实时联通服务。建立国际物流云计算服务中心，构建国际物流信息网络。

3. 促进多元交通主体参与"一带一路"的建设

"一带一路"交通设施是沿线各国乃至全球重要的公共产品，不仅关系到沿线国家的经济社会发展，也关系到全球交通基础设施与交通体系的整体运行和布局调整。在"一带一路"交通建设中既要重视政府层面的合作，也要促进政府、企业和民间组织参与交通建设，参与交通规则的制定。除了主权国家，各类政府间的国际和地区组织在交通国际合作中也扮演着重要的角色。而一些市场主体如跨国企业以及相关的民间组织将发挥愈来愈重要的作用，构成重要的行为主体。

从全球经验来看，交通与物流基础设施建设投资大、回收期长，虽然是政府提供的公共产品，但其运营和服务往往需要由许多企业来承担。企业的积极参与，对基础设施投资及未来成功运营具有至为关键的作用。全球运输与物流网络的形成、基础设施建设的背后，往往有许多国际或全球性运输和物流企业的参与，例如，港口往往由大型港口集团及船公司提供物流；机场则与全球性航空企业或快递企业密切相关，例如，全球或区域基地或转运中心；铁路的货运场站，多式联运场站，往往是由铁路与物流/或船公司共同开发运营。这些企业的成功参与，不仅需要各国政府提供长期稳定的政治经济环境，而且也需要构建和创新探索符合市场规则的投资运营模式，特别是基于政府与企业良性合作的PPP模式。这是充分调动更多沿线国家乃至全球投资机构和企业参与基础设施建设和运营积极性，加快形成政府、投资主体、运营企业等各方共赢的新格局的主要实现途径。

4. 形成有效的交通融资机制

争取国际组织基金、WCO中国基金、APEC中国基金、自贸区建设中国基金等援外资金等多种资金渠道，为沿线、区域发展中国家交通设施提供针对性能力建设援助。亚洲基础设施投资银行和丝路基金的成立，将极大程度上缓解"一带一路"沿线国家，尤其是亚洲发展中国家在基础设施、资源开发、产业合作等方面的资金短缺问题。

习题

一、名词解释

1. 多式联运
2. 交通运输管理体制
3. 运输经营许可证
4. 综合交通运输体系
5. "一带一路"

二、简答题

1. 我国交通运输市场的准入制度是什么样的？
2. 我国交通运输市场是如何监管的？
3. 交通运输市场监管主体的权限和责任有哪些？
4. 如何优化我国的运输结构？
5. "一带一路"倡议的基本内容是什么？
6. "一带一路"交通国际合作的法律需求有哪些？

三、论述题

1. 综合交通运输政策和综合交通运输立法之间有何关系？
2. "一带一路"交通国际合作面临的主要障碍是什么？相应的主要对策有哪些？
3. "一带一路"倡议对我国交通运输法的影响有哪些？

下篇 分论

第4章

铁路法

本章导读

铁路法既是组织法也包括行为法，还包括铁路管理制度。本章从铁路法调整对象和铁路管理体制出发，重点介绍了铁路建设法律问题、铁路运输合同，并对铁路运输安全管理制度做了说明。

4.1 铁路法概述

铁路作为国家重要基础设施、国民经济大动脉和公共交通工具，是构建综合交通运输体系的重要力量，在推动经济社会发展中处于非常重要的地位。铁路从其产生之际，即对社会经济发展的各个方面产生了深刻的影响，涉及大量的利益重新调整与分配，铁路的法律调整也体现出前所未有的复杂性与广泛性。铁路指以轨道或于轨道上空架设电线，供动力车辆行驶及其有关的设施。铁路运输是一种陆上交通运输方式，以机车牵引列车在两条平行的铁轨上行走。但广义的铁路运输尚包括磁悬浮列车、缆车、索道等非钢轮行进的方式，或称轨道运输。铁轨能提供极光滑及坚硬的媒介让火车的车轮在上面以最小的摩擦力滚动。这样，在火车上面的人会感到更舒适，并节省能量。而且，铁轨能平均分散火车的重量，令火车的载重力大大提高。

改革开放以来，铁路法制建设取得了一定的成就。我国先后制定了《铁路法》（1990年发布，2009年、2015年修正）、《铁路安全管理条例》（2013年）、《铁路交通事故应急救援和调查处理条例》（2007年发布，2012年修订）等法律法规，也先后制定了《铁路运输企业准入许可办法》（2014年）、《铁路机车车辆驾驶人员资格许可办法》（2013年）、《铁路运输基础设备生产企业审批办法》（2013年）、《铁路专用设备缺陷产品召回管理办法》（2015年）等部门规章。在开展铁路立法的同时，先后数次对铁路法规进行了全面的清理，及时废止与现实不符、与法律不一致的规章，提高铁路法规规章的适应性，完善了相应的规章制度，并及时开展提高法律效力层次的立法活动。通过大量的铁路立法活动，推动了铁路建设事业的发展，并初步形成了具有铁路特色的铁路法规体系。

4.1.1 铁路法调整的对象

1. 铁路法的调整对象

铁路法的调整对象主要是铁路运输关系、铁路建设关系和铁路运营安全关系。铁路建设关系是铁路在修建、改建的过程中与工程建设单位、勘测设计单位、原材料供应单位等部门之间发生的关系。这些关系有的属于铁路法的调整范围，有的属于合同法的调整范围，有的则属于行政法或者其他法律的调整范围。与铁路运输有关的其他社会关系内容比较复杂，既有侵权损害关系，也有为维护铁路各种设备而与物资供应部门、工程承包部门发生的购销合同关系、工程承包合同关系等。铁路运输关系是多层次的，既有横向的平等主体之间的经济协作关系，又有纵向的上下级之间的领导与被领导、管理与被管理的关系。横向的平等主体之间的经济协作关系主要是合同关系，例如，铁路旅客运输关系、铁路货物运输合同关系等。不管是横向的经济协作关系，还是纵向的经济管理关系，都是铁路法律规范的调整对象。

2. 铁路的分类

按照铁路的经营属性，可将铁路分为公益性铁路、经营性铁路和准公益性铁路三类；按照铁路的投资主体，可将铁路分为国有铁路、非国有铁路、混合所有制铁路①；按照铁路运输性质，可将铁路分为客货共线铁路、客运专线铁路、货运专线铁路三类。按照铁路线路在路网中的地位和作用，可将铁路分为干线铁路和支线铁路两类；按照铁路线路经营管理模式，可将铁路分为自主经营铁路、委托经营铁路、联合经营铁路三类；按照铁路线路等级分类，可将铁路分为高速铁路和既有普速Ⅰ～Ⅲ级铁路。《铁路法》将我国铁路共分为4种，即国家铁路、地方铁路、专用铁路和铁路专用线。

1）国家铁路

♀ 铁路法

《铁路法》第2条第2款规定："国家铁路是指由国务院铁路主管部门管理的铁路。"在目前，国务院铁路主管部门就是指中华人民共和国交通运输部下属的国家铁路局，管理是指对国家铁路的经济与行政管理。

2）地方铁路

《铁路法》第2条第3款规定："地方铁路是指由地方人民政府管理的铁路。"地方铁路主要是指由地方自行投资修建或者与其他铁路联合投资修建，担负地方公共客货短途运输任务的铁路。我国地方铁路是在1949年后不断发展起来的。

---

① 国有铁路是指由国家独资修建的铁路，非国有铁路是指由社会资本（包括外资）修建的铁路；混合所有制铁路是指中央政府或各级地方政府、国有企业与社会资本（包括外资）共同修建的合资铁路。

3）专用铁路

《铁路法》第2条第4款规定："专用铁路是指由企业或者其他单位管理，专为本企业或者本单位内部提供运输服务的铁路。"专用铁路的定义也是从管理权限和管理主体上来考虑的。一般来说，专用铁路大多数是大中型企业或者事业单位自己投资修建，自备机车车辆，用来完成自身的运输任务的铁路。专用铁路是我国铁路网的一个组成部分，也是整个交通运输网的一个组成部分。

4）铁路专用线

《铁路法》第2条第5款规定："铁路专用线是指由企业或者其他单位管理的与国家铁路或者其他铁路线路接轨的岔线。铁路专用线与专用铁路都是企业或者其他单位自己修建，主要为本单位内部运输生产服务的铁路。两者所不同的是，专用铁路一般都自备动力，自备运输工具，在内部能够形成一套系统的、自成体系的运输组织，完成货物在内部的循环和中转；而铁路专用线则仅仅是一条线，其长度一般不超过 30 km，其运输动力使用的是与其接轨的铁路的动力。铁路专用线也是铁路运输网的一个组成部分。目前铁路运输的大宗物资大多数都是在铁路专用线装车。

随着改革开放的不断发展，出现了高速铁路、合资铁路、中外合资铁路、股份制铁路和有限责任公司铁路等新型铁路，不同形式的铁路都适用《铁路法》。

3. 高速铁路概况

根据原铁道部于2013年颁布的《铁路主要技术政策》（中华人民共和国铁道部第34号令），高速铁路为新建设计开行 250 km/h（含预留）及以上动车组列车，初期运营速度不小于 200 km/h 的客运专线铁路。自2008年8月1日中国第一条 350 km/h 的高速铁路——京津城际铁路开通运营以来，高速铁路在中国大陆迅猛发展。中国高速铁路具有三大优势：技术先进、安全可靠；价格低、性价比高；运营经验丰富。目前世界上已经有中国、西班牙、日本、德国、法国、瑞典、英国、意大利、俄罗斯、土耳其、韩国、比利时、荷兰、瑞士等16个国家和地区建成运营高速铁路。

🔎 铁路主要技术政策

《中长期铁路网规划》（2016年）提出要建成现代的高速铁路网，连接主要城市群，基本连接省会城市和其他 50 万人口以上大中型城市，形成以特大城市为中心覆盖全国、以省会城市为支点覆盖周边的高速铁路网，实现相邻大中城市间 1~4 h 交通圈，城市群内 0.5~2 h 交通圈，提供安全可靠、优质高效、舒适便捷的旅客运输服务。根据上述目标，规划建设以"八纵八横"主通道为骨架、区域连接线衔接、城际铁路补充的高速铁路网，实现省会城市高速铁路通达、区际之间高效便捷相连。"八纵八横"主通道中，"八纵"包括沿海通道、京沪通道、京港（台）通道、京哈—京港澳通道、呼南通道、京昆通道、包（银）海通道和兰（西）广通道；"八横"包括绥满通道、京兰通道、青银通道、陆桥通道、沿江

🔎 铁路中长期路网规划

通道、沪昆通道、厦渝通道和广昆通道。规划方案实现后，我国高速铁路规模将达到4.5万km左右。

高速铁路的发展对现有铁路法律提出了挑战，现有铁路法律制度还没有国家层面的关于高速铁路的专门立法。但云南省已经制定了《云南省高速铁路安全管理规定》（下称《规定》）于2017年5月1日起施行。这是全国首个省级地方性高速铁路法规。《规定》共30条，进一步明确了高速铁路安全监管主体和范围、执法监管职责和法律责任。明确要求不得在高铁线路安全保护区内实施下列行为：擅自铺设、架设各类跨越、穿越高速铁路线路的管线、缆线、渡槽等设施；擅自进入高速铁路的封闭区域；放飞鸟类和飞行器、风筝、孔明灯等飞行物或者漂浮物体；抛掷可能影响行车瞭望或者设施设备安全的物品；攀爬、钻越、损毁线路防护设施；法律法规规定的其他不安全行为。

4.1.2　铁路管理体制

2013年，中央决定实行铁路政企分开改革，分别组建了国家铁路局和中国铁路总公司，铁路管理体制发生了重大变化。将铁道部拟定铁路发展规划和政策的行政职责划入交通运输部；组建国家铁路局，由交通运输部管理，承担原铁道部的其他行政职责；组建中国铁路总公司，承担原铁道部的企业职责。国家铁路局的主要职责如下。

（1）起草铁路监督管理的法律法规、规章草案，参与研究铁路发展规划、政策和体制改革工作，组织拟定铁路技术标准并监督实施。

（2）负责铁路安全生产监督管理，制定铁路运输安全、工程质量安全和设备质量安全监督管理办法并组织实施，组织实施依法设定的行政许可。组织或参与铁路生产安全事故调查处理。

（3）负责拟定规范铁路运输和工程建设市场秩序政策措施并组织实施，监督铁路运输服务质量和铁路企业承担国家规定的公益性运输任务情况。

（4）负责组织监测分析铁路运行情况，开展铁路行业统计工作。

（5）负责开展铁路的政府间有关国际交流与合作。

（6）承办国务院及交通运输部交办的其他事项。

4.2　铁路建设法律问题

铁路建设是国家重要基础设施建设，需要统筹考虑铁路、公路、航空、水路、管道等整个运输体系资源的合理配置，对于国民经济发展、社会发展和国防事业均具有重大影响。铁路建设由于自身的特性，也不同于普通的房屋或者其他设施建设。因此，铁路建设[①]活动需要专门的法律制

---

① 铁路建设，是指新建、改建铁路建设项目的立项决策、勘察设计、工程实施、竣工验收等全部建设活动。

度进行规范，而不能笼统地纳入城市房屋或者其他设施建设法律制度的调整范围。

铁路建设法律制度是指以调整铁路建设关系为对象的法律规范，包括调整国家对铁路建设行为施行行政管理过程中所形成的行政管理法律关系的规范和调整铁路建设当事人之间的民事法律关系的规范。铁路建设法律制度应当以铁路建设行为作为调整对象，与铁路管理体制相适应。铁路建设管理法律制度是指国家管理铁路建设活动所制定的法律规范，这是行政管理机关对铁路建设行为进行管理的法律依据，体现的是管理与被管理的行政法律关系。主要包括铁路建设规划、铁路建设投资、铁路建设用地、铁路建设市场、铁路建设项目和铁路建设安全等方面的内容。铁路建设必须贯彻执行国家有关方针政策，严格执行国家法律、法规、规章及工程建设强制性标准，严格执行国家规定的建设程序，全面实现质量、安全、工期、投资、环保和稳定等建设目标。铁路建设实行项目法人责任制、招标投标制、工程监理制、合同管理制。铁路建设合同法律制度的调整对象是铁路建设当事人之间的权利义务关系。合同是当事人之间达成的设立、变更和终止民事法律关系的协议。由于合同法律规范强调当事人自治原则，一般合同的内容应当由当事人按照平等互利、自愿协商、诚实信用的原则自行约定，任何一方不能将自己的意志强加给另一方。因此，在涉及当事人的基本权利和义务方面，法律规范重点规定程序，主要为当事人签订合同提供一个具有操作空间的准则，便于当事人协商签约。同时，将合同的基本原则和常见问题等通过法律形式规定下来，便于当事人在约定时直接引用，提高签订合同的效率。在此处主要讨论铁路建设管理关系。

4.2.1 铁路发展规划

铁路发展与国民经济其他部门以及其他交通运输方式的发展关系极为密切，而铁路自身的特点又决定了铁路网内的各种不同的铁路发展规划要协调一致。因此，铁路发展规划是铁路建设的最基本问题。

铁路发展必须服从于国民经济可持续发展战略的要求，从我国的基本国情和建立社会主义市场经济的要求出发，以运输市场满足社会、经济发展和人民生活提高的需求为依据，充分发挥铁路在我国交通运输体系中货物运输的主力作用和旅客运输的骨干作用，逐步拓展国际运输领域，优化路网结构，合理配置运输资源，依靠科技进步，提高劳动者素质，改善运输服务质量，加快铁路运输发展，满足社会经济发展和人民生活水平提高的要求。

《铁路法》第33条规定，铁路发展规划应当依据国民经济和社会发展以及国防建设的需要制定，并与其他方式的交通运输发展规划相协调。为加快构建布局合理、覆盖广泛、高效便捷、安全经济的现代铁路网络，更好发挥铁路骨干优势作用，推进综合交通运输体系建设，支撑引领我国经济社会发展，结合发展新形势新要求，我国2016年修编了《中长期铁路网规划》。该规划是我国铁路基础设施的中长期空间布局规划，是推进铁路建设的基本依据，是指导我国铁路发展的纲领性文件。规划期为 2016—2025 年，远期展望到 2030 年。

铁路发展规划目标是到 2020 年，一批重大标志性项目建成投产，铁路网规模达到 15 万 km，其中高速铁路 3 万 km，覆盖 80% 以上的大城市。到 2025 年，铁路网规模达到 17.5 万 km 左右，其中高速铁路 3.8 万 km 左右，网络覆盖进一步扩大，路网结构更加优化，骨干作用更加显著，更好发挥铁路对经济社会发展的保障作用。展望到 2030 年，基本实现内外互联互通、区际多路畅通、省会高铁连通、地市快速通达、县域基本覆盖。

(1) 完善广覆盖的全国铁路网。连接 20 万人口以上城市、资源富集区、货物主要集散地、主要港口及口岸，基本覆盖县级以上行政区，形成便捷高效的现代铁路物流网络，构建全方位的开发开放通道，提供覆盖广泛的铁路运输公共服务。

(2) 建成现代的高速铁路网。连接主要城市群，基本连接省会城市和其他 50 万人口以上大中城市，形成以特大城市为中心覆盖全国、以省会城市为支点覆盖周边的高速铁路网。实现相邻大中城市间 1~4 h 交通圈，城市群内 0.5~2 h 交通圈。提供安全可靠、优质高效、舒适便捷的旅客运输服务。

(3) 打造一体化的综合交通枢纽。与其他交通方式高效衔接，形成系统配套、一体便捷、站城融合的铁路枢纽，实现客运换乘"零距离"、物流衔接"无缝化"、运输服务"一体化"。

4.2.2　铁路建设土地

铁路建设用地需要遵守我国土地管理相关法律制度，如《中华人民共和国土地管理法》（1986 年发布，1988 年、1998 年修订，2004 年修正）、《中华人民共和国城市房地产管理法》（1994 年发布，2007 年、2009 年修正）、《中华人民共和国建筑法》（1997 年、2011 年修正）等法律制度，同时《铁路法》也对铁路建设用地制定了一些基本规则。

建设用地规划，应当纳入土地利用总体规划。为远期扩建、新建铁路需要的土地，由县级以上人民政府在土地利用总体规划中安排。铁路建设用地，依照有关法律、行政法规的规定办理。有关地方人民政府应当支持铁路建设，协助铁路运输企业做好铁路建设征用土地工作和拆迁安置工作。

已经取得使用权的铁路建设用地，应当依照批准的用途使用，不得擅自改作他用；其他单位或者个人不得侵占。侵占铁路建设用地的，由县级以上地方人民政府土地管理部门责令停止侵占、赔偿损失。

4.2.3　铁路建设主体

铁路建设主体涉及建设单位、勘察设计单位、施工单位、监理单位等。这些主体中所形成的各种关系分别通过行政法规和合同法规来调整。

在铁路法中，应当明确不同主体的基本职责和各主体间的基本法律关系。

1. 建设单位

铁路建设单位是建设铁路的主体，也就是谁出资修建铁路，出资者就是建设单位。依据中国铁路总公司颁发的铁路建设管理办法，铁路建设项目的建设单位是建设项目的组织实施机构，是建设项目的法人，包括总公司管理的合资铁路公司（以下简称铁路公司）和铁路局。建设单位是铁路建设项目管理的实施主体，按照专业化、职业化、区域化管理要求，履行建设单位职责，对项目实施过程及结果负责。一般认为铁路建设管理单位必须是依法设立、从事铁路建设业务的企业或具有独立法人资格的事业单位，并满足下列条件。

（1）具有管理同类建设项目的工作业绩，其负责建设的项目工程质量合格、投资控制良好，经运输检验，没有质量隐患。

（2）具有与建设项目相适应、专业齐全的技术、经济管理人员。

（3）具有与建设项目建设管理相适应的技术、质量和经济管理机构，能够确保建设项目的质量、安全等符合国家规定，良好地控制工程投资，依法进行财务管理和会计核算。

建设单位修建铁路，应当取得建设许可证方可以开工建设。国务院铁路主管部门在接到建设单位申请后，应当认真审查是否符合铁路发展规划的要求，是否符合国家的需要，是否符合有关建设铁路的政策法规。对符合条件的，国家应当颁发铁路建设许可证。未取得建设许可证的，不得开工。

2. 勘察设计单位

铁路线路必须由具备相应资质要求的勘察设计单位来设计。勘察设计单位是受雇于建设单位的，应当与建设单位签订勘察设计铁路工程的合同，依照合同法和有关工程建设的法律法规的规定，明确双方的权利和义务关系。

铁路建设工程勘察设计应认真贯彻执行国家和国务院铁路主管部门颁布的技术政策、工程建设强制性标准和国家有关部门关于项目建议书、可行性研究报告和初步设计审查批复意见。铁路建设工程勘察设计按有关规定实行招标投标制度、工程地质勘查监理制度、设计咨询制度和设计文件审查制度。承担铁路建设工程勘察设计单位必须加强技术管理和质量管理。工程地质勘查资料必须真实、准确；设计工作应认真做好经济社会调查，运用系统工程理论，综合考虑运输能力、运输质量、建设规模和投资，推荐先进适宜的技术标准。在充分进行方案论证和经济技术比较的基础上，推荐最佳设计方案。铁路建设工程设计文件必须达到规定的深度，初步设计概算静态投资与批复可行性研究报告静态投资的差额一般不得大于批复可行性研究报告静态投资的10%。铁路建设工程设计选用的材料、设备，应当注明其规格、型号、性能等技术指标，其质量要求必须符合国家规定的标准。除有特殊要求的建筑材料、专用设备和工艺生产线等外，勘察设计单位不得指定生产厂、供应商。铁路建设项目开工前，勘察设计单位必须按勘察设计合同约定，向施工、监理单位说明设计意图，解释设计文件，并选派设计代表机构与人员常驻现场，及时解决施工中出现的勘察设计问题，完善和优化勘察设计，并按规定进行变更设计。

3. 施工单位

施工单位是承担具体建设任务的企业。施工单位首先必须具备相应的施工企业资质等级。它与建设单位之间也是一种合同关系，即建设工程承包合同关系。

承担铁路建设项目的工程施工承包单位必须执行国家有关质量、安全、环境保护等法律、法规，接受相关部门依法进行的监督、检查。工程施工承包单位必须履行合同，按照合同约定，组建现场管理机构，配备相应的工程技术人员、施工力量和机械设备。工程施工承包单位必须详细核对设计文件，依据施工图和施工组织设计施工。对设计文件存在的问题以及施工中发现的勘察设计问题，必须及时以书面形式通知设计单位、监理单位和建设单位。工程施工承包单位必须建立质量责任制，强化质量、安全管理，建立健全质量、安全保障体系，开展文明施工，推行标准化工地建设。工程施工承包单位对工程施工的关键岗位、关键工种，必须严格执行先培训后上岗的制度。工程施工承包单位必须对建筑材料、混凝土、构配件、设备等按规定进行检查和检验，严禁使用不合格的材料、产品和设备。工程施工承包单位不得转包和违法分包工程。确需分包的工程，应在投标文件中载明，并在签订合同中约定。工程施工承包单位对分包工程的质量、安全负责。工程施工承包单位在工程施工中应准确填写各种检验表格，按规定编制竣工文件。

4. 监理单位

监理是代表建设单位对工程质量进行监督管理的部门。因此，监理单位基本上是以技术监督方的身份出现的。监理的责任就在于保证施工质量达到合同规定的要求。

建设单位、施工单位、勘察设计单位和监理单位都是独立的法人单位，但在一项具体的铁路建设工程中，四方又是一个不可分割的整体。因此，在履行合同时，各方要本着合作的精神，严格依照合同条款，确定各方的责任。

铁路建设工程监理实行总监理工程师负责制和监理执业人员持证上岗制。工程监理必须执行铁路建设有关规程规范，依据设计文件、工程质量检验评定标准进行监理。监理单位必须按照监理合同和投标承诺，设置现场监理机构，配备总监理工程师、专业监理工程师以及必需的检测设备。施工现场应建立总监理工程师、监理工程师、监理员各负其责的工程监理体系，现场监理人员的配置必须满足监理工作需要。涉及工程结构安全的关键工序和隐蔽工程，必须实行旁站监理。监理人员必须认真审阅、检查设计文件，依据设计文件和施工组织设计实施监理，对发现的勘察设计问题，必须及时以书面形式通知设计和建设管理单位。建筑材料、构配件和设备必须经监理工程师检查签字后方可使用或安装，涉及工程结构安全的关键工序和隐蔽工程，必须经监理工程师签字后方可进行下一道工序作业。建设单位拨付工程款之前，验工计价文件应经总监理工程师签认。

4.2.4 铁路建设标准

1. 铁路建设标准概念

标准是国民经济和社会发展的重要技术基础，是产业发展和市场竞争的核心要素，是加强宏观调控和依法行政的重要手段，是实施质量兴国、增强自主创新能力的重要内容。标准化是国家的一项主要技术经济政策，是组织现代化生产的重要手段。企业标准是企业科学管理的基础。为促进铁路标准化工作全面发展，按照国务院《深化标准化工作改革方案》（国发〔2015〕13号）、《国家标准化体系建设发展规划（2016—2020年）》（国办发〔2015〕89号）和铁路发展规划的要求，根据铁路改革发展需要，国家铁路局2017年制定了《铁路标准化"十三五"发展规划》。铁路建设标准是指铁路建设的各项技术指标。这些技术指标的制定与实施，是国家标准化建设的一项重要内容。

铁路标准化的目标是到2020年，形成完善的适应不同铁路交通运输方式的标准体系，标准数量、结构、层级更加完善合理，各领域标准、各级标准良好衔接。标准化工作机制更加完善，政府主导的标准和团体、企业标准有序衔接，标准的制定适应市场的需要。标准基础性研究得到加强，标准有效性、先进性和适用性显著增强。标准翻译覆盖工程建设和主要产品，主持及参与制定的国际标准数量大幅上升，我国铁路在国际标准化领域影响力和国际标准化活动的参与度明显提升。标准实施、监督及评估机制更加完善，重要标准的贯彻得到有效保证，标准实施效果进一步提升，标准支撑作用不断增强。

📍 标准化体系建设发展规划

📍 铁路标准化"十三五"发展规划

2. 铁路建设主要标准

1）轨距

根据现行《铁路法》第38条的规定，铁路的标准轨距为1 435 mm。新建国家铁路必须采用标准轨距。窄轨铁路的轨距为762 mm或者1 000 mm。

2）其他标准

新建和改建铁路的其他技术要求应当符合国家标准或者行业标准。铁路标准体系结构图如图4-1所示。

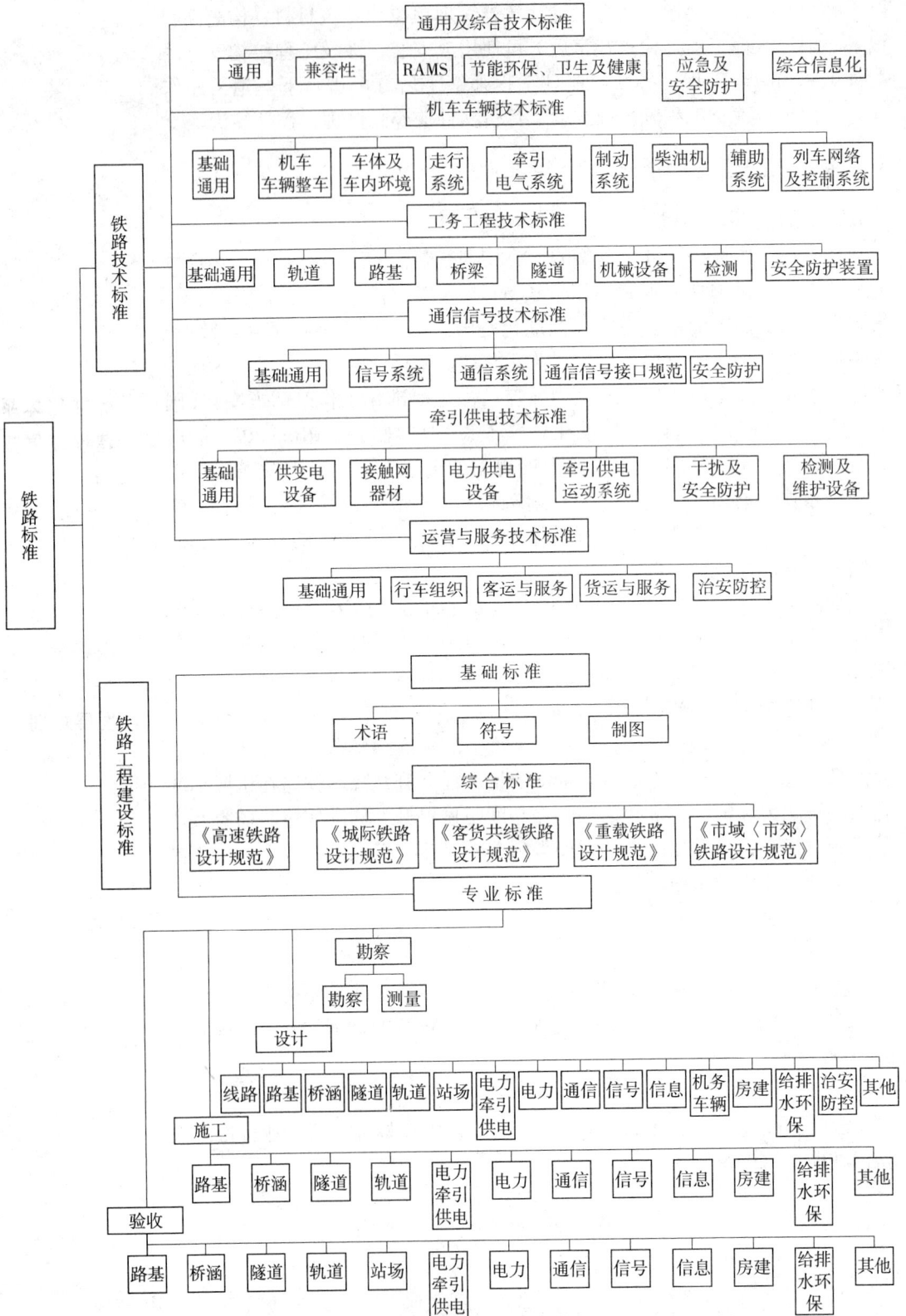

通用及综合技术标准

通用｜兼容性｜RAMS｜节能环保、卫生及健康｜应急及安全防护｜综合信息化

机车车辆技术标准

基础通用｜机车车辆整车｜车体及车内环境｜走行系统｜牵引电气系统｜制动系统｜柴油机｜辅助系统｜列车网络及控制系统

工务工程技术标准

基础通用｜轨道｜路基｜桥梁｜隧道｜机械设备｜检测｜安全防护装置

通信信号技术标准

基础通用｜信号系统｜通信系统｜通信信号接口规范｜安全防护

牵引供电技术标准

基础通用｜供变电设备｜接触网器材｜电力供电设备｜牵引供电运动系统｜干扰及安全防护｜检测及维护设备

运营与服务技术标准

基础通用｜行车组织｜客运与服务｜货运与服务｜治安防控

铁路技术标准

基础标准

术语｜符号｜制图

综合标准

《高速铁路设计规范》｜《城际铁路设计规范》｜《客货共线铁路设计规范》｜《重载铁路设计规范》｜《市域〈市郊〉铁路设计规范》

专业标准

勘察

勘察｜测量

设计

线路｜路基｜桥涵｜隧道｜轨道｜站场｜电力牵引供电｜电力｜通信｜信号｜信息｜机务车辆｜房建｜给排水环保｜治安防控｜其他

施工

路基｜桥涵｜隧道｜轨道｜电力牵引供电｜电力｜通信｜信号｜信息｜房建｜给排水环保｜其他

验收

路基｜桥涵｜隧道｜轨道｜站场｜电力牵引供电｜电力｜通信｜信号｜信息｜房建｜给排水环保｜其他

铁路工程建设标准

铁路标准

图 4 - 1

4.2.5 铁路建设投资

铁路建设具有投资大、周期长、收益慢的特点，一般情况下都是由政府投资建设。随着铁路改革的不断深化，铁路投资体制改革势在必行。

1. 铁路建设资金投融资体制改革

2013 年 8 月 9 日，国务院以国发〔2013〕33 号印发《关于改革铁路投融资体制加快推进铁路建设的意见》。该《意见》的主要内容如下。

（1）推进铁路投融资体制改革，多方式多渠道筹集建设资金。

按照"统筹规划、多元投资、市场运作、政策配套"的基本思路，完善铁路发展规划，全面开放铁路建设市场，对新建铁路实行分类投资建设。向地方政府和社会资本放开城际铁路、市域（郊）铁路、资源开发性铁路和支线铁路的所有权、经营权，鼓励社会资本投资建设铁路。研究设立铁路发展基金，以中央财政性资金为引导，吸引社会法人投入。铁路发展基金主要投资国家规定的项目，社会法人不直接参与铁路建设、经营，但保证其获取稳定合理回报。

> 🔑 改革铁路融资体制

（2）不断完善铁路运价机制，稳步理顺铁路价格关系。

坚持铁路运价改革市场化取向，按照铁路与公路保持合理比价关系的原则制定国铁货运价格，分步理顺价格水平，并建立铁路货运价格随公路货运价格变化的动态调整机制。创造条件，将铁路货运价格由政府定价改为政府指导价，增加运价弹性。

（3）建立铁路公益性、政策性运输补贴的制度安排，为社会资本进入铁路创造条件。

对于铁路承担的学生、伤残军人、涉农物资和紧急救援等公益性运输任务，以及青藏线、南疆线等有关公益性铁路的经营亏损，要建立健全核算制度，形成合理的补贴机制。

（4）加大力度盘活铁路用地资源，鼓励土地综合开发利用。

支持铁路车站及线路用地综合开发。中国铁路总公司作为国家授权投资机构，其原铁路生产经营性划拨土地，可采取授权经营方式配置，由中国铁路总公司依法盘活利用。按照土地利用总体规划和城市规划统筹安排铁路车站及线路周边用地，适度提高开发建设强度。创新节地技术，鼓励对现有铁路建设用地的地上、地下空间进行综合开发。符合划拨用地目录的建设用地使用权可继续划拨；开发利用授权经营土地需要改变土地用途或向中国铁路总公司以外的单位、个人转让的，应当依法办理出让手续。地方政府要支持铁路企业进行车站及线路用地一体规划，按照市场化、集约化原则实施综合开发，以开发收益支持铁路发展。

（5）强化企业经营管理，努力提高资产收益水平。

中国铁路总公司要坚持企业化、市场化运作，推进现代企业制度建设，改善经营、增收节支，依托干线铁路陆续开通、运力大幅增长等有利条件，千方百计扩大市场份额，依托运输主业开展物流等增值服务，力争客运年均增长 10% 以上、货运实现稳步增长。建立完善成本核算体系、绩效考核体系，有效控制建设和运营成本，提高经营效益。要在抓紧清理资产的基础上，全面开展资产评估工作，摸清底数，盘活存量，优化增量，增强企业自我发展能力。要抓紧实现建设项目投产运行，做好站点设施和运营设备的配套，充分发挥铁路网络整体效益，提高增量资产收益。

2. 铁路投资费用的特殊规制

铁路投融资体制改革要构建多元投资主体、拓宽多种筹资渠道、形成多样融资方式。在投资主体上，要逐步转变为政府投资引导，各类投资机构、境内外企业法人运作的多主体投资。在筹资渠道上，要逐步拓宽到财政投入、企业投资、市场融资、利用外资等多渠道筹资；在融资方式上，要逐步扩展到多银行贷款、债券融资、项目融资、股权融资等多种方式融资。

（1）设置铁路与道路立体交叉设施及其附属安全设施所需费用的承担，按照下列原则确定：新建、改建铁路与既有道路交叉的，由铁路方承担建设费用；道路方要求超过既有道路建设标准建设所增加的费用，由道路方承担；新建、改建道路与既有铁路交叉的，由道路方承担建设费用；铁路方要求超过既有铁路线路建设标准建设所增加的费用，由铁路方承担；同步建设的铁路和道路需要设置立体交叉设施以及既有铁路道口改造为立体交叉的，由铁路方和道路方按照公平合理的原则分担建设费用。

（2）修建跨越河流的铁路桥梁，应当符合国家规定的防洪、通航和水流的要求。国家没有规定的，按既定标准修建。需要超标准修建的，其超出部分的费用由提出要求的单位承担。

（3）因采矿、水利、防洪等特殊活动，要求铁路改线所产生的费用由提出改线请求的当事人承担。

4.3　铁路运输合同

4.3.1　铁路运输合同概述

铁路运输合同是《铁路法》中重要的内容之一。《铁路法》第 11 条第 1 款规定："铁路运输合同是明确铁路运输企业与旅客、托运人之间权利义务关系的协议。"这就是铁路运输合同的定义。从这条规定来看，铁路运输合同包含以下几个要素：合同的主体、合同的客体和合同的内容。

1. 铁路运输合同主体

铁路运输合同主体是指铁路运输企业、旅客和托运人。

铁路运输企业在合同关系中称为承运人。旅客作为铁路运输合同的主

铁路企业准入许可办法

体，是指有相应的民事行为能力的公民①。对于8周岁以下的未成年人或者不能辨认自己行为的成年人，不能作为铁路运输合同的主体对待。这些人乘车旅行，必须要有其监护人或监护人委托的人同行。如果没有监护人或监护人委托的人同行，则铁路承运人有权拒绝其乘坐。

托运人就是把货物、包裹或者行李交付铁路运输的人。托运人既包括自然人，也包括法人或者其他社会组织；既可以是货物、行李、包裹的所有人，也可以不是货物、行李和包裹的所有人；既可以是国家机关，也可以是企业单位、其他事业单位或者公民个人。

2. 铁路运输合同的客体

铁路运输合同的客体也称之为合同的标的，它是指铁路运输的劳务行为。铁路运输的对象是旅客或者货物、行李和包裹，这些对象不是法律意义上的客体，而是客体所指向的事物。铁路运输企业与旅客和托运人之间订立合同的目的是要按照托运人或者旅客的要求把货物、行李、包裹或旅客从一地运至另一地，运输劳务行为是双方的权利义务所共同指向的目标。因此，只有铁路运输的劳务行为才是铁路运输合同的客体，而不是旅客或货物、行李、包裹。

3. 铁路运输合同的内容

铁路运输合同的内容就是当事人各方的权利和义务。因铁路运输合同分为旅客运输合同和货运运输合同，具体权利义务有所不同，参见相关合同的论述。

4.3.2　铁路运输合同的特征

铁路运输合同具有以下特征。

1. 铁路运输合同对承运人一方进行全面的限制，承运人资格许可化

铁路运输合同的主体与其他合同相比，具有如下特点：一是主体的特定性，即凡是铁路运输合同，其一方当事人必定是铁路运输企业；二是主体的广泛性，由于每个人都要乘铁路旅客列车旅行，每个单位都可能利用铁路运输货物，因此，任何人都有可能成为铁路运输合同的主体；三是在货物和包裹运输中常常会出现合同的第三方当事人，即收货人。收货人是一个特殊的铁路运输合同的利害关系人，它在订立合同的时候，并没有参加到铁路运输生产活动中来，只是在领取货物的时候才与铁路运输企业发

---

① 《民法总则》（2017年）第17条规定："十八周岁以上的自然人为成年人。不满十八周岁的自然人为未成年人"。第18条规定："成年人为完全民事行为能力人，可以独立实施民事法律行为。十六周岁以上的未成年人，以自己的劳动收入为主要生活来源的，视为完全民事行为能力人。"第19条规定："八周岁以上的未成年人为限制民事行为能力人，实施民事法律行为由其法定代理人代理或者经其法定代理人同意、追认，但是可以独立实施纯获利益的民事法律行为或者与其年龄、智力相适应的民事法律行为。"第20条规定："不满八周岁的未成年人为无民事行为能力人，由其法定代理人代理实施民事法律行为。"第21条规定："不能辨认自己行为的成年人为无民事行为能力人，由其法定代理人代理实施民事法律行为。八周岁以上的未成年人不能辨认自己行为的，适用前款规定。"第22条规定："不能完全辨认自己行为的成年人为限制民事行为能力人，实施民事法律行为由其法定代理人代理或者经其法定代理人同意、追认，但是可以独立实施纯获利益的民事法律行为或者与其智力、精神健康状况相适应的民事法律行为。"

生法律关系。这是铁路运输合同主体的一个重要特点。

在运输企业主体资格上，运输企业必须符合民法和公司法的一般规定，这是毫无疑义的。但由于运输企业的公用性和独占地位，运输企业还必须符合专门法的规定，如铁路承运人必须符合铁路法的专门规定等。铁路运输合同法对承运人的限制，主要表现为承运人必须具有特定资格，承运人必须具有特定的身份。而且相关铁路管理法律还对运输费用、运输线路和时间等方面对承运人进行了限制。

2. 铁路运输合同的主要内容由法律法规确定

铁路运输合同的内容在我国铁路法律法规中有详细和完备的规定，铁路运输合同内容的确定化，在具体的铁路运输合同关系中当事人无须也不能就法律已有的强制性的权利义务规定进行磋商，法律已经充分地体现了当事人的意思，并且有效、平等地保护承运人和旅客及托运人的利益，法律法规所规定的合同条款构成了合同的内容。同时旅客客票和货运单所记载的条款构成铁路运输合同的主要格式条款，客票和货运单只记载、表示铁路运输合同的部分具体内容，是合同的组成部分，当事人的其他权利义务主要是通过法律法规的形式表现出来。铁路运输合同法定原则，决定了合同的基本内容不是由具体合同当事人双方协商确定，而是由相应的法律法规或规章予以详细规定，只有法律未做规定、没有不同规定或允许当事人协商的，当事人才能行使合同自由。

3. 铁路运输合同自由原则让位于合同法定原则

合同的本质是合同自由。合同自由原则指合同当事人在是否订立合同、与谁订立合同、订立何种内容的合同等方面有自主决定的权利。合同自由原则贯穿于合同法的始终，是合同立法、司法、法律解释等应遵循的基本原则。铁路运输与其他商品交换领域的最大不同，是契约自由原则从一开始就未能真正地、普遍地实行。即使在局部、个别运输领域内实行过的话，它也迅速地被国家意志所取代。法律一方面规定运输基础设施公用化和国有化，另一方面对承运人、运价、线路、时间均详加规定。结果是铁路运输合同当事人的自由意志受到严格限制。

4. 铁路运输合同缔约的法律强制性

铁路运输合同的强制缔约性体现在公共运输中。承运人所从事的运输活动，面向的是社会公众；承运人的活动具有社会公共事务的职能，具有普遍的社会意义。运输职能社会化决定国家必须扮演投资者、建设者、管理者的多重角色，而承运人的运输行为以及对运输行为所负的责任，国家均以法律作出相应的详细规定，例如，"从事公共运输的承运人不得拒绝旅客、托运人通常、合理的运输要求"[①]。法律明确规定了承运人普遍服务的义务。

---

① 《中华人民共和国合同法》（1999 年）第 289 条。

5. 铁路运输格式合同成为法的表现形式

所谓格式合同是指当事人一方为与不特定的多数人进行交易而事先拟订的，且不允许相对人对其内容做任何变更的合同。根据我国《合同法》39 条的规定，格式条款是当事人为了重复使用而预先拟订，并在订立合同时未与对方协商的条款。格式合同与格式条款又被称为一般交易条件。一般交易条件的对立物是双方当事人经过协商达成的个别协议。铁路运输合同广泛采用格式合同的形式，主要是由于运输营业频繁不断重复地进行的特点。由承运人制定格式合同，是运输经济关系产生的必然要求。承运人利用格式合同可以节省时间，降低运送成本；而旅客或托运人也可基于格式合同，避免讨价还价，减少缔约的麻烦。

一般而言，合同应是当事人协商后意思表示一致的结果，但在实践中，铁路交通运输方式决定了铁路承运人很难做到与每位旅客单独谈判后再签订铁路客运合同。通常认为，铁路部门印发或火车站发布的列车时刻表是要约邀请行为，而旅客支付票款购票的行为为要约，铁路部门给付客票的行为为承诺，只要铁路部门向旅客交付了客票，则他们之间就成立了客运合同关系。

4.4　铁路旅客运输合同

4.4.1　铁路旅客运输合同的概念

铁路旅客运输合同是指铁路承运人与旅客之间签订的明确旅客运输权利义务关系的协议。根据该协议，承运人有义务保证旅客安全、及时到达指定的旅行目的地，旅客有义务支付相应的运输费用。旅客既是运输合同的主体，也是运输合同的运送对象。

铁路旅客车票在铁路旅客运输过程中居于核心地位，无论是铁路客运合同的成立、生效、履行还是终止，旅客车票始终起主导和决定作用。旅客车票是合同或者合同的组成部分。旅客运输合同的基本凭证是车票。

4.4.2　铁路旅客车票

1. 铁路旅客车票的主要内容及种类

铁路旅客车票票面（特殊票种除外）主要应当载明以下内容：一是发站和到站站名；二是座别、卧别；三是径路；四是票价；五是车次；六是乘车日期；七是有效期。

铁路承运人一般不接受儿童单独旅行（乘火车通学的学生和承运人同意在旅途中监护的除外）。2008 年 12 月 21 日铁道部《关于调整儿童票身高的通知》开始实施，将儿童票的身高由 1.1～1.4 m 调整到了 1.1～1.5 m，顺应了儿童身高普遍增高的社会现实。随同成人旅行身高 1.1～1.5 m 的儿童，享受半价客票、加快票和空调票。超过 1.5 m 时应买全价票。每一成人旅客可免费携带一名身高不足 1.1 m 的儿童，超过一名时，超过的人数应买儿童票。儿童票的座别应与成人车票相同，其到站不得远于成人车票的到站。免费乘车的儿童单独使用卧铺时，应购买全价卧铺票。

在普通大、专院校（含国家教育主管部门批准有学历教育资格的民办大学），军事院校，中、小学和中等专业学校、技工学校就读，没有工资收入的学生、研究生，家庭居住地和学校不在同一城市时，凭附有加盖院校公章的减价优待证的学生证（小学生凭书面证明），每年可享受四次家庭至院校（实习地点）之间的半价硬座客票、加快票和空调票（以下简称学生票）。新生凭录取通知书、毕业生凭学校书面证明可买一次学生票。华侨学生和港澳台学生按照上述规定同样办理。发售学生票时应以近径路或换乘次数少的列车发售。下列情况不能发售学生票：一是学校所在地有学生父或母其中一方时；二是学生因休学、复学、转学、退学时；三是学生往返于学校与实习地点时。

中国人民解放军和中国人民武装警察部队因伤致残的军人（以下简称伤残军人）凭"革命伤残军人证"，因公致残的人民警察凭"人民警察伤残抚恤证"享受半价的软座、硬座客票和附加票。"革命伤残军人证"和"人民警察伤残抚恤证"的式样由中华人民共和国民政部颁布；现役伤残军人"革命伤残军人证"由中国人民解放军总后勤部签发；"人民警察伤残抚恤证"、退役伤残军人"革命伤残军人证"由各省、自治区、直辖市民政部门签发。

到站台上迎送旅客的人员应买站台票。站台票当日使用一次有效。随同成人进站身高不足 1.1 m 的儿童及特殊情况经车站同意进站人员可不买站台票。未经车站同意无站台票进站时，加倍补收站台票款。遇特殊情况，站长可决定暂停发售站台票。

2. 电子客票

动车组列车互联网售票暂行办法

2011 年铁路部门制定了《动车组列车互联网售票暂行办法》，动车组列车均将实行网络售票。火车票出现了电子客票的新形式。铁路电子客票是以电子数据形式体现的铁路旅客运输合同，与纸质车票具有同等法律效力。中国铁路客户服务中心网站（www.12306.cn，以下简称"12306.cn 网站"）办理铁路电子客票的销售、改签、退票等业务。铁路互联网售票范围、购票方式以及铁路电子客票的使用范围、使用方式、办理铁路电子客票业务的售票窗口等事项以"12306.cn 网站"和车站公告为准。

在 12306.cn 网站，购买铁路电子客票以确认交易成功的时间作为铁路旅客运输合同生效的时间，退票以网站确认交易成功的时间作为铁路旅客运输合同终止的时间，改签所涉及的原车票退票、换（购）新票分别按照退票、购票处理。

在 12306.cn 网站购票后，遇以下情形，应当在购票后、开车前换取纸质车票后进站乘车：①使用二代居民身份证以外的其他有效身份证件购票的；②使用同行成年人有效身份证件信息购买儿童票的；③购买学生票、伤残军人（警察）优待票的；④乘车站或下车站不具备二代居民身份证检票条件的（目前，除京津城际和京沪高铁本线以外的其他动车组列车经停站，均不具备二代居民身份证检票条件）；⑤二代居民身份证无法在自动检票机上识读的；⑥需要车票报销凭证的；⑦乘车人按所购车票的乘车日期、车次在中途站进站乘车的。

换取纸质车票时，按以下规定办理。

（1）使用二代居民身份证购买的铁路电子客票，可凭购票时所使用的乘车人有效二代居民身份证原件到车站售票窗口、铁路客票代售点或车站自动售票机上办理换票手续。

（2）学生票凭购票时所使用的有效身份证件和附有学生火车票优惠卡的学生证（均为原件）到安装有学生火车票优惠卡识别器的车站售票窗口或铁路客票代售点办理。

（3）伤残军人（警察）优待票凭购票时所使用的有效身份证件和"中华人民共和国残疾军人证""中华人民共和国伤残人民警察证"（均为原件）到车站售票窗口办理。

（4）二代居民身份证无法自动识读或者使用二代居民身份证以外的其他有效身份证件购买的铁路电子客票，需出示购票时所使用的乘车人有效身份证件原件和订单号码，到车站售票窗口或铁路运输企业授权的铁路客票代售点，由售票员录入证件号码和订单号码并核实后办理换票手续。

（5）购票后、换票前，有效身份证件丢失的，乘车人本人或代办人持本人有效身份证件原件到乘车站铁路公安制证口，办理载明原购票时使用的乘车人有效身份证件信息的临时身份证明，并按本条第（4）项办理。

（6）有效身份证件信息、订单号码等经核实一致的，予以换票；不一致的，不予换票。学生票、伤残军人（警察）优待票同时核对减价优惠（待）凭证。换学生票时，应核减优惠乘车次数。

纸质车票票面载明购票时所使用的乘车人有效身份证件号码和姓名，并标记"网"字。旅客换取纸质车票后，铁路电子客票失效，不能再在12306.cn网站办理改签、退票手续，应凭纸质车票办理检票、验票、改签、退票等手续。旅客应当妥善保管车票，保持票面信息清晰、可识读，并妥善保护票面身份信息。

此外，中国铁路总公司与中国银行联合推出中铁银通卡，该卡作为一种消费卡，属于预付卡，类似公交一卡通，已经在高铁线路率先使用。试行中铁银通卡刷卡进站乘车、一站式服务。中铁银通卡仅限于持卡人本人使用，不取现、不计息、不可透支，有效期标注在卡片正面，过期后需到指定售卡网点办理换卡手续。用中铁银通卡刷卡乘车时，金卡按一等座票价扣款，银通卡按二等座票价扣款，旅客可以持卡至预留席车厢乘车。按照中国人民银行对预付卡的有关规定，使用中铁银通卡向卡内充值时不提供发票，旅客可在乘车后31日之内可以到铁路指定窗口打印车票作为报销凭证。

4.4.3　铁路旅客运输合同的成立

《合同法》第293条明确规定了客运合同的成立，即"客运合同自承运人向旅客交付客票时成立"。合同的成立是当事人就合同主要内容达成合意。它的一般构成要件（由于合同的性质不同，一些合同还需要具有其他成立要件，如实践合同、要式合同等）。①订约主体存在双方或多方当事人，合同必须存在着两个利益不同的订约主体，合同必须具有双方当事人，只有一方当事人便无所谓合同。②当事人必须达成合意。③必须具备要约与承诺的过程，要约和承诺是合同当事人互相交涉的过程，如果没有要约，则订约无法发起；如果没有对方承诺，则当事人没有达成一致，合同不能成立。

1. 铁路旅客运输合同的要约

《合同法》第14条规定："要约是希望和他人订立合同的意思表示。"一项有效要约构成应当符合以下要件：①要约必须是特定的合同当事人所为的意思表示；②要约必须具有缔结合同的主观目的；③要约的内容必须具体确定；④要约必须表明经受要约人承诺，要约人即受该意思表示拘束的意旨；⑤要约必须要约人向其希望与之缔结合同的受要约人发出。要约的这些一般规则是否完全适用于铁路旅客运输合同，应做具体分析。

（1）铁路旅客运输格式合同条款是否具有要约性。铁路旅客运输合同的签订，主要是通过旅客的购票行为和铁路承运人的售票行为完成的。铁路承运人按照旅客的要求售出车票，则在承运人与旅客之间形成相应的铁路旅客运输合同关系。

旅客向铁路承运人提出旅行要约，应当具备以下三个方面的内容：一是要有明确的旅行目的地；二是要有明确的旅行始发时间；三是要有明确的座次、座别。只有提出这三项基本内容，铁路承运人才能向旅客提供相应的车票。铁路旅客车票构成铁路旅客运输合同的组成部分，是铁路旅客运输合同的格式条款之一，铁路承运人所制作公布的客票、列车价目表、列车时刻表、在售票窗口或者在显示屏上告示等，均为铁路旅客运输合同的组成部分与格式合同条款。

根据格式合同条款的传统规则，格式合同条款的要约人应为制定和公布格式合同条件的一方，主要是公用企业和大企业，这些企业以法律上的独占地位，制作并发布格式合同，其相对人是社会中不特定的大众。格式合同条款本身被视为要约。这样，任何人均可对格式合同承诺，从而确立合同关系。但是，铁路旅客运输领域内供求关系所造成的运力与运量的矛盾总是存在的。在铁路运力大于运量的情况下，承运人以格式合同条款发出的要约，任何人作出承诺均成立合同关系，铁路承运人不得拒绝，铁路旅客运输承运人具有强制缔约的义务。但在铁路旅客运力小于运量的情况下，特别是在春运时一票难求的情况下，格式合同条款的要约性质便受经济条件的强制性限制，即，只有在铁路运输能力许可的范围内，才可以进一步讨论铁路旅客运输的格式合同条款是否具有要约性的问题。实践中，也没有任何一种格式合同条款明示相对方一经承诺，承运人即受约束。相反，在铁路客运中，承运人往往在售票窗口或者在显示屏上告示某车次的可售票数量，在此范围内才受拘束。因此，格式合同条款的要约性理论，受到了铁路旅客承运人的运输能力现实与铁路旅客承运人具有强制缔约义务理论的空前挑战。拿民事合同中的要约性理论与格式合同条款的要约性的理论，到铁路旅客运输合同中来进行应用，应具有一定特殊条件。

铁路旅客运输格式合同条款不具有要约的性质，其仅为要约邀请，是承运人对自身条件的说明和公示，目的是邀请不特定的人向自己发出要约，但是铁路旅客运输承运人在运力范围内不得拒绝要约，即承运人有依其能力承诺的法定义务。认定格式合同是要约邀请的意义，在于可以避免产生上述各种矛盾，更符合经济生活的秩序要求。

（2）铁路旅客运输格式合同条款的内容能否构成要约。根据民法传统规则，格式合同条款的内容构成要约。铁路承运人所制作公布的客票、列车价目表、列车时刻表、在售票窗口或者在显示屏上告示等，既是铁路旅客运输格式合同条款，又构成合同内容。但是否构成合同内容，是以合同是否成立为界限与前提的。双方当事人在购售票行为以前，即合同成立以前，这些格式合同条款内容的性质仅仅在说明承运人的运能运力、时间安排、运输价格等实际情况，是对铁路旅客运输承运人行为能力的公示，其目的是使希望购票的相对人详细了解自己所要乘车的票价、时间、车与座位的类型，是否有剩余的车票等，并作出是否购票、从中购哪一类或者哪一次车票的选择，此时上述铁路旅客运输格式合同条款内容还不能构成具体合同的内容。此时客运合同尚未成立，只有合同成立后，才可以讨论合同内容的问题。铁路旅客运输合同成立后，即购买交付车票后，旅客车票所记载的车次、乘车区间、发车时间、铺别、座别、座号、有效期限等主要格式条款构成合同内容。因此，简单地判定格式合同条款的内容构成要约的内容，则与要约的规则要求不符。即，铁路旅客不可能全部利用承运人的条件，而只是从中选择符合自己目的的项目与承运人订立合同；即旅客只能在开往全国或者全世界列车中选择出某一时间开车的车票购买，而不能将所有的车次全部车票都包买，承运人也不承担将某部分运力必然给予某个顾客的责任。换言之，格式合同条款所列的是一般运输条件，而要约的内容必须是具体运输条件。因此，铁路旅客运输格式合同条款的内容构成要约实质上难以成立。

2. 铁路旅客运输合同的承诺

根据我国《合同法》第 21 条规定："承诺是受要约人同意要约的意思表示。"承诺的要件包括：①必须由受要约人作出；②必须向要约人作出；③承诺的内容与要约的主要内容一致；③应在要约有效期内作出。《合同法》关于承诺的这些规则与铁路旅客运输合同的承诺有所不同。

（1）按照《合同法》规定"承诺必须由受要约人作出"，这里的受要约人主要指售票员本人或者代理人。但按铁路旅客运输合同的承诺规则和实践来看，承诺不仅是受要约的售票员本人或者代理人，在车站售票窗口或者在显示屏上的有关的车票剩余情况等告示均可以视为承诺，且承诺的效力绝不低于受要约的售票员本人或者代理人的口头或者书面承诺。承诺要件"承诺必须由受要约人作出"在这里须扩大解释和深入探讨。

（2）按照《合同法》规定"承诺必须向要约人作出"，这里的要约人是指正在购票的相对人，如果向其他购票人或者不特定社会公众承诺"有票"，此承诺不产生法律效力。但按照铁路旅客运输合同的成立规则和实践操作来说，售票人员向不特定的社会公众或者他人的承诺，对目前正在与其购票的相对人同样具有承诺生效的法律效力。

（3）铁路旅客运输承运人在运力限制范围内不得拒绝承诺，即承运人有法定承诺的义务。

（4）铁路客运合同中承诺与要约是在同一时间完成的。任何人均有运输利用权，铁路旅客购票请求为要约，铁路承运人可以口头表示或默示承诺。默示承诺须以一定行为表示，即出具票证或预订票据。

（5）铁路客运合同一经承运人出票成立，铁路旅客即已履行部分主要义务即付款的义务。

一般而言，铁路客运合同属于诺成合同，旅客向承运人提出要求，并支付价款的行为视为要约；承运人向旅客交付车票的行为为承诺。只要要约与承诺这两个行为完成，合同成立。

4.4.4　铁路旅客运输合同的效力状态

1. 铁路旅客运输合同的生效

民法理论将合同成立的要件与合同生效的要件相区别，认为合同生效是指合同成立后，还须具备一定的条件才能产生法律效力，才可受到法律的保护。这些条件是法律规定的合同必须具备的条件，或者说是法律规定的合同发生法律效力的条件。一般而言，合同的成立与生效常常是密切联系在一起的，合同成立即生效，成立和生效重合在一个时间点，但在一些情况下，合同的成立与生效是分离的，处在两个不同的时间点上。我国《合同法》区分了合同的成立和生效这两个不同的概念，并分别设立第二章和第三章，对成立和生效分别作出了规定，由此表明合同的成立和生效是合同法中不同的范畴，二者属于不同的制度，这已经成为理论界的共识。合同生效的要件包括：①行为人具有相应的民事行为能力；②意思表示真实；③不违反法律或社会公共利益。可以看出，合同的成立和生效分别体现了不同的内涵。合同成立反映的是当事人自由协商的结果，是意思自治原则的表现，它回答的是一个事实判断问题，即"合同是否存在"。而合同生效则体现了国家通过法律对缔约人合意的评价，反映了国家对财产交换关系的干预，其回答的问题是"已经存在的某一合同是否能获得法律的保护以及能在何种程度上获得法律保护"。此时，必须以相应的主观判断和价值判断，使行为人的意思表示纳入国家意志所认可的范围，达到合同当事人之间、当事人与社会之间的利益平衡，从而促进社会经济的正常运行。

区分合同成立与生效有什么意义呢？合同成立是当事人意思表示一致，解决的是合同是否存在的问题。合同生效解决的是成立的合同是否有法律约束力的问题，对于已经成立的合同不符合法律规定的生效要件的，那么它仍然不能产生法律效力。也就是说合同成立后并不当然生效，合同的生效取决于国家的态度与评价。当事人意思表示一致时合同就成立，但成立的合同的内容可能损害国家和社会的公共利益，可能是违法的，这种情况下合同不具有效力。但是对一般合同来说，合同成立后生效前这段时间，并不是说合同对当事人没有任何约束力，双方当事人不得擅自变更和解除合同，擅自变更和解除合同的应负缔约过失责任，承担对方信赖利益的损失。如果合同生效后一方没有履行义务的自然要负违约责任。

《合同法》第293条明确规定了客运合同的成立点："客运合同自承运人向旅客交付客票时成立。"但《合同法》并未对合同生效点作出明确规定。那么铁路旅客运输合同究竟何时生效？合同生效通常需具有四个要件：合同当事人在缔约时具有相应的缔约行为能力，当事人意思表示真实自愿，合同不得违反法律或社会公共利益，合同标的合法、确定和可能。合同生效的意义就在于可凭借国家强制力保障合同的履行、维护合同当事人的合法权益和追究违约责任。对于铁路旅客运输合同生效时间，主要有两种观点：自检票时生效与旅客上车时生效。笔者较同意第二种观点，即以旅客登车时间为铁路旅客运输合同生效的时间。铁路旅客运输合同以运送旅客的行为作为标的，只有在旅客上车后，铁路承运人才具有履行该合同义务的可能性，符合生效要件中的第四个要件。若采取第一种观点，虽扩大了承运人的责任范围，有利于保护旅客权益，但从法理上很难解释其合理性。

（1）从合同法对承运人的规定看。承运人一方所受的拘束主要来自法律、法规的详细规定，这些规定体现在承运人的运输合同行为中，在合同成立前，集中表现在对承运人的强制缔约义务，而民事一般合同的成立要求是双方当事人的"合意"，具有强制缔约义务性质而成立的合同与民事"合意"而成立的合同的效力是不同的。既然法律强制要求承运人"强制"缔约，缔约后法律绝不会对此听之任之而放任自由的。因此，合同成立后，基于运输业经济活动的性质和要求，法律强制要求承运人不得放弃和拒绝运送，承运人不得单方变更解除合同。甚至在合同履行整个过程中，直至运输合同的终止还要强制承运人必须承担安全保障义务。法律在客运活动中之所以强制承运人承担种种法定义务，是完全基于旅客运输业经济活动的性质和要求。因此，客运合同体现了国家对承运人的强制意志。既然国家强制承运人缔约，就会强制履行直到合同终止。从国家对承运人在客运合同行为的强制态度上，可以看出客运合同对承运人来说，合同是强制缔约并强制履行。运输合同关系是运输市场经济关系的法律表现形式，运输活动的社会性、公益性导致运输活动中，承运人必须严格依法运输。法律要求承运人强制缔约与并履行，是国家根据旅客运输业经济活动的性质和要求，给客运合同的承运人单方而设计的限制性义务。这些法定义务在客运合同成立之前就已经设定，在客运合同成立之时就立刻成为承运人的义务。

（2）从客运合同法对旅客的规定看。铁路旅客运输合同成立即购票以后，旅客根据情况变化，验票登车合同履行之前的任何时间均有权变更或解除合同，可随意退票，不受承运人的约束。即不须承运人同意即可变更或解除，只需告知承运人，而承运人无权过问相对方变更和解除旅客运输合同的原因，只要旅客提出变更和解除的，承运人均应予以变更和解除（但旅客应当承担因变更和解除旅客运输合同所发生的手续费用）。承运人开始履行后，旅客可以提前下车而解除合同（但提前下车的，承运人不退还票款）。客运合同法律赋予旅客以旅客运输合同变更与解除的权利，是出于对旅客人身的特殊保护而设计的，因此，从国家对旅客在客运合同行为的强制态度上，可以看出客运合同对旅客来讲，合同是自由订立并有权变更解除的。客运合同成立后旅客有变更解除权。这是国家根据旅客人身活动的性质和要求，给客运合同的旅客单方面设计的权利保护。客运合同法一方面赋予旅客"自由缔约并有权变更解除"；另一方面要求承运人"强制缔约并强制履行"。可以明显看出，法律在客运合同中给双方当事人的权利地位是不平等的，对旅客给予倾斜性保护。这里的不平等是国家直接对客运活动干预的表现。这种规定很难用一般民事合同成立与生效的理论来解释。

（3）从客运合同法对承运人与旅客的共同规定看。客运合同中法律的规定和调整是较为详尽的；合同成立、生效以及效力如何，均取决于客运合同法规范的内容，旅客运输合同中区分合同成立与合同生效就显得没有显著意义。一般来说，客运合同法对合同的主体、客体、内容和形式的要求均不同于其他合同，凡经成立的合同，大都是有效的、合法的，无效、可撤销和效力未定的运输合同在实践中十分罕见。但是，这并不等于说一切客运合同都是合法合同，都会产生同等的法律后果。实际生活中，不法客运合同行为也有一些，如铁路客运拒绝售票，旅客携带违禁危险品等。但是，客运合同法中，一般均不以此作为确认合同无效、可撤销或效力未定，而是以损害赔偿和行政制裁两种方式予以处理，实质上是成立和生效的竞合。

影响运输合同效力的主要原因，是合同行为违反运输法律、法规中的强制性规范。导致运输合同绝对无效的情况实践中十分罕见，就旅客一方来说，《合同法》第 294 条规定了旅客无票乘运、超程乘运、超级乘运或者持失效客票乘运的，其结果是补交票款或者被拒绝运输；《合同法》第

297 条规定了旅客 随身携带或者在行李中夹带易燃、易爆、有毒、有腐蚀性、有放射性以及有可能危及运输工具上人身和财产安全的危险物品或者其他违禁物品的，承运人可以将违禁物品卸下、销毁或者交送有关部门，旅客坚持携带的或者夹带违禁物品的，承运人应当拒绝运输；对承运人来说，承运人擅自变更运输工具而降低服务标准的，应退票或者减收票款。导致客运合同效力问题的原因一般为主体资格、运输能力和运输业务不符法律、法规和规章的规定，这些原因不仅仅影响运输合同的效力，而且还涉及运输行政法规范问题。由于违反某一种或几种规定而导致合同部分无效的较为常见，如免除承运人对旅客法定责任、降低法定责任限额、对举证责任作出相反约定、限制旅客索赔权的条款，均为无效。但这些无效条款并不影响合同其他条款的效力。从事了违反运输合同法律、法规的行为，承运人除承担运输合同责任外，往往还要受行政法规范的制裁，甚至承担刑事责任。

4.4.5 铁路旅客运输合同的变更和解除

1. 铁路旅客运输合同的变更

1）因旅客原因的变更

旅客不能按票面指定的日期、车次乘车时，在不延长客票有效期的前提下，可以办理一次提前或推迟乘车签证手续（简称改签）。

在有运输能力的前提下，开车前48 h（不含）以上，可改签预售期内的其他列车；开车前48 h 以内，可改签开车前的其他列车，也可改签开车后至票面日期当日24：00 之间的其他列车，不办理票面日期次日及以后的改签；开车之后，旅客仍可改签当日其他列车，但只能在票面发站办理改签，且开车后改签的车票不能退票。已经办理"变更到站"的车票，不再办理改签。开车前48 h 至15 d 期间内，改签至距开车15 d 以上的其他列车，又在距开车15 d 前退票的，仍核收5%的退票费。改签后的车票乘车日期在春运期间的，退票时一律按开车时间前不足24 h 标准核收退票费。

2）因承运人原因的变更

因承运人责任使旅客不能按票面记载的日期、车次、座别、铺别乘车时，站、车应重新妥善安排。重新安排的列车、座席、铺位高于原票等级时，超过部分票价不予补收。低于原票等级时，应退还票价差额，不收退票费。

2. 铁路旅客运输合同的解除

解除铁路旅客运输合同应当在旅客乘车旅行之前。当旅客认为继续履行没有必要，或者铁路承运人因不能提供票面规定的旅行车次时，经双方当事人同意，可以解除合同。解除合同主要标志是铁路承运人退还票款。铁路承运人办理完退票手续后，铁路旅客运输合同即告解除。

旅客要求退票时，需在票面载明的开车时间前到车站办理，退还全部票价，核收退票费。特殊情况经购票地车站或票面乘车站站长同意的，可在开车后 2 h 内办理。团体旅客应不晚于开车前 48 h 办理。原票使用现金购票的，应退票款退还现金。原票在铁路售票窗口使用银行卡购票或者在12306. cn 网站使用在线支付工具购票的，按发卡银行或在线支付工具相关规定，应退票款在规定时间退回原购票时所使用的银行卡或在线支付工具。旅客开始旅行后不能退票。但如因伤、病不能继续旅行时，凭列车开具的客运记录，可退还已收票价与已乘区间票价差额，核收退票费；已乘区间不足起码里程时，按起码里程计算；同行人同样办理。退还带有"行"字戳迹的车票时，请先办理行李变更。开车后改签的车票不退。站台票售出不退。

　　开车前 15 d（不含）以上退票的，不收取退票费；票面乘车站开车时间前 48 h 以上的按票价 5% 计，24 h 以上、不足 48 h 的按票价 10% 计，不足 24 h 的按票价 20% 计。开车前 48 h 至 15 d 期间内，改签或变更到站至距开车 15 d 以上的其他列车，又在距开车 15 d 前退票的，仍核收 5% 的退票费。办理车票改签或"变更到站"时，新车票票价低于原车票的，退还差额，对差额部分核收退票费并执行现行退票费标准。上述计算的尾数以 5 角为单位，尾数小于 2.5 角的舍去、2.5 角以上且小于 7.5 角的计为5 角、7.5 角以上的进为 1 元。退票费最低按 2 元计收。改签后的车票乘车日期在春运期间的，退票时一律按开车时间前不足 24 h 标准核收退票费。

　　（2）因承运人责任致使旅客退票时按下列规定办理，不收退票费。

　　第一，在发站，退还全部票价。

　　第二，在中途站，退还已收票价与已乘区间票价差额，已乘区间不足起码里程时，退还全部票价。

　　第三，在到站，退还已收票价与已使用部分票价差额。未使用部分不足起码里程按起码里程计算。

　　第四，空调列车因空调设备故障在运行过程中不能修复时，应退还未使用区间的空调票价。

　　（3）发生线路中断旅客要求退票时，在发站（包括中断运输站返回发站的）退还全部票价，在中途站退还已收票价与已乘区间票价差额，不收退票费，但因违章加收的部分和已使用至到站的车票不退。

4.4.6　违反旅客运输合同的法律责任

1. 承担法律责任的范围

　　铁路承运人对旅客在旅行途中的人身伤害或者物品损失承担赔偿责任。经承运人证明事故是由承运人和旅客或托运人的共同过错所致，应根据各自过错的程度分别承担责任。

　　行李、包裹事故赔偿标准为：按保价运输办理的物品全部灭失时按实际损失赔偿，但最高不超过声明价格。部分损失时，按损失部分所占的比例赔偿。分件保价的物品按所灭失该件的实际损失赔偿，最高不超过该件的声明价格。未按保价运输的物品按实际损失赔偿，但最高连同包装重量每千克不超过 15 元。如由于承运人故意或重大过失造成的，不受上述赔偿限额的限制，按实际损失赔偿。行李、包裹全部或部分灭失时，退还全部或部分运费。

2. 承运人免除责任

（1）因不可抗力或者旅客自身原因造成的旅客身体损害或者物品损失的，承运人不承担责任。

（2）因下列原因造成的行李、包裹损失的，承运人不承担责任。

①不可抗力。

②物品本身的自然属性或合理损耗。

③包装方法或容器不良，从外部观察不能发现或无规定的安全标志时。

④托运人自己押运、带运的包裹（因铁路责任除外）。

⑤托运人、收货人违反铁路规章或其他自身的过错。

3. 赔偿程序

发生旅客伤害事故时，旅客可向事故发生站或处理站请求赔偿。如旅客伤害系承运人过错所致，承运人承担全部赔偿责任。旅客因病治疗产生的医疗费用由旅客自己承担。无票人员在铁路发生伤害时，按路外伤亡有关规定处理。

因第三人责任造成旅客伤害时，应由第三人负责。第三人不明确或无赔偿能力，旅客要求承运人代为先行赔偿时，承运人应当先行代为赔偿。承运人代为赔偿后即取得向第三人追偿的权利。

发生行李、包裹事故时，车站应会同有关人员编制行李、包裹事故记录交收货人作为请求赔偿的依据。事故赔偿一般应在到站办理，特殊情况也可由发站办理。收货人要求赔偿时，应在规定的期限内提出并应附下列文字材料：①行李票或包裹票；②行李、包裹事故记录；③证明物品内容和价格的凭证。

丢失的行李、包裹找到后，承运人应迅速通知托运人或收货人领取，撤销一切赔偿手续，收回全部赔款。如托运人或收货人不同意领取时，按无法交付物品处理。如发现有欺诈行为不肯退回赔款时，可通过法律手段依法追索。

4. 时效

承运人与旅客、托运人、收货人因合同纠纷产生索赔或互相间要求办理退补费用的有效期为一年。有效期从下列日期起计算。

（1）身体损害和随身携带品损失时，为发生事故的次日。

（2）行李、包裹全部损失时为运到期终了的次日；部分损失时为交付的次日。

（3）给铁路造成损失时，为发生事故的次日。

（4）多收或少收运输费用时，为核收该项费用的次日。责任方自接到赔偿要求书的次日起，一般应于 30 d 内向赔偿要求人作出答复并尽快办理赔偿。多收或少收时应于 30 d 内退补完毕。

因发生旅客身体损害、携带品损失或行李包裹事故，运输合同当事人诉诸法律时，一般由事故处理站代表铁路运输企业起诉或应诉。

4.4.7　铁路交通事故造成人身伤亡的赔偿责任

2007 年 7 月 11 日，温家宝总理签署国务院令，公布《铁路交通事故应急救援和调查处理条例》，该条例已于 2007 年 9 月 1 日开始施行。该条例根据 2012 年 11 月 9 日中华人民共和国国务院令第 628 号公布、自 2013 年 1 月 1 日起施行的《国务院关于修改和废止部分行政法规的决定》修订。

1. 铁路交通事故的概念与特点

对于何为铁路交通事故，法律明确规定：铁路机车车辆在运行过程中与行人、机动车、非机动车、牲畜及其他障碍物相撞，或者铁路机车车辆发生冲突、脱轨、火灾、爆炸等影响铁路正常行车的铁路交通事故的应急救援和调查处理，适用《铁路交通事故应急支援和调查处理》。由此可知，铁路机车车辆在运输活动中发生的交通事故主要有两类：一类是铁路机车车辆与行人、机动车、非机动车、牲畜及其他障碍物相撞导致的事故；另一类是铁路机车车辆发生冲突、脱轨、火灾、爆炸等影响铁路正常行车的事故。

铁路交通事故具有以下特点。

1）伤亡巨大，损失严重

由于火车运行时的巨大的动能以及机车的重量，使得铁路交通事故一旦发生，便不可避免地产生人员伤亡的后果。一方面，铁路交通事故可能导致行人的伤亡，从而产生伤亡救助费用。另一方面，发生铁路交通事故产生的损害是双方面的，即说铁路方面同样遭受相当大的损失，并且这种损失包括无形的和有形的损失。有形的损失，如机车被撞坏，一台机车的价值在一百万以上。无形的损失，如事故造成行车中断，而每中断一分钟损失就达几百元甚至上千元，因此一次铁路交通事故可能给铁路部门造成巨额损失。

2）具有被动性

火车的运行有着固定的线路，火车不可能与道路交通中的机动车一样，可以随意转弯、避车，那么如果其他行人或者车辆没有进入火车运行线路，事故便不会发生，因此铁路交通事故的发生具有一定的被动性。

2. 铁路交通事故赔偿制度

（1）铁路交通事故造成人身伤亡的赔偿责任的一般原则。铁路交通事故造成人身伤亡的，铁路运输企业应当承担赔偿责任；但是人身伤亡是不可抗力或者由受害人自身原因造成的，铁路运输企业不承担赔偿责任。违章通过平交道口或者人行过道，或者在铁路线路上行走、坐卧造成的人身伤亡，属于受害人自身的原因造成的人身伤亡。对铁路交通事故造成铁路运输企业承运的货物、包裹、行李损失，条例规定由铁路运输企业依照《铁路法》的规定承担赔偿责任。对铁路交通事故造成的其他人身伤亡或者财产损失，依照国家有关法律、行政法规的规定赔偿。

（2）救济途径。铁路交通事故当事人对事故损害赔偿有争议的，可以通过协商解决，或者请求组织事故调查组的机关或者铁路管理机构组织调解，也可以直接向人民法院提起民事诉讼。

（3）关于免责事由的规定。

人身伤亡是不可抗力或者受害人自身原因造成的，铁路运输企业不承担赔偿责任。违章通过平交道口或者人行过道，或者在铁路线路上行走、坐卧造成的人身伤亡，属于受害人自身的原因造成的人身伤亡。

4.5 铁路货物运输合同

4.5.1 铁路货物运输合同的概念和特点

1. 铁路货物运输合同的概念

铁路货物运输合同，是以运送货物的劳务行为作为合同标的一种合同。根据《合同法》的规定，货物运输合同可以定义为：承运人按照托运人的指示，将托运人交付的货物运送至目的地，交付给指定的收货人，托运人或者收货人支付运费的合同。货物运输合同是一种劳务合同，是承运人提供运输劳务的合同，是承运人按照托运人的要求进行的运输劳务活动，也是托运人或者收货人支付报酬的合同。承运人付出劳务取得报酬的形式是运费。

2. 铁路货物运输合同的特点

（1）铁路货物运输合同具有标准合同的特点。铁路的货物运单是铁路货物运输合同的基本形式。托运人根据铁路承运人提供的货物运单，按照规定填写以后，连同要运送的货物一起交与承运人，并按规定支付运费，则铁路货物运输合同即告成立。

（2）铁路货物运输合同的承运人通常是多个承运人共同完成一批货物的运输过程。比如，一批从北京起运到广州的货物，要经过北京铁路局、郑州铁路局、广铁集团公司三个运输企业的运输行为才能将货物运至广州站。因此，承运人一方往往有两个或者两个以上的运输企业，共同参与货物的运输活动。多个承运人的行为构成一个完整的运输行为，这种以同一种交通运输方式的相继运输在《合同法》上称之为相继运输。

（3）铁路货物运输合同履行的阶段性。一般货物运输合同的履行都要经历承运、运送、交付三个阶段。在承运阶段，托运人与承运人各自要履行相应的义务；运送阶段则是铁路承运人内部的行为，是为交付做准备的阶段；交付阶段是指货物运至到站后，铁路承运人要将货物交给合同规定的收货人。则合同履行是到达站的承运人与收货人各自履行合同义务。这个特点决定了货物运输合同权利义务的阶段性。

（4）实行严格运输责任原则。相对于其他合同来讲，运输合同对承运人的约束比对托运人的要求要多一些。因为，托运人只要把货物交给承运人以后，承运人就要负责将货物运至目的地，交给收货人。在此过程中发生一切事故，承运人首先要按照严格责任原则承担运输责任，除非承运人证明属于免责范围。

4.5.2 铁路货物运输合同的签订

1. 铁路货物运输合同的订立程序

1）要约

货物运输合同的签订程序与其他合同一样，要经历要约与承诺两个阶段。要约是指希望和他人订立合同的意思表示。要约应当满足以下两个要件：一是内容确定具体；二是表明只要受要约人承诺，要约人即受该意思表示的约束。铁路货运合同的签订具有以下特点。

第一，对于大宗物资的运输，当事人可以签订书面的合同。合同可以约定运输货物的品名、重量、时间、地点等基本内容，这种合同自双方当事人签字确认后即为有效。在此情况下，托运人，即货主是要约人，铁路承运人是承诺人。

第二，在零担货物的运输情况下，则托运人要按照货物运单的有关要求填写，经铁路承运人确认，并验收核对托运货物无误后，合同即告成立。在此情况下，货物运单是货运合同的组成部分，是托运人提出要约的书面凭证。

实践中，铁路货物运输合同具体签订的方式主要包括以下几种：一是拨打各铁路货运站受理服务电话；二是拨打中国铁路客户服务中心 12306 客服电话；三是在中国铁路客户服务中心网站（www.12306.cn）单击"我要发货"；四是到铁路货物运输营业场所直接办理发货；五是由铁路营销人员直接上门服务，帮助客户办理发货。

通常，把交付运输货物才生效的运输合同视为实践性合同，而把不用同时交付货物就生效的合同视为诺成性合同。分这两种情况的实际意义在于合同责任与缔约责任的不同。如果是诺成性合同，则双方和约内容一致合同即告成立，权利义务便形成；如果是实践性合同，则一方当事人还要承担同时履行相应义务的责任，否则合同便不生效。比如，零担货物运输合同，托运人只有交付货物后合同才生效。

2）承诺

承诺是订立合同的第二个阶段。对于要约的全盘接受，就是承诺。要约一经承诺，合同即告成立。比如，货物运输合同，托运人提出货物运单，其中运价并没有填写。这时有两种情况发生：第一种情况是车站填上了，告知托运人要交多少多少运费，托运人同意，承运人便办理了相应的运输手续。第二种情况是托运人不同意，提出能否少收100元，车站同意。因此，第一种情况下，托运人是承诺人；第二种情况下，承运人为承诺人。为什么？因为前者是托运人对要约的内容全盘接受，而后者是承运人对要约的全盘接受。

2. 网络自助货物运输流程

托运人也可以使用网络平台来签订货运合同，主要是指登录中国铁路客户服务中心网站（www.12306.cn），进行货运合同的签订。

零担货物的具体流程如下：

（1）需求提报。客户登录中国铁路12306网站，单击"中国铁路货物运输电子商务平台"，进入各铁路局货物运输电子商务平台，在首页面单击"我要发货"，进入我要发货提报页面，直接提出运输需求。客户填写姓名、联系电话、货物信息、发到地点（站）等信息。单击"保存"按钮后，系统产生查询码，并通过网页和手机短信反馈客户。需求提报成功后，客户需保持手机畅通，铁路客服人员将尽快与客户联系，确认需求信息，并协助客户办理上货装运事宜。

（2）我要发货查询。对于我要发货提报的需求，客户可通过"我要发货"页面，凭查询码和预留手机号查询业务办理状态以及货物轨迹。客户还可以拨打12306客服电话，向客服人员提供查询码和手机号，查询业务办理情况。

大宗物资的具体流程如下。

（1）客户填写注册信息。客户首先选择个人或者企业两种客户类型。个人客户注册：需填写姓名、电话、手机、邮箱、身份证号码、地址等个人基本信息。企业客户注册：需填写企业名称、营业执照号、注册资金、行业代码、组织机构代码、机构类型、企业电话、企业邮箱、企业电话、法人代表姓名等企业基本信息。个人客户或企业客户都要填写发收货信息，即托运人（收货人）、车站、专用线、品名等信息。

（2）注册信息核对。客户网上填写信息后，铁路局12306客服人员联系客户，核对注册信息，告知后续办理流程。

（3）客户提交注册所需材料。

（4）短信通知注册结果。注册成功后，注册结果、客户ID将以短信方式发至客户填写时所用手机号码的手机上。

（5）需求提报。客户凭注册的客户ID和密码登录电商系统，自助提出货物运输及物流服务需求，客户可按阶段或日提出需求。如客户不能确定运输日期，可选择"阶段运输需求"方式，待确定装运日期后，提出"日运输需求"，包括具体装运日期、吨数。如客户能够确定运输日期，可直接提出"日运输需求"。系统自动判断需求是否符合运输办理条件，符合条件的予以受理，具体流程如下：客户单击"阶段运输需求"，选择需求类型，包括普通运输、国际联运和水陆联运。填写运输日期、发货信息、收货信息、货物信息、物流服务需求信息、附加信息等。如果客户所提需求同时包括物流服务需求，可在物流服务信息区域选择"门到站""站到门"物流服务选项并填写物流需求信息。填写信息后，单击"保存"按钮，保存成功后返回预约号。对保存成功的需求，可以进行提交、编辑、删除等操作。客户确定装运日期后，可直接提出日运输需求也可根据阶段需求提出日运输需求。需求受理成功后，系统会通过手机短信告知客户受理结果。

2. 铁路货物运输合同的主要条款

除了国家规定的有特殊运输限制的货物之外，铁路敞开受理各类货物。对大宗稳订货物，通过协议交通运输方式给予运力保障；对其他零散货物，敞开受理，随到随办。主要通过整列、整车、快运班列、集装箱、零担等方式承运。按年度、半年度、季度或月度签订的货物运输合同，应载明下列基本内容：一是托运人和收货人名称。名称要写全称，详细的地点和联系电话，便于联系；二是发站和到站；三是货物名称；四是货物重量；五是车种和车数；六是违约责任；七是双方约定的其他事项。

零担货物用货物运单代替合同，货物运单应载明下列内容：一是托运人、收货人名称及其详细地址；二是发站、到站及到站的主管铁路局；三是货物名称、价格；四是货物包装、标志；五是件数和重量（包括货物包装重量）；六是承运日期；七是运到期限；八是运输费用；九是货车类型和车号；十是施封货车和集装箱的施封号码，十一是双方商定的其他事项。

货物运单作为货物运输合同的形式，具有格式条款的特点。根据《合同法》的规定，格式条款是指当事人为了重复使用而预先拟定，并在订立合同时未与对方协商的条款。采用格式条款订立合同的，提供格式条款的一方应当遵循公平原则确定当事人之间的权利和义务，并采取合理的方式提请对方注意免除或者限制其责任的条款，按照对方的要求，对该条款予以说明。

3. 货物的托运

托运是签订合同的重要阶段。托运人向承运人交付运输货物，应按规定向车站提出货物运单和托运的货物。货物运单由托运人填写，在零担货物运输的情况下，这是要约的一种具体形式，因为货物运单具备了向车站请求运输的全部内容。但是合同并没有生效。铁路承运人要按照托运人托运的货物品名、重量、运距等要素计算运费，托运人承诺支付运费后，合同才生效。

在大宗货物运输合同的情况下，货物运单只是合同的组成部分。托运人交付货物，承运人接收货物的行为，是双方在履行合同的义务。与运输合同相关的全部文件都是合同的组成部分，都是确定双方权利义务的重要的法律文件。

托运货物还要注意的是交接与验收。交接要有记录，如果是整车运输的，则应按照规定进行交接。验收的目的是为了明确责任，检查货物的品名和数量、重量等是否与货物运单记载一致。同时对货物的包装要进行检查。严格意义上讲，承运人接受了货物，就是对托运人在货物运单中记载的有关货物的外观状态的确认，除非有确切的证据证明托运人伪报或者瞒报了货物的真实情况。在此问题上，要明确的是检查货物既是承运人的权利又是义务。这是由承运人的职责所决定的。所谓职责，表明的是权利义务的统一。对此，承运人要明确以下问题。

（1）《合同法》和《铁路法》等运输法律规定，承运人有权检查托运人托运的货物情况。对托运人申报不实的，承运人可以补收运费并加收一定的运费，给承运人造成损失的要赔偿损失。这些规定表明，检查明显是一种权利。

（2）托运人要对运输的货物进行包装，双方有约定的按照约定，没有约定的按照规定包装。约定包装放在第一位，这就要求对包装的具体事项进行磋商，包括违约责任和损害赔偿。如果没有约定，则包装的要求是：有国家标准的，按国家规定包装；没有国家标准而有行业标准的，按照行业标准包装；没有行业标准的，则要按照保证运输要求的标准包装。不符合标准的，要承担包装责任。这也是承运人抗辩的理由之一。因此，对包装的检查也可以认为是一种权利。

承运人要对货物进行必要的检查，以确保货物运输及人民生命财产的安全。

4. 货物的承运

承运人承运货物，从承运人履行货物运输合同开始。只有接受了货物，承运人才能履行运送的义务。因此，托运人与承运人交接运送的货物，实质上是在履行各自的运输合同义务。在以货物运单为合同形式的零担货物运输情况下，合同签订和履行表面上是同时进行的，实际上双方履行货物交接行为的前提是有一种口头的约定，这种口头的约定是以双方的行为表示合同的存在。这就如同在商场买商品，一手交钱一手交货。顾客是在完全接受商场的规则的前提下，办理了付款与商品交割手续。货物运输与此相同，托运人托运货物是以接受承运人的运输条件的前提下进行的，除非托运人对运输条件有新要求或者明示不接受，否则视为承认。

承运人承运货物，首先要对货物进行验收。验收货物是履行的关键。因为一旦承运人接受了货物，承运人就要对货物的安全、完整等全部实际情况负责。承运人负有按照运单记载的情况向收货人交付货物的义务。如果承运人不验收，则视为承运人对托运人的申报内容的认可，除非有证据证明货物的实际情况确实与托运人声明不符。而这种举证责任在承运人而不在托运人。承运人验收货物，主要是按照托运人运单记载的内容进行核对，包括货物的包装是否符合规定；货物的品名、数量、件数是否一致；如果是整车交接，则要查验货物的装载是否符合运输安全的要求，等等。

其次，签发货票。承运人接受托运人填写的运单，并按照运单记载事项核对货物，在确认无误后，要签发货票。货票也是运输合同的书面凭证之一。承运人一旦签发，即可认为承运人接受了与运单记载相一致货物的初步证据。如果承运人有充分的证据证明货物实际情况与货票记载不一致的，则应以实际为准。如果没有，则视为承运人接受了与运单记载相一致的货物。

5. 合同无效

铁路货物运输合同无效大多数是部分条款无效而并不是整个合同无效。

（1）如果承运人的货物是国家禁止运输的货物，该合同因运送对象非法而无效。

（2）如果承运人违反国家规定，多收取运费的，运费条款无效，承运人应按规定重新计算运费。

（3）如果是限制运输的货物，没有准运证的，此合同亦应为无效合同。运输行为违反法律规定，应承担法律责任。

对于无效合同，其处理的原则是回归到签订合同前的状况。部分无效的，双方当事人重新协商或者按照规定处理。

有些合同条款，明显存在重大误解、显失公平，或者有欺诈、胁迫、乘人之危等情况的，经当事人申请，人民法院或者仲裁机构可以撤销或者变更。这些合同或者合同条款，并不是无效合同或者无效合同条款，而是可撤销或者可变更的合同条款，当事人不主张撤销或者变更的，仍为有效。

4.5.3 铁路货物运输合同的履行

铁路货物运输合同要遵循实际履行的原则，双方当事人要按照合同约定或者国务院铁路主管部门规定，认真履行各自的义务。

1. 托运人的履行

托运人履行铁路货物运输合同的义务，主要有以下几个方面。

第一，托运人应当按照铁路货物运输合同的约定及时向铁路承运人提供运输的货物。货物是运送的对象，也是履行铁路货物运输合同的主要内容。只有托运人提供了运输的货物，铁路货物运输合同的履行才能开始。否则，其他义务的履行就难以进行。

第二，托运人应对运输的货物进行包装，以保证运输安全的需要。对于包装不良的，铁路承运人有权要求托运人予以改善。如果托运人拒绝改善，或者改善后仍然不符合国家有关运输包装规定要求的，铁路承运人有权拒绝承运。

第三，托运人要按照规定支付运输费用。运输费用可以约定在托运时交付，也可以约定在到站时由收货人交付。但铁路零担货物运输的费用原则上都在发运时由托运人支付。如果托运人不支付运输费用，铁路承运人可以不予承运。

第四，托运人要如实申报货物的品名、重量和性质。这是托运人的基本义务之一。因为不同货物的运输，其安全条件不同。危险品货物必须按照危险品的规定运输；鲜活货物要按照鲜活货物的规定运输。如果托运人匿报品名，把危险品按照普通货物运输，就可能造成铁路运输事故。匿报重量，就可能造成铁路行车事故。因此，托运人如实申报是其基本义务。

第五，如果是保价运输的，要声明价格，并按保价运输支付保价费。

2. 承运人的履行

承运人履行货运合同，分为承运、运送、交付三个阶段。

1）承运阶段

在承运阶段，承运人的履行就是接受运输货物、配备车辆、组织装车、验收货物的过程。在这个过程中，最重要的义务就是接收和验收货物。根据运输规章和双方协议，交通运输方式不同，接收和验收的方式也不同，其责任也不尽相同。比如，接收货物，如果是整车的，则按整车交接办法处理：属于托运人自装的整车货物，交接以施封为准；属于铁路承运人组织装车的，则交接以货物清点数量为准。承运人对托运人提供的货物，应当认真清点，在与货物运单核对无误后，方可签认。铁路承运人一旦签认，承运手续即行完成。

为保证货的即时运输，承运人应当提供符合运输要求的铁路车辆。及时组织装车。因铁路承运人不及时配车而导致迟延运输的，铁路承运人要承担违约责任。由托运人装车的货物，承运人要负责将车辆送至装车地点。对于特殊货物的装车，铁路承运人应当予以指导，并办理车辆交接手续。

2）运送阶段

在运送阶段，属于铁路承运人内部之行为，对于托运人、收货人来讲，没有实际意义。这个阶段，仅仅是承运人为履行交付义务而进行的活动。当然，这也是履行合同必不可少的义务。

3）交付阶段

交付阶段，是承运人与收货人交接货物的过程。承运人的履行是要保证及时将货物交付给收货人，并且要保证货物的安全、完好、完整。这个阶段，承运人的义务一是要及时通知收货人到站领取货物；二是要与收货人清点交接货物；三是如果发现多收运费的要退还给收货人。

3. 收货人的履行

收货人作为铁路货运合同的第三人，具有相应的权利义务。但是，收货人只有在行使权利的时候，承运人才有权要求其履行相应的义务。如果收货人拒绝行使权利，则承运人也无权要求收货人履行义务。

就货物运输合同的履行而言，收货人的履行是托运人的履行的一部分。它的基本义务包括：第一，及时到车站领取货物，逾期领取要承担保管费；第二，补交托运人未交的运费以及运输途中发生的其他费用；第三，规定由收货人组织卸车的要及时组织卸车。

如果收货人拒绝领取货物，铁路承运人应当及时通知托运人到站处理。则货物交付的权利义务由托运人承担。

4. 履行中的有关问题

1）货物检查

《铁路法》第 19 条规定："托运人应当如实填报托运单，铁路运输企业有权对填报的货物和包裹的品名、重量、数量进行检查。经检查，申报与实际不符的，检查费用由托运人承担；申报与实际相符的，检查费用由铁路运输企业承担，因检查对货物和包裹中的物品造成的损坏由铁路运输企业赔偿。托运人因申报不实而少交的运费和其他费用应当补交，铁路运输企业按照国务院铁路主管部门的规定加收运费和其他费用。"《合同法》第 304 条规定："托运人办理货物运输，应当向承运人准确表明收货人的名称或者姓名或者凭指示的收货人，货物的名称、性质、重量、数量，收货地点等有关货物运输的必要情况。因托运人申报不实或者遗漏重要情况，造成承运人损失的，托运人应当承担损害赔偿责任。"托运人如实申报货物的情况是其基本义务之一，对托运人提交的货物进行检查核实是承运人的一项权利。承运人对货物的检查权存在于运输的全过程。即在运输的任何一个阶段都可以检查。如何发现托运人托运的货物与运单记载的内容不符，可以依据法律的规定进行处理。比如，托运人把危险品按一般物品托运，承运人一旦检查发现，在运输的任何区段都可以中止运输，要求托运人处理，并承担由此而给承运人造成的损失。

2）安全检查

安全检查与货物检查一样，既是承运人的权利，也是承运人的义务。托运人托运货物应当遵守铁路法律、法规和规章的规定，确保货物运输中的安全。如果因为托运人隐瞒货物的真实情况，或者托运人自装货物违反规定，造成铁路承运人的经济损失的，则要承担相应的赔偿责任。比如，托运人自装货物超载，导致铁路车辆和运输物资的损坏，托运人要承担赔偿责任。托运人将具有严重污染危险的物品按一般物品运输，污染其他货物或者其他人造成损害，托运人也要赔偿损失。因此，安全检查是铁路承运人行使保障铁路货物运输安全和生产秩序所必需的。从国家利益、社会利益的角度出发，承运人应当认真行使安全检查权利。

3）装载检查

承运人有权对托运人自装货物的装载情况进行检查。检查的目的是为了保证货物运输的安全，防止运输事故的发生。对于不符合装载要求容易发生事故的，承运人应当要求托运人按规定重新装载加固。实践中，有的托运人以承运人已经进行了检查为由，要求承运人对因装载不当而造成的事故损失承担赔偿责任。对托运人自装货物，装载是否符合规定首先是托运人的责任。因为托运人最了解货物运输安全的装载条件。如果把装载的责任全推给承运人，一方面承运人的经办人不可能对所有货物的装载情况都了解，让其承担检查不实的责任显然是不合理的；另一方面也容易造成托运人对货物装载加固的不负责任。因此，不管承运人是否检查，检查结果如何，因装载而造成的经济损失应当由托运人负担。这里的经济损失不仅是货物本身的损失，也包括承运人的财产损失。

4）包装检查

承运人原则上应当检查货物的包装。检查包装的状况是承运人的职责，包装涉及铁路货物运输安全。出了事故不仅货物受损失，铁路运输企业乃至国家利益也受损失。但是，承运人检查包装，通常都是从外表上看是不是符合要求，很难对每一批货物包装都作出准确的判断。承运人检查也不仅仅是承运时检查，在运输途中也要进行检查，发现不合格包装的，要及时采取措施，保证货物的安全。当然，由此产生的费用应由托运人承担。比如，包装损坏了，承运人组织人力重新包装的费用应由托运人承担。检查是承运人随时随地进行的。从上述分析可以看出，包装的法律责任应由托运人承担是毫无疑问的。但也有人认为，托运人按照包装协议提供了包装完好的货物，承运人应当检查；承运人放弃检查或者检查认为符合协议规定的，就是对托运人包装的认可，出了事故，发生货损应由承运人负责。也就是说，虽然包装是托运人的义务，但因为承运人已经认可了包装而发生了责任转移。这是不正确的，因为包装是托运人的运输义务，托运人提供的包装不符合要求，属于不适当履行合同义务，属于违约行为，其行为后果应由托运人自己负责。因此，不管是按照协议包装，还是按照法定标准包装，其法律责任均应由托运人承担。

4.5.4 铁路货物运输合同的变更和解除

1. 提出变更或者解除货物运输合同是当事人的权利

铁路货物运输合同双方都有权向对方提出变更和解除货物运输合同。托运人可以提出变更和解除货物运输合同，但货物运输合同能否变更和解除，还要取决于承运人是否同意。因为，合同是双方当事人意思表示一致的结果，如果要变更和解除合同，也必然要求双方意思表示一致方能变更和解除。

根据《合同法》的规定，托运人有权提出变更和解除货物运输合同，只要能够变更和解除的，承运人应当接受。所谓能够变更和解除，是指根据货物运输的进展情况，承运人是能够办到的，如果按照托运人的要求，承运人不能办到的，则变更就不成立。但解除货物运输合同在运输的全过程中都是可以做到的。因此，《合同法》规定的"有权"并不是必然能够实现的权利，而是一种相对权利，须得到承运人的同意，其变更和解除权才能成立。如果承运人不同意，双方不能达成变更和解除货物运输合同的一致意见，则铁路货物运输合同就不能变更和解除。双方仍要按照原货物运输合同的规定履行各自的义务。

对于解除合同，有时并不要求双方达成一致的意见，只要符合法律规定的条件，解除就可以因单方提出而成立。这些法定条件就是《合同法》第94条规定的五种情形：一是因不可抗力致使不能实现合同目的；二是在履行期限届满之前，当事人一方明确表示或者以自己的行为表明不履行主要债务；三是当事人一方迟延履行主要债务，经催告后在合理期限内仍未履行；四是当事人一方迟延履行债务或者有其他违约行为致使不能实现合同目的；五是法律规定的其他情形。《合同法》规定的五种情况主要是针对一般合同而言，具体到铁路货物运输合同，主要是第一项中因不可抗力致使合同目的不能实现的，一方可以解除货物运输合同。例如，铁路运输中发生洪水断道，无法运输，承运人可以解除货物运输合同。

2. 货物运输合同的变更

1）变更条件

变更货物运输合同要符合一定的条件。这些条件可以在签订合同时约定，也可以根据法律的规定。目前，铁路货物运输合同的变更基本上都是按照法律规范的规定进行的。当事人很少约定解除或者变更的条件。双方如果约定有变更条件的，则按照双方的约定处理。

2）变更的提出

托运人可以提出变更货物运输合同，承运人也可以提出。收货人能否提出变更，有不同看法。一般认为，收货人如果有托运人的授权，也是可以提出的。由于铁路承运人可能涉及多个，因此向哪一个承运人提出变更是有效的，在实践中有不同的认识。一般原则是，托运人可以向发站提出，因为发站是缔约承运人，应对全程运输负责，发站应当接受托运人的变更要求。

3）变更的程序

变更货物运输合同也要经过要约和承诺两个阶段。一方提出变更要求，经另一方同意，变更即为成立。如果另一方不同意，则货物运输合同的变更不能成立。经承运人同意变更的，对承运后的货物可以按批在货物所在的中途站或到站办理变更到站、变更收货人。从程序上讲，不管能否变更，接受变更要求的一方当事人应当给对方作出书面回答。如果不能变更的，应当告知理由。从实践中看，承运人不能变更的理由主要包括：一是货物已经超过托运人要求变更的中途站；二是货物不能在要求的中途站作编组作业；三是货物已经交付给收货人。凡是符合能够变更条件的，承运人应当同意。

4）变更手续

托运人变更货物运输合同时，应提出领货凭证和货物变更要求书，提不出领货凭证的，应提出其他有效证明文件，并在货物变更要求书内注明。申请变更货物运输合同所发生的费用，应当由申请变更的一方承担。

3. 合同的解除

1）解除货物运输合同的概念

铁路货物运输合同的解除，是指货物运输合同有效成立后，基于当事人双方的意思表示，使特定的铁路货物运输合同托运人与承运人之间的运输权利义务关系归于消灭。货物运输合同的解除以有效成立的货物运输合同为前提。

在铁路货物运输合同履行过程中，经常出现托运人取消托运情况。取消托运，是托运人的权利。托运人可以在运输行为还没有开始之前，取消货物运输。这种行为，在法律上称之为"解除合同"。

在承运人未将货物运到终点之前的阶段，都可能发生解除货物运输合同的情况。比如，托运人可以在发站领回货物，就是解除货物运输合同，称为"取消托运"；也可以在货物运输的中途站领回货物，不再运输，也是解除货物运输合同。合同解除原则上只有托运人可以行使，收货人无权解除合同。

解除货物运输合同只是合同的权利义务终止，不再履行。但不影响双方当事人依据货物运输合同清算各自的债权债务。例如，托运人向承运人提出解除货物运输合同，经承运人确认，同意托运人取回已经交付的货物，应偿付承运人已经付出的各项费用和其他损失。

2）货物运输合同解除的提出

托运人可以提出解除货物运输合同，承运人也可以提出解除货物运输合同。在货物发送前可以提出，在货物发送后也可以提出。比如，货物在运到中途站待转运时，托运人提出中止运输，提取货物，解除货物运输合同，则双方当事人进行运费清算后货物运输合同即告解除。承运人提出解除货物运输合同，必须有充足的理由。比如，线路塌方，无法继运到站，就可以要求解除货物运输合同，由托运人通过其他交通运输方式完成运输过程。

托运人提出解除货物运输合同，承运人必须接受。如果承运人有条件接受的而不接受，造成的损失应由承运人负责；如果承运人没有条件接受的，应当书面告知托运人并说明理由。

承运人提出解除货物运输合同的，应当说明理由。因承运人的责任造成运输不能的，应当赔偿托运人为继续运输而多支出的运输费用。

3）解除货物运输合同的责任

对于托运人来说，解除货物运输合同的责任就是要支付承运人已经付出的各项费用，包括仓储费、已经发生的运费、搬运费、装卸费等。承运人提出解除的，则要承担退还未运输部分的运费，以及其他违约责任。

4）货物运输合同解除后领货凭证的效力

货物运输合同解除后，领货凭证失去所规定的提取货物的证明作用，收货人凭领货凭证不能再主张领取货物。

承运人不向持有领货凭证人交付货物，应当负有举证责任。向收货人说明不能交付货物的正当理由。此种理由可以作为免除承运人责任的基本证据。

4.5.5　铁路货物运输合同的法律责任

1. 当事人的违约责任

违约责任是当事人违反合同的规定，不履行或者不完全履行合同义务，侵害了债权人的债权而依法承担的法律责任。简单说违约责任就是违反合同义务的法律后果，属于民事责任的一种。在《合同法》中，它指违约方向守约方承担的一种财产责任。违约责任形式如下。

1）支付违约金

违约金责任就是在一方违约时向另一方支付约定的违约金。按照《合同法》的规定，违约金是由当事人在合同中事先约定的、当一方违约时应向另一方当事人给付一定金额的货币。在铁路货物运输过程中，货物逾期运到，承运人应当支付违约金。

2）定金

定金是一种担保形式。它是指当事人在合同中约定一方给付另一方一定的定金，债务人履行合同之后，定金应当抵作价款或收回。给付定金的一方不履行债务的，无权要求返还定金；接受定金的一方不履行债务的，应当双倍返还定金。在铁路货物运输中，目前还没有定金担保的形式。但随着市场经济的不断发展，如果双方当事人约定用定金方式保证合同的履行，也是可行的。

3）赔偿损失

赔偿损失，作为违约责任的方式之一，是指违约方不履行合同或者不完全履行合同时依法或根据合同的规定赔偿对方当事人所受损失的责任。从性质上看，违约损失赔偿实际上是法律强制当事人给守约方所受损失的一种补偿。另一方面，也是对违约方的否定评价。

在铁路货物运输中，托运人、收货人、承运人都可能存在不适当履行合同而给对方造成损害，从而承担赔偿责任的问题。对于承运人来讲，要按照严格责任，确定运输损害赔偿；对于托运人和收货人来讲，一般要按照过错责任赔偿损失。例如，托运人伪报重量，造成铁路车辆燃油事故，其经济损失应由托运人承担。承运人可以向托运人提出损害赔偿的要求。在交付货物时，因收货人的过错造成铁路承运人装卸器具损坏的，收货人应当赔偿损失。

2. 托运人的违约责任

托运人的违约责任主要表现在以下方面。

（1）托运人不按时支付运输费用的，要承担迟延支付的滞纳金。

（2）未如实申报货物的实际情况，应当承担的责任。如实申报货物的实际状况是托运人的义务。托运人不如实申报，可能有两种原因，一是故意隐瞒货物的实际情况，目的是为了少交运费；二是确实可能对货物的实际性质不了解，比如受他人委托托运货物。对于故意隐瞒货物实际情况而少交了运费的，承运人除了要求其补收运费外，还可以加收一定的费用。

而且检查货物的费用也要由托运人承担。

（3）因包装不合格，污染其他运输货物的，应当赔偿损失。

（4）属于托运人自装的整车货物，因装载不合格而导致承运人损失的，应当赔偿损失。比如超载造成燃油事故，中断运输，其损失应由托运人承担。

3. 收货人的责任

收货人的责任主要如下。

（1）不按时领取货物，要承担逾期领取的货物保管费。

（2）对于托运人未交运费或者运输途中发生的应由收货人支付的其他费用，收货人应当支付，不按时支付的要承担责任。

4. 承运人的责任

铁路货物运输承运人的责任基础，是解决铁路货物运输承运人运输对其所承运货物的灭失和损坏承担严格责任，或是对其由于缺乏谨慎和注意，所产生的可预防性损失或损坏承担过失责任的问题。严格责任标准由于迫使铁路货物运输承运人承担所有风险，而给货物利益方提供最大保护；而过失责任标准只将与铁路货物运输承运人自身行为有关的风险分配给铁路货物运输承运人，将来源于其他方面的风险交给托运人或收货人承担，这意味着铁路货物运输承运人只对自己或其雇员及代理人所实施的过失和懈怠行为负责。与责任标准相关的，还存在举证责任这一补充性问题。一旦货物利益方证实其遭受损失，谁承担证明损害应归咎于铁路货物运输承运人的责任呢？由于承担举证责任的一方为避免承担风险必须提供确凿的证据，因此举证责任问题对铁路货物运输活动中的风险分配具有重大影响。当损失或损害的原因无法确定或证据难以查实时，就意味着举证责任的承担者必须承担损失的风险。

承运人的责任，立法上有两种主张，一是严格责任，二是过失责任。铁路货物运输承运人的基本责任规则可以借鉴有关《国际货约》的规定，铁路货物运输承运人对从接收货物及运单起到交付运单与货物的全程中的货物损害、灭失与延迟负责。铁路货物运输承运人可因下列原因免责：①灭失、损害和延迟一般情况下是因为外界的不可避免、不能阻止的原因（即不可抗力）；②货物利益方本身的错误或疏忽，以及基于其另外的指示而导致铁路货物运输承运人也有部分责任；③货物自身的固有特性。

铁路货物运输承运人可以依据一些所谓特殊情况的存在而推定货物灭失与损害的原因。相对不可抗力举证责任而言，这个规则减轻了铁路货物运输承运人的举证责任，但货物利益方可以提交相反的证据。《国际货约》规定这些特殊情况为：①按适用的条件或与发货人协议条款和运单所载条款，当使用敞车运输时；②根据货物性质，无包装或包装不良易使货物损耗或损害，而当货物未包装或当货物未妥善包装时；③按适用的条件或按与托运人协议条款和运单所载条款，当发货人装车或由收货人卸车时；④发货人明知车辆有缺陷而装车，或按适用的条件，或按与发货人协议条款和运单所载条款，由发货人装车，当装载有缺陷或装载不良时；⑤由发货人、收货人或他们的代理人履行海关或其他行政机关要求的手续；⑥因破碎、生锈、腐烂、变质或损耗，特别是易使货物全部或部分灭失与损害的某类货物的性质；⑦对因记载不合常规、不正确或不完全而承运货物不得发运。对因记载不合常规、不正确或不完全而按特定条件承运货物的发运，或发运人未注意对有关这类货物规定的防护；⑧活动物的运输；⑨按公约适用条件，或按与发货人协议条款和运单所载条款，必须配备押运人的货物运输，如系由押运人负责防止的任何危险而造成的灭失或损坏。由于货物的自然性质，一般来说，在单一运输情况下，铁路货物运输承运人只对超过下列允许的损耗部分负责：①对于液体货物或托运时处于潮湿状态的货物，一般为其重量的 2%；②对于在运输途中易于损耗的其他干货，一般为其重量的 1%，而且，这类证据不要求证实即可提供。

铁路货物运输承运人应对承担的货物、包裹、行李自接受承运时起到交付时止发生的灭失、缺少、变质、污染或者损坏，承担赔偿责任。

（1）托运人或者旅客根据自愿申请办理保价运输的，按照实际赔偿，但最高不超过保价额。

（2）未按保价运输承运的，按照实际损失赔偿，但最高不超过国务院铁路主管部门规定的赔偿限额；如果损失是由于铁路货物运输承运人的故意或者重大过失造成的，不适用赔偿限额的规定，按照实际损失赔偿。

《国际货约》对索赔人基于货物灭失或损害及延迟时的索赔数量与计算有详细的规则。损害被分为两部分，一方面表现为货物灭失的价值，另一方面为其他各种因素的综合体。货物全损或部分损害的赔偿计算，根据交货的地点和时间及当地的市场价而定。铁路货物运输承运人的最高责任限制为毛重短少每千克 17 SDR（特别提款权）。在损害货物的情况下，赔偿应与货物的使用价值相符，计算方法与货物灭失的方法相同。假如灭失、损害或延迟是由于铁路货物运输承运人不善管理或其雇佣人员所为，其将负全额赔偿责任。在重大疏忽的情况下，铁路货物运输承运人应赔偿上述责任限制的 2 倍。如灭失或毁损是由铁路货物运输承运人逾期所导致的，其最高赔偿额限制为运费的 4 倍。

4.6 铁路运输安全

4.6.1 铁路运输安全保护概述

1. 铁路运输安全的定义和特点

铁路运输安全是指在铁路运输的过程中，采取各种有效措施，严格执行各种安全规章制度、劳动纪律和作业秩序，各方面协调配合，消除各种不安全因素，防止行车事故、旅客人身伤亡和财产损失、运输货物损失或灭失、路外伤亡事故等各种运输事故的发生。

铁路运输安全保护工作具有鲜明的系统性的特点，安全工作在铁路运输中可以说是面面俱到。铁路运输又是一个开放性的系统，安全既受系统内部因素的制约，也受系统外部环境的影响。在这项综合性的安全体系中，铁路运输安全可以分为铁路线路安全，铁路营运安全等，其中营运安全包括机车车辆安全，铁路设备产品安全，铁路从业人员安全，铁路危险货物运输安全等。铁路线路安全可分为线路安全保护区安全，桥梁、隧道安全，道口安全，施工安全等。铁路运输安全需要各种因素的协调配合，路内路外都要兼顾。而上述各种安全分类不是彼此分割独立的，而是相互联系，相互交叉，相互依存。

铁路运输安全保护具有长期性，复杂性，艰巨性的特点。铁路安全运输受人和环境的影响很大，很多因素难于预料和控制，综合治理涉及的面广，情况复杂，难度很大。现代运输技术的发展使系统复杂化，而高技术总是伴随着高危险，现代社会进步又不允许以不断的事故来深化对安全的认识，因此要揭示隐患，洞悉危险，难度日益加深。

2. 铁路运输安全管理条例

铁路是我国国民经济和社会发展的重要基础设施，国家高度重视铁路安全工作。早在1989年，国务院就制定公布了《铁路运输安全保护条例》，2004年又对该条例进行了全面修订。2013年7月24日国务院第18次常务会议通过《铁路安全管理条例》，该条例自2014年1月1日起施行①，共八章108条，分别规定了铁路建设质量安全、铁路专用设备质量安全、铁路线路安全、铁路运营安全、监督检查和法律责任等主要内容。

国务院铁路行业监督管理部门负责全国铁路安全监督管理工作，国务院铁路行业监督管理部门设立的铁路监督管理机构负责辖区内的铁路安全监督管理工作。国务院有关部门依照法律和国务院规定的职责，负责铁路安全管理的有关工作。

铁路沿线地方各级人民政府和县级以上地方人民政府有关部门应当按照各自职责，加强保障铁路安全的教育，落实护路联防责任制，防范和制止危害铁路安全的行为，协调和处理保障铁路安全的有关事项，做好保障铁路安全的有关工作。

从事铁路建设、运输、设备制造维修的单位应当加强安全管理，建立健全安全生产管理制度，落实企业安全生产主体责任，设置安全管理机构或者配备安全管理人员，执行保障生产安全和产品质量安全的国家标准、行业标准，加强对从业人员的安全教育培训，保证安全生产所必需的资金投入。铁路建设、运输、设备制造维修单位的工作人员应当严格执行规章制度，实行标准化作业，保证铁路安全。

---

① 《铁路运输安全保护条例》同时废止。

4.6.2　铁路运输安全保护制度

1. 铁路建设质量安全制度

铁路建设工程的勘察设计、施工、监理以及建设物资、设备的采购，应当依法进行招标。从事铁路建设工程勘察设计、施工、监理活动的单位应当依法取得相应资质，并在其资质等级许可的范围内从事铁路工程建设活动。铁路建设单位应当选择具备相应资质等级的勘察设计、施工、监理单位进行工程建设，并对建设工程的质量安全进行监督检查，制作检查记录留存备查。铁路建设工程的勘察设计、施工、监理应当遵守法律、行政法规关于建设工程质量和安全管理的规定，执行国家标准、行业标准和技术规范。铁路建设工程的勘察设计、施工单位依法对勘察设计、施工的质量负责，监理单位依法对施工质量承担监理责任。高速铁路和地质构造复杂的铁路建设工程实行工程地质勘察监理制度。

铁路建设工程的安全设施应当与主体工程同时设计、同时施工、同时投入使用。安全设施投资应当纳入建设项目概算。铁路建设工程使用的材料、构件、设备等产品，应当符合有关产品质量的强制性国家标准、行业标准。

铁路建设工程的建设工期，应当根据工程地质条件、技术复杂程度等因素，按照国家标准、行业标准和技术规范合理确定、调整。任何单位和个人不得违反规定要求铁路建设、勘察设计、施工单位压缩建设工期。

铁路建设工程竣工，应当按照国家有关规定组织验收，并由铁路运输企业进行运营安全评估。经验收、评估合格，符合运营安全要求的，方可投入运营。

在铁路线路及其邻近区域进行铁路建设工程施工，应当执行铁路营业线施工安全管理规定。铁路建设单位应当会同相关铁路运输企业和工程勘察设计、施工单位制订安全施工方案，按照方案进行施工。施工完毕应当及时清理现场，不得影响铁路运营安全。

新建、改建设计开行时速 120 km 以上列车的铁路或者设计运输量达到国务院铁路行业监督管理部门规定的较大运输量标准的铁路，需要与道路交叉的，应当设置立体交叉设施。新建、改建高速公路、一级公路或者城市道路中的快速路，需要与铁路交叉的，应当设置立体交叉设施，并优先选择下穿铁路的方案。已建成的属于前两款规定情形的铁路、道路为平面交叉的，应当逐步改造为立体交叉。新建、改建高速铁路需要与普通铁路、道路、渡槽、管线等设施交叉的，应当优先选择高速铁路上跨方案。铁路与道路立体交叉设施及其附属安全设施竣工验收合格后，应当按照国家有关规定移交有关单位管理、维护。专用铁路、铁路专用线需要与公用铁路网接轨的，应当符合国家有关铁路建设、运输的安全管理规定。

2. 铁路专用设备质量安全

设计、制造、维修或者进口新型铁路机车车辆，应当符合国家标准、

🔘 **铁路安全管理条例**

行业标准，并分别向国务院铁路行业监督管理部门申请领取型号合格证、制造许可证、维修许可证或者进口许可证。铁路机车车辆的制造、维修、使用单位应当遵守有关产品质量的法律、行政法规以及国家其他有关规定，确保投入使用的机车车辆符合安全运营要求。

生产铁路道岔及其转辙设备、铁路信号控制软件和控制设备、铁路通信设备、铁路牵引供电设备的企业，应当符合下列条件并经国务院铁路行业监督管理部门依法审查批准：①有按照国家标准、行业标准检测、检验合格的专业生产设备；②有相应的专业技术人员；③有完善的产品质量保证体系和安全管理制度；④法律、行政法规规定的其他条件。

铁路机车车辆以外的直接影响铁路运输安全的铁路专用设备，依法应当进行产品认证的，经认证合格方可出厂、销售、进口、使用。用于危险化学品和放射性物品运输的铁路罐车、专用车辆以及其他容器的生产和检测、检验，依照有关法律、行政法规的规定执行。用于铁路运输的安全检测、监控、防护设施设备，集装箱和集装化用具等运输器具，专用装卸机械、索具、篷布、装载加固材料或者装置，以及运输包装、货物装载加固等，应当符合国家标准、行业标准和技术规范。

铁路机车车辆以及其他铁路专用设备存在缺陷，即由于设计、制造、标识等原因导致同一批次、型号或者类别的铁路专用设备普遍存在不符合保障人身、财产安全的国家标准、行业标准的情形或者其他危及人身、财产安全的不合理危险的，应当立即停止生产、销售、进口、使用；设备制造者应当召回缺陷产品，采取措施消除缺陷。

3. 铁路线路安全制度

铁路线路的安全是运输安全的前提和保证。铁路线路是铁路最重要的基础设施，轨道运行和线路封闭是铁路运输的特点，这对线路安全提出的要求较高。狭义的铁路线路是指铁路钢轨道床和路基，包括边坡，沟堑，护坡，排水沟，防护设施，电网，警示标志等。而广义的铁路线路还包括铁路桥梁、隧道、沿线车站等。

铁路线路安全保护制度主要包括铁路线路安全保护区的划定、范围与保护制度，铁路道口安全保护制度，铁路桥梁安全保护制度，铁路线路施工安全保护制度，线路自然灾害防护等。

1) 铁路线路安全保护区取得划定、范围与保护制度

铁路线路两侧应当设立铁路线路安全保护区。铁路线路安全保护区的范围，从铁路线路路堤坡脚、路堑坡顶或者铁路桥梁（含铁路、道路两用桥，下同）外侧起向外的距离分别为：①城市市区高速铁路为 10 m，其他铁路为 8 m；②城市郊区居民居住区高速铁路为 12 m，其他铁路为 10 m；③村镇居民居住区高速铁路为 15 m，其他铁路为 12 m；④其他地区高速铁路为 20 m，其他铁路为 15 m。规定距离不能满足铁路运输安全保护需要的，由铁路建设单位或者铁路运输企业提出方案，铁路监督管理机构或者县级以上地方人民政府依照规定程序划定。

在铁路用地范围内划定铁路线路安全保护区的，由铁路监督管理机构组织铁路建设单位或者铁路运输企业划定并公告。在铁路用地范围外划定铁路线路安全保护区的，由县级以上地方人民政府根据保障铁路运输安全和节约用地的原则，组织有关铁路监督管理机构、县级以上地方人民政府国土资源等部门划定并公告。

铁路线路安全保护区与公路建筑控制区、河道管理范围、水利工程管理和保护范围、航道保护范围或者石油、电力以及其他重要设施保护区重叠的，由县级以上地方人民政府组织有关部门依照法律、行政法规的规定协商划定并公告。

新建、改建铁路的铁路线路安全保护区范围，应当自铁路建设工程初步设计批准之日起 30 日内，由县级以上地方人民政府依照规定划定并公告。铁路建设单位或者铁路运输企业应当根据工程竣工资料进行勘界，绘制铁路线路安全保护区平面图，并根据平面图设立标桩。

设计开行时速 120 km 以上列车的铁路应当实行全封闭管理。铁路建设单位或者铁路运输企业应当按照国务院铁路行业监督管理部门的规定在铁路用地范围内设置封闭设施和警示标志。

禁止在铁路线路安全保护区内烧荒、放养牲畜、种植影响铁路线路安全和行车瞭望的树木等植物。禁止向铁路线路安全保护区排污、倾倒垃圾以及其他危害铁路安全的物质。在铁路线路安全保护区内建造建筑物、构筑物等设施，取土、挖砂、挖沟、采空作业或者堆放、悬挂物品，应当征得铁路运输企业同意并签订安全协议，遵守保证铁路安全的国家标准、行业标准和施工安全规范，采取措施防止影响铁路运输安全。铁路运输企业应当派员对施工现场实行安全监督。铁路线路安全保护区内既有的建筑物、构筑物危及铁路运输安全的，应当采取必要的安全防护措施；采取安全防护措施后仍不能保证安全的，依照有关法律的规定拆除。拆除铁路线路安全保护区内的建筑物、构筑物，清理铁路线路安全保护区内的植物，或者对他人在铁路线路安全保护区内已依法取得的采矿权等合法权利予以限制，给他人造成损失的，应当依法给予补偿或者采取必要的补救措施。但是，拆除非法建设的建筑物、构筑物的除外。在铁路线路安全保护区及其邻近区域建造或者设置的建筑物、构筑物、设备等，不得进入国家规定的铁路建筑限界。在铁路线路两侧建造、设立生产、加工、储存或者销售易燃、易爆或者放射性物品等危险物品的场所、仓库，应当符合国家标准、行业标准规定的安全防护距离。在铁路线路两侧从事采矿、采石或者爆破作业，应当遵守有关采矿和民用爆破的法律法规，符合国家标准、行业标准和铁路安全保护要求。在铁路线路路堤坡脚、路堑坡顶、铁路桥梁外侧起向外各 1 000 m 范围内，以及在铁路隧道上方中心线两侧各 1 000 m 范围内，确需从事露天采矿、采石或者爆破作业的，应当与铁路运输企业协商一致，依照有关法律法规的规定报县级以上地方人民政府有关部门批准，采取安全防护措施后方可进行。

高速铁路线路路堤坡脚、路堑坡顶或者铁路桥梁外侧起向外各 200 m 范围内禁止抽取地下水。在规定范围外，高速铁路线路经过的区域属于地面沉降区域，抽取地下水危及高速铁路安全的，应当设置地下水禁止开采区或者限制开采区，具体范围由铁路监督管理机构会同县级以上地方人民政府水行政主管部门提出方案，报省、自治区、直辖市人民政府批准并公告。在电气化铁路附近从事排放粉尘、烟尘及腐蚀性气体的生产活动，超过国家规定的排放标准，危及铁路运输安全的，由县级以上地方人民政府有关部门依法责令整改，消除安全隐患。

任何单位和个人不得擅自在铁路桥梁跨越处河道上下游各 1 000 m 范围内围垦造田、拦河筑坝、架设浮桥或者修建其他影响铁路桥梁安全的设施。因特殊原因确需在前款规定的范围内进行围垦造田、拦河筑坝、架设浮桥等活动的，应当进行安全论证，负责审批的机关在批准前应当征求有关铁路运输企业的意见。

禁止在铁路桥梁跨越处河道上下游的下列范围内采砂、淘金：①跨河桥长 500 m 以上的铁路桥梁，河道上游 500 m，下游 3 000 m；②跨河桥长 100 m 以上不足 500 m 的铁路桥梁，河道上游 500 m，下游 2 000 m；③跨河桥长不足 100 m 的铁路桥梁，河道上游 500 m，下游 1 000 m。有关部门依法在铁路桥梁跨越处河道上下游划定的禁采范围大于前述规定的禁采范围的，按照划定的禁采范围执行。县级以上地方人民政府水行政主管部门、国土资源主管部门应当按照各自职责划定禁采区域、设置禁采标志，制止非法采砂、淘金行为。

在铁路桥梁跨越处河道上下游各 500 m 范围内进行疏浚作业，应当进行安全技术评价，有关河道、航道管理部门应当征求铁路运输企业的意见，确认安全或者采取安全技术措施后，方可批准进行疏浚作业。但是，依法进行河道、航道日常养护、疏浚作业的除外。

2) 铁路桥梁隧道道口安全保护

铁路桥梁隧道是铁路线路中的特殊路段和重要组成部分。铁路桥梁一般要跨越河道，若在铁路桥梁上下游一定范围内拦河筑坝，架设浮桥，或者抽取地下水，或者围垦造田等行为，都有可能引起河流流速流量变化，造成河床移动或桥基下沉，从而威胁到铁路桥梁的安全。铁路隧道一般要穿越山体或岩层，如在隧道附近一定范围内从事生产，加工，储存易燃、易爆或放射性等危险物品，就会威胁到铁路隧道的安全。铁路、道路两用桥由所在地铁路运输企业和道路管理部门或者道路经营企业定期检查、共同维护，保证桥梁处于安全的技术状态。铁路、道路两用桥的墩、梁等共用部分的检测、维修由铁路运输企业和道路管理部门或者道路经营企业共同负责，所需费用按照公平合理的原则分担。

铁路的重要桥梁和隧道按照国家有关规定由中国人民武装警察部队负责守卫。船舶通过铁路桥梁应当符合桥梁的通航净空高度并遵守航行规则。桥区航标中的桥梁航标、桥柱标、桥梁水尺标由铁路运输企业负责设置、维护，水面航标由铁路运输企业负责设置，航道管理部门负责维护。下穿铁路桥梁、涵洞的道路应当按照国家标准设置车辆通过限高、限宽标志和限高防护架。城市道路的限高、限宽标志由当地人民政府指定的部门设置并维护，公路的限高、限宽标志由公路管理部门设置并维护。限高防护架在铁路桥梁、涵洞、道路建设时设置，由铁路运输企业负责维护。机动车通过下穿铁路桥梁、涵洞的道路，应当遵守限高、限宽规定。下穿铁路涵洞的管理单位负责涵洞的日常管理、维护，防止淤塞、积水。铁路线路安全保护区内的道路和铁路线路路堑上的道路、跨越铁路线路的道路桥梁，应当按照国家有关规定设置防止车辆以及其他物体进入、坠入铁路线路的安全防护设施和警示标志，并由道路管理部门或者道路经营企业维护、管理。

架设、铺设铁路信号和通信线路、杆塔应当符合国家标准、行业标准和铁路安全防护要求。铁路运输企业、为铁路运输提供服务的电信企业应当加强对铁路信号和通信线路、杆塔的维护和管理。设置或者拓宽铁路道口、铁路人行过道，应当征得铁路运输企业的同意。铁路与道路交叉的无人看守道口应当按照国家标准设置警示标志；有人看守道口应当设置移动栏杆、列车接近报警装置、警示灯、警示标志、铁路道口路段标线等安全防护设施。道口移动栏杆、列车接近报警装置、警示灯等安全防护设施由铁路运输企业设置、维护；警示标志、铁路道口路段标线由铁路道口所在地的道路管理部门设置、维护。机动车或者非机动车在铁路道口内发生故障或者装载物掉落的，应当立即将故障车辆或者掉落的装载物移至铁路道口停止线以外或者铁路线路最外侧钢轨 5 m 以外的安全地点。无法立即移至安全地点的，应当立即报告铁路道口看守人员；在无人看守道口，应当立即在道口两端采取措施拦停列车，并就近通知铁路车站或者公安机关。履带车辆等可能损坏铁路设施设备的车辆、物体通过铁路道口，应当提前通知铁路道口管理单位，在其协助、指导下通过，并采取相应的安全防护措施。

在下列地点，铁路运输企业应当按照国家标准、行业标准设置易于识别的警示、保护标志：①铁路桥梁、隧道的两端；②铁路信号、通信光（电）缆的埋设、铺设地点；③电气化铁路接触网、自动闭塞供电线路和电力贯通线路等电力设施附近易发生危险的地点。

3）铁路线路安全管理制度

禁止毁坏铁路线路、站台等设施设备和铁路路基、护坡、排水沟、防护林木、护坡草坪、铁路线路封闭网及其他铁路防护设施。

禁止实施下列危及铁路通信、信号设施安全的行为：①在埋有地下光（电）缆设施的地面上方进行钻探，堆放重物、垃圾，焚烧物品，倾倒腐蚀性物质；②在地下光（电）缆两侧各 1 m 的范围内建造、搭建建筑物、构筑物等设施；③在地下光（电）缆两侧各 1 m 的范围内挖砂、取土；④在过河光（电）缆两侧各 100 m 的范围内挖砂、抛锚或者进行其他危及光（电）缆安全的作业。

禁止实施下列危害电气化铁路设施的行为：①向电气化铁路接触网抛掷物品；②在铁路电力线路导线两侧各 500 m 的范围内升放风筝、气球等低空漂浮物体；③攀登铁路电力线路杆塔或者在杆塔上架设、安装其他设施设备；④在铁路电力线路杆塔、拉线周围 20 m 范围内取土、打桩、钻探或者倾倒有害化学物品；⑤触碰电气化铁路接触网。

铁路运输企业应当对铁路线路、铁路防护设施和警示标志进行经常性巡查和维护；对巡查中发现的安全问题应当立即处理，不能立即处理的应当及时报告铁路监督管理机构。巡查和处理情况应当记录留存。

4）铁路线路自然灾害防护

自然灾害是指由于天文、地理或人类活动等因素所形成的自然条件变异而引发的破坏性和灾难性的事件。直接危害铁路的自然灾害有洪水，山体崩塌，滑坡，泥石流，风沙，地震，岩溶，暴雪，冷冻等。近些年来由于全球气候异常变化和自然灾害的频发，给我国铁路的线路安全构成严重威胁，由于自然灾害造成的线路中断，运输设备毁坏的情况时有发生，严重影响铁路作为国民经济大动脉的作用。县级以上各级人民政府及其有关部门、铁路运输企业应当依照地质灾害防治法律法规的规定，加强铁路沿线地质灾害的预防、治理和应急处理等工作。根据《地质灾害防治条例》的规定，国务院国土资源主管部门会同国务院建设、水利、铁路、交通等部门结合地质环境状况组织开展全国的地质灾害调查，并依据调查结果，编制全国地质灾害防治规划，经专家论证后报国务院批准公布。国务院国土资源主管部门会同国务院建设、水利、铁路、交通等部门拟订全国突发性地质灾害应急预案，编制和实施土地利用总体规划、矿产资源规划以及水利、铁路、交通、能源等重大建设工程项目规划，应当充分考虑地质灾害防治要求，避免和减轻地质灾害造成的损失。

5）铁路营运安全保护制度

铁路营运安全保护制度是为了保证铁路列车在运行的过程中，对可能影响列车安全的各种路内因素进行规制，以保证铁路正常的运输安全。

铁路运输企业应当依照法律、行政法规和国务院铁路行业监督管理部门的规定，制定铁路运输安全管理制度，完善相关作业程序，保障铁路旅客和货物运输安全。

铁路机车车辆的驾驶人员应当参加国务院铁路行业监督管理部门组织的考试，考试合格方可上岗。铁路运输企业应当加强铁路专业技术岗位和主要行车工种岗位从业人员的业务培训和安全培训，提高从业人员的业务技能和安全意识。 机车车辆驾驶人员资格许可办法

铁路运输企业应当加强运输过程中的安全防护，使用的运输工具、装载加固设备以及其他专用设施设备应当符合国家标准、行业标准和安全要求。铁路运输企业应当建立健全铁路设施设备的检查防护制度，加强对铁

路设施设备的日常维护检修，确保铁路设施设备性能完好和安全运行。铁路运输企业的从业人员应当按照操作规程使用、管理铁路设施设备。

在法定假日和传统节日等铁路运输高峰期或者恶劣气象条件下，铁路运输企业应当采取必要的安全应急管理措施，加强铁路运输安全检查，确保运输安全。铁路运输企业应当在列车、车站等场所公告旅客、列车工作人员以及其他进站人员遵守的安全管理规定。公安机关应当按照职责分工，维护车站、列车等铁路场所和铁路沿线的治安秩序。

铁路运输企业应当按照国务院铁路行业监督管理部门的规定实施火车票实名购买、查验制度。实施火车票实名购买、查验制度的，旅客应当凭有效身份证件购票乘车；对车票所记载身份信息与所持身份证件或者真实身份不符的持票人，铁路运输企业有权拒绝其进站乘车。铁路运输企业应当采取有效措施为旅客实名购票、乘车提供便利，并加强对旅客身份信息的保护。铁路运输企业工作人员不得窃取、泄露旅客身份信息。

铁路运输企业应当依照法律、行政法规和国务院铁路行业监督管理部门的规定，对旅客及其随身携带、托运的行李物品进行安全检查。从事安全检查的工作人员应当佩戴安全检查标志，依法履行安全检查职责，并有权拒绝不接受安全检查的旅客进站乘车和托运行李物品。旅客应当接受并配合铁路运输企业在车站、列车实施的安全检查，不得违法携带、夹带管制器具，不得违法携带、托运烟花爆竹、枪支弹药等危险物品或者其他违禁物品。禁止或者限制携带的物品种类及其数量由国务院铁路行业监督管理部门会同公安机关规定，并在车站、列车等场所公布。

铁路运输托运人托运货物、行李、包裹，不得有下列行为：①匿报、谎报货物品名、性质、重量；②在普通货物中夹带危险货物，或者在危险货物中夹带禁止配装的货物；③装车、装箱超过规定重量。铁路运输企业应当对承运的货物进行安全检查，并不得有下列行为：①在非危险货物办理站办理危险货物承运手续；②承运未接受安全检查的货物；③承运不符合安全规定、可能危害铁路运输安全的货物。运输危险货物应当依照法律法规和国家其他有关规定使用专用的设施设备，托运人应当配备必要的押运人员和应急处理器材、设备以及防护用品，并使危险货物始终处于押运人员的监管之下；危险货物发生被盗、丢失、泄漏等情况，应当按照国家有关规定及时报告。办理危险货物运输业务的工作人员和装卸人员、押运人员，应当掌握危险货物的性质、危害特性、包装容器的使用特性和发生意外的应急措施。铁路运输企业和托运人应当按照操作规程包装、装卸、运输危险货物，防止危险货物泄漏、爆炸。铁路运输企业和托运人应当依照法律法规和国家其他有关规定包装、装载、押运特殊药品，防止特殊药品在运输过程中被盗、被劫或者发生丢失。

铁路管理信息系统及其设施的建设和使用，应当符合法律法规和国家其他有关规定的安全技术要求。铁路运输企业应当建立网络与信息安全应急保障体系，并配备相应的专业技术人员负责网络和信息系统的安全管理工作。

禁止使用无线电台（站）以及其他仪器、装置干扰铁路运营指挥调度无线电频率的正常使用。铁路运营指挥调度无线电频率受到干扰的，铁路运输企业应当立即采取排查措施并报告无线电管理机构、铁路监管部门；无线电管理机构、铁路监管部门应当依法排除干扰。

电力企业应当依法保障铁路运输所需电力的持续供应，并保证供电质量。铁路运输企业应当加强用电安全管理，合理配置供电电源和应急自备电源。遇有特殊情况影响铁路电力供应的，电力企业和铁路运输企业应当按照各自职责及时组织抢修，尽快恢复正常供电。

铁路运输企业应当加强铁路运营食品安全管理，遵守有关食品安全管理的法律法规和国家其他有关规定，保证食品安全。

禁止实施下列危害铁路安全的行为：①非法拦截列车、阻断铁路运输；②扰乱铁路运输指挥调度机构以及车站、列车的正常秩序；③在铁路线路上放置、遗弃障碍物；④击打列车；⑤擅自移动铁路线路上的机车车辆，或者擅自开启列车车门、违规操纵列车紧急制动设备；⑥拆盗、损毁或者擅自移动铁路设施设备、机车车辆配件、标桩、防护设施和安全标志；⑦在铁路线路上行走、坐卧或者在未设道口、人行过道的铁路线路上通过；⑧擅自进入铁路线路封闭区域或者在未设置行人通道的铁路桥梁、隧道通行；⑨擅自开启、关闭列车的货车阀、盖或者破坏施封状态；⑩擅自开启列车中的集装箱箱门，破坏箱体、阀、盖或者施封状态；⑪擅自松动、拆解、移动列车中的货物装载加固材料、装置和设备；⑫钻车、扒车、跳车；⑬从列车上抛扔杂物；⑭在动车组列车上吸烟或者在其他列车的禁烟区域吸烟；⑮强行登乘或者以拒绝下车等方式强占列车；⑯冲击、堵塞、占用进出站通道或者候车区、站台。

铁路交通事故应急救援和调查处理条例

本章小结

本章首先从铁路法调整的对象、铁路管理体制等方面对铁路法进行概述，在此基础上阐述了铁路建设的法律问题，并从客运和货运两个方面详细分析了铁路运输合同，明确运输各方的权利和义务，最后阐述了铁路运输安全方面的法律制度。

本章重点和难点是铁路运输合同。

习题

一、名词解释

1. 铁路

2. 铁路法

3. 铁路客票

4. 列车晚点

5. 铁路旅客运输合同

6. 铁路货物运输合同

7. 铁路运输安全管理

二、单项选择题

1.《铁路法》规定：新建国家铁路必须采用标准轨距。我国铁路的标准轨距为（ ）。

A. 762 mm B. 1 000 mm

C. 1 425 mm D. 1 435 mm

2. 高速铁路事故侵权的构成要件不包括：（ ）。

A. 侵权行为 B. 损害结果

C. 因果关系 D. 过错

三、多项选择题

1. 铁路旅客车票的法律特征主要有（ ）。

A. 合同的基本凭证 B. 乘车的凭证

C. 报销凭证 D. 有价证券

2. 铁路运输企业依法不承担赔偿责任的是（ ）。

A. 货物本身性质引起的碎裂、减量

B. 包装上的缺点，承运人从外部无法发现

C. 由第三人过错造成的货物损失

D. 由于不可抗力造成的损失

3. 在铁路运输合同中，从承运货物时起至货物交付收货人时止，货物发生灭失、短少、变质、污染、损坏时，按下列规定赔偿（ ）。

A. 已投保货物运输险的货物，由承运人和保险公司按规定赔偿

B. 保价运输的货物，一律由承运人按声明价格赔偿，而不问实际损失是多少

C. 保价运输的货物，实际损失低于声明价格的，按实际损失赔偿，余则按声明价格赔偿

D. 既投保险、又投保价的货物，发生损失后可以获得保险和保价的同时赔偿。

四、判断题

1. 铁路建设资金必须全部由国家财政资金承担。

2. 托运人或者旅客根据自愿，可以办理保价运输保险，也可以办理货物运输保险；还可以既不办理保价运输保险，也不办理货物运输保险。

3. 旅客车票、行李票、包裹票和货物运单是合同或者合同的组成部分。

4. 对铁路承运后的货物进行运输变更，如果货主要求变更一批货物中的一部分的，承运人可依法不予办理。

五、简答题

1. 我国铁路法律法规体系是怎么样的？

2. 铁路运输法律关系有哪些特点？

3. 我国铁路建设存在哪些问题？

4. 简述铁路旅客的权利和义务。

5. 简述铁路承运人的权利和义务。

6. 铁路货物运输合同当事人都有哪些权利和义务？

7. 铁路安全管理制度都包括哪些内容？

六、案例题

1. 列车晚点索赔案例

2013 年 9 月 8 日，原告周炜购买重庆北站至秀山站的 K775 次旅客车票一张，车票载明重庆北站开车时间为 16:15，铁路客服网站显示为 21:45 到秀山站。但该次列车在重庆北站 17:20 才开始检票进站，到达秀山站的实际时间为 22:45。原告认为，被告成都铁路局晚点发车和迟延到站的行为违反了合同约定，并造成原告经济损失；被告承认列车迟延事实，并未举证证明系不可抗力等原因造成；因列车迟延，如果选择退票需支付手续费且列车已到开车时间无法退票，且车票是实名制车票无法转让；原告选择继续乘坐该次列车并不是对运输合同的变更的认可和放弃赔偿；本案应适用《民法通则》《铁路法》《合同法》《消费者权益保护法》等相关法律规定；列车迟延给原告周炜造成的损失金额根据乘车所耽误的时间按照重庆市公布的 2012 年社会平均工资计算得出。据此，原告诉请法院判决被告成都铁路局赔偿原告经济损失 43.4 元并承担本案诉讼费用。

被告成都铁路局辩称：列车晚点属实，向原告再次致歉；列车迟延非被告故意造成的，重庆北开往广州站的 K775 次与广州站开往重庆北站的 K776 次使用的是同一列车车体，该车属广州铁路（集团）公司所有。当日，K776 次列车从广州铁路（集团）公司接入成都铁路局管内秀山站就迟延，造成迟延到达重庆北站，导致 K775 次不能正点开行。K776 次列车迟延到达系不可抗力原因造成，因 8 月以来强台风暴雨损坏广铁集团管内路基，需施工，为确保安全，进行了限速行驶，以及列车会让，从而导致晚点；被告所属重庆北站通过广播及公告电子显示屏告知了晚点事由并进行了道歉，并采取了补救措施，合理调度，缩短了在重庆北站的整备时间，26 分钟开出 K775 次列车；本案中，双方无事先约定迟延运输的违约责任，且无因列车迟延的法定赔偿依据，原告请求超出法定赔偿范围；原告周炜在获知列车晚点时，未选择要求铁路企业退票或安排乘坐其他到达相同目的地的列车，继续乘坐该次列车，属于对运输合同变更的认可，铁路已将其安全运达目的地。据此，被告请求法院驳回原告诉讼请求。

原告周炜为支持其诉讼请求，向本院提交了以下证据：①铁路客服网站显示"列车时刻表"的打印件；②载明乘车人为周炜、乘车时间为 2013 年 9 月 8 日 16:15 开的 K775 次重庆北至秀山车票一张；③重庆北站第二候车室公告电子显示屏照片打印件一张；④秀山站检票口电子显示屏照片打印件一张。

本院经审查认为，原告周炜和被告成都铁路局所提交的证据具有真实性，被告举证的《9月8日K775次（重庆北—广州）运行情况》《9月8日重庆北站K775次列车晚点宣传和组织情况》及列车晚点通告稿、《K776次在广铁集团管内运行晚点情况》，所证明的K776次列车因会让、维修限速原因晚点到达重庆北站、K775次列车迟延开出的情况，与原告举证的证据所证明的K775次列车晚点情况基本一致，以上证据均具有真实性、关联性、合法性，本院均予以确认。

本院根据采纳的以上证据和双方当事人的陈述，认定本案以下事实：2013年9月8日，原告周炜购买K775次旅客列车车票，从重庆北站到秀山站，车票载明重庆北站开车时间为16：15，但该次列车在重庆北站实际开车时间为当日17：33。该次列车到达秀山站时间应为21：45，原告周炜乘坐该次列车实际到达秀山站的时间为22：45。另查明，K776次与K775次使用同一列车车体，该次列车从广州始发至重庆北站后，再从重庆北站返回至广州站，该次列车属于广州铁路（集团）公司所有。2013年9月8日，K776次列车因广州铁路（集团）公司管内会让、线路维修限速等情况造成迟延，进入成都铁路局管内秀山站时迟延1小时15分，秀山站至重庆北站间，会让正点列车K428次、K422次，导致16：27才到达重庆北站，迟延1小时44分。重庆北站在获知该次列车迟延后，通过电子显示屏公示和广播方式通告列车迟延情况并向旅客致歉。重庆北站在整备中将晚点时间比正常整备时间压缩了26分钟。

本院认为，原告周炜购买车票，乘坐列车，与被告之间已建立旅客运输合同关系，合法、有效。K775次列车迟延发出及迟延到达秀山站，被告已构成违约。

关于被告迟延运输的违约责任问题，根据《中华人民共和国合同法》第二百九十八条、第二百九十九条和《中华人民共和国铁路法》第十二条的规定，承运人应当向旅客及时告知有关不能正常运输的重要事由，迟延运输的，应当根据旅客的要求安排改乘其他班次或者退票。本案中，对于列车迟延，被告已及时通过广播和车站电子显示屏方式告知乘客列车晚点的情况并致歉，并在K776次列车到达重庆北站后，比正常整备时间缩短了26分钟。原告周炜未选择退票或者要求改乘其他列车，选择了继续乘坐K775次列车，被告成都铁路局将原告周炜安全送达到了秀山站。因此，本院认为，被告成都铁路局的做法符合上述法律规定，继续履行了合同，并采取了尽可能的措施避免因延误造成损失的发生。此外，原告周炜并未举证证明因列车迟延对其造成的损失，应当承担举证不能的不利后果，且根据《中华人民共和国合同法》第一百一十三条第一款的规定，因违约造成的损失不得超过违约方订立合同时预见到或者应当预见到的因违反合同可能造成的损失，因此，原告周炜请求按照重庆市上年度社会平均工资赔偿其损失金 43.4 元不符合该条的规定，对该项诉讼请求本院不予支持。根据《中华人民共和国合同法》第一百一十三条第一款、第二百九十八条、第二百九十九条 、《中华人民共和国铁路法》第十二条 、《中华人民共和国民事诉讼法》第六十四条第一款、《最高人民法院关于民事诉讼证据的若干规定》第二条之规定，判决如下：驳回原告周炜的诉讼请求。本案案件受理费 50 元，依法减半收取 25 元由原告周炜承担。

问题：① 本案中铁路局是否应承担违约责任，为什么？

② 你是否赞同本案中法院的判决，为什么？

2. 甬温铁路事故案例

2011 年 7 月 23 日 20 时 30 分 05 秒，甬温线浙江省温州市境内，由北京南站开往福州站的 D301 次列车与杭州站开往福州南站的 D3115 次列车发生动车组列车追尾事故，造成 40 人死亡、172 人受伤，中断行车 32 小时 35 分，直接经济损失 19 371.65 万元。

1）事故线路情况

甬温线北起浙江省宁波市，南至温州市，全长 282.38 km，为双线电气化铁路（由沿海铁路浙江有限公司负责建设，委托上海铁路局运营管理）。2005 年 3 月 10 日，国家发展和改革委员会批准甬温铁路可行性研究报告，其中旅客列车速度目标值 200 km/h；2005 年 8 月，浙江省和铁道部批复初步设计，其中旅客列车速度目标值为 200 km/h，预留进一步提速条件；2008 年 11 月，铁道部鉴定中心印发了《关于甬温、温福等运行时速 250 km/h 铁路的客车到发线和无缝线路等问题的复函》，将开通运行速度提升为 250 km/h。该条铁路于 2006 年 2 月 28 日开工建设，2009 年 9 月 28 日投入使用，比批准工期提前 4 个月。

事故发生地点位于甬温线永嘉站至温州南站间下行线 583 km 831 m 处（瓯江特大桥上）。该区段 5.8‰下坡，曲线半径 4 500 m，超高 110 mm，跨区间无缝线路，60 kg/m 钢轨，Ⅲ型混凝土轨枕。桥面距地面高度为 17.4 m。事故发生后对事故地段前后的线路检查测量结果合格。

2）事故列车及司机情况

（1）D3115 次列车及司机。D3115 次列车型号为 CRH1 – 046B，编组 16 辆，总长 426.3 m；配属上海铁路局上海动车客车段，自杭州站开往福州南站。列车定员 1 299 人，事故发生时乘坐旅客 1 072 人。7 月 22 日 23 时 4 分至 23 日 1 时 30 分在杭州动车运用所进行库内检修作业，各项技术参数及车辆状况均正常。

D3115 次列车司机何栃，南昌铁路局福州机务段职工，承担 D3115 次宁波东站至福州南站的值乘任务。2010 年 2 月 25 日经铁道部培训考试合格取得动车驾驶证。上车前按规定进行了待乘休息，出勤手续办理合格，酒精检测合格。经调查认定，司机在永嘉站至温州南站间的作业符合相关作业标准。

（2）D301 次列车及司机。D301 次列车型号为 CRH2 – 139E，编组 16

辆，总长 401.4 m；配属北京铁路局北京动车客车段，自北京南站开往福州站。列车定员 810 人，事故发生时乘坐旅客 558 人。7 月 23 日 0 时 20 分至 2 时 10 分在北京南动车运用所进行库内检修作业，各项技术参数及车辆状况均正常。

D301 次列车司机潘一恒，南昌铁路局福州机务段职工，承担 D301 次宁波东站至福州站的值乘任务，已在事故中殉职。2009 年 6 月 23 日经铁道部培训考试合格取得动车驾驶证。上车前按规定进行了待乘休息，出勤手续办理合格，酒精检测合格。经调查认定，司机在永嘉站至温州南站间的作业符合相关作业标准。

经调查认定，导致事故发生的原因是：通号集团所属通号设计院在 LKD2－T1 型列控中心设备研发中管理混乱，通号集团作为甬温线通信信号集成总承包商履行职责不力，致使为甬温线温州南站提供的 LKD2－T1 型列控中心设备存在严重设计缺陷和重大安全隐患。铁道部在 LKD2－T1 型列控中心设备招投标、技术审查、上道使用等方面违规操作、把关不严，致使其在温州南站上道使用。当温州南站列控中心采集驱动单元采集电路电源回路中保险管 F2 遭雷击熔断后，采集数据不再更新，错误地控制轨道电路发码及信号显示，使行车处于不安全状态。雷击也造成 5829AG 轨道电路发送器与列控中心通信故障。使从永嘉站出发驶向温州南站的 D3115 次列车超速防护系统自动制动，在 5829AG 区段内停车。由于轨道电路发码异常，导致其三次转目视行车模式起车受阻，7 分 40 秒后才转为目视行车模式以低于 20 km/h 的速度向温州南站缓慢行驶，未能及时驶出 5829 闭塞分区。因温州南站列控中心未能采集到前行 D3115 次列车在 5829AG 区段的占用状态信息，使温州南站列控中心管辖的 5829 闭塞分区及后续两个闭塞分区防护信号错误地显示绿灯，向 D301 次列车发送无车占用码，导致 D301 次列车驶向 D3115 次列车并发生追尾。上海铁路局有关作业人员安全意识不强，在设备故障发生后，未认真正确地履行职责，故障处置工作不得力，未能起到可能避免事故发生或减轻事故损失的作用。

问题：铁路事故处理的基本程序有哪些？旅客人身伤害的损害赔偿责任应该如何承担？

第 5 章

道路运输法

本章导读

道路运输法的内容从广义进行理解，既包括公路相关制度也包括城市道路的相关制度。内容涉及公路法律制度、城市道路运输法律制度、城市公共汽车和电车客运法律制度、出租车法律制度，其中特别介绍了公路旅客运输合同和公路货物运输合同。最后对道路交通安全管理法律制度进行了说明。

由于城乡二元结构的历史原因，我国的道路分为公路和城市道路，并相应地建立了不同的法律体系。目前，我国公路管理相关立法包括：全国   🔎 **公路法** 人大常委会制定的专门法律，即《公路法》（1997 年制定，1999 年、2004 年、2009 年、2016 年、2017 年进行了五次修正）；国务院制定的专门行政法规，即《公路安全保护条例》（2011 年）、《收费公路管理条例》（2004 年）。国务院部委制定的行政规章主要包括交通运输部部令和部分公安部部令。与公路相比，目前城市道路也拥有着自己的法律管理体系。全国人大常委会层面尚未制定专门法律。国务院制定的专门行政法规，即《城市道路管理条例》（1996 年制定，2011 年、2017 年进行了两次修订）；部分条款适用于城市道路的行政法规，如《道路交通安全法实施条例》（2004 年制定，2017 年进行了修改）等。国务院部委制定的行政规章主要   🔎 **公路安全保** 包括住房和城乡建设部部令和公安部部令。由于公安部门负责道路交通安 **护条例** 全管理工作，因而在立法上出现了包括公路和城市道路在内的"道路"一词。目前我国道路管理法律制度主要包括：全国人大常委会制定的专门法律，即《道路交通安全法》（2003 年制定，2007 年、2011 年进行了两次修订）；国务院制定的行政法规，即《道路交通安全法实施条例》《机动车交通事故责任强制保险条例》（2006 年制定，2012 年 3 月、2012 年 12 月、2016 年 2 月进行了三次修订）。国务院部委制定的行政规章主要是公安部部令。因此，就公路、城市道路以及道路的立法而言，出现了相关的不同法律体系，相应的政策和技术标准也产生了三类。由于公路和城市道路被分开管理，形成了两个法律体系，但由于道路交通安全被统一管理①，又形成了一个法律体系。本书如果没有特别指明，道路的概念都指广义的道路，包括公路和城市道路②。

5.1　公路法

公路法是由不同性质、不同内容、不同效力层次的若干公路法律规范组成的有机联系的统一体。公路法是交通运输法系统的重要组成部分，具有综合性、变动性、技术性的特征。它对于促进公路交通运输事业的发展，对于保护自然人、法人和其他组织的合法权益，对于加强公路交通运输事业的管理等具有重要意义。

5.1.1　公路法的概念和基本原则

公路法是调整公路建设、养护、运输等社会关系的法律规范的总称。"公路"是指经公路主管部门验收认定的城间、城乡间、乡间能行驶汽车的公共道路③。公路交通指人们利用公路、机动车辆等运输工具实现旅客、货物等空间位移的活动。公路交通关系是指人们在公路交通活动过程中所形成的各种社会关系。比如，人们在使用公路过程中所形成的管理者和使用人之间的公路管理关系；人们在利用机动车辆进行运输过程中所形成的运送合同关系、财产保险关系；机动车辆驾驶员在机动车辆运行过程中发生交通事故时与相对人形成的损害赔偿关系。任何主体，只要进行了公路交通活动，参与了公路交通活动，就会形成公路交通关系。

公路的发展应当遵循全面规划、合理布局、确保质量、保障畅通、保护环境、建设改造与养护并重的原则。各级人民政府应当采取有力措施，扶持、促进公路建设。公路建设应当纳入国民经济和社会发展计划。国家鼓励、引导国内外经济组织依法投资建设、经营公路。国家帮助和扶持少数民族地区、边远地区和贫困地区发展公路建设。

公路受国家保护，任何单位和个人不得破坏、损坏或者非法占用公路、公路用地及公路附属设施。任何单位和个人都有爱护公路、公路用地及公路附属设施的义务，有权检举和控告破坏、损坏公路、公路用地、公路附属设施和影响公路安全的行为。禁止任何单位和个人在公路上非法设

---

① 根据《道路交通安全法》第119条的规定，道路是指公路、城市道路和虽在单位管辖范围但允许社会机动车通行的地方，包括广场、公共停车场等用于公众通行的场所。

② 陈晖，张柱庭. 从法律的视角看公路与城市道路的差异［J］，中国公路，2011（08）：42－43.

③ 公路包括公路的路基、路面、桥梁、涵洞、隧道。"公路用地"是指公路两侧边沟（或者截水沟）及边沟（或者截水沟）以外不少于1 m范围内的土地。公路用地的具体范围由县级以上人民政府确定。"公路设施"是指公路的排水设备、防护构造物、交叉道口、界碑、测桩、安全设施、通信设施、检测及监控设施、养护设施、服务设施、渡口码头、花草林木、专用房屋等。公路按其在公路路网中的地位分为国道、省道、县道和乡道，并按技术等级分为高速公路、一级公路、二级公路、三级公路和四级公路。具体划分标准由国务院交通主管部门规定。专用公路是指由企业或者其他单位建设、养护、管理，专为或者主要为本企业或者本单位提供运输服务的道路。

卡、收费、罚款和拦截车辆。

5.1.2 公路建设规划

公路建设法律制度是我国公路法的重要内容之一，包括公路建设项目法人负责制度，招标投标制度和工程监理制度等。这一系列活动的制度化，为我国公路建设的法治管理奠定了良好的法律基础。

公路建设规划应当根据国民经济和社会发展以及国防建设的需要编制，与城市建设发展规划和其他方式的交通运输发展规划相协调。公路建设用地规划应当符合土地利用总体规划，当年建设用地应当纳入年度建设用地计划。

国道规划由国务院交通主管部门会同国务院有关部门并商国道沿线省、自治区、直辖市人民政府编制，报国务院批准。省道规划由省、自治区、直辖市人民政府交通主管部门会同同级有关部门并商省道沿线下一级人民政府编制，报省、自治区、直辖市人民政府批准，并报国务院交通主管部门备案。县道规划由县级人民政府交通主管部门会同同级有关部门编制，经本级人民政府审定后，报上一级人民政府批准。乡道规划由县级人民政府交通主管部门协助乡、民族乡、镇人民政府编制，报县级人民政府批准。依照规定批准的县道、乡道规划，应当报批准机关的上一级人民政府交通主管部门备案。省道规划应当与国道规划相协调。县道规划应当与省道规划相协调。乡道规划应当与县道规划相协调。

专用公路规划由专用公路的主管单位编制，经其上级主管部门审定后，报县级以上人民政府交通主管部门审核。专用公路规划应当与公路规划相协调。县级以上人民政府交通主管部门发现专用公路规划与国道、省道、县道、乡道规划有不协调的地方，应当提出修改意见，专用公路主管部门和单位应当作出相应的修改。

国道规划的局部调整由原编制机关决定。国道规划需要做重大修改的，由原编制机关提出修改方案，报国务院批准。经批准的省道、县道、乡道公路规划需要修改的，由原编制机关提出修改方案，报原批准机关批准。国道的命名和编号，由国务院交通主管部门确定；省道、县道、乡道的命名和编号，由省、自治区、直辖市人民政府交通主管部门按照国务院交通主管部门的有关规定确定。规划和新建村镇、开发区，应当与公路保持规定的距离并避免在公路两侧对应进行，防止造成公路街道化，影响公路的运行安全与畅通。国家鼓励专用公路用于社会公共运输。专用公路主要用于社会公共运输时，由专用公路的主管单位申请，或者由有关方面申请，专用公路的主管单位同意，并经省、自治区、直辖市人民政府交通主管部门批准，可以改划为省道、县道或者乡道。

5.1.3 公路建设管理

1. 公路建设市场准入

凡符合法律、法规规定的市场准入条件的从业单位和从业人员均可进入公路建设市场，任何单位和个人不得对公路建设市场实行地方保护，不得对符合市场准入条件的从业单位和从业人员实行歧视待遇。公路建设项目依法实行项目法人责任制。项目法人可自行管理公路建设项目，也可委托具备法人资格的项目建设管理单位进行项目管理。项目法人或者其委托的项目建设管理单位的组织机构、主要负责人的技术和管理能力应当满足拟建项目的管理需要，符合国务院交通运输主管部门有关规定的要求。收费公路建设项目法人和项目建设管理单位进入公路建设市场实行备案制度。收费公路建设项目可行性研究报告批准或依法核准后，项目投资主体应当成立或者明确项目法人。项目法人应当按照项目管理的隶属关系将其或者其委托的项目建设管理单位的有关情况报交通运输主管部门备案。对不符合规定要求的项目法人或者项目建设管理单位，交通运输主管部门应当提出整改要求。公路工程勘察设计、施工、监理、试验检测等从业单位应当按照法律、法规的规定，取得有关管理部门颁发的相应资质后，方可进入公路建设市场。法律、法规对公路建设从业人员的执业资格作出规定的，从业人员应当依法取得相应的执业资格后，方可进入公路建设市场。

2. 公路建设资金

县级以上人民政府交通主管部门应当依据职责维护公路建设秩序，加强对公路建设的监督管理。筹集公路建设资金，除各级人民政府的财政拨款，包括依法征税筹集的公路建设专项资金转为的财政拨款外，可以依法向国内外金融机构或者外国政府贷款。国家鼓励国内外经济组织对公路建设进行投资。开发、经营公路的公司可以依照法律、行政法规的规定发行股票、公司债券筹集资金。出让公路收费权的收入必须用于公路建设。向企业和个人集资建设公路，必须根据需要与可能，坚持自愿原则，不得强行摊派，并符合国务院的有关规定。公路建设资金还可以采取符合法律或者国务院规定的其他方式筹集。

3. 管理建设程序

公路建设从业单位和从业人员在公路建设市场中必须严格遵守国家有关法律、法规和规章，严格执行公路建设行业的强制性标准、各类技术规范及规程的要求。公路建设项目法人必须严格执行国家规定的基本建设程序，不得违反或者擅自简化基本建设程序。公路建设应当按照国家规定的基本建设程序和有关规定进行。公路建设项目应当按照国家有关规定实行法人负责制度、招标投标制度和工程监理制度。公路建设单位应当根据公路建设工程的特点和技术要求，选择具有相应资格的勘察设计单位、施工单位和监理单位，并依照有关法律、法规、规章的规定和公路工程技术标准的要求，分别签订合同，明确双方的权利义务。承担公路建设项目的可行性研究单位、勘察设计单位、施工单位和监理单位，必须持有国家规定的资质证书。

公路建设项目的施工，须按国务院交通主管部门的规定报请县级以上地方人民政府交通主管部门批准。公路建设必须符合公路工程技术标准。承担公路建设项目的设计单位、施工单位和监理单位，应当按照国家有关规定建立健全质量保证体系，落实岗位责任制，并依照有关法律、法规、规章以及公路工程技术标准的要求和合同约定进行勘察设计、施工和监理，保证公路工程质量。

4. 公路建设用地

公路建设使用土地依照有关法律、行政法规的规定办理。公路建设应当贯彻切实保护耕地、节约用地的原则。公路建设需要使用国有荒山、荒地或者需要在国有荒山、荒地、河滩、滩涂上挖砂、采石、取土的，依照有关法律、行政法规的规定办理后，任何单位和个人不得阻挠或者非法收取费用。地方各级人民政府对公路建设依法使用土地和搬迁居民，应当给予支持和协助。公路建设项目的设计和施工，应当符合依法保护环境、保护文物古迹和防止水土流失的要求。公路规划中贯彻国防要求的公路建设项目，应当严格按照规划进行建设，以保证国防交通的需要。

5. 公路建设安全管理

因建设公路影响铁路、水利、电力、邮电设施和其他设施正常使用时，公路建设单位应当事先征得有关部门的同意；因公路建设对有关设施造成损坏的，公路建设单位应当按照不低于该设施原有的技术标准予以修复，或者给予相应的经济补偿。

改建公路时，施工单位应当在施工路段两端设置明显的施工标志、安全标志。需要车辆绕行的，应当在绕行路口设置标志；不能绕行的，必须修建临时道路，保证车辆和行人通行。公路建设项目和公路修复项目竣工后，应当按照国家有关规定进行验收；未经验收或者验收不合格的，不得交付使用。建成的公路，应当按照国务院交通主管部门的规定设置明显的标志、标线。

5.1.4　公路养护

各级人民政府应当加强对公路保护工作的领导，依法履行公路保护职责。国务院交通运输主管部门主管全国公路保护工作。县级以上地方人民政府交通运输主管部门主管本行政区域的公路保护工作；但是，县级以上地方人民政府交通运输主管部门对国道、省道的保护职责，由省、自治区、直辖市人民政府确定。公路管理机构依照规定具体负责公路保护的监督管理工作。

县级以上各级人民政府发展改革、工业和信息化、公安、市场监督管理、质检等部门按照职责分工，依法开展公路保护的相关工作。县级以上各级人民政府应当将政府及其有关部门从事公路管理、养护所需经费以及公路管理机构行使公路行政管理职能所需经费纳入本级人民政府财政预算。但是，专用公路的公路保护经费除外。县级以上各级人民政府交通运输主管部门应当综合考虑国家有关车辆技术标准、公路使用状况等因素，逐步提高公路建设、管理和养护水平，努力满足国民经济和社会发展以及人民群众生产、生活需要。县级以上各级人民政府交通运输主管部门应当依照《中华人民共和国突发事件应对法》的规定，制定地震、泥石流、雨雪冰冻灾害等损毁公路的突发事件（以下简称公路突发事件）应急预案，报本级人民政府批准后实施。公路管理机构、公路经营企业应当根据交通运输主管部门制定的公路突发事件应急预案，组建应急队伍，并定期组织应急演练。

国家建立健全公路突发事件应急物资储备保障制度，完善应急物资储备、调配体系，确保发生公路突发事件时能够满足应急处置工作的需要。任何单位和个人不得破坏、损坏、非法占用或者非法利用公路、公路用地和公路附属设施。

公路管理机构应当按照国务院交通主管部门规定的技术规范和操作规程对公路进行养护，保证公路经常处于良好的技术状态。国家采用依法征税的办法筹集公路养护资金，具体实施办法和步骤由国务院规定。依法征税筹集的公路养护资金，必须专项用于公路的养护和改建。县、乡级人民政府对公路养护需要的挖砂、采石、取土以及取水，应当给予支持和协助。县、乡级人民政府应当在农村义务工的范围内，按照国家有关规定组织公路两侧的农村居民履行为公路建设和养护提供劳务的义务。为保障公路养护人员的人身安全，公路养护人员进行养护作业时，应当穿着统一的安全标志服；利用车辆进行养护作业时，应当在公路作业车辆上设置明显的作业标志。公路养护车辆进行作业时，在不影响过往车辆通行的前提下，其行驶路线和方向不受公路标志、标线限制；过往车辆对公路养护车辆和人员应当注意避让。因严重自然灾害致使国道、省道交通中断，公路管理机构应当及时修复；公路管理机构难以及时修复时，县级以上地方人民政府应当及时组织当地机关、团体、企业事业单位、城乡居民进行抢修，并可以请求当地驻军支援，尽快恢复交通。公路用地范围内的山坡、荒地，由公路管理机构负责水土保持。公路绿化工作，由公路管理机构按照公路工程技术标准组织实施。公路用地上的树木，不得任意砍伐；需要更新砍伐的，应当经县级以上地方人民政府交通主管部门同意后，依照《中华人民共和国森林法》的规定办理审批手续，并完成更新补种任务。

5.1.5　公路建设市场管理

公路建设市场遵循公平、公正、公开、诚信的原则。国家建立和完善统一、开放、竞争、有序的公路建设市场，禁止任何形式的地区封锁。

公路建设市场管理实行统一管理、分级负责。国务院交通运输主管部门负责全国公路建设市场的监督管理工作，主要职责是：①贯彻执行国家有关法律、法规，制定全国公路建设市场管理的规章制度；②组织制定和监督执行公路建设的技术标准、规范和规程；③依法实施公路建设市场准入管理、市场动态管理，并依法对全国公路建设市场进行监督检查；④建立公路建设行业评标专家库，加强评标专家管理；⑤发布全国公路建设市场信息；⑥指导和监督省级地方人民政府交通运输主管部门的公路建设市场管理工作；⑦依法受理举报和投诉，依法查处公路建设市场违法行为；⑧法律、行政法规规定的其他职责。

省级人民政府交通运输主管部门负责本行政区域内公路建设市场的监督管理工作，主要职责是：①贯彻执行国家有关法律、法规、规章和公路建设技术标准、规范和规程，结合本行政区域内的实际情况，制定具体的管理制度；②依法实施公路建设市场准入管理，对本行政区域内公路建设市场实施动态管理和监督检查；③建立本地区公路建设招标评标专家库，加强评标专家管理；④发布本行政区域公路建设市场信息，并按规定向国务院交通运输主管部门报送本行政区域公路建设市场的信息；⑤指导和监督下级交通运输主管部门的公路建设市场管理工作；⑥依法受理举报和投诉，依法查处本行政区域内公路建设市场违法行为；⑦法律、法规、规章规定的其他职责。

省级以下地方人民政府交通运输主管部门负责本行政区域内公路建设市场的监督管理工作，主要职责是：①贯彻执行国家有关法律、法规、规章和公路建设技术标准、规范和规程；②配合省级地方人民政府交通运输主管部门进行公路建设市场准入管理和动态管理；③对本行政区域内公路建设市场进行监督检查；④依法受理举报和投诉，依法查处本行政区域内公路建设市场违法行为；⑤法律、法规、规章规定的其他职责。

各级交通运输主管部门应当加强对公路建设从业单位和从业人员的市场行为的动态管理。应当建立举报投诉制度，查处违法行为，对有关责任单位和责任人依法进行处理。国务院交通运输主管部门和省级地方人民政府交通运输主管部门应当建立公路建设市场的信用管理体系，对进入公路建设市场的从业单位和主要从业人员在招投标活动、签订合同和履行合同中的信用情况进行记录并向社会公布。公路工程勘察设计、施工、监理等从业单位应当按照项目管理的隶属关系，向交通运输主管部门提供本单位的基本情况、承接任务情况和其他动态信息，并对所提供信息的真实性、准确性和完整性负责。项目法人应当将其他从业单位在建设项目中的履约情况，按照项目管理的隶属关系报交通运输主管部门，由交通运输主管部门核实后记入从业单位信用记录中。从业单位和主要从业人员的信用记录应当作为公路建设项目招标资格审查和评标工作的重要依据。

5.1.6　路政管理

各级地方人民政府应当采取措施，加强对公路的保护。县级以上地方人民政府交通主管部门应当认真履行职责，依法做好公路保护工作，并努力采用科学的管理方法和先进的技术手段，提高公路管理水平，逐步完善公路服务设施，保障公路的完好、安全和畅通。

任何单位和个人不得擅自占用、挖掘公路。因修建铁路、机场、电站、通信设施、水利工程和进行其他建设工程需要占用、挖掘公路或者使公路改线的，建设单位应当事先征得有关交通主管部门的同意；影响交通安全的，还须征得有关公安机关的同意。占用、挖掘公路或者使公路改线的，建设单位应当按照不低于该段公路原有的技术标准予以修复、改建或者给予相应的经济补偿。跨越、穿越公路修建桥梁、渡槽或者架设、埋设管线等设施的，以及在公路用地范围内架设、埋设管线、电缆等设施的，应当事先经有关交通主管部门同意，影响交通安全的，还须征得有关公安机关的同意；所修建、架设或者埋设的设施应当符合公路工程技术标准的要求。对公路造成损坏的，应当按照损坏程度给予补偿。任何单位和个人不得在公路上及公路用地范围内摆摊设点、堆放物品、倾倒垃圾、设置障碍、挖沟引水、利用公路边沟排放污物或者进行其他损坏、污染公路和影响公路畅通的活动。在大中型公路桥梁和渡口周围 200 m、公路隧道上方和洞口外 100 m 范围内，以及在公路两侧一定距离内，不得挖砂、采石、取土、倾倒废弃物，不得进行爆破作业及其他危及公路、公路桥梁、公路隧道、公路渡口安全的活动。在规定范围内因抢险、防汛需要修筑堤坝、压缩或者拓宽河床的，应当事先报经省、自治区、直辖市人民政府交通主管部门会同水行政主管部门批准，并采取有效的措施保护有关的公路、公路桥梁、公路隧道、公路渡口的安全。

铁轮车、履带车和其他可能损害公路路面的机具，不得在公路上行驶。农业机械因当地田间作业需要在公路上短距离行驶或者军用车辆执行任务需要在公路上行驶的，可以不受限制，但是应当采取安全保护措施。对公路造成损坏的，应当按照损坏程度给予补偿。在公路上行驶的车辆的轴载质量应当符合公路工程技术标准要求。超过公路、公路桥梁、公路隧道或者汽车渡船的限载、限高、限宽、限长标准的车辆，不得在有限定标准的公路、公路桥梁上或者公路隧道内行驶，不得使用汽车渡船。超过公路或者公路桥梁限载标准确需行驶的，必须经县级以上地方人民政府交通主管部门批准，并按要求采取有效的防护措施；运载不可解体的超限物品的，应当按照指定的时间、路线、时速行驶，并悬挂明显标志。运输单位不能按照规定采取防护措施的，由交通主管部门帮助其采取防护措施，所需费用由运输单位承担。

机动车制造厂和其他单位不得将公路作为检验机动车制动性能的试车场地。任何单位和个人不得损坏、擅自移动、涂改公路附属设施①。造成公路损坏的，责任者应当及时报告公路管理机构，并接受公路管理机构的现场调查。任何单位和个人未经县级以上地方人民政府交通主管部门批

---

① 公路附属设施，是指为保护、养护公路和保障公路安全畅通所设置的公路防护、排水、养护、管理、服务、交通安全、渡运、监控、通信、收费等设施、设备以及专用建筑物、构筑物等。

准，不得在公路用地范围内设置公路标志以外的其他标志。在公路上增设平面交叉道口，必须按照国家有关规定经过批准，并按照国家规定的技术标准建设。除公路防护、养护需要的以外，禁止在公路两侧的建筑控制区内①修建建筑物和地面构筑物；需要在建筑控制区内埋设管线、电缆等设施的，应当事先经县级以上地方人民政府交通主管部门批准。建筑控制区范围经县级以上地方人民政府依照规定划定后，由县级以上地方人民政府交通主管部门设置标桩、界桩。任何单位和个人不得损坏、擅自挪动该标桩、界桩。

5.1.7 收费公路

国家允许依法设立收费公路，同时对收费公路的数量进行控制。除法律规定可以收取车辆通行费的公路外，禁止任何公路收取车辆通行费。符合国务院交通主管部门规定的技术等级和规模的下列公路，可以依法收取车辆通行费：①由县级以上地方人民政府交通主管部门利用贷款或者向企业、个人集资建成的公路；②由国内外经济组织依法受让前项收费公路收费权的公路；③由国内外经济组织依法投资建成的公路。

收费公路管理条例

县级以上地方人民政府交通主管部门利用贷款或者集资建成的收费公路的收费期限，按照收费偿还贷款、集资款的原则，由省、自治区、直辖市人民政府依照国务院交通主管部门的规定确定。有偿转让公路收费权的公路，收费权转让后，由受让方收费经营。收费权的转让期限由出让、受让双方约定并报转让收费权的审批机关审查批准，但最长不得超过国务院规定的年限。国内外经济组织投资建设公路，必须按照国家有关规定办理审批手续；公路建成后，由投资者收费经营。收费经营期限按照收回投资并有合理回报的原则，由有关交通主管部门与投资者约定并按照国家有关规定办理审批手续，但最长不得超过国务院规定的年限。

公路中的国道收费权的转让，必须经国务院交通主管部门批准；国道以外的其他公路收费权的转让，必须经省、自治区、直辖市人民政府批准，并报国务院交通主管部门备案。公路收费权出让的最低成交价，以国有资产评估机构评估的价值为依据确定。

受让公路收费权和投资建设公路的国内外经济组织应当依法成立开发、经营公路的企业（以下简称公路经营企业）。收费公路车辆通行费的收费标准，由公路收费单位提出方案，报省、自治区、直辖市人民政府交通主管部门会同同级物价行政主管部门审查批准。

收费公路设置车辆通行费的收费站，应当报经省、自治区、直辖市人民政府审查批准。跨省、自治区、直辖市的收费公路设置车辆通行费的收费站，由有关省、自治区、直辖市人民政府协商确定；协商不成的，由国

---

① 建筑控制区的范围，由县级以上地方人民政府按照保障公路运行安全和节约用地的原则，依照国务院的规定划定。

务院交通主管部门决定。同一收费公路由不同的交通主管部门组织建设或者由不同的公路经营企业经营的，应当按照"统一收费、按比例分成"的原则，统筹规划，合理设置收费站。两个收费站之间的距离，不得小于国务院交通主管部门规定的标准。有偿转让公路收费权的公路，转让收费权合同约定的期限届满，收费权由出让方收回。由国内外经济组织依照本法规定投资建成并经营的收费公路，约定的经营期限届满，该公路由国家无偿收回，由有关交通主管部门管理。受让收费权或者由国内外经济组织投资建成经营的公路的养护工作，由该公路经营企业负责。该公路经营企业在经营期间应当按照国务院交通主管部门规定的技术规范和操作规程做好对公路的养护工作。在受让收费权的期限届满，或者经营期限届满时，公路应当处于良好的技术状态。公路的绿化和公路用地范围内的水土保持工作，由该公路经营企业负责。

5.1.8　公路管理监督检查

交通主管部门、公路管理机构依法对有关公路的法律、法规执行情况进行监督检查。交通主管部门、公路管理机构负有管理和保护公路的责任，有权检查、制止各种侵占、损坏公路、公路用地、公路附属设施及其他违反规定的行为。公路监督检查人员依法在公路、建筑控制区、车辆停放场所、车辆所属单位等进行监督检查时，任何单位和个人不得阻挠。公路经营者、使用者和其他有关单位、个人，应当接受公路监督检查人员依法实施的监督检查，并为其提供方便。公路监督检查人员执行公务，应当佩戴标志，持证上岗。交通主管部门、公路管理机构应当加强对所属公路监督检查人员的管理和教育，要求公路监督检查人员熟悉国家有关法律和规定，公正廉洁，热情服务，秉公执法，对公路监督检查人员的执法行为应当加强监督检查，对其违法行为应当及时纠正，依法处理。用于公路监督检查的专用车辆，应当设置统一的标志和示警灯。

5.2　城市道路运输法律制度

城市道路是指城市供车辆、行人通行的，具备一定技术条件的道路、桥梁及其附属设施。根据城市道路在道路网中的地位、交通功能以及对沿线建筑物的服务功能等，城市道路可以分为以下四类。

1. 快速路

快速路是为城市中大量、长距离、快速交通服务的。快速路对向车行道之间应设中间分车带，其进出口应采用全控制或部分控制。快速路两侧不应设置吸引大量车流、人流的公共建筑物的进出口。两侧一般建筑物的进出口应加以控制。

2. 主干路

主干路应为连接城市各主要分区的干路，以交通功能为主。自行车交通量大时，宜采用机动车与非机动车分隔形式，如三幅路或四幅路。主干路两侧不应设置吸引大量车流、人流的公共建筑物的进出口。

3. 次干路

次干路应与主干路结合组成道路网，起集散交通的作用，兼有服务功能。

4. 支路

支路应为次干路与街坊路的连接线，解决局部地区交通，以服务功能为主。

5.2.1 道路运输经营

1. 道路旅客运输

道路旅客运输，是指用客车运送旅客、为社会公众提供服务、具有商业性质的道路客运活动，包括班车（加班车）客运、包车客运、旅游客运。①班车客运是指营运客车在城乡道路上按照固定的线路、时间、站点、班次运行的一种客运方式，包括直达班车客运和普通班车客运。加班车客运是班车客运的一种补充形式，是在客运班车不能满足需要或者无法正常运营时，临时增加或者调配客车按客运班车的线路、站点运行的方式。②包车客运是指以运送团体旅客为目的，将客车包租给用户安排使用，提供驾驶劳务，按照约定的起始地、目的地和路线行驶，按行驶里程或者包用时间计费并统一支付费用的一种客运方式。③旅游客运是指以运送旅游观光的旅客为目的，在旅游景区内运营或者其线路至少有一端在旅游景区（点）的一种客运方式。

道路旅客运输和客运站管理应当坚持以人为本、安全第一的宗旨，遵循公平、公正、公开、便民的原则，打破地区封锁和垄断，促进道路运输市场的统一、开放、竞争、有序，满足广大人民群众的出行需求。道路旅客运输及客运站经营者应当依法经营，诚实信用，公平竞争，优质服务。国家实行道路旅客运输企业等级评定制度和质量信誉考核制度，鼓励道路旅客运输经营者实行规模化、集约化、公司化经营，禁止挂靠经营。

申请从事道路旅客运输经营的，应当具备下列条件：①有与其经营业务相适应并经检测合格的车辆；②有符合规定条件的驾驶人员；③有健全的安全生产管理制度。申请从事班线客运经营的，还应当有明确的线路和站点方案。

从事道路旅客运输经营的驾驶人员，应当符合下列条件：①取得相应的机动车驾驶证；②年龄不超过60周岁；③3年内无重大以上交通责任事故记录；④经设区的市级道路运输管理机构对有关客运法律法规、机动车维修和旅客急救基本知识考试合格。

从事道路旅客运输经营的应申请取得道路运输经营许可证，道路旅客运输经营者应当持道路运输经营许可证依法向市场监督管理机关办理有关登记手续。取得道路运输经营许可证的道路旅客运输经营者，需要增加客运班线的，应当依照规定办理有关手续。县级以上道路运输管理机构在审查客运申请时，应当考虑客运市场的供求状况、普遍服务和方便群众等因素。同一线路有 3 个以上申请人时，可以通过招标的形式作出许可决定。县级以上道路运输管理机构应当定期公布客运市场供求状况。客运班线的经营期限为 4～8 年。经营期限届满需要延续客运班线经营许可的，应当重新提出申请。道路旅客运输经营者需要终止道路旅客运输经营的，应当在终止前 30 日内告知原许可机关。

道路旅客运输经营者应当按照道路运输管理机构决定的许可事项从事道路旅客运输经营活动，不得转让、出租道路运输经营许可证件。道路旅客运输经营者应当为旅客提供良好的乘车环境，保持车辆清洁、卫生，并采取必要的措施防止在运输过程中发生侵害旅客人身、财产安全的违法行为。旅客应当持有效客票乘车，遵守乘车秩序，讲究文明卫生，不得携带国家规定的危险物品及其他禁止携带的物品乘车。道路客运班线属于国家所有的公共资源。班线旅客运输经营者取得道路运输经营许可证后，应当向公众连续提供运输服务，不得擅自暂停、终止或者转让班线运输。道路旅客运输班车应当按照许可的线路、班次、站点运行，在规定的途经站点进站上下旅客，无正当理由不得改变行驶线路，不得站外上客或者沿途揽客。经许可机关同意，在农村客运班线①上运营的班车可采取区域经营、循环运行、设置临时发车点等灵活的方式运营。从事包车客运的，应当按照约定的起始地、目的地和线路运输。从事旅游客运的，应当在旅游区域按照旅游线路运输。道路旅客运输经营者不得强迫旅客乘车，不得甩客②、敲诈旅客；不得擅自更换运输车辆，不得阻碍其他经营者的正常经营活动。道路旅客运输经营者应当遵守有关运价规定，使用规定的票证，不得乱涨价、恶意压价、乱收费。

实行实名制管理的，售票时应当由购票人提供旅客的有效身份证件原件，并由售票人在客票上记载旅客的身份信息。携带免票儿童的，应当凭免票儿童的有效身份证件同时免费申领实名制客票。通过网络、电话等方式实名购票的，购票人应当提供真实准确的旅客有效身份证件信息，并在取票时提供旅客的有效身份证件原件。旅客遗失客票的，经核实其身份信息后，售票人应当免费为其补办客票。

2. 道路货物运输

申请从事道路货物运输经营的，应当具备下列条件：①有与其经营业务相适应并经检测合格的车辆；②有符合规定条件的驾驶人员；③有健全的安全生产管理制度。

从事道路货物运输经营的驾驶人员，应当符合下列条件：①取得相应的机动车驾驶证；②年龄不超过 60 周岁；③经设区的市级道路运输管理机构对有关货物运输法律法规、机动车维修和货物装载保管基本知识考试

---

① 农村客运班线，是指县内或者毗邻县间至少有一端在乡村的客运班线。
② 甩客，是指在运营途中，承运人无正当理由擅自中断载客服务的行为。

合格。

申请从事道路危险货物运输经营的，还应当具备下列条件：①有 5 辆以上经检测合格的危险货物运输专用车辆、设备；②有经所在地设区的市级人民政府交通主管部门考试合格，取得上岗资格证的驾驶人员、装卸管理人员、押运人员；③危险货物运输专用车辆配有必要的通信工具；④有健全的安全生产管理制度。

道路货物运输经营者应当持道路运输经营许可证依法向市场监督管理机关办理有关登记手续。

道路货物运输经营者不得运输法律、行政法规禁止运输的货物。法律、行政法规规定必须办理有关手续后方可运输的货物，道路货物运输经营者应当查验有关手续。国家鼓励道路货物运输经营者实行封闭式运输，保证环境卫生和货物运输安全。道路货物运输经营者应当采取必要措施，防止货物脱落、扬撒等。运输危险货物应当采取必要措施，防止危险货物燃烧、爆炸、辐射、泄漏等。运输危险货物应当配备必要的押运人员，保证危险货物处于押运人员的监管之下，并悬挂明显的危险货物运输标志。托运危险货物的，应当向道路货物运输经营者说明危险货物的品名、性质、应急处置方法等情况，并严格按照国家有关规定包装，设置明显标志。

3. 道路旅客运输和道路货物运输的共同规定

道路旅客运输经营者、道路货物运输经营者应当加强对从业人员的安全教育、职业道德教育，确保道路运输安全。道路运输从业人员应当遵守道路运输操作规程，不得违章作业。驾驶人员连续驾驶时间不得超过 4 h。

生产（改装）道路旅客运输车辆、道路货物运输车辆的企业应当按照国家规定标定车辆的核定人数或者载重量，严禁多标或者少标车辆的核定人数或者载重量。道路旅客运输经营者、道路货物运输经营者应当使用符合国家规定标准的车辆从事道路运输经营。

道路旅客运输经营者、道路货物运输经营者应当加强对车辆的维护和检测，确保车辆符合国家规定的技术标准；不得使用报废的、擅自改装的和其他不符合国家规定的车辆从事道路运输经营。

道路旅客运输经营者、道路货物运输经营者应当制定有关交通事故、自然灾害以及其他突发事件的道路运输应急预案。应急预案应当包括报告程序、应急指挥、应急车辆和设备的储备以及处置措施等内容。发生交通事故、自然灾害以及其他突发事件，道路旅客运输经营者和道路货物运输经营者应当服从县级以上人民政府或者有关部门的统一调度、指挥。

道路运输车辆应当随车携带车辆营运证，不得转让、出租。道路运输车辆运输旅客的，不得超过核定的人数，不得违反规定载货；运输货物运输营运期间，不得运输旅客，运输的货物应当符合核定的载重量，严禁超载；载物的长、宽、高不得违反装载要求。道路旅客运输经营者、道路危险货物运输经营者应当分别为旅客或者危险货物投保承运人责任险。

5.2.2　道路运输相关业务

1. 道路运输站（场）经营

道路运输站（场）经营，是指以站场设施为依托，为道路旅客运输和货物运输经营者及旅客提供有关运输服务的经营活动。申请从事道路运输站（场）经营的，应当具备下列条件：①有经验收合格的运输站（场）；②有相应的专业人员和管理人员；③有相应的设备、设施；④有健全的业务操作规程和安全管理制度。

道路运输站（场）经营者应当对出站的车辆进行安全检查，禁止无证经营的车辆进站从事经营活动，防止超载车辆或者未经安全检查的车辆出站。道路运输站（场）经营者应当公平对待使用站（场）的旅客运输经营者和货物运输经营者，无正当理由不得拒绝道路运输车辆进站从事经营活动。道路运输站（场）经营者应当向旅客和货主提供安全、便捷、优质的服务；保持站（场）卫生、清洁；不得随意改变站（场）用途和服务功能。道路旅客运输站（场）经营者应当为旅客运输经营者合理安排班次，公布其运输线路、起止经停站点、运输班次、始发时间、票价，调度车辆进站、发车，疏导旅客，维持上下车秩序。道路旅客运输站（场）经营者应当设置旅客购票、候车、行李寄存和托运等服务设施，按照车辆核定载客限额售票，并采取措施防止携带危险品的人员进站乘车。道路货物运输站（场）经营者应当按照国务院交通主管部门规定的业务操作规程装卸、储存、保管货物。

2. 机动车维修经营

申请从事机动车维修经营的，应当具备下列条件：①有相应的机动车维修场地；②有必要的设备、设施和技术人员；③有健全的机动车维修管理制度；④有必要的环境保护措施。

机动车维修经营者应当按照国家有关技术规范对机动车进行维修，保证维修质量，不得使用假冒伪劣配件维修机动车。机动车维修经营者应当公布机动车维修工的定额和收费标准，合理收取费用。机动车维修经营者对机动车进行二级维护、总成修理或者整车修理的，应当进行维修质量检验。检验合格的，维修质量检验人员应当签发机动车维修合格证。机动车维修实行质量保证期制度。质量保证期内因维修质量原因造成机动车无法正常使用的，机动车维修经营者应当无偿返修。机动车维修质量保证期制度的具体办法，由国务院交通主管部门制定。机动车维修经营者不得承修已报废的机动车，不得擅自改装机动车。

3. 机动车驾驶员培训

申请从事机动车驾驶员培训的，应当具备下列条件：①有健全的培训机构和管理制度；②有与培训业务相适应的教学人员、管理人员；③有必要的教学车辆和其他教学设施、设备、场地。

机动车驾驶员培训机构应当按照国务院交通主管部门规定的教学大纲

进行培训，确保培训质量。培训结业的，应当向参加培训的人员颁发培训结业证书。

5.2.3 国际道路运输

国务院交通主管部门应当及时向社会公布中国政府与有关国家政府签署的双边或者多边道路运输协定确定的国际道路运输线路。

申请从事国际道路运输经营的，应当具备下列条件：①依照规定取得道路运输经营许可证的企业法人；②在国内从事道路运输经营满3年，且未发生重大以上道路交通责任事故。申请从事国际道路运输的，应当向省、自治区、直辖市道路运输管理机构提出申请并提交符合规定条件的相关材料。国际道路运输经营者应当持批准文件依法向有关部门办理相关手续。

中国国际道路运输经营者应当在其投入运输车辆的显著位置，标明中国国籍识别标志。外国国际道路运输经营者的车辆在中国境内运输，应当标明本国国籍识别标志，并按照规定的运输线路行驶；不得擅自改变运输线路，不得从事起止地都在中国境内的道路运输经营。在口岸设立的国际道路运输管理机构应当加强对出入口岸的国际道路运输的监督管理。外国国际道路运输经营者经国务院交通主管部门批准，可以依法在中国境内设立常驻代表机构。常驻代表机构不得从事经营活动。

5.2.4 外商投资境内道路运输业

1. 外商投资经营道路运输业的形式

允许外商采用以下形式投资经营道路运输业①：

（1）采用中外合资形式投资经营道路旅客运输；

（2）采用中外合资、中外合作形式投资经营道路货物运输、道路货物搬运装卸、道路货物仓储和其他与道路运输相关的辅助性服务及车辆维修；

（3）采用独资形式投资经营道路货物运输、道路货物搬运装卸、道路货物仓储和其他与道路运输相关的辅助性服务及车辆维修。

2. 外商投资经营道路运输业的条件

外商投资经经营道路运输业的立项及相关事项应当经省级交通运输主管部门批准。外商投资设立道路运输企业的合同和章程应当经省级商务主管部门批准。

外商投资道路运输业应当符合国务院交通运输主管部门制定的道路运输发展政策和企业资质条件，并符合拟设立外商投资道路运输企业所在地的交通运输主管部门制定的道路运输业发展规划的要求。投资各方应当以

○ 外商投资道路运输业管理规定

---

① 道路运输业包括道路旅客运输、道路货物运输、道路货物搬运装卸、道路货物仓储和其他与道路运输相关的辅助性服务及车辆维修。

自有资产投资并具有良好的信誉。

外商投资从事道路旅客运输业务，还应当符合以下条件：①主要投资者中至少一方必须是在中国境内从事 5 年以上道路旅客运输业务的企业；②外资股份比例不得多于 49%；③企业注册资本的 50% 用于道路旅客运输基础设施的建设与改造；④投放的车辆应当是中级及以上的客车。

3. 外商投资经营道路运输业的程序

设立外商投资道路运输企业，应当向拟设企业所在地的市（设区的市，下同）级交通运输主管部门提出立项申请，并提交以下材料：①申请书，内容包括投资总额、注册资本和经营范围、规模、期限等；②项目建议书；③投资者的法律证明文件；④投资者资信证明；⑤投资者以土地使用权、设施和设备等投资的，应提供有效的资产评估证明；⑥审批机关要求的其他材料；拟设立中外合资、中外合作企业，除应当提交上述材料以外，还应当提交合作意向书；提交的外文资料须同时附中文翻译件。

外商投资企业扩大经营范围从事道路运输业，外商投资道路运输企业扩大经营范围或者扩大经营规模超出原核定标准的，外商投资道路运输企业拟合并、分立、迁移和变更投资主体、注册资本、投资股比，应由该企业向其所在地的市级交通运输主管部门提出变更申请并提交以下材料：①申请书；②企业法人营业执照复印件；③外商投资企业批准证书复印件；④外商投资企业立项批件复印件；⑤资信证明。

交通运输主管部门按下列程序对外商投资道路运输业立项和变更申请进行审核和审批：①市级交通运输主管部门自收到申请材料之日起 15 个工作日内，依据本规定提出初审意见，并将初审意见和申请材料报省级交通运输主管部门；②省级交通运输主管部门自收到前项材料之日起 30 个工作日内，对申请材料进行审核。符合规定的，颁发立项批件或者变更批件；不符合规定的，退回申请，书面通知申请人并说明理由。

申请人收到批件后，应当在 30 日内持批件和以下材料向省级商务主管部门申请颁发或者变更外商投资企业批准证书：①申请书；②可行性研究报告；③合同、章程（外商独资道路运输企业只需提供章程）；④董事会成员及主要管理人员名单及简历；⑤市场监督管理部门出具的企业名称预核准通知书；⑥投资者所在国或地区的法律证明文件及资信证明文件；⑦审批机关要求的其他材料。

省级商务主管部门收到申请材料后，在 45 日内作出是否批准的书面决定。符合规定的，颁发或者变更外商投资企业批准证书；不符合规定的，退回申请，书面通知申请人并说明理由。申请人在收到外商投资企业批准证书后，应当在 30 日内持立项批件和批准证书向拟设立企业所在地省级交通运输主管部门申请领取道路运输经营许可证，并依法办理工商登记后，方可按核定的经营范围从事道路运输经营活动。申请人收到变更的外商投资企业批准证书后，应当在 30 日内持变更批件、变更的外商投资企业批准证书和其他相关的申请材料向省级交通运输主管部门和市场监督管理部门办理相应的变更手续。申请人在办理完有关手续后，应将企业法人营业执照、外商投资企业批准证书以及道路运输经营许可证影印件报省级交通运输主管部门备案。

取得外商投资道路运输业立项批件后 18 个月内未完成工商注册登记手续的，立项批件自行失效。外商投资道路运输企业的经营期限一般不超过 12 年。但投资额中有 50% 以上的资金用于客货运输站场基础设施建设的，经营期限可为 20 年。经营业务符合道路运输业政策和发展规划，并且经营资质（质量信誉）考核合格的外商投资道路运输企业，经原审批机关批准，可以申请延长经营期限，每次延长的经营期限不超过 20 年。申请延长经营期限的外商投资道路运输企业，应当在经营期满 6 个月前向企业所在地的省级交通运输主管部门提出申请，并上报企业经营资质（质量信誉）考核记录等有关材料，由省级交通运输主管部门上报国务院交通主管部门，由国务院交通主管部门上报商务主管部门批复。外商投资道路运输企业停业、歇业或终止，应当及时到省级交通运输主管部门、商务主管部门和市场监督管理部门办理相关手续。

5.2.5　道路运输执法监督

县级以上人民政府交通主管部门应当加强对道路运输管理机构实施道路运输管理工作的指导监督。道路运输管理机构应当加强执法队伍建设，提高其工作人员的法制、业务素质。道路运输管理机构的工作人员应当接受法制和道路运输管理业务培训、考核，考核不合格的，不得上岗执行职务。

上级道路运输管理机构应当对下级道路运输管理机构的执法活动进行监督。道路运输管理机构应当建立健全内部监督制度，对其工作人员执法情况进行监督检查。道路运输管理机构及其工作人员执行职务时，应当自觉接受社会和公民的监督。道路运输管理机构应当建立道路运输举报制度，公开举报电话号码、通信地址或者电子邮件信箱。任何单位和个人都有权对道路运输管理机构的工作人员滥用职权、徇私舞弊的行为进行举报。交通主管部门、道路运输管理机构及其他有关部门收到举报后，应当依法及时查处。

道路运输管理机构的工作人员应当严格按照职责权限和程序进行监督检查，不得乱设卡、乱收费、乱罚款。道路运输管理机构的工作人员应当重点在道路运输及相关业务经营场所、客货集散地进行监督检查。道路运输管理机构的工作人员在公路路口进行监督检查时，不得随意拦截正常行驶的道路运输车辆。道路运输管理机构的工作人员实施监督检查时，应当有 2 名以上人员参加，并向当事人出示执法证件。道路运输管理机构的工作人员实施监督检查时，可以向有关单位和个人了解情况，查阅、复制有关资料。但是，应当保守被调查单位和个人的商业秘密。被监督检查的单位和个人应当接受依法实施的监督检查，如实提供有关资料或者情况。道路运输管理机构的工作人员在实施道路运输监督检查过程中，发现车辆超载行为的，应当立即予以制止，并采取相应措施安排旅客改乘或者强制卸货。道路运输管理机构的工作人员在实施道路运输监督检查过程中，对没有车辆营运证又无法当场提供其他有效证明的车辆予以暂扣的，应当妥善保管，不得使用，不得收取或者变相收取保管费用。

5.3　公路旅客运输合同

5.3.1　公路旅客运输合同的概念

公路旅客运输合同是指公路承运人与旅客达成的有关汽车运送旅客权利义务关系的协议。根据该协议，公路承运人有义务将旅客安全、准时地运送到旅行目的地，旅客有义务支付相应的票款或者其他费用。

1. 承运人

公路承运人既可以是汽车所有人，也可以是司机个人。但不管是汽车所有人还是司机个人，都必须依法取得交通行政主管部门颁发的道路运输经营许可证才能进行运输生产活动。公路旅客运输合同的承运人是指取得国务院交通行政主管部门批准的运输经营许可证的法人单位或者个人。在实践中承运人多为公路运输企业，公路运输企业是指依法设立的，以营利为目的的从事公路客货运输、搬运装卸、汽车维修、运输服务的经济组织。

2. 旅客

旅客是持有有效车票乘车的自然人，包括外国人和中国人。旅客有团体与个人之分。在团体旅客方面，每个旅客都可以作为独立的主体对待，也可以以一个旅行团体为主体。旅客既可以是与承运人订立合同的人，也可为第三人；既可为有完全民事行为能力的人，也可为限制民事行为能力或无民事行为能力的人，如父母为未成年儿童订立的旅客运输合同，不能说未成年人不是旅客。但无行为能力人不能以自己的名义订立合同，而只能由其代理人代为订立。

旅客包括免票和持优待票之旅客、经承运人许可搭乘的无票旅客。身高在 1.2 m 以下、不单独占用座位的儿童乘车免费；身高在 1.2 m 至 1.5 m 的儿童乘车购票，儿童票以执行票价的 50% 计算。残疾军人凭民政部颁发的《革命残疾军人抚恤证》购买半价优待票，享受全价票旅客待遇。"经承运人许可搭乘的无票旅客"是指：①在采取先上车后购票场合，客运合同自旅客登车时成立并生效，在旅客未购买客票之前，发生人身伤亡的，该旅客应视为持全票或优待票的旅客，不应视为无票旅客，但旅客有条件购买且客运人员提示购票而有意逃票者，不应视为经承运人许可搭乘的无票旅客；②承运人所属之客运人员擅自违规许可搭

道路旅客运输及客运站管理规定

乘的无票旅客应视为经承运人许可搭乘的旅客；③刻意逃票者不应视为经承运人许可搭乘的无票旅客；④持变造客票者，承运人仅对变造客票有效部分之运输过程承担责任，剩余运输过程视为未经承运人许可搭乘的无票旅客，承运人不负责任；⑤持假客票者，不论持票人对伪造有无过错，承运人皆不负责任。

5.3.2 公路旅客运输合同的分类

根据交通运输方式的不同，公路汽车旅客运输合同可分为班车客运、旅游客运、出租车客运和包车客运合同四种。

1. 班车客运合同

班车客运合同是指旅客与班车客运经营者订立的运送合同。班车客运经营指客运经营者定点、定线进行的旅客运送经营。班车客运实行"强制缔约"，即对符合规定的旅客购买车票订立合同的要约，客运经营者不得拒绝。

2. 旅游客运合同

旅游客运合同指客运经营者与旅游旅客之间订立的运输合同。旅游客运是指以运送旅游者游览观光为目的，其路线必须有一端位于名胜古迹、风景区等旅游点的一种营运方式。

3. 出租车客运合同

出租车客运合同是指出租车客运经营者与旅客订立的运输合同。出租车客运指以轿车、小型客车为主，根据用户（旅客）要求的时间和地点行驶、上下及等待，按里程或时间计费的一种营运方式。

4. 包车客运合同

包车客运合同是指运送人与用户就将客车全部包给用户（旅客），在用户的指示下进行运输的合同。包车客运是旅客运输的一种运营方式，其特点是运送人遵照用户的指示进行运输，或按行驶里程或按包用时间收取运费。

5.3.3 公路旅客运输合同的签订

1. 订立程序

公路旅客运输合同的订立要经过要约与承诺两个阶段。公路旅客运输合同签订通常是以旅客购票、车站售票行为完成的。在班车客运、旅游客运的情况下，其要约为旅客购买车票的意思表示，以运送人（车站）售出合法有效的车票为承诺，合同即告成立。

在出租车客运情况下，要约为乘客招拦停车搭乘的意思表示，出租车停车许可乘车的意思表示为承诺。出租车客运也实行"强制缔约"。空驶出租车受乘客招拦停车后，一般不得拒绝乘客租用；在租用过程中应按乘客指定到达地点，选择最佳路线行驶，严禁故意兜圈绕道多收费用。所谓

"拒租"就是通常所说的"拒载"①。

2. 公路旅客车票

公路旅客车票是客票的一种，它是公路汽车旅客运输合同的基本形式。公路汽车旅客车票是旅客与承运人之间确定运输权利义务关系的基本凭证。一般车票有发站、到站、发车时间、班次和发售日期以及票价等内容。旅客持有有效车票，即享有相应的运输权利，有权要求承运人提供票面规定的旅行服务。

承运人发售车票的时间、地点和方法，应从方便旅客出发，在人口集中的地区、城镇设立售票所（亭），城乡公共汽车应随车售票。

5.3.4　公路旅客运输合同的履行

公路旅客运输合同的当事人应当认真履行各自的义务，保证合同的顺利履行。

1. 承运人的基本义务

根据合同法及有关法律法规的规定，公路承运人的基本义务如下。

（1）车辆必须适运。客运经营者应当为旅客提供良好的乘车环境，保持车辆清洁、卫生。

（2）按时将旅客及行李运达目的地。为保证旅客能及时到达目的地，承运人应当使班车必须按指定车站和时间进入车位装运行包，检票上客，正点发车；严禁提前发车；班车必须按规定线路、班点和时间运行、停靠，不得绕道、绕点行驶；运行途中发生意外情况，无法运行时，应以最快方式通知就近车站派车接运，并及时公告；班车到站后，按指定车位停放，及时向车站办理行包和其他事项的交接手续。

（3）保障旅客及其行李的安全。安全运输是旅客运输的核心，也是承运人最主要的义务之一。为保证旅客人身和财产的安全，承运人必须提供适合运输的车辆，营运客车必须经过车辆管理部门审验合格，保持良好的技术状况；委派合格的客运人员，驾驶人员应当持有相应准驾车类的驾驶证，乘务人员必须具备一定业务知识，站务人员应具备一定业务知识。承运人应采取必要的措施防止在运输过程中发生侵害旅客人身、财产安全的违法行为。

（4）提供连续、规定的运输服务。班线客运经营者取得道路运输经营许可证后，应当向公众连续提供运输服务，不得擅自暂停、终止或者转让班线运输。从事包车客运的，应当按照约定的起始地、目的地和线路运输。从事旅游客运的，应当在旅游区域按照旅游线路运输。

（5）客运经营者不得强迫旅客乘车，不得甩客、敲诈旅客；不得擅自更换运输车辆。

---

① "拒载"，是指在道路上空车待租状态下，巡游出租汽车驾驶员在得知乘客去向后，拒绝提供服务的行为；或者巡游出租汽车驾驶员未按承诺提供电召服务的行为。

2. 公路旅客的基本义务

1) 按照约定或票面规定的时间、地点乘车

旅客应当凭有效车票按指定日期、车次检票乘车，应一次完毕行程，班车客运，旅客须持符合规定的客票，按票面规定的日期、车次检票乘车；直达班车、普通班车在始发站对号入座。

2) 遵守运输安全规定

旅客在旅行过程中，必须遵守有关规定，协助承运人做好安全工作。旅客要服从承运人工作人员的安排和指挥，自觉维护站、车秩序；旅客不得携带易燃、易爆、腐蚀、有毒及妨碍他人安全、卫生的物品进站、乘车，但在保证安全和卫生的条件下，对部分限运物品可按有关规定限额携带；乘车时，头、手及身体不得伸出车外，不准翻越车窗，车未停稳，不准上下车；不准随便开启车门，行车中不要与驾驶员闲谈以免妨碍其操作驾驶。这些义务性要求都是为了保证旅客运输安全所必须采取的措施。

3) 支付运费

旅客应凭有效车票乘车，酒醉、无人护送或虽有人护送但仍能危害他人安全的精神病患者及恶性传染病患者，均不予乘车。如已购票，可予退票，免收退票手续费。车票是旅客乘车的凭证，无票一般不得乘车，旅客中途上车应及时购票。旅客遗失车票应另行购票乘车，如在开车前向车站办理挂失手续，经查对属实且原票未退又无他人持票上车者，可由车站出具证明乘车。途中遗失车票，确能取得足够证明者，可继续乘车。旅客遗失车票另行购票后，在下车前又找到原票，经驾乘人员签证后其中一张可按开车前退票处理。经查出旅客无票、持用无效车票或涂改车票乘车者，除补收自始发站起至到达站止的票价外，公路承运人可以按规定加收一定数额的票款。旅客要求越站乘车，经同意后，应补收从原到达站至新到达站的票价。

5.3.5　公路旅客运输合同的变更和解除

1. 公路旅客运输合同的变更

经公路承运人同意后，合同变更成立。变更旅客运输合同的形式是旅客向公路承运人提出签证改乘。经公路承运人同意签证后，合同变更成立。当事人双方应当按照变更后的合同履行各自的义务。如果因旅客自身原因导致合同变更的，旅客应承担相应的法律责任。其表现形式是支付一定的费用。若因公路承运人责任导致合同变更的，承运人则应补偿旅客的损失。

2. 公路旅客运输合同的解除

因特殊情况的发生导致旅客运输合同的履行不可能或者不必要的，当事人可以解除合同。解除合同的主要标志就是退票。如果因旅客自身原因而解除合同的，退票时公路承运人应当核收规定的退票费；如果因公路承运人的责任造成合同解除的，公路承运人不能收取退票费。

5.3.6　违反公路旅客运输合同的责任

1. 承运人的责任

公路承运人应当按照合同的规定，及时、安全地将旅客及其行李运送至旅行目的地。如果公路承运人未能履行自己的义务，则要承担相应的违约责任。承运人的责任分为承运人对旅客的责任和对行李的责任。承运人对旅客的责任主要包括运送迟延责任、旅客伤害责任和旅客误乘、漏乘责任三种。承运人对行李的责任包括运送迟延责任和行李的毁损、灭失责任。一般认为承运人对旅客伤亡承担损害赔偿责任适用严格责任原则，对其他责任都适用过错责任。适用严格责任是指除非旅客伤亡系旅客自身健康原因造成或承运人能证明旅客的伤亡是旅客故意、重大过失造成，其他情况下，承运人都应负赔偿责任，而不问承运人是否有过错。

值得注意的是，下列情况造成旅客伤亡，承运人不能免责。包括：①第三人致旅客伤亡。包括第三人故意、过失或意外造成旅客伤亡；②紧急避险致旅客伤亡；③意外事故造成旅客伤亡；④交通事故原因全部或部分归承运人或第三人的情况下造成旅客伤亡。

承运人承担的其他责任都以过错为构成要件，也就是说旅客如果主张承运人承担责任，必须证明承运人有过错。

能够请求公路承运人承担损害赔偿责任的主体应当包括：旅客和在运输过程中死亡旅客的近亲属。死亡旅客之近亲属首先是指死者之配偶、父母、子女；没有以上亲属者，由死者之兄弟姐妹、祖父母、外祖父母作为请求权人。运输过程应指旅客登门上车时起至旅客出门下车止。不仅包括乘坐途中，也包括上车和下车之时。

（1）误乘、漏乘的责任。因车站或承运人的责任，造成旅客误乘、漏乘的，按以下规定处理：旅客误乘，由发觉站指定车次免费送回原乘车站或衔接站签证改乘；如旅客愿在发觉站下车或在返回的中途站下车，退回原票价款，补收自愿乘车站至下车站的票价；旅客送回原乘车站后，要求退票时，免收退票手续费。

由于承运人的责任，造成旅客在车站或途中漏乘，应予签证改乘最近一次班车；如旅客有随带物品及行包遗留在车上时，经核实后，尽快通知前方站负责领取，妥善保管，如有丢失，由承运人负责赔偿。因旅客责任造成漏乘（包括中途漏乘），按开车后退票处理。特殊情况，经车站认可，可予签证改乘。遗留在车上的行包物品，车站应尽快通知前方站帮助查询，如有丢失，不负责赔偿。

（2）旅客人身损害的责任。在客运过程中，旅客的人身受到伤害，财产受到损失后，既可以提出要求承运人承担违约责任，也可以要求承运人或第三人承担单独、共同侵权责任。在公路旅客运输中，旅客一方提起违约之诉，必然涉及赔偿标准。现在法院判决适用标准均采用侵权的损害赔偿标准。即适用道路交通事故处理办法规定的标准。均以侵权所在地省级公安部门确定的道路交通事故损害赔偿标准来确定死亡补偿费及伤残补偿费。

（3）承运人对旅客行李的责任。旅客行李有自理行李和交托行李之别。自理行李指由旅客随身携带并保管的行包或称行李，交托行李是指由旅客交托承运人保管、运送的行李。承运人仅对因自己的过错而导致自理行李毁损、灭失承担责任，即承运人对旅客的自理行李承担过错责任。承运人对旅客的交托行李的毁损、灭失承担责任，即承运人除能证明行李的毁损、灭失是因不可抗力、行李本身的属性、旅客的过错所造成的，应承担责任。因为交托行李由承运人保管、运送，旅客就行李的毁损、灭失要证明承运人的过错是很困难的。

2. 旅客的责任

（1）因旅客的责任而造成公路承运人的财产损失的，应当赔偿损失。承运人财产损失，既包括承运人自己的财产，也包括承运人保管的他人的财物。

（2）旅客未付票款或者因越站乘车而少付票款的，应当及时补交；未补交的应当承担违约责任。

（3）旅客以隐瞒方式将危险品等夹入行包或带入车内，经发现后予以没收，并交公安部门处理。造成财物损坏，危害人身安全的，除应照价赔偿外，并应负法律责任。

（4）隐瞒酒醉、恶性传染病乘车造成污染，危及其他旅客的，应向其他旅客承担民事侵权责任。

（5）自理行李和随身携带的物品丢失、损坏的，除可归责于承运人责任外，由旅客自负其责。

（6）客车中途停靠，不按时上车造成漏乘误乘的，由旅客自负其责。

（7）旅客乘车途中因自身病害造成的伤亡和损失，运送人不承担责任，应由旅客自负其责。

5.4 公路货物运输合同

5.4.1 公路货物运输合同的概念

公路运输有多种形式，如因货物的体积、重量的要求，需要大型或专用汽车运输的，为大型特型笨重物件运输。采用集装箱为容器，使用汽车运输的，为集装箱汽车运输。在规定的距离和时间内将货物运达目的地的，为快件货物运输；应托运人要求，采取即托即运的，为特快件货物运输。承运《危险货物品名表》列名的易燃、易爆、有毒、有腐蚀性、有放射性等危险货物和虽未列入《危险货物品名表》但具有危险货物性质的新产品，为危险货物汽车运输。采用装有出租营业标志的小型货运汽车，供货主临时雇用，并按时间、里程和规定费率收取运输费用的，为出租汽车货运。为个人或单位搬迁提供运输和搬运装卸服务，并按规定收取费用的，为搬家货物运输。无论是何种交通运输方式，当事人的权利和义务都需要在公路货物运输合同中体现出来。

公路货物运输合同是指国内经营公路货物运输的承运人（运送人）依约定，利用一定的运输工具将一定的物品于一定的期限内运抵约定地点，并将该物品交付托运人或托运人指定的第三人（收货人），由托运人或收货人支付运费的协议。

1. 运送对象

货物运输合同的运送对象为货物。从字面理解，货物应为可以出售、流通的物，因而把禁止流通物排除在外。但按照相关规定，禁止流通物可以成为运送对象，只不过运送禁止流通物需取得有关机关的许可而已。另外，尸体不能称之为货物，但也可成为运送对象。因此将货物运送合同称为物品运送合同更为妥当。货物可分为三种，即普通货物、特种货物和轻泡货物。普通货物，指对运输、装卸、保管没有特殊要求的货物，分为一、二、三等。特种货物，指对运输、装卸、保管有特殊要求的货物，包括长、大笨重货物、危险货物、贵重货物和鲜活货物。轻泡货物，指每立方米重量不足333kg的货物，其体积按货物最高、最宽、最长部位尺寸计算。

2. 运输工具

能够从事公路货物运输的运输工具，可以是汽车，也可以是拖拉机、人力车等。关于承运人履行运送合同规定的义务是否必须以承运人自己所有的运送工具为之，理论上有不同的说法。实践中承运人以租来的运输工具承运货物很常见，因此只要承运人所提供的是适运工具，托运人则并不在意车辆的所有权归属。

3. 承运人

承运人是指以自己的名义与托运人订立合同，并且以运送物品为营业而收取运费的人。公路运输的承运人必须符合规定的条件。签订公路货物运输合同的承运人必须持有经营公路货物运输的营业执照，没有营业执照不能从事公路汽车货物运输业务。

承运人必须是以自己的名义与托运人订立合同的人，非以自己的名义与托运人订立合同的人可以是承运人的代理人。

承运人必须是以运送物品为营业的人。所谓以运送物品营业，指承运人连续不间断的运送是为他人进行的，其目的是为了获取经济利益。为自己物品运送的人是事实上的承运人，而非合同上的承运人。非营业性运输不存在运送合同，也就谈不上合同上的承运人。

承运人是接受运费的人。承运人既然以运送为营业，是要与他人发生各种运费结算的。故运送合同原则上为有偿合同，但这并不妨碍承运人偶尔为无偿运送。但是，如果运送合同未订有偿或无偿，则应理解为有偿合同。

5.4.2 公路货物运输合同的特点

公路货物运输合同除具有一般货物运输合同的特点外，还有以下几个特点。

（1）承运人必须是经过国务院交通行政主管部门批准并持有运输经营许可证的单位和个人。为保证运输安全，国家的交通行政主管部门必须对运输工具、司机进行行业管理，明确职责，确保货物运输的安全。

（2）公路货物运输具有机动灵活、简捷方便、实现"门到门"运输的优势和特点。因此，公路汽车货物运输合同可以是全程运输合同，即交由公路承运人通过不同的运输工具一次性完成运输的全过程。

（3）公路承运人的许多义务是强制性的，如定期检修车辆，确保车辆处于适运状态；运费的计算和收取必须按照有关部门的规定进行，不得乱收费等。

（4）货物运送合同既有实践性合同也有诺成性合同。诺成性合同与实践性合同相对应，诺成性合同是指合同之成立要以双方当事人意思表示一致为标准的合同。而实践性合同则指合同成立不仅要求双方当事人意思表示一致，还要交付标的物的合同。货物运送合同是诺成性合同还是实践性合同不能一概而论。货物运输合同分为零担货物运输、整车货物运输，长期、大宗货物运输等。其中零担货物运输合同须有托运人交付货物，并由承运人验收后加盖承运章，合同方能成立，因此，零担货物运输合同为实践性合同。而整车货物运输合同，大宗、长期货物运输合同，只要承运人、托运人双方当事人意思表示一致，合同即成立，并不要求交付所运物品，因此属于诺成性合同。

⌕ 道路货物运输及站场管理规定

5.4.3 公路货物运输合同的签订

公路货物运输分为班车运输和包车运输两种。班车运输是指定时、定线路、定运价的一种交通运输方式，其开、停车的时间以及行驶的路线事先已有规定。班车运输的承运人作为公共承运人，接受众多托运人托运货物，其运费按规定的运价计收。包车运输又称行程租车运输，是指车辆出租人向承租人提供车辆，载运约定的货物，在约定的货物运输地点完成某一次或某几次行程的货物运输，由承租人支付运输费用的一种交通运输方式。包车运输与班车运输相比，自由度更大。在包车运输中，出租人的车辆包给承租人使用，随车人员应在运输过程中听从承租人的合理安排，运输中的开、停车时间和行驶线路由双方当事人自行协商确定，运费按包用车辆的时间或里程计算，由双方当事人商定。因此此处所指公路货物运输合同签订的程序及内容主要是指班车运输合同。

1. 签订公路货物运输合同的程序

公路货物运输合同可以以书面形式、口头形式或其他形式订立。公路货物运输合同分为定期运输合同和一次性运输合同两种。定期运输合同适用于承运人、托运人之间商定的，在一定时期内的批量货物运输。公路承运人、托运人双方根据需要，可订立年度、季度、月度货物运输合同。年度、季度、月度货物运输合同签订后，托运人应在合同商定的期限内，向承运人提送履行合同的月、旬、日运输计划。运输计划是货物运输合同的组成部分。年度、季度和月度货物运输合同，自双方当事人协商一致后生效。一次性运输合同适用于每次货物运输，按次运输的合同由托运人向公路承运人提出要约，填写托运单并向公路承运人交付运送的货物，经公路承运人签认后合同生效。

托运单又称运单，是指于运输合同成立后或订立时，应承运人的请求而由托运人填写的记载托运人、收货人、运输起止时间、地点、所运货物情况等合同主要内容，并由托运人交承运人签章的随附证券。托运单的性质在于证明运输合同，具有证据文书的性质。托运单的证据性质在于它所记载的内容是运输合同的主要内容，并由承托双方签章。但必须强调的是，托运单的证明力并不是充分和唯一的。如托运单所载内容与实际情况不符，如运输货物的数量有误，则承托双方也可以提供其他证据加以反证。当然，对于托运单所载的事项，承运人有义务加以查验、核实。因此，一般情况下，应认为承运人是承认托运单所载内容的。

托运单应记载下列事项，并由托运人签章：①托运人的姓名或名称及住址；②托运货物的名称、数量、包装；③收货人的名称及住址；④装货地及卸货地（或发运地及目的地）；⑤起运及到达时间等。代理承运人或托运人订立运输合同，要有被代理人出具的证明。根据授权范围，以被代理单位名义签订公路货物运输合同，合同成立后产生的权利义务由被代理单位直接承担。

2. 公路货物运输合同的主要条款

根据公路货物运输合同有关法规规章的规定，公路货物运输合同应当包括以下主要条款。

（1）货物的名称、性质、体积、数量及包装标准。这是公路货物运输合同的重要条款。一般来说，这些内容都是由托运人填写、经承运人确认后成立的。货物名称要按规范的要求填写。货物的性质也要如实申明，避免因对货物性质的不同理解而导致在运输途中发生损失；包装标准应当注明采用何种包装、包装适用的标准名称等内容。

（2）货物起运和到达地点、运距、收发货人名称及详细地址。这是保证货物能够安全、完整、及时运至到站并交付给收货人的重要前提。

（3）运输质量及安全要求。运输质量主要是指货物在运输途中不能损坏，不能丢失，要保证运输中的安全。

（4）货物装卸责任和方法。对货物装卸有特殊要求的，应在合同中加以明确。装卸方法应当详细具体，便于操作。

（5）货物的交接手续。货物交接手续直接关系到责任由谁负责。因此，托运人在托运货物时一定要与承运人清点清楚，必要时，可以对货物的具体情况进行说明。承运人在到站交付货物时，也要向收货人清点。

（6）批量货物运输起止日期。

（7）年、季、月度合同的运输计划（文书、表式、电报）提送期限和运输计划的最大限量。

（8）运送杂费的计算标准及结算方式。

（9）变更、解除合同的期限。

（10）违约责任。

5.4.4　公路货物运输合同的履行

公路货物运输合同一经成立，当事人双方都必须按合同的规定认真履行各自的义务。

1. 托运人的权利和义务

托运人的权利和义务如下。

（1）告知义务，托运人应承运人的请求，有依规定如实填写托运单的义务，如无运单的填发，托运人也应将所托运货物的品种、数量、性质等情况如实告知承运人。托运超限货物，应事先向承运人提供货物说明书，需要特殊加固车厢时，应负担所需费用。

（2）托运人应提供相关准运证明。长大、笨重货物、危险品和国家限运以及需要办理检疫、商检、海关、公安、监理手续的货物，交运前，托运人应提供有关机关的准运证明。

（3）应当按规定支付运费和其他运输费用。运输费用可以双方协商，但必须遵守国家关于运输费用强制性的规定，属于公共运输服务的，承运人应当公告运费表，运费的计算标准应按计算重量及计费里程确定。其他运输费用包括：调车费、延滞费、装货落空损失费、车辆货物处置费、装卸费、过渡口、过路或过桥费、保管费、变更运输费等。

（4）按合同约定时间准备好货物，在货物起运期内及时提供运输的货物，所装货物符合合同签订内容；保证货物的包装符合运输安全的要求，托运人应按国家规定标准包装，没有包装标准规定的货物，应根据货物的重量、性质、运输距离等条件，按照运输需要，做好包装，保证货物安全；正确制作运输标志和包装储运图示标志。运输标志包括：运单号码、货物品名、货物总件数、起止地点和发、收货人。运输标志及包装储运图示标志的作用在于提醒承运人正确运输、保管。因此托运人应依货物性质正确制作，以免发生差错。

（5）负责装卸时，应准备相应的劳力和装卸机具，按约定时间和质量要求搞好装卸。装卸地点、货场具备承运人正常通车条件。装运散装货物，应提供计量设备，按规定标准装载。装载特种货物，所需的垫隔、加固材料，捆扎用铁丝、绳索等，均由托运人供给。运达后随货物交付收货人。

（6）对在运输途中需要饲养、照料的动物、植物、易腐货物、各种贵重物品以及军械弹药、爆炸品和其他需要押运的物品，应由托运人派人押运。押运人免费乘车，负责运输途中货物保管、照料。押运人每车以一人为限，因货物性质需要增派押运人员时，在保证安全的情况下，经车站负责人签证，可适当增加押运人数。

（7）及时受领所运货物，托运人于货物到达目的地后，应依合同约定的时间及时收取货物。

2. 承运人的主要权利义务

承运人的主要权利是收取运费，要求托运人、收货人赔偿损失。主要义务如下。

（1）按合同规定的期限、数量、起止点，合理调派车辆，完成运输任务。运输期限为承运人履行运输义务、承担承运责任的期限。运输期限一般由当事人协商确定。承运人应根据承运货物的需要，按货物的不同特性，提供技术状况良好、经济适用的车辆，并能满足所运货物重量的要求。承运特种货物的车辆和集装箱运输车辆，需配备符合运输要求的特殊装置或专用设备。

（2）负责装卸时，应严格遵守作业规程和装载标准，保证装卸质量。

（3）合理保管货物，保证货物安全。承运人的保管义务是指承运人在运输期间，应以善良管理人的注意妥善保管所运送的货物，如安排装货的车辆，货箱要完整清洁，货物要捆扎牢固，苫盖严密。运输途中要定时检查，发现异常情况，及时采取措施，保证运输质量。在有押运人员的情况下，承运人应协助押运人员共同做好货物运输的安全工作。

（4）承运人应当采取必要措施，防止货物脱落、扬撒等，装运鲜活、易腐等有特殊要求的货物，应承担专门约定的义务。运输危险货物应当采取必要措施，防止危险货物燃烧、爆炸、辐射、泄漏等。

（5）按照托运人的指示而处分的义务，为保护托运人在交易上的安全，托运人可以指示承运人行使货物的处分权。所谓处分权是指承运人尚未将货物送达给收货人时，托运人有权请求承运人中止运送、返还货物或其他处分的权利。如货物已经起运后，托运人作为卖方得知作为买方收货人的信誉下降等情况发生时，承运人如将货物交给收货人会使托运人利益受损，托运人可以请求承运人终止运输。托运人行使该权利给承运人造成损失的，应负责赔偿。

（6）查验运输经营许可证明的义务。货运经营者不得运输法律、行政法规禁止运输的货物。法律、行政法规规定必须办理有关手续后方可运输的货物，货运经营者应当查验有关手续。查验运输相关证明既是承运人的权利又是承运人的义务，承运人可以查验同时又必须查验。

3. 收货人的权利和义务

收货人的权利主要表现在：当承运人将货物送达目的地后，收货人有根据相关收货凭证取得货物的权利；收货人验收货物时，若发现货物短少或灭失，有请求承运人赔偿的权利。

收货人的义务主要包括：收到提货通知后，应按规定时间验收和提取货物；支付有关运输费用等义务。

5.4.5 公路货物运输合同的变更与解除

公路货物运输合同签订后，任何一方不得擅自变更或解除。如确有特殊原因不能继续履行或需变更时，需经双方同意，并在合同规定的时间内办理变更。如在合同规定的期限外提出，必须负担对方已造成的实际损失。

1. 公路汽车货物运输合同的变更

托运人在办理托运手续后可以要求变更运输合同。变更运输合同可以是主体的变更，比如变更收货人，也可以是到站的变更。但不管是何种情况的变更，都要遵守以下程序：托运人对已托运的货物，要求变更到达站、变更收货单位或取消托运，须向受理车站提出书面申请。承运人在接到申请后，应当认真审查，符合变更条件的，应当同意并办理相应的变更手续。

货物承运后，由于发生自然灾害，道路阻滞时，车站应及时与托运人协商处理。对已运至中途的货物，如就近卸存所产生的费用，由托运人负责。如托运人要求运回起运站，去程运费照收，退回未完成部分，免费运回。如需绕道运送或变更到达站和收货单位，运费照实核收。由于上述原因存放在承运人仓库待运的货物，免收保管费。

2. 公路汽车货物运输合同的解除

公路汽车货物运输合同的解除，是指由于某种原因的发生，运输货物已经没有必要，双方协商终止履行合同的行为。货物运输合同解除的原因主要有：①因自然灾害造成运输线路断阻；②市场变化，托运人认为该批货物已经没有发运必要的；③执行政府命令影响按时履行运输合同；④双方商定的其他情况。

对于需要解除运输合同的情况发生时，一方应及时通知另一方并提出处理意见。

3. 变更和解除货物运输合同的形式

变更或解除货物运输合同，应当以书面形式（包括公函、电报、变更计划表）提出或答复。

5.4.6 违反公路货物运输合同的责任

1. 承运人的责任

公路货物运输合同当事人不履行合同规定的义务，要承担相应的违约责任。违约责任既包括支付违约金，也包括对货物的损害而产生的赔偿金。公路货物运输合同承运人在规定的责任期间，凡发生旅客人身伤害及行包损坏、灭失或托运货物灭失、短少、变质、污染、损坏的，承运人应负赔偿责任，但由于不可抗力、货物本身的属性或由旅客、托运人本人的原因造成的除外。

（1）由于承运人过错，造成货物逾期到达，应按合同规定支付对方违约金。

（2）从货物装运时起，至货物运抵到达地交付完毕时止，承运人应对货物的灭失、短少、变质、污染、损坏等负责，并按货物的实际损失赔偿。但有下列情况之一者除外：①不可抗力；②货物的自然损耗或性质变化；③包装不符合规定（无法从外部发现）；④包装完整无损而内装货物短损、变质；⑤托运人的过错；⑥有押运人且不属承运人责任的；⑦其他经查证非承运人责任造成的损失。

（3）货物错运到达地或收货人，由承运人无偿运到规定地点，交给指定的收货人，由此造成的货物逾期到达，应支付对方违约金。承运人和托运人双方对货物逾期到达、车辆延滞、装货落空都负有责任时，按各自责任所造成的损失相互赔偿。

（4）货物赔偿价格，按实际损失价格赔偿。如货物部分损坏，应按损坏货物所减低的金额或按修理费用赔偿。赔偿费用应转账支付，不得在运费内扣抵。

承运人的赔偿责任，分限额赔偿和实际损失赔偿两种。法律、行政法规对赔偿责任限额有规定的，依照其规定；尚未规定赔偿责任限额的，按货物的实际损失赔偿。

在保价运输中，货物全部灭失，按货物保价声明价格赔偿；货物部分毁损或灭失，按实际损失赔偿；货物实际损失高于声明价格的，按声明价格赔偿；货物能修复的，按修理费加维修取送费赔偿。保险运输按投保人与保险公司商定的协议办理。

未办理保价或保险运输的，且在货物运输合同中未约定赔偿责任的，按相关规定赔偿。

（5）丢失货物赔偿后，又被查回，应送还原主，收回赔偿金或实物；原主不愿接受失物或无法找到原主的，由承运人自行处理。

2. 托运人的责任

托运人的责任主要包括以下内容。

（1）未按合同规定的时间和要求提供托运的货物，应按合同规定支付给对方违约金。

（2）由于托运人发生下列过错造成事故，致使车辆、机具、设备损坏、腐蚀或人身伤亡以及涉及第三者物质的损失，应由托运人负赔偿责任：在普通货物中夹带、匿报危险品或其他违反危险品运输规定的行为；错报笨重货物重量；货物包装不良或未按规定制作标志。

（3）货物包装完整无损而货物短损、变质，收货人拒收，或货物运抵到达地找不到收货人，以及由托运人负责装卸的货物，超过合同规定装卸时间所造成的损失，均应由托运人负责赔偿。

（4）由于托运人责任给承运人造成损失，或因匿报而造成他人生命财产损失时，除由托运人负责赔偿外，必要时应交有关部门处理。

3. 收货人的责任

收货人的责任主要有：①收货人逾期领取货要承担货物的仓储保管费；②收货人应当补交托运人未交或者少交的运费，迟交的要承担滞纳金；③因收货人的取货行为而造成公路货物运输承运人其他财产损失的，应承担赔偿责任。

5.5 城市公共汽车和电车客运管理

城市公共汽电车客运，是指在城市人民政府确定的区域内，运用符合国家有关标准和规定的公共汽电车车辆和城市公共汽电车客运服务设施，按照核准的线路、站点、时间和票价运营，为社会公众提供基本出行服务的活动。城市公共汽车和电车客运服务设施，是指保障城市公共汽车和电车客运服务的停车场、保养场、站务用房、候车亭、站台、站牌以及加油（气）站、电车触线网、整流站和电动公交车充电设施等相关设施。

城市公共汽车和电车客运管理规定

5.5.1 城市公共汽车和电车客运管理体制

交通运输部负责指导全国城市公共汽车和电车客运管理工作。省、自治区人民政府交通运输主管部门负责指导本行政区域内城市公共汽车和电车客运管理工作。城市人民政府交通运输主管部门或者城市人民政府指定的城市公共交通运营主管部门（以下简称城市公共交通主管部门）具体承担本行政区域内城市公共汽电车客运管理工作。

城市公共汽车和电车客运是城市公共交通的重要组成部分，具有公益属性。省、自治区人民政府交通运输主管部门和城市公共交通主管部门应当在本级人民政府的领导下，会同有关部门，根据国家优先发展公共交通战略，落实在城市规划、财政政策、用地供给、设施建设、路权分配等方面优先保障城市公共汽电车客运事业发展的政策措施。

5.5.2 城市公共汽车和电车客运规划与建设

城市公共交通主管部门应当统筹考虑城市发展和社会公众基本出行需求，会同有关部门组织编制、修改城市公共汽车和电车线网规划。编制、修改城市公共汽车和电车线网规划，应当科学设计城市公共汽车和电车线网、场站布局、换乘枢纽和重要交通节点设置，注重城市公共汽车和电车与其他出行方式的衔接和协调，并广泛征求相关部门和社会各方的意见。

城市公共交通主管部门应当依据城市公共汽车和电车线网规划，结合城市发展和社会公众出行需求，科学论证、适时开辟或者调整城市公共汽车和电车线路和站点，并征求社会公众意见。新建、改建、扩建城市公共汽电车客运服务设施，应当符合城市公共汽车和电车线网规划。

城市公共交通主管部门应当按照城市公共汽车和电车线网规划，对城市道路等市政设施以及规模居住区、交通枢纽、商业中心、工业园区等大型建设项目配套建设城市公共汽车和电车客运服务设施制定相关标准。城市公共交通主管部门应当会同有关部门，按照相关标准要求，科学设置公交专用道、公交优先通行信号系统、港湾式停靠站等，提高城市公共汽车和电车的通行效率。城市公共交通主管部门应当定期开展社会公众出行调查，充分利用移动互联网、大数据、云计算等现代信息技术收集、分析社会公众出行时间、方式、频率、空间分布等信息，作为优化城市公共交通线网的依据。城市公共交通主管部门应当按照有关标准对城市公共汽车和电车线路、站点进行统一命名，方便乘客出行及换乘。

5.5.3　城市公共汽车和电车客运运营管理

城市公共汽车和电车客运按照国家相关规定实行特许经营，城市公共交通主管部门应当根据规模经营、适度竞争的原则，综合考虑运力配置、社会公众需求、社会公众安全等因素，通过服务质量招投标的方式选择运营企业，授予城市公共汽车和电车线路运营权；不符合招投标条件的，由城市公共交通主管部门择优选择取得线路运营权的运营企业。城市公共交通主管部门应当与取得线路运营权的运营企业签订线路特许经营协议。城市公共汽车和电车线路运营权实行无偿授予，城市公共交通主管部门不得拍卖城市公共汽车和电车线路运营权。运营企业不得转让、出租或者变相转让、出租城市公共汽车和电车线路运营权。申请城市公共汽电车线路运营权应当符合下列条件：①具有企业法人营业执照；②具有符合运营线路要求的运营车辆或者提供保证符合国家有关标准和规定车辆的承诺书；③具有合理可行、符合安全运营要求的线路运营方案；④具有健全的经营服务管理制度、安全生产管理制度和服务质量保障制度；⑤具有相应的管理人员和与运营业务相适应的从业人员；⑥有关法律、法规规定的其他条件。

城市公共汽车和电车线路运营权实行期限制，同一城市公共汽车和电车线路运营权实行统一的期限。城市公共汽车和电车线路特许经营协议应当明确以下内容：①运营线路、站点设置、配置车辆数及车型、首末班次时间、运营间隔、线路运营权期限等；②运营服务标准；③安全保障制度、措施和责任；④执行的票制、票价；⑤线路运营权的变更、延续、暂停、终止的条件和方式；⑥履约担保；⑦运营期限内的风险分担；⑧应急预案和临时接管预案；⑨运营企业相关运营数据上报要求；⑩违约责任；⑪争议调解方式；⑫双方的其他权利和义务；⑬双方认为应当约定的其他事项。

在线路特许经营协议有效期限内，确需变更协议内容的，协议双方应当在共同协商的基础上签订补充协议。城市公共汽车和电车线路运营权期限届满，由城市公共交通主管部门按照第十四条规定重新选择取得该线路运营权的运营企业。获得城市公共汽车和电车线路运营权的运营企业，应当按照线路特许经营协议要求提供连续服务，不得擅自停止运营。运营企业需要暂停城市公共汽车和电车线路运营的，应当提前3个月向城市公共交通主管部门提出报告。运营企业应当按照城市公共交通主管部门的要求，自拟暂停之日7日前向社会公告；城市公共交通主管部门应当根据需要，采取临时指定运营企业、调配车辆等应对措施，保障社会公众出行需求。在线路运营权期限内，运营企业因破产、解散、被撤销线路运营权以及不可抗力等原因不能运营时，应当及时书面告知城市公共交通主管部门。城市公共交通主管部门应当按照国家相关规定重新选择线路运营企业。在线路运营权期限内，运营企业合并、分立的，应当向城市公共交通主管部门申请终止其原有线路运营权。合并、分立后的运营企业符合本规定第十五条规定条件的，城市公共交通主管部门可以与其就运营企业原有的线路运营权重新签订线路特许经营协议；不符合相关要求的，城市公共交通主管部门应当按照国家相关规定重新选择线路运营企业。

城市公共交通主管部门应当配合有关部门依法做好票制票价的制定和调整，依据成本票价，并按照鼓励社会公众优先选择城市公共交通出行的原则，统筹考虑社会公众承受能力、政府财政状况和出行距离等因素，确定票制票价。运营企业应当执行城市人民政府确定的城市公共汽车和电车票制票价。运营企业应当按照企业会计准则等有关规定，加强财务管理，规范会计核算，并按规定向城市公共交通主管部门报送运营信息、统计报表和年度会计报告等信息。年度会计报告内容应当包括运营企业实际执行票价低于运营成本的部分，执行政府乘车优惠政策减少的收入，以及执行抢险救灾等政府指令性任务发生的支出等。城市公共交通主管部门应当配合有关部门建立运营企业的运营成本核算制度和补偿、补贴制度。对于运营企业执行票价低于成本票价等所减少的运营收入，执行政府乘车优惠政策减少的收入，以及因承担政府指令性任务所造成的政策性亏损，城市公共交通主管部门应当建议有关部门按规定予以补偿、补贴。

5.5.4 城市公共汽车和电车客运服务

运营企业应当按照线路特许经营协议确定的数量、车型配备符合有关标准规定的城市公共汽电车车辆，并报城市公共交通主管部门备案。运营企业应当按照有关标准及城市公共交通主管部门的要求，在投入运营的车辆上配置符合以下要求的相关服务设施和运营标识：①在规定位置公布运营线路图、价格表；②在规定位置张贴统一制作的乘车规则和投诉电话；③在规定位置设置特需乘客专用座位；④在无人售票车辆上配置符合规定的投币箱、电子读卡器等服务设施；⑤规定的其他车辆服务设施和标识。

运营企业应当按照有关标准及城市公共交通主管部门的要求，在城市公共汽电车客运首末站和中途站配置符合以下要求的相关服务设施和运营标识：①在规定位置公布线路票价、站点名称和服务时间；②在规定位置张贴投诉电话；③规定的其他站点服务设施和标识配置要求。

运营企业聘用的从事城市公共汽车和电车客运的驾驶员、乘务员，应当具备以下条件：①具有履行岗位职责的能力；②身心健康，无可能危及运营安全的疾病或者病史；③无吸毒或者暴力犯罪记录。

从事城市公共汽车和电车客运的驾驶员还应当符合以下条件：①取得与准驾车型相符的机动车驾驶证且实习期满；②最近连续3个记分周期内没有记满12分违规记录；③无交通肇事犯罪、危险驾驶犯罪记录，无饮酒后驾驶记录。

运营企业应当按照有关规范和标准对城市公共汽车和电车客运驾驶员、乘务员进行有关法律法规、岗位职责、操作规程、服务规范、安全防范和应急处置等基本知识与技能的培训和考核，安排培训、考核合格人员上岗。运营企业应当将相关培训、考核情况建档备查，并报城市公共交通主管部门备案。

从事城市公共汽车和电车客运的驾驶员、乘务员，应当遵守以下规定：①履行相关服务标准；②按照规定的时段、线路和站点运营，不得追抢客源、滞站揽客；③按照价格主管部门核准的票价收费，并执行有关优惠乘车的规定；④维护城市公共汽车和电车场站和车厢内的正常运营秩序，播报线路名称、走向和停靠站，提示安全注意事项；⑤为老、幼、病、残、孕乘客提供必要的帮助；⑥发生突发事件时应当及时处置，保护乘客安全，不得先于乘客弃车逃离；⑦遵守城市公共交通主管部门制定的其他服务规范。

运营企业应当按照线路特许经营协议规定的线路、站点、运营间隔、首末班次时间、车辆数、车型等组织运营。未经城市公共交通主管部门同意，运营企业不得擅自改变线路特许经营协议内容。按照规定变更协议内容签订补充协议的，应当向社会公示。运营企业应当依据城市公共汽电车线路特许经营协议制定行车作业计划，并报城市公共交通主管部门备案。运营企业应当履行约定的服务承诺，保证服务质量，按照行车作业计划调度车辆，并如实记录、保存线路运营情况和数据。运营企业应当及时向城市公共交通主管部门上报相关信息和数据，主要包括运营企业人员、资产等信息，场站、车辆等设施设备相关数据，运营线路、客运量及乘客出行特征、运营成本等相关数据，公共汽车和电车调查数据，企业政策与制度信息等。由于交通管制、城市建设、重大公共活动、公共突发事件等影响城市公共汽车和电车线路正常运营的，城市公共交通主管部门和运营企业应当及时向社会公告相关线路运营的变更、暂停情况，并采取相应措施，保障社会公众出行需求。城市公共交通主管部门应当根据社会公众出行便利、城市公共汽车和电车线网优化等需要，组织运营企业提供社区公交、定制公交、夜间公交等多样化服务。

发生下列情形之一的，运营企业应当按照城市公共交通主管部门的要求，按照应急预案采取应急运输措施：①抢险救灾；②主要客流集散点运力严重不足；③举行重大公共活动；④其他需要及时组织运力对人员进行疏运的突发事件。

城市公共汽车和电车客运场站等服务设施的日常管理单位应当按照有关标准和规定，对场站等服务设施进行日常管理，定期进行维修、保养，保持其技术状况、安全性能符合国家标准，维护场站的正常运营秩序。运营企业应当按照国家有关标准，定期对城市公共电车触线网、馈线网、整流站等供配电设施进行维护，保证其正常使用，并按照国家有关规定设立保护标识。

乘客应当遵守乘车规则，文明乘车，不得在城市公共汽车和电车客运车辆或者场站内饮酒、吸烟、乞讨或者乱扔废弃物。乘客有违反前款行为时，运营企业从业人员应当对乘客进行劝止，劝阻无效的，运营企业从业人员有权拒绝为其提供服务。乘客应当按照规定票价支付车费，未按规定票价支付的，运营企业从业人员有权要求乘客补交车费，并按照有关规定加收票款。符合当地优惠乘车条件的乘客，应当按规定出示有效乘车凭证，不能出示的，运营企业从业人员有权要求其按照普通乘客支付车费。有下列情形之一的，乘客可以拒绝支付车费：①运营车辆未按规定公布运营收费标准的；②无法提供车票凭证或者车票凭证不符合规定的；③不按核准的收费标准收费的。

城市公共汽车和电车客运车辆在运营途中发生故障不能继续运营时，驾驶员、乘务员应当向乘客说明原因，安排改乘同线路后续车辆或者采取其他有效措施疏导乘客，并及时报告运营企业。进入城市公共汽车和电车客运场站等服务设施的单位和个人，应当遵守城市公共汽车和电车场站等服务设施运营管理制度。运营企业利用城市公共汽车和电车客运服务设施和车辆设置广告的，应当遵守有关广告管理的法律、法规及标准。广告设置不得有覆盖站牌标识和车辆运营标识、妨碍车辆行驶安全视线等影响运营安全的情形。

5.5.5 城市公共汽车和电车客运运营安全

运营企业是城市公共汽车和电车客运安全生产的责任主体。运营企业应当建立健全企业安全生产管理制度，设置安全生产管理机构或者配备专职安全生产管理人员，保障安全生产经费投入，增强突发事件防范和应急处置能力，定期开展安全检查和隐患排查，加强安全乘车和应急知识宣传。运营企业应当制定城市公共汽车和电车客运运营安全操作规程，加强对驾驶员、乘务员等从业人员的安全管理和教育培训。驾驶员、乘务员等从业人员在运营过程中应当执行安全操作规程。运营企业应当对城市公共汽车和电车客运服务设施设备建立安全生产管理制度，落实责任制，加强对有关设施设备的管理和维护。运营企业应当建立城市公共汽车和电车车辆安全管理制度，定期对运营车辆及附属设备进行检测、维护、更新，保证其处于良好状态。不得将存在安全隐患的车辆投入运营。运营企业应当在城市公共汽车和电车车辆及场站醒目位置设置安全警示标志、安全疏散示意图等，并为车辆配备灭火器、安全锤等安全应急设备，保证安全应急设备处于良好状态。

禁止携带违禁物品乘车。运营企业应当在城市公共汽车和电车主要站点的醒目位置公布禁止携带的违禁物品目录。有条件的，应当在城市公共汽车和电车车辆上张贴禁止携带违禁物品乘车的提示。运营企业应当依照规定配备安保人员和相应设备设施，加强安全检查和保卫工作。乘客应当自觉接受、配合安全检查。对于拒绝接受安全检查或者携带违禁物品的乘客，运营企业从业人员应当制止其乘车；制止无效的，及时报告公安部门处理。

城市公共交通主管部门应当会同有关部门，定期进行安全检查，督促运营企业及时采取措施消除各种安全隐患。城市公共交通主管部门应当会同有关部门制定城市公共汽车和电车客运突发事件应急预案，报城市人民政府批准。运营企业应当根据城市公共汽车和电车客运突发事件应急预案，制定本企业的应急预案，并定期演练。发生安全事故或者影响城市公共汽电车客运运营安全的突发事件时，城市公共交通主管部门、运营企业等应当按照应急预案及时采取应急处置措施。

禁止从事下列危害城市公共汽电车运营安全、扰乱乘车秩序的行为：①非法拦截或者强行上下城市公共汽车和电车车辆；②在城市公共汽车和电车场站及其出入口通道擅自停放非城市公共汽电车车辆、堆放杂物或者摆摊设点等；③妨碍驾驶员的正常驾驶；④违反规定进入公交专用道；⑤擅自操作有警示标志的城市公共汽电车按钮、开关装置，非紧急状态下动用紧急或安全装置；⑥妨碍乘客正常上下车；⑦其他危害城市公共汽电车运营安全、扰乱乘车秩序的行为。运营企业从业人员接到报告或者发现上述行为应当及时制止；制止无效的，及时报告公安部门处理。

任何单位和个人都有保护城市公共汽车和电车客运服务设施的义务，不得有下列行为：①破坏、盗窃城市公共汽车和电车车辆、设施设备；②擅自关闭、侵占、拆除城市公共汽车和电车客运服务设施或者挪作他用；③损坏、覆盖电车供电设施及其保护标识，在电车架线杆、馈线安全保护范围内修建建筑物、构筑物或者堆放、悬挂物品，搭设管线、电（光）缆等；④擅自覆盖、涂改、污损、毁坏或者迁移、拆除站牌；⑤其他影响城市公共汽车和电车客运服务设施功能和安全的行为。

5.6　出租汽车管理制度

出租汽车作为方便居民生活，市民的重要出行手段之一，可以提供舒适、便利以及相对快捷的乘车环境，特别是在夜晚没有其他公共交通方式可选的情况下，为外出者提供极大的便利；随着社会经济的发展和居民生活水平的提高，出租汽车因其相较之公共汽车、地铁等其他出行方式更具舒适性和便捷性被更多的民众选择。随着互联网＋网络预约出租车的普遍出现，使得出租车的相关管理形成了巡游出租汽车和网络预约出租车两种不同的管理制度。

5.6.1　巡游出租汽车经营服务管理

1. 巡游出租汽车经营服务概述

出租汽车，是按表收费的交通工具，收费一般较其他交通工具高。出租车英文"TAXI"为"taximeter"之略称，意为"计程表"或"里程计"。出租汽车具有服务双方的流动随机性和消费的一次性等特征，属于难以完全实现市场化放开竞争的领域。同时出租汽车又属于小客车交通方式，占用大量道路资源，加剧交通拥堵。

出租汽车是城市综合交通运输体系的组成部分，是城市公共交通的补充，为社会公众提供个性化运输服务。优先发展城市公共交通，适度发展出租汽车。巡游出租汽车发展应当与城市经济社会发展相适应，与公共交通等客运服务方式协调发展。

⚲ 巡游出租汽车经营服务管理规定

巡游出租汽车经营服务，是指可在道路上巡游揽客、站点候客，喷涂、安装出租汽车标识，以七座及以下乘用车和驾驶劳务为乘客提供出行服务，并按照乘客意愿行驶，根据行驶里程和时间计费的经营活动；预约出租汽车经营服务，是指以符合条件的七座及以下乘用车通过预约方式承揽乘客，并按照乘客意愿行驶、提供驾驶劳务，根据行驶里程、时间或者约定计费的经营活动。

国家鼓励巡游出租汽车实行规模化、集约化、公司化经营。

交通运输部负责指导全国巡游出租汽车管理工作。各省、自治区人民政府交通运输主管部门在本级人民政府领导下，负责指导本行政区域内巡游出租汽车管理工作。直辖市、设区的市级或者县级交通运输主管部门或者人民政府指定的其他出租汽车行政主管部门（以下称出租汽车行政主管部门）在本级人民政府领导下，负责具体实施巡游出租汽车管理。

县级以上地方人民政府出租汽车行政主管部门应当根据经济社会发展和人民群众出行需要，按照巡游出租汽车功能定位，制定巡游出租汽车发展规划，并报经同级人民政府批准后实施。

2. 巡游出租汽车的经营许可

申请巡游出租汽车经营的，应当根据经营区域向相应的县级以上地方人民政府出租汽车行政主管部门提出申请，并符合下列条件：①有符合机动车管理要求并满足以下条件的车辆或者提供保证满足以下条件的车辆承诺书：符合国家、地方规定的巡游出租汽车技术条件；有按照规定取得的巡游出租汽车车辆经营权。②有取得符合要求的从业资格证件的驾驶人员；③有健全的经营管理制度、安全生产管理制度和服务质量保障制度；④有固定的经营场所和停车场地。

申请人申请巡游出租汽车经营时，应当提交以下材料：①《巡游出租汽车经营申请表》；②投资人、负责人身份、资信证明及其复印件，经办人的身份证明及其复印件和委托书；③巡游出租汽车车辆经营权证明及拟投入车辆承诺书，包括车辆数量、座位数、类型及等级、技术等级；④聘用或者拟聘用驾驶员从业资格证及其复印件；⑤巡游出租汽车经营管理制度、安全生产管理制度和服务质量保障制度文本；⑥经营场所、停车场地有关使用证明等。

县级以上地方人民政府出租汽车行政主管部门对巡游出租汽车经营申请予以受理的，应当自受理之日起20日内作出许可或者不予许可的决定。县级以上地方人民政府出租汽车行政主管部门对巡游出租汽车经营申请作出行政许可决定的，应当出具《巡游出租汽车经营行政许可决定书》，明确经营范围、经营区域、车辆数量及要求、巡游出租汽车车辆经营权期限等事项，并在10日内向被许可人发放《道路运输经营许可证》。县级以上地方人民政府出租汽车行政主管部门对不符合规定条件的申请作出不予行政许可决定的，应当向申请人出具《不予行政许可决定书》。县级以上地方人民政府出租汽车行政主管部门应当按照当地巡游出租汽车发展规划，综合考虑市场实际供需状况、巡游出租汽车运营效率等因素，科学确定巡游出租汽车运力规模，合理配置巡游出租汽车的车辆经营权。

国家鼓励通过服务质量招投标方式配置巡游出租汽车的车辆经营权。县级以上地方人民政府出租汽车行政主管部门应当根据投标人提供的运营方案、服务质量状况或者服务质量承诺、车辆设备和安全保障措施等因素，择优配置巡游出租汽车的车辆经营权，向中标人发放车辆经营权证明，并与中标人签订经营协议。

巡游出租汽车车辆经营权的经营协议应当包括以下内容：①巡游出租汽车车辆经营权的数量、使用方式、期限等；②巡游出租汽车经营服务标准；③巡游出租汽车车辆经营权的变更、终止和延续等；④履约担保；⑤违约责任；⑥争议解决方式；⑦双方认为应当约定的其他事项。在协议有效期限内，确需变更协议内容的，协议双方应当在共同协商的基础上签订补充协议。

被许可人应当按照《巡游出租汽车经营行政许可决定书》和经营协议，投入符合规定数量、座位数、类型及等级、技术等级等要求的车辆。原许可机关核实符合要求后，为车辆核发《道路运输证》。投入运营的巡游出租汽车车辆应当安装符合规定的计程计价设备、具有行驶记录功能的车辆卫星定位装置、应急报警装置，按照要求喷涂车身颜色和标识，设置有中英文"出租汽车"字样的顶灯和能显示空车、暂停运营、电召等运营状态的标志，按照规定在车辆醒目位置标明运价标准、乘客须知、经营者名称和服务监督电话。

巡游出租汽车车辆经营权不得超过规定的期限，具体期限由县级以上地方人民政府出租汽车行政主管部门报本级人民政府根据投入车辆的车型和报废周期等因素确定。巡游出租汽车车辆经营权因故不能继续经营的，授予车辆经营权的出租汽车行政主管部门可优先收回。在车辆经营权有效期限内，需要变更车辆经营权经营主体的，应当到原许可机关办理变更许可手续。出租汽车行政主管部门在办理车辆经营权变更许可手续时，应当按照规定，审查新的车辆经营权经营主体的条件，提示车辆经营权期限等相关风险，并重新签订经营协议，经营期限为该车辆经营权的剩余期限。巡游出租汽车经营者在车辆经营权期限内，不得擅自暂停或者终止经营。需要变更许可事项或者暂停、终止经营的，应当提前30日向原许可机关提出申请，依法办理相关手续。巡游出租汽车经营者终止经营的，应当将相关的《道路运输经营许可证》和《道路运输证》等交回原许可机关。巡游出租汽车经营者取得经营许可后无正当理由超过180 d不投入符合要求的车辆运营或者运营后连续180 d以上停运的，视为自动终止经营，由原许可机关收回相应的巡游出租汽车车辆经营权。巡游出租汽车经营者合并、分立或者变更经营主体名称的，应当到原许可机关办理变更许可手续。

巡游出租汽车车辆经营权到期后，巡游出租汽车经营者拟继续从事经营的，应当在车辆经营权有效期届满60日前，向原许可机关提出申请。原许可机关应当根据《出租汽车服务质量信誉考核办法》规定的出租汽车经营者服务质量信誉考核等级，审核巡游出租汽车经营者的服务质量信誉考核结果，并按照以下规定处理：①考核等级在经营期限内均为AA级及以上的，应当批准其继续经营；②考核等级在经营期限内有A级的，应当督促其加强内部管理，整改合格后准许其继续经营；③考核等级在经营期限内有B级或者一半以上为A级的，可视情适当核减车辆经营权；④考核等级在经营期限内有一半以上为B级的，应当收回车辆经营权，并按照规定重新配置车辆经营权。

3. 巡游出租汽车的运营服务

巡游出租汽车经营者应当为乘客提供安全、便捷、舒适的出租汽车服务。鼓励巡游出租汽车经营者使用节能环保车辆和为残疾人提供服务的无障碍车辆。巡游出租汽车经营者应当遵守下列规定：①在许可的经营区域内从事经营活动。超出许可的经营区域的，起讫点一端应当在许可的经营区域内；②保证营运车辆性能良好；③按照国家相关标准运营服务；④保障聘用人员合法权益，依法与其签订劳动合同或者经营合同；⑤加强从业人员管理和培训教育；⑥不得将巡游出租汽车交给未经从业资格注册的人员运营。

巡游出租汽车运营时，车容车貌、设施设备应当符合以下要求：①车身外观整洁完好，车厢内整洁、卫生，无异味；②车门功能正常，车窗玻璃密闭良好，无遮蔽物，升降功能有效；③座椅牢固无塌陷，前排座椅可前后移动，靠背倾度可调，安全带和锁扣齐全、有效；④座套、头枕套、脚垫齐全；⑤计程计价设备、顶灯、运营标志、服务监督卡（牌）、车载信息化设备等完好有效。

巡游出租汽车驾驶员应当按照国家出租汽车服务标准提供服务，并遵守下列规定：①做好运营前例行检查，保持车辆设施、设备完好，车容整洁，备齐发票、备足零钱；②衣着整洁，语言文明，主动问候，提醒乘客系好安全带；③根据乘客意愿升降车窗玻璃及使用空调、音响、视频等服务设备；④乘客携带行李时，主动帮助乘客取放行李；⑤主动协助老、幼、病、残、孕等乘客上下车；⑥不得在车内吸烟，忌食有异味的食物；⑦随车携带道路运输证、从业资格证，并按规定摆放、粘贴有关证件和标志；⑧按照乘客指定的目的地选择合理路线行驶，不得拒载、议价①、途中甩客、故意绕道行驶②；⑨在机场、火车站、汽车客运站、港口、公共交通枢纽等客流集散地载客时应当文明排队，服从调度，不得违反规定在非指定区域揽客；⑩未经乘客同意不得搭载其他乘客；⑪按规定使用计程计价设备，执行收费标准并主动出具有效车费票据；⑫遵守道路交通安全法规，文明礼让行车。

巡游出租汽车驾驶员遇到下列特殊情形时，应当按照下列方式办理：①乘客对服务不满意时，虚心听取批评意见；②发现乘客遗失财物，设法及时归还失主。无法找到失主的，及时上交巡游出租汽车企业或者有关部门处理，不得私自留存；③发现乘客遗留可疑危险物品的，立即报警。

巡游出租汽车乘客应当遵守下列规定：①不得携带易燃、易爆、有毒等危害公共安全的物品乘车；②不得携带宠物和影响车内卫生的物品乘车；③不得向驾驶员提出违反道路交通安全法规的要求；④不得向车外抛洒物品，不得破坏车内设施设备；⑤醉酒者或者精神病患者乘车的，应当有陪同（监护）人员；⑥遵守电召服务规定，按照约定的时间和地点乘车；⑦按照规定支付车费。

乘客要求去偏远、冷僻地区或者夜间要求驶出城区的，驾驶员可以要求乘客随同到就近的有关部门办理验证登记手续；乘客不予配合的，驾驶员有权拒绝提供服务。

巡游出租汽车运营过程中有下列情形之一的，乘客有权拒绝支付费用：①驾驶员不按照规定使用计程计价设备，或者计程计价设备发生故障时继续运营的；②驾驶员不按照规定向乘客出具相应车费票据的；③驾驶员因发生道路交通安全违法行为接受处理，不能将乘客及时送达目的地的；④驾驶员拒绝按规定接受刷卡付费的。

巡游出租汽车电召服务，是指根据乘客通过电信、互联网等方式提出的服务需求，按照约定时间和地点提供巡游出租汽车运营服务。巡游出租汽车电召服务应当符合下列要求：①根据乘客通过电信、互联网等方式提出的服务需求，按照约定时间和地点提供巡游出租汽车运营服务；②巡游出租汽车电召服务平台应当提供 24 小时不间断服务；③电召服务人员接到乘客服务需求后，应当按照乘客需求及时调派巡游出租汽车；④巡游出

---

① 议价，是指巡游出租汽车驾驶员与乘客协商确定车费的行为。

② 绕道行驶，是指巡游出租汽车驾驶员未按合理路线行驶的行为。

租汽车驾驶员接受电召任务后，应当按照约定时间到达约定地点。乘客未按约定候车时，驾驶员应当与乘客或者电召服务人员联系确认；⑤乘客上车后，驾驶员应当向电召服务人员发送乘客上车确认信息。

巡游出租汽车经营者应当自觉接受社会监督，公布服务监督电话，指定部门或者人员受理投诉。巡游出租汽车经营者应当建立 24 小时服务投诉值班制度，接到乘客投诉后，应当及时受理，10 日内处理完毕，并将处理结果告知乘客。

4. 巡游出租汽车的运营保障

县级以上地方人民政府出租汽车行政主管部门应当在本级人民政府的领导下，会同有关部门合理规划、建设巡游出租汽车综合服务区、停车场、停靠点等，并设置明显标识。巡游出租汽车综合服务区应当为进入服务区的巡游出租汽车驾驶员提供餐饮、休息等服务。县级以上地方人民政府出租汽车行政主管部门应当配合有关部门，按照有关规定，并综合考虑巡游出租汽车行业定位、运营成本、经济发展水平等因素合理制定运价标准，并适时进行调整。县级以上地方人民政府出租汽车行政主管部门应当配合有关部门合理确定巡游出租汽车电召服务收费标准，并纳入出租汽车专用收费项目。巡游出租汽车经营者应当建立健全和落实安全生产管理制度，依法加强管理，履行管理责任，提升运营服务水平。巡游出租汽车经营者应当按照有关法律法规的规定保障驾驶员的合法权益，规范与驾驶员签订的劳动合同或者经营合同。巡游出租汽车经营者应当通过建立替班驾驶员队伍、减免驾驶员休息日经营承包费用等方式保障巡游出租汽车驾驶员休息权。巡游出租汽车经营者应当合理确定承包、管理费用，不得向驾驶员转嫁投资和经营风险。巡游出租汽车经营者应当根据经营成本、运价变化等因素及时调整承包费标准或者定额任务等。巡游出租汽车经营者应当建立车辆技术管理制度，按照车辆维护标准定期维护车辆。

＜出租汽车驾驶员从业资格管理规定

巡游出租汽车经营者应当按照《出租汽车驾驶员从业资格管理规定》，对驾驶员等从业人员进行培训教育和监督管理，按照规范提供服务。驾驶员有私自转包经营等违法行为的，应当予以纠正；情节严重的，可按照约定解除合同。巡游出租汽车经营者应当制定包括报告程序、应急指挥、应急车辆以及处置措施等内容的突发公共事件应急预案。巡游出租汽车经营者应当按照县级以上地方人民政府出租汽车行政主管部门要求，及时完成抢险救灾等指令性运输任务。

各地应当根据实际情况发展巡游出租汽车电召服务，采取多种方式建设巡游出租汽车电召服务平台，推广人工电话召车、手机软件召车等巡游出租汽车电召服务，建立完善电召服务管理制度。巡游出租汽车经营者应当根据实际情况建设或者接入巡游出租汽车电召服务平台，提供巡游出租汽车电召服务。

5. 巡游出租汽车的监督管理

县级以上地方人民政府出租汽车行政主管部门应当加强对巡游出租汽

车经营行为的监督检查，会同有关部门纠正、制止非法从事巡游出租汽车经营及其他违法行为，维护出租汽车市场秩序。县级以上地方人民政府出租汽车行政主管部门应当对巡游出租汽车经营者履行经营协议情况进行监督检查，并按照规定对巡游出租汽车经营者和驾驶员进行服务质量信誉考核。

巡游出租汽车不再用于经营的，县级以上地方人民政府出租汽车行政主管部门应当组织对巡游出租汽车配备的运营标志和专用设备进行回收处置。县级以上地方人民政府出租汽车行政主管部门应当建立投诉举报制度，公开投诉电话、通信地址或者电子邮箱，接受乘客、驾驶员以及经营者的投诉和社会监督。县级以上地方人民政府出租汽车行政主管部门受理的投诉，应当在 10 日内办结；情况复杂的，应当在 30 日内办结。

县级以上地方人民政府出租汽车行政主管部门应当对完成政府指令性运输任务成绩突出，经营管理、品牌建设、文明服务成绩显著，有拾金不昧、救死扶伤、见义勇为等先进事迹的出租汽车经营者和驾驶员，予以表彰和奖励。

5.6.2　网络预约出租汽车经营服务管理

1. 网络预约出租汽车经营服务概述

1）网络预约出租汽车的概念

网络预约出租汽车（以下简称为网约车）经营服务，是指以互联网技术为依托构建服务平台，整合供需信息，使用符合条件的车辆和驾驶员，提供非巡游的预约出租汽车服务的经营活动。网络预约出租汽车经营者（以下称网约车平台公司），是指构建网络服务平台，从事网约车经营服务的企业法人。网约车软件基本运作模式是：由网约车平台公司开发打车软件并投入市场，软件开发商既是软件的作者也是软件的市场操作人。乘客、出租车司机下载软件客户端到自己的手机后，乘客想要用车，需要先将所在位置、目的地、用车时间等信息以短信或语音留言的方式发布于软件平台。出租车司机打开软件即可从软件平台接收到乘客用车信息单，如果司机决定接单，他在平台界面按下确认键即可，该笔运单由最先按下确认键的司机获得。网约车平台公司利用其开发的技术平台，为乘客与出租车司机之间建立起了一座交流的平台，为客运合同的订立提供机会和便利，并从中收取客户使用费或与网络运营商从流量费中分成。软件平台公司本质上是整合消费者的运输需求和专车服务提供者的服务，为消费者和专车服务提供订约机会。

网约车服务从其最核心的运输服务关系来看，应该视为公共运输服务产业，因为其本质上是为公众提供位移服务。从服务对象来看，具有公共性；从服务内容来看，是实现旅客在约定地点的移动；从服务客体来看，汽车属于高速运输工具，具有潜在的对社会公共安全的风险。依据我国法律，汽车驾驶造成的交通事故损害责任属于高速运输工具的高度危险作业

网络预约出租汽车经营服务管理暂行办法

民事责任，是一种特殊侵权责任，适用无过错责任原则。网约车服务虽然从价格上来看，比一般公共交通，如公交、地铁、出租车而言，价格更高，似乎公益性不足而商业性更浓一些。但是也不能否认其作为公共运输服务产业，作为公共产品的本质。因此应坚持优先发展城市公共交通、适度发展出租汽车，按照高品质服务、差异化经营的原则，有序发展网约车。网约车运价实行市场调节价，城市人民政府认为有必要实行政府指导价的除外。

2）网约车的管理体制

国务院交通运输主管部门负责指导全国网约车管理工作。各省、自治区人民政府交通运输主管部门在本级人民政府领导下，负责指导本行政区域内网约车管理工作。直辖市、设区的市级或者县级交通运输主管部门或人民政府指定的其他出租汽车行政主管部门（以下称出租汽车行政主管部门）在本级人民政府领导下，负责具体实施网约车管理。其他有关部门依据法定职责，对网约车实施相关监督管理。

2. 网约车平台公司

申请从事网约车经营的，应当具备线上线下服务能力，符合下列条件：①具有企业法人资格；②具备开展网约车经营的互联网平台和与拟开展业务相适应的信息数据交互及处理能力，具备供交通、通信、公安、税务、网信等相关监管部门依法调取查询相关网络数据信息的条件，网络服务平台数据库接入出租汽车行政主管部门监管平台，服务器设置在中国内地，有符合规定的网络安全管理制度和安全保护技术措施；③使用电子支付的，应当与银行、非银行支付机构签订提供支付结算服务的协议；④有健全的经营管理制度、安全生产管理制度和服务质量保障制度；⑤在服务所在地有相应服务机构及服务能力；⑥法律法规规定的其他条件。外商投资网约车经营的，除符合上述条件外，还应当符合外商投资相关法律法规的规定。

申请从事网约车经营的，应当根据经营区域向相应的出租汽车行政主管部门提出申请，并提交以下材料：①网络预约出租汽车经营申请表（见附件）；②投资人、负责人身份、资信证明及其复印件，经办人的身份证明及其复印件和委托书；③企业法人营业执照，属于分支机构的还应当提交营业执照，外商投资企业还应当提供外商投资企业批准证书；④服务所在地办公场所、负责人员和管理人员等信息；⑤具备互联网平台和信息数据交互及处理能力的证明材料，具备供交通、通信、公安、税务、网信等相关监管部门依法调取查询相关网络数据信息条件的证明材料，数据库接入情况说明，服务器设置在中国内地的情况说明，依法建立并落实网络安全管理制度和安全保护技术措施的证明材料；⑥使用电子支付的，应当提供与银行、非银行支付机构签订的支付结算服务协议；⑦经营管理制度、安全生产管理制度和服务质量保障制度文本；⑧法律法规要求提供的其他材料。

首次从事网约车经营的，应当向企业注册地相应出租汽车行政主管部门提出申请，前款第⑤、第⑥项有关线上服务能力材料由网约车平台公司注册地省级交通运输主管部门商同级通信、公安、税务、网信、人民银行等部门审核认定，并提供相应认定结果，认定结果全国有效。网约车平台公司在注册地以外申请从事网约车经营的，应当提交前款第⑤、第⑥项有关线上服务能力认定结果。其他线下服务能力材料，由受理申请的出租汽车行政主管部门进行审核。

出租汽车行政主管部门应当自受理之日起 20 日内作出许可或者不予许可的决定。20 日内不能作出决定的，经实施机关负责人批准，可以延长 10 日，并应当将延长期限的理由告知申请人。出租汽车行政主管部门对于网约车经营申请作出行政许可决定的，应当明确经营范围、经营区域、经营期限等，并发放《网络预约出租汽车经营许可证》。

出租汽车行政主管部门对不符合规定条件的申请作出不予行政许可决定的，应当向申请人出具《不予行政许可决定书》。网约车平台公司应当在取得相应《网络预约出租汽车经营许可证》并向企业注册地省级通信主管部门申请互联网信息服务备案后，方可开展相关业务。备案内容包括经营者真实身份信息、接入信息、出租汽车行政主管部门核发的《网络预约出租汽车经营许可证》等。涉及经营电信业务的，还应当符合电信管理的相关规定。网约车平台公司应当自网络正式联通之日起 30 日内，到网约车平台公司管理运营机构所在地的省级人民政府公安机关指定的受理机关办理备案手续。网约车平台公司暂停或者终止运营的，应当提前 30 日向服务所在地出租汽车行政主管部门书面报告，说明有关情况，通告提供服务的车辆所有人和驾驶员，并向社会公告。终止经营的，应当将相应《网络预约出租汽车经营许可证》交回原许可机关。

3. 网约车车辆和驾驶员

拟从事网约车经营的车辆，应当符合以下条件：①7 座及以下乘用车；②安装具有行驶记录功能的车辆卫星定位装置、应急报警装置；③车辆技术性能符合运营安全相关标准要求。车辆的具体标准和营运要求，由相应的出租汽车行政主管部门，按照高品质服务、差异化经营的发展原则，结合本地实际情况确定①。服务所在地出租汽车行政主管部门依车辆所有人或者网约车平台公司申请，按规定的条件审核后，对符合条件并登

---

①　以北京为例，车辆要求是：i. 本市号牌且为出租汽车经营者或个人所有的车辆（机关企事业单位及社会团体非营运车辆不得从事网约车运营），满足本市最新公布实施的机动车排放标准，在车辆检验有效期内，没有未处理完毕的交通事故和交通违法记录；ii. 5 座三厢小客车车辆轴距不小于 2 650 mm（含新能源车），排气量不小于 18 L；7 座乘用车排气量不小于 20 L、轴距不小于 3 000 mm；iii. 车辆安装符合国家和本市相关规定的具备行驶记录功能的固定式车载卫星定位装置和应急报警装置，能向本市有关部门监管平台和公安机关实时发送位置信息，并向公安机关实时发送报警信息，车辆技术性能符合运营安全及公安部门相关标准要求；iv. 车辆需配备具有网约车平台服务端、计程计时、价格计算、在线支付、服务评价等功能的终端设备；v. 车辆所有人同意车辆使用性质登记为"预约出租客运"；vi. 车辆属于个人所有的，车辆所有人名下应当没有登记的其他巡游车和网约车，本人应当已经取得《网络预约出租汽车驾驶员证》，并预先协议接入取得经营许可的网约车平台。

记为预约出租客运的车辆，发放《网络预约出租汽车运输证》。城市人民政府对网约车发放《网络预约出租汽车运输证》，另有规定的，从其规定。

从事网约车服务的驾驶员，应当符合以下条件：①取得相应准驾车型机动车驾驶证并具有 3 年以上驾驶经历；②无交通肇事犯罪、危险驾驶犯罪记录，无吸毒记录，无饮酒后驾驶记录，最近连续 3 个记分周期内没有记满 12 分记录；③无暴力犯罪记录；④城市人民政府规定的其他条件。

服务所在地设区的市级出租汽车行政主管部门依驾驶员或者网约车平台公司申请，按规定的条件核查并按规定考核后，为符合条件且考核合格的驾驶员，发放《网络预约出租汽车驾驶员证》。

4. 网约车经营行为

网约车平台公司承担承运人责任，应当保证运营安全，保障乘客合法权益。网约车平台公司应当保证提供服务车辆具备合法营运资质，技术状况良好，安全性能可靠，具有营运车辆相关保险，保证线上提供服务的车辆与线下实际提供服务的车辆一致，并将车辆相关信息向服务所在地出租汽车行政主管部门报备。

网约车平台公司应当保证提供服务的驾驶员具有合法从业资格，按照有关法律法规规定，根据工作时长、服务频次等特点，与驾驶员签订多种形式的劳动合同或者协议，明确双方的权利和义务。网约车平台公司应当维护和保障驾驶员合法权益，开展有关法律法规、职业道德、服务规范、安全运营等方面的岗前培训和日常教育，保证线上提供服务的驾驶员与线下实际提供服务的驾驶员一致，并将驾驶员相关信息向服务所在地出租汽车行政主管部门报备。网约车平台公司应当记录驾驶员、约车人在其服务平台发布的信息内容、用户注册信息、身份认证信息、订单日志、上网日志、网上交易日志、行驶轨迹日志等数据并备份。

网约车平台公司应当公布确定符合国家有关规定的计程计价方式，明确服务项目和质量承诺，建立服务评价体系和乘客投诉处理制度，如实采集与记录驾驶员服务信息。在提供网约车服务时，提供驾驶员姓名、照片、手机号码和服务评价结果，以及车辆牌照等信息。

网约车平台公司应当合理确定网约车运价，实行明码标价，并向乘客提供相应的出租汽车发票。网约车平台公司不得妨碍市场公平竞争，不得侵害乘客合法权益和社会公共利益。网约车平台公司不得有为排挤竞争对手或者独占市场，以低于成本的价格运营扰乱正常市场秩序，损害国家利益或者其他经营者合法权益等不正当价格行为，不得有价格违法行为。网约车应当在许可的经营区域内从事经营活动，超出许可的经营区域的，起讫点一端应当在许可的经营区域内。网约车平台公司应当依法纳税，为乘客购买承运人责任险等相关保险，充分保障乘客权益。网约车平台公司应当加强安全管理，落实运营、网络等安全防范措施，严格数据安全保护和管理，提高安全防范和抗风险能力，支持配合有关部门开展相关工作。网约车平台公司和驾驶员提供经营服务应当符合国家有关运营服务标准，不得途中甩客或者故意绕道行驶，不得违规收费，不得对举报、投诉其服务质量或者对其服务作出不满意评价的乘客实施报复行为。网约车平台公司应当通过其服务平台以显著方式将驾驶员、约车人和乘客等个人信息的采集和使用的目的、方式和范围进行告知。未经信息主体明示同意，网约车平台公司不得使用前述个人信息用于开展其他业务。网约车平台公司采集驾驶员、约车人和乘客的个人信息，不得超越提供网约车业务所必需的范围。除配合国家机关依法行使监督检查权或者刑事侦查权外，网约车平台公司不得向任何第三方提供驾驶员、约车人和乘客的姓名、联系方式、家庭住址、银行账户或者支付账户、地理位置、出行线路等个人信息，不得泄露地理坐标、地理标志物等涉及国家安全的敏感信息。发生信息泄露后，网约车平台公司应当及时向相关主管部门报告，并采取及时有效的补救措施。网约车平台公司应当遵守国家网络和信息安全有关规定，所采集的个人信息和生成的业务数据，应当在中国内地存储和使用，保存期限不少于 2 年，除法律法规另有规定外，上述信息和数据不得外流。网约车平台公司不得利用其服务平台发布法律法规禁止传播的信息，不得为企业、个人及其他团体、组织发布有害信息提供便利，并采取有效措施过滤阻断有害信息传播。发现他人利用其网络服务平台传播有害信息的，应当立即停止传输，保存有关记录，并向国家有关机关报告。

网约车平台公司应当依照法律规定，为公安机关依法开展国家安全工作，防范、调查违法犯罪活动提供必要的技术支持与协助。

任何企业和个人不得向未取得合法资质的车辆、驾驶员提供信息对接开展网约车经营服务。不得以私人小客车合乘名义提供网约车经营服务。

网约车车辆和驾驶员不得通过未取得经营许可的网络服务平台提供运营服务。

5. 网约车的监督检查

1）出租汽车行政主管部门的监督检查职责

出租汽车行政主管部门应当建设和完善政府监管平台，实现与网约车平台信息共享。共享信息应当包括车辆和驾驶员基本信息、服务质量以及乘客评价信息等。

出租汽车行政主管部门应当加强对网约车市场监管，加强对网约车平台公司、车辆和驾驶员的资质审查与证件核发管理。出租汽车行政主管部门应当定期组织开展网约车服务质量测评，并及时向社会公布本地区网约车平台公司基本信息、服务质量测评结果、乘客投诉处理情况等信息。出租汽车行政主管、公安等部门有权根据管理需要依法调取查阅管辖范围内网约车平台公司的登记、运营和交易等相关数据信息。

2）通信主管部门和公安、网信部门的监督检查职责

通信主管部门和公安、网信部门应当按照各自职责，对网约车平台公司非法收集、存储、处理和利用有关个人信息、违反互联网信息服务有关规定、危害网络和信息安全、应用网约车服务平台发布有害信息或者为企

业、个人及其他团体组织发布有害信息提供便利的行为，依法进行查处，并配合出租汽车行政主管部门对认定存在违法违规行为的网约车平台公司进行依法处置。公安机关、网信部门应当按照各自职责监督检查网络安全管理制度和安全保护技术措施的落实情况，防范、查处有关违法犯罪活动。

3）其他相关行政部门的监督检查职责

发展和改革委员会、价格管理机构、通信管理局、公安部、人力资源和社会保障部、商务部、人民银行以及税务、市场监督管理、质检、网信等部门按照各自职责，对网约车经营行为实施相关监督检查，并对违法行为依法处理。

各有关部门应当按照职责建立网约车平台公司和驾驶员信用记录，并纳入全国信用信息共享平台。同时将网约车平台公司行政许可和行政处罚等信用信息在全国企业信用信息公示系统上予以公示。

4）出租汽车行业协会的自律职责

出租汽车行业协会组织应当建立网约车平台公司和驾驶员不良记录名单制度，加强行业自律。

5.7　城市轨道管理制度

近年来，我国城市轨道交通进入快速发展时期，建设运营规模快速增长、新建轨道交通城市数量不断增加、技术装备水平不断提高。城市轨道交通是城市公共交通体系的骨干，是构建城市综合交通运输体系的重要支撑。发展城市轨道交通，有利于优化城市空间结构、缓解交通拥堵、带动城市综合开发，显著提升城市环境质量、生活质量和竞争力。轨道交通已成为衡量城市综合发展水平的重要指标。

🔎 **城市轨道交通运营管理办法**

5.7.1　城市轨道交通管理概述

1. 城市轨道交通的概念和性质

城市轨道交通是以电能为动力，采取轮轨运转方式的快速大运量公共交通的总称，城市轨道交通系统，即"地下铁道"或"地下铁"（subway、tube、underground）的简称[①]；许多此类系统为了配合修筑的环境，并考量建造及营运成本，可能会在城市中心以外地区转成地面或高架路段。地铁是涵盖了城市地区各种地下与地上的路权专有、高密度、高运量的城市轨道交通系统（Metro）。除了地下铁以外，也包括高架铁路（elevated railway）或路面上铺设的铁路。因此，地铁是路权专有的、无平交，

---

① 在英文环境中，根据各城市类似系统的发展起源与使用习惯之不同，常称为：Metro（如巴黎、上海、广州等）、MRT（如新加坡、台北、高雄等）、MTR（如香港）、Overground（特指地上轨道）、Railway（特指地上轨道）、Subway（如纽约、北京）、Tube（如伦敦）或 Underground（如伦敦）。

这也是地铁区别于轻轨交通系统的根本性的标志。

随着轨道技术的发展，我国城市轨道交通正在由以地铁为主，逐步转变为地铁、轻轨、单轨、现代有轨电车、市域快轨和中低速磁浮交通等多种制式协调发展。因此，我国相关法律制度中定义的城市轨道交通，是指采用专用轨道导向运行的城市公共客运交通系统，包括地铁、轻轨、单轨、磁浮、自动导向轨道等系统。

城市轨道交通是客运系统，这就表明货物运输不包括在城市轨道交通之内。城市轨道交通具有公共交通性质，直接为公众提供交通服务，具有公共服务产品的性质。

2. 城市轨道交通的优点

城市轨道交通是城市公共交通的骨干。它具有节能、省地、运量大、全天候、无污染（或少污染）又安全等特点，属绿色环保交通体系，符合可持续发展的原则，特别适应于大中城市。

（1）节约土地。由于一般大都市的市区地皮价值高昂，将城市轨道交通建于地底，可以节省地面空间，发挥土地立体空间的作用。

（2）节约能源。一般的汽车使用汽油或石油作为能源，而城市轨道交通使用电能、磁悬浮等清洁能源，没有尾气的排放，不会污染环境。在全球暖化情境下，城市轨道交通是最佳大众交通运输工具。

（3）运量大。城市轨道交通的运输能力一般要比公共汽车大 7 ~ 10 倍，是任何城市交通工具所不能比拟的。

（4）全天候。由于城市轨道交通的行驶路线不与其他运输系统（如地面道路）重叠、交叉，因此行车受到的交通干扰较少，行车速度稳定准时，大量节省通勤时间，正点率一般比公交高。使民众乐于搭乘，也取代了许多开车所消耗的能源。

3. 城市轨道交通法律体系

国家建设部于 2005 年 3 月 1 日发布了第 140 号令，自 2005 年 8 月 1 日起施行《城市轨道交通运营管理办法》。除此之外，我国并未设立国家层面关于城市轨道交通专项的法律和行政法规。为满足本地区建设运营管理的实际需要，国内城市轨道交通所在地的城市，均发布实施了本行政区域内的城市轨道交通运营管理办法或条例。具备地方立法权的城市，均制定了城市轨道交通地方性法规或地方政府规章。而没有立法权的地级市，为了解决"有法可依"的问题，只能根据有关法律法规和建设部《城市轨道交通运营管理办法》等，以政府规范性文件的形式，发布实施本行政区域内的城市轨道交通管理办法。

城市轨道交通的规划、建设和运营除符合中央层面和地方层面的法律法规之外，还必须符合国家规划、建设、环保、土地、安全等法律法规的管理要求，并严格执行各环节相关法律制度。

为完善我国的城市轨道交通的法律体系，建议制定《城市轨道交通法》或《城市轨道交通条例》，主要对城市轨道交通的规划、建设、运营、安全、土地开发、投融资6个方面的核心制度予以法律确认。同时完善相关配套法规。建议按照城市轨道交通的规划建设、运营、安全、投融资、土地开发和其他方面分别制定配套法规，配套法规以基本法为基础，其他现行相关法规为依托。配套法规以部门规章或行政法规的形式制定。

4. 城市轨道的行政管理体制

国务院建设主管部门负责全国城市轨道交通的监督管理工作。省、自治区人民政府建设主管部门负责本行政区域内城市轨道交通的监督管理工作。城市人民政府城市轨道交通主管部门负责本行政区域内城市轨道交通的监督管理工作。

具体来看，城市轨道交通在行政管理上通常由当地的交通运输行政主管部门负责城市轨道交通运营的监督管理。城市建设行政主管部门负责本市轨道交通建设的监督管理。公安机关负责城市轨道交通的治安管理，维护治安秩序，负责消防监督管理和反恐怖活动。发展和改革委员会、规划、土地、安全生产、市容、卫生、环保等行政主管部门和相关区县人民政府，按照各自职责做好城市轨道交通建设和管理工作。

5.7.2 城市轨道建设

1. 城市轨道建设的模式

城市轨道作为典型的基础设施，具有准公共产品特性，是政府财政的投资领域。对于准公共产品而言，政府不仅要作为投资主体之一，更要作为政策的制定者，进行政策扶持，并发挥市场作用，实现有效供给。从世界范围来看，大部分城市轨道交通运营因为其公益性，都难以赢利。为减轻城市轨道建设的资金压力，各国采用了不同形式的城市轨道建设模式，主要有以下几种。

（1）"轨道＋物业"、"轨道＋社区"和"轨道＋小镇"的综合开发模式。该模式主要是把轨道交通建设带来的沿线增值效益，通过适当的开发方式反哺轨道交通建设。例如，香港地铁收益中，票务收入只占总收益的一小部分，物业开发等其他的溢出收入占了大部分。

（2）PPP模式，政府部门在大力度引导社会资本，参与轨道交通建设。PPP融资运作模式的大体程序可以概括为：立项，选择私人投资机构，项目建设运营与项目移交。以PPP模式运作的项目一般采取公开招标的方式确定私人投资机构，政府依据城市发展的要求，提出市政公用及基础设施PPP项目，进行社会招标，公布招标条件，公开接受申请。通过招标最终选择合适的合作伙伴签订PPP协议进行项目建设。由私人部门设计、建造、融资、运营和管理有关项目资产并提供公共服务和产品的成本及期待的投资收益，将通过公共部门支付的费用得到补偿，最终项目资产的所有权根据合同约定可以继续由私人部门保有或者移交至公共部门。例如，北京地铁四号线就是采取 PPP 融资模式成功运作的城市轨道交通项目①。

（3）通过发行债券、资产证券化、产业基金、融资租赁，到境外发债的多元化筹资的方式。杭州、贵阳、南昌等城市采用了第三种模式。

2. 城市轨道建设规划

城市轨道建设往往耗时较长，而轨道交通运输需求又是在不断增长的，因此需要超前编制线网规划。城市轨道交通线网规划是指导城市轨道交通长远可持续发展的总体性方案。根据城市总体发展要求，确需发展城市轨道交通的城市要编制线网规划，确定长远发展目标。按照前瞻性和系统性要求，城市轨道交通线网规划应统筹人口分布、交通需求等情况，确定城市轨道交通的发展目标、发展模式、功能定位等；确定城市轨道交通线路走向、主要换乘节点、资源共享和用地控制要求，实现与城市人口分布、空间布局、土地利用相协调；做好城市轨道交通与主要铁路客站和机场等综合交通枢纽的衔接。

同时也要根据城市轨道交通线网规划科学编制建设规划。城市轨道交通建设规划是近期建设项目安排的实施性方案。城市要结合自身经济、人口、客流需求等情况，根据城市轨道交通线网规划编制 5 ~ 6 年期的建设规划。发展地铁和轻轨的城市应将其他公共交通运输方式纳入建设规划做好衔接。

国家批准的城市轨道建设规划原则上不得变更，纳入建设规划的项目直接开展可行性研究工作。对于因城市规划、工程条件等因素影响，基本走向、敷设方式发生重大变化的，线路长度、车站数量、直接工程投资（扣除物价上涨因素）超过建设规划批准规模的 15%，或提前开工规划项目，以及投资模式发生重大变化，需将规划调整方案报轨道建设管理部门审批。应加强规划实施监管。主动公开规划信息，发挥社会对规划实施的监督作用。建立全国轨道交通投资项目库，及时汇总项目审批、建设内容、投资安排、形象进度和存在问题等信息，实现在线监测和动态跟踪。适时开展中期评估，做好规划实施检查和稽查，及时依法查处违规行为，对涉及其他部门的，移交有关部门依法作出相应处理。对于存在严重违规行为的城市实行警示、禁入等惩戒，暂停受理其建设规划。

3. 城市轨道建设管理

建立和完善城市轨道建设项目监管制度。开展项目审批前，应委托有

---

① 北京市基础设施投资有限公司于 2003 年成立项目组，按照 2003 年年底北京市政府明确的轨道交通项目中政府投资与社会投资为 7∶3 基础比例的政策以及《北京市城市基础设施特许经营条例》，编制了《北京地铁四号线 PPP 运作报告》，北京市基础设施投资有限公司作为北京市基础设施投融资平台正式成立，并开始与香港地铁等多家战略投资者进行接触，最终选择了北京首都创业集团有限公司和香港地铁有限公司。2005 年年初，北京市交通委代表市政府与港铁首创联合体草签了《北京地铁四号线特许经营协议》，经过国家发改委核准批复后，由北京市基础设施投资有限公司、北京首都创业集团有限公司和香港铁路有限公司按照 27∶3497∶349 的出资比例注册成立了特别目的公司——北京京港地铁有限公司，由该公司作为项目的管理者进行开发和运营。2006 年 4 月，北京市交通委与北京京港地铁有限公司正式签署了《北京地铁四号线特许经营协议》。

资质的第三方机构开展评估，实行审批信息公开制度。落实国家装备制造产业规划和政策，避免重复建设和产能过剩。按照国家对关键设备招标的要求，规范招投标行为。形成项目监管的部门联动机制，发现违规行为及时处置和报告，开展项目后评价。

4. 城市轨道建设资金管理

城市轨道建设多由政府出资，因此应建立透明规范的政府资本金投入长效机制，均衡年度财政债务负担，确保资金到位。同时创新投融资体制，实施轨道交通导向型土地综合开发，吸引社会资本通过特许经营等多种形式参与建设和运营。对城市轨道交通运营企业实施电价优惠。支持企业发行债券。优化工程方案，合理安排工期，有效控制造价，保证质量安全，做好社会稳定风险防范、运营筹备等工作。

5. 城市轨道建设的土地使用

城市轨道的建设必须依附于土地的地表、地下或地上空间。如果是利用地上或地下空间，则其涉及的法律问题更为复杂。《中华人民共和国物权法》（2007 年）对土地空间利用的不同现实需求，规定建设用地使用权可以在土地的地表、地上以及地下分别设立，从而使以建设为目的利用土地的范围从传统的地表扩大到土地的上、下空间，使土地的上下空间可以单独成为建设用地使用权的权利客体范围。这对拓展建设用地的利用价值具有现实意义，同时也为我国土地的上下空间单独成为用益物权的权利客体确立了法律依据。

> 城市轨道交通工程安全质量管理暂行办法

5.7.3 城市轨道运营

1. 城市轨道运营的前提条件

新建城市轨道交通工程竣工后，应当进行工程初验；初验合格的，可以进行试运行；试运行合格，并具备基本运营条件的，可以进行试运营。城市轨道交通工程竣工，按照国家有关规定验收，并报有关部门备案。经验收合格后，方可交付正式运营。安全设施不符合有关国家标准的新建、改建、扩建城市轨道交通工程项目，不得投入运营。

> 城市轨道交通运营管理办法

2. 城市轨道运营单位的基本权利和义务

城市人民政府城市轨道交通主管部门应当按照《行政许可法》以及市政公用事业特许经营的有关规定，依法确定城市轨道交通运营单位。

城市轨道交通运营单位应当按照国家有关规定和特许经营协议，制定城市轨道交通运营服务规则和设施保养维护办法，保证城市轨道交通的正常、安全运营。

城市轨道交通运营单位应当执行价格主管部门依法确定的票价，不得擅自调整。

城市轨道交通运营单位应当为乘客提供安全便捷的客运服务，保证车站、车厢整洁，出入口、通道畅通，保持安全、消防、疏散导向等标志醒目。

城市轨道交通运营单位工作人员应当佩戴标志、态度文明、服务规范。驾驶员、调度员、行车值班员等岗位的工作人员应当经培训合格后，持证上岗。城市轨道交通运营单位应当在车站配备急救箱，车站工作人员应当掌握必要的急救知识和技能。

城市轨道交通运营过程中发生故障而影响运行的，城市轨道交通运营单位应当及时组织乘客疏散，并尽快排除故障，恢复运行。一时无法恢复运行的，城市轨道交通运营单位应当及时报告城市人民政府城市轨道交通主管部门。

城市轨道交通因故不能正常运行的，乘客有权持有效车票要求城市轨道交通运营单位按照单程票价退还票款。

城市人民政府城市轨道交通主管部门和城市轨道交通运营单位应当建立投诉受理制度，接受乘客对违反运营规定和服务规则的行为的投诉。城市轨道交通运营单位应当自受理投诉之日起 10 个工作日内作出答复。乘客对答复有异议的，可以向城市人民政府城市轨道交通主管部门投诉，城市人民政府城市轨道交通主管部门应当自受理乘客投诉之日起，10 个工作日内作出答复。

城市轨道交通运营过程中发生乘客伤亡的，城市轨道交通运营单位应当依法承担相应的损害赔偿责任；能够证明伤亡人员故意或者自身健康原因造成的除外。

3. 危害城市轨道正常运营的行为

在城市轨道运营中，禁止下列危害城市轨道交通正常运营的行为：①在车厢内吸烟、随地吐痰、便溺、吐口香糖、乱扔果皮、纸屑等废弃物；②在车站、站台、站厅、出入口、通道停放车辆、堆放杂物或者擅自摆摊设点堵塞通道的；③擅自进入轨道、隧道等禁止进入的区域；④攀爬、跨越围墙、护栏、护网、门闸；⑤强行上下列车；⑥在车厢或者城市轨道交通设施上乱写、乱画、乱张贴；⑦携带宠物乘车；⑧危害城市轨道交通运营和乘客安全的其他行为。

另外，考虑到轨道运营的安全，一般都禁止乘客携带易燃、易爆、有毒和放射性、腐蚀性的危险品乘车。例如，2015 年 5 月 14 日，北京市公安局公交总队公布了《北京市轨道交通禁止携带物品目录》。乘坐地铁、城铁时除了枪支子弹、管制刀具、弹药、爆破器材、酒精等法律、法规规定的违禁物品以外，该目录主要增加了部分不属于法律、法规规定的违禁物品，但具有一定的杀伤性和危险性的物品，包括有可能危害公共安全和运营安全的生活、生产用品也纳入轨道交通禁止携带范畴。

城市轨道交通运营单位可以对乘客携带的物品进行安全检查，对携带危害公共安全的危险品的乘客，应当责令出站；拒不出站的，移送公安部门依法处理。

5.7.4　轨道运营的安全管理

轨道交通建设和运营安全是轨道交通发展的首要问题。轨道交通是一个独立、封闭的系统，相比公交、出租车等交通工具更加安全，但是由于空间密闭、客运量大、设施设备科技含量高，一旦发生事故后果不堪设想。近年来国内外重大轨道交通安全事故，有恐怖活动或重大自然灾害的阴影，绝大部分是建设和运营安全管理、保护防范不足所致。加强公安、质监等执法力量对轨道交通安全管理的全面覆盖非常必要，但是由于轨道交通专业性强、执法区域和对象相对固定，因此国内各地铁城市均设置了专门的轨道交通保护执法机构。

从企业管理角度来看，城市轨道运营单位要健全安全生产管理机构和管理制度，构建安全预警机制，加强安全生产标准化建设。严格落实安全设施"三同时"管理制度，逐步形成规划、建设、运营全过程全系统的安全评价制度。实现与运营环节的紧密衔接，确保线路和车站条件、车辆和设备配置等方面能够满足安全运营需要。深化勘察设计，开展安全源头管理，建立隐患自查自报自纠系统，做好建设风险管控。

1. 城市轨道运营单位的安全管理责任

城市轨道交通运营单位应当依法承担城市轨道交通运营安全责任，设置安全生产管理机构，配备专职安全生产管理人员，保证安全生产条件所必需的资金投入。

城市轨道交通运营单位应当按照反恐、消防管理、事故救援等有关规定，在城市轨道交通设施内，设置报警、灭火、逃生、防汛、防爆、防护监视、紧急疏散照明、救援等器材和设备，定期检查、维护，按期更新，并保持完好。

城市轨道交通运营单位负责城市轨道交通设施的管理和维护，定期对土建工程、车辆和运营设备进行维护、检查，及时维修更新，确保其处于安全状态。检查和维修记录应当保存至土建工程、车辆和运营设备的使用期限到期。

城市轨道交通运营单位应当组织对城市轨道交通关键部位和关键设备的长期监测工作，评估城市轨道交通运行对土建工程的影响，定期对城市轨道交通进行安全性评价，并针对薄弱环节制定安全运营对策。在发生地震、火灾等重大灾害后，城市轨道交通运营单位应当对城市轨道交通进行安全性检查，经检查合格后，方可恢复运营。

城市轨道交通运营单位应当采取多种形式向乘客宣传安全乘运的知识和要求。禁止下列危害城市轨道交通设施的行为：①非紧急状态下动用应急装置；②损坏车辆、隧道、轨道、路基、车站等设施设备；③损坏和干扰机电设备、电缆、通信信号系统；④污损安全、消防、疏散导向、站牌等标志，防护监视等设备；⑤危害城市轨道交通设施的其他行为。

2. 城市轨道交通的安全控制区

城市轨道交通应当在以下范围设置控制保护区：①地下车站与隧道周边外侧 50 m 内；②地面和高架车站以及线路轨道外边线外侧 30 m 内；③出入口、通风亭、变电站等建筑物、构筑物外边线外侧 10 m 内。

在城市轨道交通控制保护区内进行下列作业的，作业单位应当制定安全防护方案，在征得运营单位同意后，依法办理有关行政许可手续：①新建、扩建、改建或者拆除建筑物、构筑物；②敷设管线、挖掘、爆破、地基加固、打井；③在过江隧道段挖沙、疏浚河道；④其他大面积增加或减少载荷的活动。上述作业穿过地铁下方时，安全防护方案还应当经专家审查论证。运营单位在不停运的情况下对城市轨道交通进行扩建、改建和设施改造的，应当制订安全防护方案，并报城市人民政府城市轨道交通主管部门备案。

在城市轨道交通线路弯道内侧，不得修建妨碍行车瞭望的建筑物、构筑物，不得种植妨碍行车瞭望的树木。

3. 城市轨道突发事件的应急管理

应健全城市政府各部门、城市轨道交通相关企业之间的协调机制，形成应急救援联动制度，制定快速有效的安全事故和突发事件应急处置预案，有效整合资源，建立救援队伍，合作开展演练，加强装备建设，提升一体化应急能力。城市人民政府城市轨道交通主管部门应当会同有关部门制定处理突发事件的应急预案；城市轨道交通运营单位应当根据实际运营情况制定地震、火灾、浸水、停电、反恐、防爆等分专题的应急预案，建立应急救援组织，配备救援器材设备，并定期组织演练。当发生地震、火灾或者其他突发事件时，城市轨道交通运营单位和工作人员应当立即报警和疏散人员，并采取相应的紧急救援措施。

城市轨道交通车辆行驶中遇到沙尘、冰雹、雨、雪、雾、结冰等影响运营安全的气象条件时，城市轨道交通运营单位应当启动应急预案，并按照操作规程进行安全处置。

遇有城市轨道交通客流量激增危及安全运营的紧急情况，城市轨道交通运营单位应当采取限制客流量的临时措施，确保运营安全。

遇有自然灾害、恶劣气象条件或者发生突发事件等严重影响城市轨道交通安全的情形，并且无法采取措施保证安全运营时，运营单位可以停止线路运营或者部分路段运营，但是应当提前向社会公告，并报告城市人民政府城市轨道交通主管部门。

城市轨道交通运营中发生安全事故，城市人民政府城市轨道交通主管部门、城市轨道交通运营单位应当依据应急预案进行处置。

城市轨道交通运营中发生人员伤亡事故，应当按照先抢救受伤者，及时排除故障，恢复正常运行，后处理事故的原则处理，并按照国家有关规定及时向有关部门报告；城市人民政府城市轨道交通主管部门、城市轨道交通运营单位应当配合公安部门及时对现场进行勘察、检验，依法进行现场处理。

5.8 互联网租赁自行车管理制度

5.8.1 互联网租赁自行车概述

1. 互联网租赁自行车的概念和发展现状

互联网租赁自行车（俗称"共享单车"），是移动互联网和租赁自行车融合发展的新型服务模式。互联网租赁自行车是指企业在校园、地铁站点、公交站点、居民区、商业区、公共服务区等提供自行车共享服务，是一种分时租赁模式。互联网租赁自行车就其实质是一种新型的交通工具租赁业务——自行车租赁业务，其主要依靠载体为自行车（单车）。

中国互联网租赁自行车市场经历了三个发展阶段。2007—2010 年为第一阶段，国内开始引进由国外兴起的公共自行车模式，由政府主导分城市管理，多为有桩自行车。2010—2014 年为第二阶段，专门经营公共自行车业务的企业开始出现，但公共自行车仍以有桩自行车为主。2014 年至今为第三阶段，随着移动互联网的快速发展，以 ofo 为首的互联网租赁自行车应运而生，使用更加便捷的无桩公共自行车开始取代有桩公共自行车。现在互联网租赁自行车已经和政府引导的有桩公共自行车区别开来，互联网租赁自行车主要是指无桩可以随意停放的自行车。这种互联网租赁自行车从 2016 年起得到迅猛发展。2017 年 5 月 7 日，在上海召开了共享单车专业委员会成立大会，宣布成立中国自行车协会共享单车专业委员会。根据规则，共享单车专业委员会具有 4 项工作宗旨：①引导实体经济与虚拟经济相结合、传统产业与互联网产业相结合；②引导企业深化供给侧结构性改革；③建立和完善行业自律机制，维护成员的合法权益；④协助政府部门加强行业管理，共同促进共享单车有序发展。

2. 互联网租赁自行车政府管理的基本政策

互联网租赁自行车在满足公众出行需求、有效解决城市交通出行"最后一公里"问题、缓解城市交通拥堵、构建绿色出行体系等方面发挥了积极作用。互联网租赁自行车是移动互联网和租赁自行车融合发展的新型服务模式，是分享经济的典型业态。但是随着互联网租赁自行车的迅猛发展，出现了快速扩张、抢占市场、无序投放等问题。因此北京、上海、深圳、郑州等互联网租赁自行车发展比较多的城市先后出台了管理互联网租赁自行车发展的相关意见。2017 年 8 月交通部联合 10 部门共同制定了《关于鼓励和规范互联网租赁自行车发展的指导意见》（以下简称为《指导意见》）①。《指导意见》提出牢固树立和贯彻落实创新、协调、绿色、

今互联网租赁自行车

---

① 2017 年 8 月 3 日，交通运输部、中央宣传部、中央网信办、国家发展和改革委员会、工业和信息化部、公安部、住房城乡建设部、人民银行、质检总局、国家旅游局 10 部门联合出台了《关于鼓励和规范互联网租赁自行车发展的指导意见》。

开放、共享的发展理念，深化供给侧结构性改革，有效推进"互联网＋"行动计划，鼓励和规范互联网租赁自行车发展，提升互联网租赁自行车服务水平，优化交通出行结构，构建绿色、低碳的出行体系，更好地满足人民群众出行需要。鼓励发展互联网租赁自行车的基本原则如下。

（1）坚持服务为本。树立以人民为中心的发展思想，维护各方合法权益，为公众提供更安全、更便捷、更绿色、更经济的出行服务。

（2）坚持改革创新。以"互联网＋"行动为契机，发挥市场在资源配置中的决定性作用和更好地发挥政府作用，探索政府与企业合作新模式，激发企业创新动力和活力，促进行业健康有序发展。

（3）坚持规范有序。坚持问题导向，实施包容审慎监管，形成鼓励和规范互联网租赁自行车的发展环境，落实企业主体责任，依法规范企业经营，引导用户守诚信、讲文明，维护正常运行和停放秩序。

（4）坚持属地管理。城市人民政府是互联网租赁自行车管理的责任主体，充分发挥自主权和创造性，因地制宜、因城施策，探索符合本地实际的发展模式。

（5）坚持多方共治。充分调动各方面积极性，加强行业自律，引导公众积极参与，形成政府、企业、社会组织和公众共同治理的局面。

互联网租赁自行车是分时租赁营运非机动车，是城市绿色交通系统的组成部分，是方便公众短距离出行和公共交通接驳换乘的交通服务方式。各地要坚持优先发展公共交通，统筹发展互联网租赁自行车，推进公共租赁自行车与互联网租赁自行车融合发展，建立完善多层次、多样化的城市出行服务系统。不鼓励发展互联网租赁电动自行车。

5.8.2　互联网租赁自行车的管理制度

1. 互联网租赁自行车各方的责任

政府应负责制定互联网租赁自行车发展政策文件，编制慢行交通系统总体规划和道路非机动车停放点设置技术导则，指导区域慢行交通及配套设施规划建设和各区政府开展相关工作。区级结合属地实际，负责规范互联网租赁自行车发展的具体管理工作，编制区域慢行交通系统和非机动车停放点设置规划，建设完善非机动车通行网络、停放点等慢行交通设施，动态监测并指导区域车辆有序投放，做好非机动车停放点的日常管理和违法骑行、违规停放的执法管理，并对企业服务实施监督管理。交通运输部门负责互联网租赁自行车与城市公共交通融合发展的政策制定和统筹协调；公安机关负责查处盗窃、损毁互联网租赁自行车等违法行为，查处互联网租赁自行车交通违法行为，维护交通秩序；住房城乡建设部门负责城市自行车交通网络、互联网租赁自行车停车设施规划并指导建设；公安机关交通管理部门和城市管理部门共同指导互联网租赁自行车停放管理；网信部门、电信主管部门、公安机关等根据各自职责，负责加强互联网租赁自行车服务的网络安全监管，保障用户信息安全。国家发展和改革委员会、价格、人民银行、市场监督管理、质检等部门按照各自职责，对互联网租赁自行车经营行为实施相关监督检查，并对违法行为依法处理。

互联网租赁自行车企业应承担自行车租赁服务与管理的主体责任，科学制定投放计划，开展车辆安全评估并保证质量安全，建立车辆管维机制，及时保养维修车辆和召回报废老旧车辆。配备管理力量，做好现场停放秩序管理和车辆运营调度，及时清理违规停放车辆和处理用户投诉。加强信息平台建设，保证网络信息与用户资金安全，管理约束用户行为，及时提供相关共享信息数据，并接受政府的服务监督。

互联网租赁自行车用户在使用自行车过程中，应自觉遵守道路交通安全、城市管理相关法律、法规和规章的规定及服务协议的约定，做到文明出行、安全骑行、规范停放，爱护共享自行车和停放设施，并自觉接受企业的信用约束和公安、城管等相关执法部门的处罚。

2. 互联网租赁自行车的规模管理

考虑到城市道路的稀缺性，应对互联网租赁自行车的投放规模进行控制。各城市可根据城市特点、公众出行需求和互联网租赁自行车发展定位，研究建立与城市空间承载能力、停放设施资源、公众出行需求等相适应的车辆投放机制，引导互联网租赁自行车运营企业合理有序投放车辆，保障行业健康有序发展和安全稳定运行。

3. 完善自行车交通网络

合理布局慢行交通网络和自行车停车设施，将其纳入城市综合交通运输体系规划，并与城市公共交通规划相衔接。积极推进自行车道建设，提高自行车道的网络化和通达性。要优化自行车交通组织，完善道路标志标线，纠正占用非机动车道等违法行为，保障自行车通行条件。

4. 推进自行车停车点位设置和建设

各城市要制定适合本地特点的自行车停放区设置技术导则，规范自行车停车点位设置。对不适宜停放的区域和路段，可制定负面清单实行禁停管理。对城市重要商业区域、公共交通站点、交通枢纽、居住区、旅游景区周边等场所，应当施划配套的自行车停车点位或者通过电子围栏①等设定停车位，为自行车停放提供便利。

5.8.3 互联网租赁自行车运营服务行为的管理

1. 互联网租赁自行车的质量管理

加强互联网租赁自行车标准化建设。鼓励有关社会组织、产业联盟制定团体标准；支持各地结合发展规模、城市管理、地形条件、用户骑行习惯等

---

① 电子围栏是约束共享单车乱停乱放现象的一种方式，从技术层面来解决问题，它会将位置通过卫星测绘上传系统，共享单车的智能锁同时采用北斗与GPS双模定位模式后，平台可实时对共享单车的智能锁GNSS定位数据与"电子围栏"临界点阈值进行匹配，判断其是否停入停放区域或禁停区域，如果正确地停放到电子围栏中就会有信用奖励，相反就会收到短信警告。

差异化需求，制定运营、维护、车辆淘汰等地方标准；鼓励企业制定更高水平的产品质量、运营管理、售后服务等企业标准，探索实施全生命周期管理，推进企业产品和服务标准自我声明公开；加快制定基础通用类国家标准。运用认证认可、监督抽查等手段，建立标准实施分类监督机制，促进标准落地，确保产品质量和安全。投放车辆应当符合有关技术标准规定。

2. 规范企业运营服务

互联网租赁自行车运营企业要加强线上线下服务能力建设。充分利用车辆卫星定位、大数据等信息技术加强对所属车辆的经营管理，创新经营服务方式，不断提升用户体验，提高服务水平。合理配备线下服务团队，加强车辆调度、停放和维护管理，确保车辆安全、方便使用、停放有序。互联网租赁自行车实行用户实名制注册和使用。运营企业应当与用户签订服务协议，明确双方权利义务，明确用户骑行、停放等方面的要求。禁止向未满 12 岁的儿童提供服务。明示计费方式和标准，公开服务质量承诺，建立投诉处理机制，接受社会监督。创新保险机制，为用户购买人身意外伤害险。加强信息报送与共享，及时将车辆投放数量、分布区域等运营信息报送当地主管部门并实现相关部门信息共享。

3. 企业应加强停放管理和监督执法

互联网租赁自行车运营企业要落实对车辆停放管理的责任，推广应用电子围栏等技术，综合采取经济惩罚、记入信用记录等措施，有效规范用户停车行为；及时清理违规停放、存在安全隐患、不能提供服务的车辆，并根据停车点车辆饱和情况及时调度转运车辆，最大限度地满足用户用车停车需求。各地要加强对互联网租赁自行车停放的监督，明确相关主管部门的执法职责；对乱停乱放问题严重、线下运营服务不力、经提醒仍不采取有效措施的运营企业，应公开通报相关问题，限制其投放。

4. 互联网租赁自行车用户安全文明用车

互联网租赁自行车用户应当自觉遵守道路交通安全、城市管理等相关法律法规及服务协议约定，做到文明用车、安全骑行、规范停放，骑行前应当检查自行车技术状况，确保骑行安全。使用互联网租赁自行车不得违反规定载人，不得擅自加装儿童座椅等设备。

5. 互联网租赁自行车信用管理

要求建立互联网租赁自行车服务领域信用记录机制，建立企业和用户信用基础数据库，定期推送给全国信用信息共享平台。对企业和用户不文明行为和违法违规行为记入信用记录。加强企业服务质量和用户信用评价。鼓励企业组成信用信息共享联盟，对用户建立守信激励和失信惩戒机制。支持发展跨企业、跨品牌的租赁平台服务。

5.8.4 互联网租赁自行车用户资金和网络信息安全管理

1. 互联网租赁自行车用户资金安全监管

鼓励互联网租赁自行车运营企业采用免押金方式提供租赁服务。企业对用户收取押金、预付资金的，应严格区分企业自有资金和用户押金、预付资金，在企业注册地开立用户押金、预付资金专用账户，实施专款专用，接受交通、金融等主管部门监管，防控用户资金风险。企业应建立完善用户押金退还制度，加快实现"即租即押、即还即退"。互联网租赁自行车业务中涉及的支付结算服务，应通过银行、非银行支付机构提供，并与其签订协议。互联网租赁自行车运营企业实施收购、兼并、重组或者退出市场经营的，必须制订合理方案，确保用户合法权益和资金安全。

2. 互联网租赁自行车的网络和信息安全保护

互联网租赁自行车运营企业应当遵守《中华人民共和国网络安全法》等法律法规要求，将服务器设在中国大陆境内，并落实网络安全等级保护、数据安全管理、个人信息保护等制度，建立网络和信息安全管理制度及技术保障手段，完善网络安全防范措施，依法合规采集、使用和保护个人信息，强化系统数据安全保护，防范违法信息传播扩散。运营企业采集信息不得侵害用户合法权益和社会公共利益，不得超越提供互联网租赁自行车服务所需的范围；在境内运营中采集的信息和生成的相关数据应当在中国大陆境内存储。发生重大网络和信息安全事件，应及时向相关主管部门报告。主管部门不得将运营企业报送的数据用于超越管理所必需的范围。

5.9 道路交通安全管理

5.9.1 道路交通安全管理概述

1. 道路交通安全管理的概念和性质

道路交通安全是指在交通活动过程中，能将人身伤亡或财产损失控制在可接受水平的状态。交通安全意味着人或物遭受损失的可能性是可以接受的；若这种可能性超过了可接受的水平，即为不安全。道路交通系统作为动态的开放系统，其安全既受系统内部因素的制约，又受系统外部环境的干扰，并与人、车辆及道路环境等因素密切相关。系统内任何因素的不可靠、不平衡、不稳定，都可能导致冲突与矛盾，产生不安全因素或不安全状态。道路交通安全管理，是指在对道路交通事故进行充分研究并认识其规律的基础上，由国家行政机关根据有关法律、法规、标准规范，采用科学的管理方法，在社会公众的积极参与下，对构成道路交通系统的人、车、路、交通环境等要素进行有效的组织、协调、控制，以实现防止事故发生、减少死伤人数和财产损失、保证道路交通安全、畅通目标的管理活动。

道路交通安全管理从其性质上看，既有行政管理的内容，又有技术管理的内容。前者包括车辆及驾驶人员的登记、行驶证及驾驶证的发放，交通事故的处理，交通秩序的维护等。后者包括车辆管理部门对车辆技术状

道路交通安全法

况的检验，对驾驶人员的技术考核等。安全管理的性质也决定了安全管理法规既有一般的伦理性法律规范，又有技术性的法律规范。伦理性规范往往是与人们的伦理道德观念相一致的规范，如交通事故所引起的赔偿，救助等。而技术性规范则是基于某种目的而由人们设计出来的一些规范，如有关交通标志、信号、标线等规定。但安全管理法规主要是一些技术性规范。

2. 道路交通安全管理法律法规

道路交通安全管理法规是国家机关依据一定程序创制的规范交通安全管理关系的各种法律规范的总称。我国道路交通安全的专门法是《中华人民共和国道路交通安全法》（2003 年制定，2007 年、2011 年两次修订，以下简称《道路交通安全法》）及其实施条例，此外，包括行政法规，如《道路运输条例》（2004 年制定，2012 年、2016 年两次修订）、行政规章，如《道路运输车辆动态监督管理办法》（2014 年制定，2016 年修订）等。

另外，还包括与道路交通管理相关的法律，如《中华人民共和国刑法》，法规，如《中华人民共和国治安管理处罚法》等，最后还包括道路交通管理的相关技术规范，如《机动车安全运行技术条件》等。

3. 道路交通安全管理体制

国务院公安部门负责全国道路交通安全管理工作。县级以上地方各级人民政府公安机关交通管理部门负责本行政区域内的道路交通安全管理工作。县级以上各级人民政府交通、建设管理部门依据各自职责，负责有关的道路交通工作。

各级人民政府应当经常进行道路交通安全教育，提高公民的道路交通安全意识。公安机关交通管理部门及其交通警察执行职务时，应当加强道路交通安全法律、法规的宣传，并模范遵守道路交通安全法律、法规。机关、部队、企业事业单位、社会团体以及其他组织，应当对本单位的人员进行道路交通安全教育。教育行政部门、学校应当将道路交通安全教育纳入法制教育的内容。新闻、出版、广播、电视等有关单位，有进行道路交通安全教育的义务。

4. 道路交通安全管理的对象

道路交通安全管理的对象主要包括对人的管理，对车辆的管理和对道路的管理三部分。此外，也有人认为道路交通环境，即凡是对正常的道路交通活动有影响的物体和行为环境，也是道路交通安全管理的对象，对人的管理，首要是对驾驶员的管理。驾驶机动车，应当依法取得机动车驾驶证，驾驶员在驾驶车辆中应遵守的一系列规则。其次，对人的管理还包括对行人、骑自行车的人、交通安全管理人员的管理等。车辆技术性能的好坏是影响交通安全的直接因素，故对车辆的管理是交通安全管理的重要内容。对车辆管理的目标是使车辆处于良好的技术状态，以减少交通事故的发生。管理的内容主要包括：机动车注册登记；机动车号牌及行驶证管理；机动车安全技术检验以及非机动车管理等。对路的管理，其主要内容消极方面为排除一切有碍交通安全的物品,积极方面为兴建有利于安全的各种设施。

5.9.2 道路交通安全管理基本制度

1. 车辆管理

车辆管理是依据道路交通法规、规章以及国家有关政策和技术标准,运用行政和技术手段,对上路行驶的机动车、非机动车进行的监督管理。

车辆是指在道路上行驶的机动车和非机动车。机动车是指各种汽车、电车、电瓶车、摩托车、拖拉机、轮式专用机械车。非机动车是指自行车、三轮车、人力车、畜力车、残疾人专用车等。

国家对机动车实行登记制度。机动车经公安机关交通管理部门登记后,方可上道路行驶。尚未登记的机动车,需要临时上道路行驶的,应当取得临时通行牌证。申请机动车登记,应当提交以下证明、凭证:①机动车所有人的身份证明;②机动车来历证明;③机动车整车出厂合格证明或者进口机动车进口凭证;④车辆购置税的完税证明或者免税凭证;⑤法律、行政法规规定应当在机动车登记时提交的其他证明、凭证。

车辆注册登记包括:①新车申领牌证时的注册登记;②注册登记的项目发生变更时的变更登记;③机动车所有权发生变更时的转移登记;④车辆用作抵押的抵押登记;⑤车辆报废、转出境外或不在道路上行驶的注销登记。

准予登记的机动车应当符合机动车国家安全技术标准。申请机动车登记时,应当接受对该机动车的安全技术检验。但是,经国家机动车产品主管部门依据机动车国家安全技术标准认定的企业生产的机动车型,该车型的新车在出厂时经检验符合机动车国家安全技术标准,获得检验合格证的,免予安全技术检验。

驾驶机动车上道路行驶,应当悬挂机动车号牌,放置检验合格标志、保险标志,并随车携带机动车行驶证。机动车号牌应当按照规定悬挂并保持清晰、完整,不得故意遮挡、污损。任何单位和个人不得收缴、扣留机动车号牌。

对登记后上道路行驶的机动车,应当依照法律、行政法规的规定,根据车辆用途、载客载货数量、使用年限等不同情况,定期进行安全技术检验。对提供机动车行驶证和机动车第三者责任强制保险单的,机动车安全技术检验机构应当予以检验,任何单位不得附加其他条件。对符合机动车国家安全技术标准的,公安机关交通管理部门应当发给检验合格标志。

国家实行机动车强制报废制度,根据机动车的安全技术状况和不同用途,规定不同的报废标准。应当报废的机动车必须及时办理注销登记。达到报废标准的机动车不得上道路行驶。报废的大型客、货车及其他营运车辆应当在公安机关交通管理部门的监督下解体。

警车、消防车、救护车、工程救险车应当按照规定喷涂标志图案,安装警报器、标志灯具。其他机动车不得喷涂、安装、使用上述车辆专用的或者与其相类似的标志图案、警报器或者标志灯具。警车、消防车、救护车、工程救险车应当严格按照规定的用途和条件使用。公路监督检查的专用车辆，应当依照公路法的规定，设置统一的标志和示警灯。

任何单位或者个人不得有下列行为：①拼装机动车或者擅自改变机动车已登记的结构、构造或者特征；②改变机动车型号、发动机号、车架号或者车辆识别代号；③伪造、变造或者使用伪造、变造的机动车登记证书、号牌、行驶证、检验合格标志、保险标志；④使用其他机动车的登记证书、号牌、行驶证、检验合格标志、保险标志。

依法应当登记的非机动车，经公安机关交通管理部门登记后，方可上道路行驶。依法应当登记的非机动车的种类，由省、自治区、直辖市人民政府根据当地实际情况规定。非机动车的外形尺寸、质量、制动器、车铃和夜间反光装置，应当符合非机动车安全技术标准。

为加强道路运输车辆①动态监督管理，预防和减少道路交通事故，国家对道路运输车辆安装、使用具有行驶记录功能的卫星定位装置（以下简称卫星定位装置）以及相关安全监督管理活动制定了相应的管理办法。

道路运输车辆动态监督管理应当遵循企业监控、政府监管、联网联控的原则。道路运输管理机构、公安机关交通管理部门、安全监管部门依据法定职责，对道路运输车辆动态监控工作实施联合监督管理。

道路旅客运输企业、道路危险货物运输企业和拥有 50 辆及以上重型载货汽车或者牵引车的道路货物运输企业应当按照标准建设道路运输车辆动态监控平台，或者使用符合条件的社会化卫星定位系统监控平台（以下统称监控平台），对所属道路运输车辆和驾驶员运行过程进行实时监控和管理。道路运输企业是道路运输车辆动态监控的责任主体。

道路货运车辆公共平台负责对个体货物运输车辆和小型道路货物运输企业（拥有 50 辆以下重型载货汽车或牵引车）的货物运输车辆进行动态监控。道路货物运输车辆公共平台设置监控超速行驶和疲劳驾驶的限值，自动提醒驾驶员纠正超速行驶、疲劳驾驶等违法行为。

2. 驾驶员管理

在影响交通安全的诸因素中，机动车驾驶员是主要因素之一。因此加强对机动车驾驶员的管理，是保障交通安全的关键。根据国务院规定，对机动车驾驶员的管理工作，由各级公安机关交通管理部门负责。

1）驾驶员资格管理

驾驶机动车，应当依法取得机动车驾驶证。申请机动车驾驶证，应当符合国务院公安部门规定的驾驶许可条件；经考试合格后，由公安机关交通管理部门发给相应类别的机动车驾驶证。持有境外机动车驾驶证的人

---

① 道路运输车辆，包括用于公路营运的载客汽车、危险货物运输车辆、半挂牵引车以及重型载货汽车（总质量为 12t 及以上的普通货运车辆）。

员，符合国务院公安部门规定的驾驶许可条件，经公安机关交通管理部门考核合格的，可以发给中国的机动车驾驶证。驾驶员应当按照驾驶证载明的准驾车型驾驶机动车；驾驶机动车时，应当随身携带机动车驾驶证。公安机关交通管理部门以外的任何单位或者个人，不得收缴、扣留机动车驾驶证。

机动车的驾驶培训实行社会化，由交通主管部门对驾驶培训学校、驾驶培训班实行资格管理，其中专门的拖拉机驾驶培训学校、驾驶培训班由农业（农业机械）主管部门实行资格管理。驾驶培训学校、驾驶培训班应当严格按照国家有关规定，对学员进行道路交通安全法律、法规、驾驶技能的培训，确保培训质量。任何国家机关以及驾驶培训和考试主管部门不得举办或者参与举办驾驶培训学校、驾驶培训班。

公安机关交通管理部门依照法律、行政法规的规定，定期对机动车驾驶证实施审验。

2）驾驶员的基本行为规则

驾驶员驾驶机动车上道路行驶前，应当对机动车的安全技术性能进行认真检查；不得驾驶安全设施不全或者机件不符合技术标准等具有安全隐患的机动车。机动车驾驶员应当遵守道路交通安全法律、法规的规定，按照操作规范安全驾驶、文明驾驶。

饮酒、服用国家管制的精神药品或者麻醉药品，或者患有妨碍安全驾驶机动车的疾病，或者过度疲劳影响安全驾驶的，不得驾驶机动车。任何人不得强迫、指使、纵容驾驶员违反道路交通安全法律、法规和机动车安全驾驶要求驾驶机动车。

3. 道路管理

道路是影响交通安全的重要因素。为保障交通安全与畅通，对道路的管理，应从正反两方面进行：积极方面，在于修建良好的道路及其安全设施；消极方面，在于消除各种有碍交通安全的行为。

1）道路交通设施的管理

全国实行统一的道路交通信号。交通信号包括交通信号灯、交通标志、交通标线和交通警察的指挥。交通信号灯、交通标志、交通标线的设置应当符合道路交通安全、畅通的要求和国家标准，并保持清晰、醒目、准确、完好。根据通行需要，应当及时增设、调换、更新道路交通信号。增设、调换、更新限制性的道路交通信号，应当提前向社会公告，广泛进行宣传。

交通信号灯由红灯、绿灯、黄灯组成。红灯表示禁止通行，绿灯表示准许通行，黄灯表示警示。铁路与道路平面交叉的道口，应当设置警示灯、警示标志或者安全防护设施。无人看守的铁路道口，应当在距道口一定距离处设置警示标志。

2）道路交通设施的保护

任何单位和个人不得擅自设置、移动、占用、损毁交通信号灯、交通标志、交通标线。道路两侧及隔离带上种植的树木或者其他植物，设置的广告牌、管线等，应当与交通设施保持必要的距离，不得遮挡路灯、交通信号灯、交通标志，不得妨碍安全视距，不得影响通行。道路、停车场和道路配套设施的规划、设计、建设，应当符合道路交通安全、畅通的要求，并根据交通需求及时调整。公安机关交通管理部门发现已经投入使用的道路存在交通事故频发路段，或者停车场、道路配套设施存在交通安全严重隐患的，应当及时向当地人民政府报告，并提出防范交通事故、消除隐患的建议，当地人民政府应当及时作出处理决定。

道路出现坍塌、坑槽、水毁、隆起等损毁或者交通信号灯、交通标志、交通标线等交通设施损毁、灭失的，道路、交通设施的养护部门或者管理部门应当设置警示标志并及时修复。公安机关交通管理部门发现上述情形，危及交通安全，尚未设置警示标志的，应当及时采取安全措施，疏导交通，并通知道路、交通设施的养护部门或者管理部门。

未经许可，任何单位和个人不得占用道路从事非交通活动。因工程建设需要占用、挖掘道路，或者跨越、穿越道路架设、增设管线设施，应当事先征得道路主管部门的同意；影响交通安全的，还应当征得公安机关交通管理部门的同意。施工作业单位应当在经批准的路段和时间内施工作业，并在距离施工作业地点来车方向安全距离处设置明显的安全警示标志，采取防护措施；施工作业完毕，应当迅速清除道路上的障碍物，消除安全隐患，经道路主管部门和公安机关交通管理部门验收合格，符合通行要求后，方可恢复通行。对未中断交通的施工作业道路，公安机关交通管理部门应当加强交通安全监督检查，维护道路交通秩序。

3）特殊的道路交通设施

新建、改建、扩建的公共建筑、商业街区、居住区、大（中）型建筑等，应当配建、增建停车场；停车泊位不足的，应当及时改建或者扩建；投入使用的停车场不得擅自停止使用或者改作他用。在城市道路范围内，在不影响行人、车辆通行的情况下，政府有关部门可以施划停车泊位。

学校、幼儿园、医院、养老院门前的道路没有行人过街设施的，应当施画人行横道线，设置提示标志。城市主要道路的人行道，应当按照规划设置盲道。盲道的设置应当符合国家标准。

4. 道路通行的基本规则

1）一般规定

机动车、非机动车实行右侧通行。根据道路条件和通行需要，道路划分为机动车道、非机动车道和人行道的，机动车、非机动车、行人实行分道通行。没有划分机动车道、非机动车道和人行道的，机动车在道路中间通行，非机动车和行人在道路两侧通行。

道路划设专用车道的，在专用车道内，只准许规定的车辆通行，其他车辆不得进入专用车道内行驶。车辆、行人应当按照交通信号通行；遇有交通警察现场指挥时，应当按照交通警察的指挥通行；在没有交通信号的道路上，应当在确保安全、畅通的原则下通行。

公安机关交通管理部门根据道路和交通流量的具体情况，可以对机动车、非机动车、行人采取疏导、限制通行、禁止通行等措施。遇有大型群众性活动、大范围施工等情况，需要采取限制交通的措施，或者作出与公众的道路交通活动直接有关的决定，应当提前向社会公告。遇有自然灾害、恶劣气象条件或者重大交通事故等严重影响交通安全的情形，采取其他措施难以保证交通安全时，公安机关交通管理部门可以实行交通管制。

2）机动车通行规定

机动车上道路行驶，不得超过限速标志标明的最高时速。在没有限速标志的路段，应当保持安全车速。夜间行驶或者在容易发生危险的路段行驶，以及遇有沙尘、冰雹、雨、雪、雾、结冰等气象条件时，应当降低行驶速度。

同车道行驶的机动车，后车应当与前车保持足以采取紧急制动措施的安全距离。有下列情形之一的，不得超车：①前车正在左转弯、掉头、超车的；②与对面来车有会车可能的；③前车为执行紧急任务的警车、消防车、救护车、工程救险车的；④行经铁路道口、交叉路口、窄桥、弯道、陡坡、隧道、人行横道、市区交通流量大的路段等没有超车条件的。

机动车通过交叉路口，应当按照交通信号灯、交通标志、交通标线或者交通警察的指挥通过；通过没有交通信号灯、交通标志、交通标线或者交通警察指挥的交叉路口时，应当减速慢行，并让行人和优先通行的车辆先行。

机动车遇有前方车辆停车排队等候或者缓慢行驶时，不得借道超车或者占用对面车道，不得穿插等候的车辆。在车道减少的路段、路口，或者在没有交通信号灯、交通标志、交通标线或者交通警察指挥的交叉路口遇到停车排队等候或者缓慢行驶时，机动车应当依次交替通行。

机动车通过铁路道口时，应当按照交通信号或者管理人员的指挥通行；没有交通信号或者管理人员的，应当减速或者停车，在确认安全后通过。机动车行经人行横道时，应当减速行驶；遇行人正在通过人行横道，应当停车让行。机动车行经没有交通信号的道路时，遇行人横过道路，应当避让。

机动车载物应当符合核定的载质量，严禁超载；载物的长、宽、高不得违反装载要求，不得遗洒、飘散载运物。机动车运载超限的不可解体的物品，影响交通安全的，应当按照公安机关交通管理部门指定的时间、路线、速度行驶，悬挂明显标志。在公路上运载超限的不可解体的物品，并应当依照公路法的规定执行。机动车载运爆炸物品、易燃易爆化学物品以及剧毒、放射性等危险物品，应当经公安机关批准后，按指定的时间、路线、速度行驶，悬挂警示标志并采取必要的安全措施。

机动车载人不得超过核定的人数，客运机动车不得违反规定载货。禁止货运机动车载客。货运机动车需要附载作业人员的，应当设置保护作业人员的安全措施。

机动车行驶时，驾驶员、乘坐人员应当按规定使用安全带，摩托车驾驶员及乘坐人员应当按规定戴安全头盔。机动车在道路上发生故障，需要停车排除故障时，驾驶员应当立即开启危险报警闪光灯，将机动车移至不妨碍交通的地方停放；难以移动的，应当持续开启危险报警闪光灯，并在来车方向设置警告标志等措施扩大示警距离，必要时迅速报警。

警车、消防车、救护车、工程救险车执行紧急任务时，可以使用警报器、标志灯具；在确保安全的前提下，不受行驶路线、行驶方向、行驶速度和信号灯的限制，其他车辆和行人应当让行。警车、消防车、救护车、工程救险车非执行紧急任务时，不得使用警报器、标志灯具，不享有上述规定的道路优先通行权。道路养护车辆、工程作业车进行作业时，在不影响过往车辆通行的前提下，其行驶路线和方向不受交通标志、标线限制，过往车辆和人员应当注意避让。洒水车、清扫车等机动车应当按照安全作业标准作业；在不影响其他车辆通行的情况下，可以不受车辆分道行驶的限制，但是不得逆向行驶。

高速公路、大中城市中心城区内的道路，禁止拖拉机通行。在允许拖拉机通行的道路上，拖拉机可以从事货运，但是不得用于载人。

机动车应当在规定地点停放。禁止在人行道上停放机动车；但是，依照规定施划的停车泊位除外。在道路上临时停车的，不得妨碍其他车辆和行人通行。

3）非机动车通行规定

驾驶非机动车在道路上行驶应当遵守有关交通安全的规定。非机动车应当在非机动车道内行驶；在没有非机动车道的道路上，应当靠车行道的右侧行驶。残疾人机动轮椅车、电动自行车在非机动车道内行驶时，最高时速不得超过15 km。非机动车应当在规定地点停放。未设停放地点的，非机动车停放不得妨碍其他车辆和行人通行。驾驭畜力车，应当使用驯服的牲畜；驾驭畜力车横过道路时，驾驭人应当下车牵引牲畜；驾驭人离开车辆时，应当拴系牲畜。

4）行人和乘车人通行规定

行人应当在人行道内行走，没有人行道的靠路边行走。行人通过路口或者横过道路，应当走人行横道或者过街设施；通过有交通信号灯的人行横道，应当按照交通信号灯指示通行；通过没有交通信号灯、人行横道的路口，或者在没有过街设施的路段横过道路，应当在确认安全后通过。行人不得跨越、倚坐道路隔离设施，不得扒车、强行拦车或者实施妨碍道路交通安全的其他行为。

学龄前儿童以及不能辨认或者不能控制自己行为的精神疾病患者、智力障碍者在道路上通行，应当由其监护人、监护人委托的人或者对其负有管理、保护职责的人带领。盲人在道路上通行，应当使用盲杖或者采取其他导盲手段，车辆应当避让盲人。

行人通过铁路道口时，应当按照交通信号或者管理人员的指挥通行；没有交通信号和管理人员的，应当在确认无火车驶临后，迅速通过。乘车人不得携带易燃易爆等危险物品，不得向车外抛洒物品，不得有影响驾驶人安全驾驶的行为。

5）高速公路的特别规定

行人、非机动车、拖拉机、轮式专用机械车、铰接式客车、全挂拖斗车以及其他设计最高时速低于 70 km 的机动车，不得进入高速公路。高速公路限速标志标明的最高时速不得超过 120 km。

机动车在高速公路上发生故障时，应当依照规定办理；但是，警告标志应当设置在故障车来车方向 150 m 以外，车上人员应当迅速转移到右侧路肩上或者应急车道内，并且迅速报警。机动车在高速公路上发生故障或者交通事故，无法正常行驶的，应当由救援车、清障车拖曳、牵引。

任何单位、个人不得在高速公路上拦截检查行驶的车辆，公安机关的人民警察依法执行紧急公务除外。

5.9.3　道路交通事故处理

1. 道路交通事故的概念及构成

法律意义上的道路交通事故（以下简称交通事故），指车辆驾驶人员、行人、乘车人以及其他在道路上进行与交通有关活动的人员，因违反《中华人民共和国道路交通安全法》等道路交通管理法规、规章的行为，过失造成人身伤亡或者财产损失的事故。

构成道路交通事故，须具备下列条件。

（1）构成道路交通事故的主体必须是特殊主体，即车辆驾驶人员、行人、乘车人以及其他在道路上进行与交通有关活动的人员。非上述特殊人员，不能成为交通事故的主体。另外，在交通事故的构成中，至少有一方当事人为机动车或非机动车的驾驶员。

（2）交通事故的主观方面，必须是由特殊主体的过失行为造成的。如果是出于故意，则不构成交通事故，如驾驶车辆杀人、伤人或危害公共安全等行为。如果交通事故发生是由于不可抗力、意外事件所引起的，由于当事人没有过失，也不构成交通事故。所谓过失，是指主体应当预见到自己的行为可能会发生危害后果，但由于疏忽而未预见到，或虽预见到，但轻信能够避免，结果发生了危害后果的心理状态。过失分为疏忽大意的过失和过于自信的过失，交通事故既可因疏忽大意发生，也可因过于自信而发生。

（3）交通事故在客观上必须要有发生在道路上的违章行为，并且该违章行为已经发生了危害后果。交通事故必须造成人身伤亡或财产损失的后果，并且违章行为与损害后果之间要有因果关系。这是对交通事故在危害后果及因果关系方面的要求，如果某一交通违法行为既没有造成人身伤亡，也没有造成任何财产损失，或者既有交通违法行为，也有损害后果，但二者之间无因果关系，则不能构成交通事故。

2. 交通事故的分类

根据交通事故所造成的人身伤亡或财产损失的严重程度和影响，我国将交通事故分为四类。

1）轻微事故

轻微事故指一次造成轻伤 1～2 人；或直接经济损失、机动车事故损失折款不足 1 000 元，非机动车事故损失折款不足 200 元的事故。

2）一般事故

一般事故指一次造成重伤 1～2 人；或轻伤 3 人及 3 人以上；或直接经济损失折款不足 3 万元的事故。

3）重大事故

重大事故指一次造成死亡 1～2 人；或重伤 3～10 人；或直接经济损失折款 3 万元以上不足 6 万元的事故。

4）特大事故

特大事故指一次造成死亡 3 人及 3 人以上；或重伤 11 人及 11 人以上；或死亡 1 人，同时重伤 8 人及 8 人以上；或死亡 2 人，同时重伤 5 人及 5 人以上；或者直接经济损失折款 6 万元以上的事故。

3. 道路交通事故处理的基本规则

在道路上发生交通事故，车辆驾驶员应当立即停车，保护现场；造成人身伤亡的，车辆驾驶员应当立即抢救受伤人员，并迅速报告执勤的交通警察或者公安机关交通管理部门。因抢救受伤人员变动现场的，应当标明位置。乘车人、过往车辆驾驶员、过往行人应当予以协助。在道路上发生交通事故，未造成人身伤亡，当事人对事实及成因无争议的，可以即行撤离现场，恢复交通，自行协商处理损害赔偿事宜；不即行撤离现场的，应当迅速报告执勤的交通警察或者公安机关交通管理部门。在道路上发生交通事故，仅造成轻微财产损失，并且基本事实清楚的，当事人应当先撤离现场再进行协商处理。

车辆发生交通事故后逃逸的，事故现场目击人员和其他知情人员应当向公安机关交通管理部门或者交通警察举报。举报属实的，公安机关交通管理部门应当给予奖励。

公安机关交通管理部门接到交通事故报警后，应当立即派交通警察赶赴现场，先组织抢救受伤人员，并采取措施，尽快恢复交通。交通警察应当对交通事故现场进行勘验、检查，收集证据；因收集证据的需要，可以扣留事故车辆，但是应当妥善保管，以备核查。对当事人的生理、精神状况等专业性较强的检验，公安机关交通管理部门应当委托专门机构进行鉴定。鉴定结论应当由鉴定人签名。

公安机关交通管理部门应当根据交通事故现场勘验、检查、调查情况和有关的检验、鉴定结论，及时制作交通事故认定书，作为处理交通事故的证据。交通事故认定书应当载明交通事故的基本事实、成因和当事人的责任，并送达当事人。

对交通事故损害赔偿的争议，当事人可以请求公安机关交通管理部门调解，也可以直接向人民法院提起民事诉讼。经公安机关交通管理部门调解，当事人未达成协议或者调解书生效后不履行的，当事人可以向人民法院提起民事诉讼。

4. 机动车第三者强制保险的相关规定

机动车第三者责任保险，指的是车主或车主授权的使用权人在汽车运行过程中发生致人损害时对被害人所承担的赔偿义务为标的的相关保险制度。依照责任保险合同，投保人（被保险人）按照约定向保险人支付保险费，在被保险人应当承担赔偿责任时，由保险人按照保险单约定承担给付保险金的赔偿义务。因责任保险以被保险人对第三人的赔偿责任为标的，以填补被保险人对第三人所承担的赔偿责任所受损失，所以又被称为第三人保险（third party insurance）或者第三者责任保险（third party liability insurance）[①]。《保险法》第65条规定：责任保险是指以被保险人对第三者依法应负担的赔偿责任为保险标的的保险。机动车第三者强制责任保险制度的根本目的是为了避免社会公共利益的失衡，及时保障交通事故受害人的合法权益，通过国家法律层面的宏观调控以确实合理的分担被保险人的赔偿压力。在中华人民共和国境内道路上行驶的机动车的所有人或者管理人，应当依照《道路交通安全法》的规定投保机动车交通事故责任强制保险。根据机动车第三者强制保险的规定，一旦发生交通事故造成人身伤亡等损害，先由承保交通事故责任强制保险的保险公司在责任限额范围内予以赔偿。不足部分，由承保商业险的保险公司根据保险合同予以赔偿。仍有不足的，由侵权人予以赔偿。

医疗机构对交通事故中的受伤人员应当及时抢救，不得因抢救费用未及时支付而拖延救治。肇事车辆参加机动车第三者责任强制保险的，由保险公司在责任限额范围内支付抢救费用；抢救费用超过责任限额的，未参加机动车第三者责任强制保险或者肇事后逃逸的，由道路交通事故社会救助基金先行垫付部分或者全部抢救费用，道路交通事故社会救助基金管理机构有权向交通事故责任人追偿。

机动车发生交通事故造成人身伤亡、财产损失的，由保险公司在机动车第三者责任强制保险责任限额范围内予以赔偿；不足的部分，按照下列规定承担赔偿责任：①机动车之间发生交通事故的，由有过错的一方承担赔偿责任，双方都有过错的，按照各自过错的比例分担责任；②机动车与非机动车驾驶员、行人之间发生交通事故，非机动车驾驶员、行人没有过错的，由机动车一方承担赔偿责任；有证据证明非机动车驾驶人、行人有过错的，根据过错程度适当减轻机动车一方的赔偿责任；机动车一方没有过错的，承担不超过百分之十的赔偿责任。

---

① 邹海林. 责任保险论［M］. 北京：法律出版社，1999：30。

交通事故的损失是由非机动车驾驶员、行人故意碰撞机动车造成的，机动车一方不承担赔偿责任。

5.9.4 道路交通事故责任

1. 交通事故责任的概念

交通事故责任是指谁应当对发生的交通事故负责的问题，或者说是由于谁的原因导致了交通事故的发生。它与法律责任不同，法律责任是指当事人违背了法律规定的义务所应承担的法律后果，包括民事责任、行政责任和刑事责任。事故责任的界定是通过对造成事故的原因，原因与后果的因果关系的分析，确定谁应对事故发生负责的客观说明；而法律责任的确定则是判断谁在事故中应承担法律责任的问题。一般而言，负事故责任的，就要负法律责任，但是，在某些特殊情况下，负事故责任的，未必一定要负法律责任。如无行为能力人由于违章而被机动车撞伤，从事故责任而言，无行为能力人的违章是造成交通事故的原因，因此，应负事故责任，但是，由于其不具备完全行为能力，就有可能并不负担法律责任，因为法律责任的承担有其归责原则。另一方面，不负事故责任的，也未必就一定不负法律责任。这一规定适用的是严格责任的归责原则。严格责任是指对于民事侵权行为造成的损害，加害人无论主观上有无过错（包括故意和过失），均由其承担损害赔偿责任；受害人有过错的，可以减轻加害人的责任；因不可抗力、受害人故意或第三人的原因造成损害的，可以免除无过错加害方的责任。在严格责任的适用中，要考虑当事人双方的过错，但这仅对减轻加害人的责任有意义，并不能免除加害人的责任。

2. 事故责任的分类

为了方便、合理处理交通事故，根据交通当事人在交通事故中应对事故负责程度的相互对应关系，事故责任分为全部责任、主要责任和次要责任、同等责任和次要责任四种。

1）全部责任

全部责任指交通事故完全由一方当事人的交通违章行为所导致，另一方当事人没有任何违章行为，或者虽有违章行为，但其违章行为与事故责任的发生没有因果关系，此种情况下，应由导致事故发生的一方当事人对该事故负全部责任。另一方则不负事故责任。

2）主要责任和次要责任

主要责任和次要责任指事故发生是由双方当事人的违章行为所造成，并且双方违章行为在导致事故发生的作用上大小有别。违章行为造成事故作用大的一方承担主要的事故责任（60%~90%），另一方承担次要的事故责任（10%~40%）。

3）同等责任

同等责任指事故发生是由双方当事人的违章行为共同所造成的，并且双方的违章行为对事故的发生所起作用相同，此种情况下，双方当事人应承担同等事故责任，即各负 50% 的责任。

3. 交通事故责任的构成及其认定

交通事故责任的构成即交通当事人对其行为承担事故责任的条件，一般认为交通事故的当事人承担事故责任应当符合下列条件。

（1）事故当事人主观上要有过错。没有过错（如因不可抗力、意外事件所导致的事故），当事人不承担事故责任。过错一般包括故意和过失，但当事人在事故责任中的主观心理状态只能是过失，而不能是故意。

（2）当事人应有违章行为的存在。违章行为即指违反道路交通管理法规的行为，违章行为的存在是当事人承担事故责任的客观基础之一。

（3）要有损害后果的发生，如果当事人的违章行为仅仅对交通安全造成了威胁，而没有产生实际上的损害后果，则当事人谈不上事故责任的承担。

（4）当事人的违章行为与事故损害后果之间有因果关系，即当事人的违章行为是事故损害后果发生的原因，损害后果是违章行为导致的结果。这里的因果关系一般指直接、必然的因果关系。因果关系的确定是认定交通事故责任的核心。违章行为与事故损害后果之间因果关系的表现形式是各种各样的。在不同形式因果关系的情况下，当事人所要承担的事故责任的大小也不尽相同，在一因一果的情况下，违章者承担全部事故责任，而另一方则不承担事故责任。在多因一果的情况下，当事人双方或承担同等责任，或一方承担主要责任，另一方承担次要责任，不尽相同。

4. 交通事故中的法律责任

法律责任是指当事人违反法律规定的义务所应承担的法律后果。当事人违反不同的法律规定所应承担的法律责任也不相同。当事人在交通事故中所应承担的法律责任包括民事责任、行政责任和刑事责任。三种责任既可分别适用，又可同时适用。

1）交通事故中的民事责任

民事责任是指当事人因违反民事法律规范所应承担的法律后果。民事责任包括违约责任和侵权责任。交通事故中的民事责任（交通侵权责任）是一种民事侵权责任，指交通当事人因交通事故而侵害他人的人身权、财产权所应承担的民事交通侵权法律后果。承担交通侵权责任的方式包括恢复原状和赔偿损失等，其中最为重要的是赔偿损失。

2）交通事故中的行政责任

交通事故中的行政责任指交通事故的当事人因违反交通行政法律规范所应承担的法律后果，依据《中华人民共和国行政处罚法》《中华人民共和国治安管理处罚法》《中华人民共和国道路交通安全法》《中华人民共和国道路交通安全法实施条例》等法律、法规的规定，当事人承担行政责任的方式主要有警告、罚款、暂扣驾驶证、吊销驾驶证、行政拘留等。

公安机关对交通事故责任者给予行政处罚，应当制作裁决书，分别送交当事人、被处罚人的工作单位和被处罚的机动车驾驶员现籍车辆管理部门。

3）交通事故中的刑事责任

交通事故中的刑事责任指交通事故当事人违反刑事法律规范而应承担的法律后果。根据《中华人民共和国刑法》的规定，刑事责任（刑罚）的种类有管制、拘役、有期徒刑、无期徒刑和死刑五种主刑，以及罚金、没收、剥夺政治权利三种附加刑。有关交通事故的犯罪主要有两类：一类为交通肇事罪；另一类为交通肇事逃逸致人死亡罪。

本章小结

本章首先介绍了公路法的概念和基本原则，在此基础上阐述了公路建设管理法律制度，然后对城市道路运输法律制度进行了说明，包括道路运输经营的基本概念、国际道路运输、外商投资境内道路运输业的和道路运输执法监督等方面的相关规定，然后从旅客运输和货物运输两个方面详细分析了公路运输合同，明确运输各方的权利和义务；并且补充说明了城市公共汽车和电车客运管理、出租车管理等制度，最后阐述了道路运输安全管理方面的法律制度。

本章的重点和难点是公路法的基本制度、城市道路运输管理制度和道路交通事故的处理。

习题

一、填空题

公路按其在公路路网中的地位分为（　　）、（　　）、（　　）和（　　），并按技术等级分为（　　）、（　　）、（　　）、（　　）和（　　）。

二、名词解释

1. 公路
2. 道路
3. 城市公共汽车
4. 巡游出租车
5. 网络预约出租车
6. 城市轨道
7. 道路交通事故应急预案

三、单项选择题

1.《公路法》第 7 条规定：公路受国家保护，任何单位和个人不得破坏、损坏或者非法占用（　　　）。

    A. 公路及公路边沟　　　　　B. 公路、公路用地及公路附属设施

    C. 公路、公路用地　　　　　D. 公路、公路用地及公路边沟

2. 收费公路设置车辆通行费的收费站，应当报经（　　　）级人民政府审查批准。

    A. 县　　　　　　　　　　　B. 市

    C. 省、自治区、直辖市　　　D. 国务院

3. 在公路运输合同法律关系中，下列车站不需要承担法律责任的行为是（　　　）。

    A. 由于车站在发售客票中填错发车的日期、班次、开车时间，造成旅客误乘或漏乘的

    B. 由于检票、发车、填写路单失误造成旅客误乘、漏乘的

    C. 因驾驶员违章行驶或操作造成人身伤害及行包损坏、灭失的

    D. 在车站保管、装卸、交接过程中造成旅客寄存物品和托运行包损坏、灭失或错运的

4. 以下说法不正确是：（　　　）。

    A. 车辆装载物易掉落、遗洒或者飘散的，应当采取厢式密闭等有效防护措施方可在公路上行驶

    B. 特大型桥梁下可临时放置电线、纸箱等物

    C. 公路上行驶车辆的装载物掉落、遗洒或者飘散的，车辆驾驶员、押运人员应当及时采取措施处理

    D. 车辆装载物掉落，车辆驾驶人未及时采取措施处理，造成他人人身、财产损害的，道路运输企业、车辆驾驶人应当依法承担赔偿责任

四、多项选择题

1. 因工程建设需要占用、挖掘公路或者使公路改线的，建设单位应做到（　　　）。

    A. 事先征得有关交通主管部门同意

    B. 须征得建设工程所在地乡镇政府同意

    C. 影响交通安全的，还须征得有关公安机关同意

    D. 按照不低于该段公路原有的技术标准予以修复、改建或者给予相应的经济补偿

2. 城市公共交通运输企业的性质可概括为（　　　）。

    A. 经营性　　　　　　　　　B. 公益性

    C. 竞争性　　　　　　　　　D. 基础性

3. 载运（　　　）等危险品的车辆，应当符合国家有关安全管理规定，并避免通过特大型公路桥梁或者特长公路隧道。

    A. 易燃　　　B. 易爆　　　C. 剧毒　　　　D. 放射性

4. 在公路、公路用地范围内，禁止下列行为（　　　）。
    A. 摆摊设点、堆放物品、倾倒废弃物、设置障碍
    B. 打场、晒粮、种植作物、放养牲畜或者积肥
    C. 停放装载危险物品的车辆
    D. 挖砂、采石、取土、挖沟引水、制坯

五、简答题

1. 公路、道路的概念内涵是什么？
2. 公路建设的基本管理制度有哪些？
3. 旅客运输的管理规定有哪些？
4. 货物运输的基本规定有哪些？
5. 试比较公路旅客运输合同和公路货物运输合同的异同。
6. 简述公路货物运输合同托运人的权利和义务。
7. 城市公共汽车和电车客运管理的基本制度有哪些？
8. 巡游出租汽车管理和网络预约出租汽车管理的主要区别有哪些？
9. 道路交通安全管理有哪些要素？

六、案例题

滴滴出行，是一款中国知名的打车平台，被爱称为手机"打车神器"，深受用户喜爱。目前，滴滴出行已从通过打车软件租车的出租车公司，成长为涵盖出租车、专车、快车、顺风车、代驾及大巴等多项业务在内的一站式出行平台。2014年5月20日，滴滴打车对媒体宣布，公司名称正式变更为"滴滴出行"。2015年2月，滴滴出行与快的打车进行战略合并。2016年8月滴滴出行又并购了优步（Uber）。

2015年10月8日，在由中国互联网协会、滴滴出行公司主办的《共享经济下的约租车（专车）模式上海创新和探索》上，上海市交通委正式宣布向滴滴快的专车平台颁发网约车平台经营资格许可。这是国内第一张专车平台的资质许可，滴滴快的也成为第一家获得网约车平台资质的公司。

2016年1月26日，招商银行、滴滴出行联合宣布双方达成战略合作协议，未来双方将在资本、支付结算、金融、服务和市场营销等方面展开全方位合作。这是第一次、也是第一家商业银行通过与移动互联网公司合作进入移动支付应用领域。

滴滴出行App改变了传统打车方式，也改变了传统打车市场格局，颠覆了路边拦车概念，利用移动互联网，将线上与线下相融合，从使用软件叫车到下车线上支付车费，画出一个乘客与司机紧密相连的O2O完美闭环，最大限度地优化乘客打车体验，改变传统出租司机等客方式，让司机师傅根据乘客目的地按意愿"接单"，节约司机与乘客沟通成本，降低空驶率，最大化节省司乘双方资源与时间。匹配用户和司机的需求，减少空载，提高效率。调研数据显示，滴滴出行已占据国内出租车叫车软件市场99%的份额。

滴滴出行自产生以来就伴随着许多热点事件。

- **现金补贴**

2014 年 7 月 9 日，滴滴出行再出新规，全面取消司机端现金补贴。

- **专车叫停**

2014 年 8 月推出的滴滴专车服务，任性的补贴将滴滴出行推向了舆论和监管的风口浪尖。10 月底，沈阳市交通局明确表示，滴滴专车等专车服务属于非法运营，并表示，一旦查处，将按"黑车"处理，给予处罚。

2014 年 11 月 19 日，南京市管理部门表示：私家车、挂靠车等非汽车租赁企业所属车辆，不得提供有偿汽车租赁经营服务。专车服务曾遭到当地出租车司机的联合抵制，他们要求滴滴出行停止打车软件专车业务，否则就集体卸载滴滴打车软件。有业内人士认为，南京市管理部门的做法可能和出租车司机的"抗议"有关。

- **系统故障**

2014 年 2 月 23 日凌晨至下午 5 点，全国范围出现了使用打车软件叫车，但微信支付失败的情况。之后，滴滴打车公司对受到影响的用户进行补偿，每单赔偿 12 元。

2014 年 4 月 15 日，有多位用户反映，使用滴滴打车 APP 后，被重复扣取了车费。

- **商标侵权**

2015 年 4 月 16 日，"滴滴打车"被诉商标侵权，索赔 8 020 万元。原告杭州妙影公司要求被告北京小桔公司停止侵权，在《中国知识产权报》、《钱江晚报》、中央电视台经济频道等全国主流媒体上刊登声明消除影响，并赔偿损失 8000 万元，20 万元律师费等。法院没有当庭宣判。

- **行政处罚**

2015 年 4 月 15 日，济南滴滴专车车主陈超受罚后上诉案在济南市中区人民法院开庭审理，这也是全国首例因为提供专车服务受到行政处罚的案件。审判结果可能给一直处于法律灰色地带的专车一个明确的身份。

- **取消活动**

2015 年 6 月 4 日，滴滴出行公司官方宣布，出于"跟金钱无关的原因，不得不中途取消未来两周的'免费坐快车'活动。"而据了解，两周前滴滴出行公司宣布了拿出 10 亿元补贴进行"免费坐快车"活动。

- **被联合约谈**

2015 年 7 月 23 日，北京市交通委运输管理局、市交通执法总队、市公安局公交保卫总队、市发改委、市工商局、市国税局、市通信管理局、市网信办共 8 个部门共同约谈"滴滴快的""优步"平台负责人，明确指出其组织私家车、租赁车从事客运服务的行为，涉嫌违法组织客运经营、逃漏税、违规发送商业性短信息（垃圾短信）和广告等。各部门要求其停止发送商业性短信息（垃圾短信）等行为并限期整改，严格遵守《中华人民共和国价格法》相关规定，依法合规经营。

● 涉嫌抄袭

2015 年 9 月 9 日，滴滴出行新版 logo 标志——一个扭转的橘色大写字母 D，与 2013 年印度设计师发表的作品"完全相同"，只是颜色有差别。对此，滴滴出行公关人员确认 logo 正式发布之前就发现 logo "撞衫"，但其未出示和印度方面接洽的邮件。

● 围堵总部

2015 年 12 月 8 日，滴滴出行北京总部遭到大量出租车围堵"抗议"，周围停有多辆警车。出租车司机们此前曾多次向媒体表示，滴滴等打车软件以"专车"等形式鼓励私家车进行营运，破坏了市场秩序，损害了出租车司机的利益。截至目前，滴滴出行方面对此事件不予置评。

● 上海被查

2016 年 3 月 29 日，上海市交通执法总队办公室副主任陈朝晖接受媒体采访时表示，近期将加大对网络约车平台的查处力度，同时依据《上海市出租汽车管理条例》《上海市查处车辆非法客运办法》，正在对滴滴出行进行立案调查。

● 涉嫌垄断

2016 年 9 月 2 日，时任商务部发言人沈丹阳曾在商务部例行发布会上回应滴滴宣布与优步合并事项时称，滴滴优步合并未向商务部申报，目前，商务部正在根据《反垄断法》、《国务院关于经营者集中申报标准的规定》、《经营者集中申报办法》和《未依法申报经营者集中调查处理暂行办法》等有关法律法规对本案进行反垄断调查。下一步，商务部将继续依法推进本案调查工作，保护相关市场公平竞争，维护消费者利益和社会公共利益。

有人认为：滴滴出行对巡游车进行网络调度，采用拍卖式加价等方式擅自改变巡游车的政府定价，导致马路打车乘客打车难，老人、儿童等弱势群体的利益受到损害；此外，滴滴出行在服务投诉受理、乘车发票提供、平台依法纳税方面，均存在不按有关政策法规执行的情况，对于巡游出租汽车企业形成不公平竞争，并严重侵害巡游出租车从业者的利益。

[问题] 你如何看待滴滴出行的种种行为？请从出租车管理的角度进行法律分析。

第6章

航空法

本章导读

民用航空法内容包括民用航空法概述、民用机场建设和管理、民用航空运输、我国航空运输法律制度、通用航空和无人机的管理制度以及民用航空安全六节。

6.1 民用航空法概述

民用航空法是调整国际和国内民用航空活动产生的各种社会关系的一系列法律规范的总和。民用航空法是由国际公约和国际惯例以及国内民用航空法律规范组成的独立法律体系，在我国整个国家法律体系中占有重要地位。

6.1.1 民用航空法的概念及其适用范围

民用航空法是由于飞机的发明和使用而在 20 世纪产生和发展起来的一个新兴的法律部门。民用航空事业的快速发展，不仅为交通业开创了一个崭新的途径，而且为国际交往提供了异常便利的条件，缩短了国与国之间的距离，开拓了广阔的空间。而这种国际交往的不断加深又反过来刺激了民用航空业日新月异的发展。因此，20 世纪是民用航空业飞速发展的时期。但是，随着民用航空活动的不断发展，又引发了一系列错综复杂的问题，如空域的管理问题，各国之间民用航空利益的划分问题，民用航空运输中的损害赔偿问题及民用航空犯罪问题等，这些问题都需要依靠国际的协商，并采用法律手段来解决，由此促进了民用航空方面的法律制度的建立，并使民用航空法逐渐发展成为一门新兴的独立法律部门。

民用航空法是由国际民用航空公约、地区性的多边协定、国与国之间的双边协定、国际惯例以及各国自己制定和颁布的民用航空方面的法律法规和法院判例组成的独立法律体系。航空法是因航空活动的发生而产生的，调整因航空活动过程中引起的对空气空间的管理、对航空器的使用及

民用航空法的创立与发展

对航空运输过程中所形成的各种社会关系进行规范的国际国内的原则和制度的法律体系的总称。

改革开放之前，我国民用航空法主要以行政法规、条例以及规章等效力等级较低的规范性文件的形式存在，部分规范渗透在刑法等法律的条文中。改革开放以来，我国民用航空事业有了长足的发展，国际交往日益频繁，出入境人员数量不断增加，国际航空运输业务不断拓展。1995 年全国人大制定和颁布《中华人民共和国民用航空法》（1996 年 3 月 1 日实施，2009 年、2015 年、2016 年修正，以下简称《民用航空法》）。目前，我国民用航空法的国内立法体系，除了该基本法以外，还包括由国务院及民航行政主管部门颁布的各项民用航空法规、条例及实施细则。如国务院颁布的《民用机场管理条例》（2009 年）、由国务院和中央军委签发的《通用航空飞行管制条例》（2003 年）等民用航空法规，都是针对专业性航空活动所制定的专门性法规。

民用航空法产生的目的就在于调整民用航空领域中发生的各种社会关系，因此，民用航空法的调整对象由航空活动的内容所决定。由于民用航空活动包括了公共航空运输和通用航空两大类型，在这两类民用航空活动的过程中，必然会产生各种各样的社会关系，如国际运输中产生的国与国之间的空中利益分配关系，航空器使用过程中产生的对航空器的所有权、租赁权、债权等权利关系及航空器的管理关系，在航空运输过程中产生的承运人与旅客、货主之间的权利义务关系及损害赔偿关系，以及对航空犯罪的管辖问题中产生的国与国之间的合作关系等。民用航空法正是以这些社会关系作为其调整的对象的法律部门。具体说来，民用航空法调整的社会关系包括因航空器的使用和管理引起的社会关系；因民用机场的建设、使用和管理引起的社会关系；对空中交通进行管理引起的社会关系；因国际、国内航空运输及通用航空活动引起的社会关系；航空保险关系及民用航空安全的保障等社会关系。

♀ 航空发展"十三五"规划

6.1.2　民用航空法的特征

民用航空法作为一个独立的法律部门，除了具有与其他法律相同的特性外，还具有一些明显区别于其他法律的特点。民用航空法的特点主要表现在以下几个方面。

1. 专门性

民用航空业是一个技术密集型行业，其发展依赖于为数众多的相关行业的发展。不论是航空器的设计和制造，还是航空器的使用和维修；不论是民用航空运输的运营，还是通用航空业的发展，无一不包含着极高的专业技术要求。民用航空业的这一特点也决定了民用航空法具有专门性这一突出特点。从民用航空法调整的范围来看，既包括了航空器的适航和飞行签派，也包括了空中交通管制和机场管理，同时还包括了国际国内航空运输及搜寻救援和航空事故调查，民用航空法的内容具有很强的针对性和专业性，显示了非常强的专业特点。

2. 国际性

与其他法律部门相比较，民用航空法另一个典型的特征在于它的国际性。民用航空法的国际性特点直接源于航空活动的国际性。

由于航空活动是依赖于空气空间进行的，空气空间又是人类共同的资源，因此，在遵循法律原则的基础上共同利用空气空间是各国应有的权利。飞机发明之后，作为重要的交通工具，航空运输业成了现代国际交往的重要手段和途径。飞机的发明和使用，缩短了国与国、人与人之间的距离，使得国际交往日益频繁和便利。尤其对那些领土范围小的国家和地区，如欧洲地区，他们的民用航空活动主要表现为国际航空运输活动。与其他交通方式相比，航空运输活动从一开始就突破了国家的界限，实现了国际化。

从早期的民用航空立法的情况来看，航空法一开始，就是一项超越国界的国际性立法活动，涉及国与国之间的关系。随着航空事业的不断发展，航空法对全球的民用航空活动的调整作用日益突出，它的任务不仅限于调整国内的民用航空活动，更重要的在于调整全球的民用航空活动的秩序与安全，平衡各国在民用航空领域中的地位和利益。尤其是 20 世纪 60 年代以后，国际航空犯罪活动日益猖獗，航空犯罪活动往往涉及多个国家，要解决航空犯罪问题，各国间的支持和配合就显得尤为重要，利用国际公约解决这一问题就成为各国共同的选择。

种种原因决定了民用航空法不论从其所调整的对象上看，还是从其表现形式和法律渊源上看，都表现出突出的国际性特点。民用航空法是以国际公约、地区性协定等为其主要的表现形式，是建立在以国际公约、地区性协定以及双边协定基础上的一系列国际、国内法律规范和原则的总和，其法律形式的主体仍然是国际公约和双边协定。

3. 统一性

随着全球经济一体化的发展，民用航空业在设计、制造和运输方面越来越呈现出国际性的特点，航空业各领域已经成为一个全球化的产业。飞机的生产和出口、使用和维修，要求国际上有统一的航空技术标准；航空服务贸易的发展，各国间航权的相互交换，也要求国际统一的航空法律规范的调整。如果没有统一的技术标准，国际空中航行的安全难以得到保障；如果没有统一的法律规范，国际民用航空活动势必会处处遇到障碍。

要解决这些问题，必然要求国际上统一标准。国际社会于 1929 年 10 月 12 日在波兰签署的《统一国际航空运输某些规则的公约》，即《华沙公约》，就对国际航空运输，包括国际航空运输的定义，国际航空运输中的原则和规则，规定了国际统一的标准和条件。1944 年 12 月 7 日在芝加哥召开的国际民用航空会议上签订的国际民用航空公约（Chicago Convention on International Civil Aviation），规定："缔约各国承允在关于航空器、人员、航路及各种辅助服务的规章、标准、程序及工作组织方面进行合作，凡采用统一办法而能便利、改进空中航行的事项，尽力求得可行的最高程度的一致。"（第 37 条）自 1919 年创立的国际空中航行委员会、1925年成立的国际航空法律专家技术委员会至 1947 年正式成立的国际民用航空组织，在统一国际航空法律规范方面做了大量的工作，尤其在统一国际航空技术标准方面已经取得了巨大的成就。

4. 平时法性

由于民用航空活动是一项关系到全人类共同福祉的重要活动，让全世界人民都能够享受到民用航空活动带来的利益是航空法的重要宗旨。近代国际法学是以战争法与和平法（或战时法与平时法）为其内容体系的，由于国际民用航空活动的特殊性，民用航空活动往往涉及国家领土、主权及不属于任何国家领土范围的外层空间、公海等问题。因此，领空主权原则是航空法的一项最根本原则，而这一原则是国际法中的国家主权学说的内涵之一。民用航空法的目的就在于促进全球民用航空事业的和平、稳定及经济的发展并为全人类造福。从这一点来说，民用航空法具有平时法的属性。

民用航空法的平时法性质还表现在，它是调整和平时期的民用航空活动的，遇到战争或紧急状态，民用航空活动应为国家的国防需要服务，可以不受国际航空公约的约束和限制。

5. 兼具公法与私法的特征

从民用航空法所调整的内容来看，它既涉及公法领域又涉及私法领域。按照一般的划分标准，国际公法主要是调整国家之间关系的法律，国际私法是以涉外民商事关系为调整对象，是解决国际民商事法律冲突的法律，所以传统上，国际私法也称作"法律冲突法"，它主要表现为国内的涉外民事法律规范。民用航空法既要解决国与国之间的关系问题，如领空主权、航权的确立、民用航空中的国际秩序等问题，又要解决在航空活动过程中产生的私法领域当中的民事关系问题，如航空器的买卖和租赁、航空运输中的损害赔偿责任等问题。这样，就使得航空法既包含了公法性的规范，也包含了私法性的规范，前者以 1944 年《国际民用航空公约》、1963 年《东京公约》为代表，后者以 1929 年《华沙公约》、1952 年《罗马公约》为代表。

6.1.3 民用航空法在我国法律体系中的地位和作用

民用航空法是调整国际和国内民用航空活动产生的各种社会关系的一系列法律规范的总和，它是由国际公约和国际惯例以及国内民用航空法律规范组成的独立法律体系，也是我国整个国家法律体系的重要组成部分。《民用航空法》的颁布，标志着我国民用航空法律体系的完善和独立。

随着人民生活水平的不断提高，空中运输作为一种方便快捷的交通方式，已经被越来越多的人所接收并采用。从航空运输所创造的经济价值来看，其带给国家巨大的经济利益，民用航空日益成为国民经济的重要来源，对国民经济的发展起到巨大的促进作用。但是，仅用行政和经济手段调整民用航空活动显然不够，要维护民用航空活动的正常发展，保护民用航空活动当事人的利益，还必须要依赖法律手段，用民用航空法来维护民用航空秩序，保证民用航空活动的安全、优质进行，解决民用航空活动中遇到的各种法律问题。

6.2 民用机场建设和管理

鉴于机场的属地特征，机场建设的法律问题往往从国内法的角度出发进行研究。当前，我国机场在运营规模和建设数量上呈现出双增长：一是跻身大型机场之列的机场数量强势增长，大型机场的航空业务量大，航线辐射面广；二是新增支线机场的数量持续增长。随着城郊型综合交通枢纽、临空产业和航空城（简称"港、产、城"）的一体化发展，大型机场地区在区域空间结构、区域经济结构以及区域综合交通运输体系中的作用和地位逐渐加强，以至这些机场的发展定位除了需要确定国家或区域民用机场体系中的枢纽地位之外，还需要从以下三个维度考虑：如何成为综合交通运输体系中的区域性综合交通枢纽节点；如何促进临空经济成为推动区域经济发展的新引擎；如何推动航空城成为践行新型城镇化的新路径。而且我国出现了通勤机场、货运机场和公务机机场三种新兴的机场类型。

6.2.1 机场的概念与分类

机场通常是指水面或地面上一块划定的供航空器起飞或降落用的区域，包括区内建筑及各种设施。[①] 我国《民用航空法》规定，民用航空机场是指专供民用航空器起飞、降落、滑行、停放以及其他活动使用的划定区域，包括附属的建筑物、装置和设施。

按其使用性质，机场可划分为军用机场、民用机场和军民合用机场。民用机场主要分为运输机场和通用航空机场。此外，还有供飞行培训、飞行研制试飞、航空俱乐部等使用的机场。航空运输机场的规模较大，功能较全，使用较频繁，知名度也较大。通用航空机场和航空俱乐部机场等主要供专业或飞行训练使用，使用场地较小，功能单一，对场地的要求相对不高，设备也相对简陋。

从航空运输的性质出发，机场可分为国际机场和国内机场等。国际机场是指一国在其本国领土内指定作为国际航班出入境的机场，它必须具有办理海关、移民、公共健康、动植物检疫和类似程序手续的机构。国际机场往往就是所谓的门户机场，是国际航班第一个抵达和最后一个始发地的

---

① 参见《国际民用航空公约》附件第14。

机场。国内机场是指供国内航班使用的机场。除了国际机场和国内机场，还可以分为轴心机场和地区机场。前者是有众多进出港航班和高额比例衔接业务量的机场，后者是主要经营短程航线的中小城市机场。此外，还有一类机场称为备降机场，在由于天气、技术等原因使得预定降落某一方机场不可能或不可取时，航空器可前往该类机场。

6.2.2 机场建设

机场建设的法律制度体系主要包括机场建设行业管理、运输机场的规划与选址、运输机场工程设计、运输机场建设实施与工程验收等几个方面的法律制度。

1. 机场建设的行业管理

民用机场建设管理规定

中国民用航空总局是负责全国民航事务的政府主管部门，对全国民用机场建设实行行业管理，民航地区管理局根据有关规定和民航总局的授权行使其所辖范围内的民用机场监管职能。

民用航空总局负责全国民用机场及相关空管工程规划与建设的监督管理，职责主要包括：①拟定民用机场建设、管理的规章、技术标准和定额，并监督执行；②审批民用机场总体规划，审核新建民用机场场址和机场定名，并监督执行；③审核、批准中央投资和直属单位民航基本建设和技术改造项目的初步设计、开工报告，并组织竣工验收；④对民用机场专业工程的设计、施工、监理单位和社会中介组织实施资质管理；⑤对民用机场专用设备实施安全适用性管理等。

2. 运输机场选址

运输机场选址报告应当由具有相应资质的单位编制。选址报告应当符合《民用机场选址报告编制内容及深度要求》。

（1）运输机场选址应符合的基本条件。①机场净空、空域及气象条件能够满足机场安全运行要求，与邻近机场无矛盾或能够协调解决，与城市距离适中，机场运行和发展与城乡规划发展相协调，飞机起落航线尽量避免穿越城市上空；②场地能够满足机场近期建设和远期发展的需要，工程地质、水文地质、电磁环境条件良好，地形、地貌较简单，土石方量相对较少，满足机场工程的建设要求和安全运行要求；③具备建设机场导航、供油、供电、供水、供气、通信、道路、排水等设施、系统的条件；④满足文物保护、环境保护及水土保持等要求；⑤节约集约用地，拆迁量和工程量相对较小，工程投资经济合理。

（2）运输机场的选址报告。运输机场选址报告应当由具有相应资质的单位编制，并应当符合民航总局关于民用机场选址报告编制内容及深度的有关要求。运输机场选址报告应当按照运输机场场址的基本条件提出两个或三个预选场址，并从中推荐一个场址。

预选场址应征求有关军事机关、地方人民政府城乡规划、市政交通、环保、气象、文物、国土资源、地震、无线电管理、供电、通信、水利等部门的书面意见。

（3）运输机场选址审批应履行的程序。①拟选场址由省、自治区、直辖市人民政府主管部门向所在地民航地区管理局提出审查申请，并同时提交选址报告一式 12 份。②民航地区管理局对选址报告进行审核，并在 20 日内向民航局上报场址审核意见及选址报告一式 8 份。③民航局对选址报告进行审查，对预选场址组织现场踏勘。选址报告应当由具有相应资质的评审单位进行专家评审。申请人应当与评审单位依法签订技术服务合同，明确双方的权利义务。申请人组织编制单位根据各方意见对选址报告进行修改和完善。评审单位在完成评审工作后应当提出评审报告。专家评审期间不计入审查时限。④民航局在收到评审报告后 20 日内对场址予以批复。

运输机场所在地有关地方人民政府应当将运输机场总体规划纳入城乡规划，并对场址实施保护。

3. 机场的总体规划

《民用机场建设管理规定》（2016 年）第 2 条规定："本规定适用于民用机场（包括军民合用机场民用部分）及相关空管工程的规划与建设。民用机场分为运输机场和通用机场。"

机场总体规划总的目标是为将来的发展提供指针，使其满足航空要求，并与环境、公共事业发展及其他方式的交通协调一致。它是建立机场的具体设施、开发机场内和邻近机场的土地、确定机场建设及运行对环境的影响等各重要事项的指针。由于事关全局，对于它的制定和审批具有严格的规定。

（1）全国民用机场布局规划应当根据国民经济和社会发展需求以及国防要求编制，并与综合交通发展规划、土地利用总体规划、城乡规划相衔接，严格控制建设用地规模，节约集约用地，保护生态环境。

（2）运输机场总体规划应当由运输机场建设项目法人（或机场管理机构）委托具有相应资质的单位编制。运输机场建设项目法人（或机场管理机构）在组织编制运输机场总体规划时，应当征求有关军事机关的书面意见，并应当与地方人民政府有关部门、各驻场单位充分协商，征求意见。各驻场单位应当积极配合，及时反映本单位的意见和要求，并提供有关资料。

（3）运输机场总体规划应遵循的原则。运输机场总体规划应当遵循"统一规划、分期建设，功能分区为主、行政区划为辅"的原则。规划设施应当布局合理，各设施系统容量平衡，满足航空业务量发展需求。运输机场总体规划目标年近期为 10 年、远期为 30 年。

（4）运输机场总体规划应当符合的基本要求。运输机场总体规划应当符合下列基本要求。①适应机场定位，满足机场发展需要；②飞行区设施和净空条件符合安全运行要求。飞行区构型、平面布局合理，航站区位置适中，具备分期建设的条件；③空域规划及飞行程序方案合理可行，目视助航、通信、导航、监视和气象设施布局合理、配置适当，塔台位置合理，满足运行及通视要求；④航空器维修、货运、供油等辅助生产设施及消防、救援、安全保卫设施布局合理，直接为航空器运行、客货服务的设施靠近飞行区或站坪；⑤供水、供电、供气、排水、通信、道路等公用设施与城市公用设施相衔接，各系统规模及路由能够满足机场发展要求；⑥机场与城市间的交通连接顺畅、便捷；机场内供旅客、货运、航空器维修、供油等不同使用要求的道路设置合理，避免相互干扰；⑦对机场周边地区的噪声影响小，并应编制机场噪声相容性规划。机场噪声相容性规划应当包括：针对该运输机场起降航空器机型组合、跑道使用方式、起降架次、飞行程序等提出控制机场噪声影响的比较方案和噪声暴露地图；对机场周边受机场噪声影响的建筑物提出处置方案，并对机场周边土地利用提出建议；⑧结合场地、地形条件进行规划、布局和竖向设计；统筹考虑公用设施管线，建筑群相对集中，充分考虑节能、环保；在满足机场运行和发展需要的前提下，节约集约用地。

（5）运输机场总体规划编制应履行的程序。①飞行区指标为4E以上（含4E）的运输机场的总体规划，由国务院民用航空主管部门批准；飞行区指标为4D以下（含4D）的运输机场的总体规划，由所在地地区民用航空管理机构批准。民用航空管理部门审批运输机场总体规划，应当征求运输机场所在地有关地方人民政府意见。运输机场总体规划由运输机场建设项目法人（或机场管理机构）分别向民航局、所在地民航地区管理局提出申请，同时提交机场总体规划一式10份，向地方人民政府提交机场总体规划一式5份。②民航局或民航地区管理局（以下统称民航管理部门）会同地方人民政府组织对机场总体规划进行联合审查。机场总体规划应当由具有相应资质的评审单位进行专家评审。申请人应当与评审单位依法签订技术服务合同，明确双方的权利和义务。申请人应当根据各方意见对总体规划进行修改和完善。评审单位在完成评审工作后应当提出评审报告。专家评审期间不计入审查期限。③民航管理部门在收到评审报告后20日内作出许可决定，符合条件的，由民航管理部门在机场总体规划文本及图纸上加盖印章予以批准；不符合条件的，民航管理部门应当作出不予许可的决定，并将总体规划及审查意见退回申请人。④申请人应当自机场总体规划批准后10日内分别向民航局、所在地民航地区管理局、所在地民用航空安全监督管理局提交加盖印章的机场总体规划及其电子版本（光盘）各1份，向地方人民政府有关部门提交加盖印章的机场总体规划及其电子版本（光盘）一式5份。

（6）运输机场总体规划的实施。运输机场建设项目法人（或机场管理机构）应当依据批准的机场总体规划组织编制机场近期建设详细规划，并报送所在地民航地区管理局备案。运输机场内的建设项目应当符合运输机场总体规划。任何单位和个人不得在运输机场内擅自新建、改建、扩建建筑物或者构筑物。运输机场建设项目法人（或机场管理机构）应当依据批准的机场总体规划对建设项目实施规划管理，并为各驻场单位提供公平服务。

（7）运输机场范围内建设项目的备案制度。运输机场范围内的建设项目，包括建设位置、高度等内容的建设方案应在预可行性研究报告报批前报民航地区管理局备案。具体备案程序如下。①属于驻场单位的建设项目，驻场单位应当就建设方案事先征求机场管理机构意见。机场管理机构依据批准的机场总体规划及机场近期建设详细规划对建设方案进行审核，在10日内提出书面意见。驻场单位应当将机场管理机构书面意见及建设方案一并报送所在地民航地区管理局备案。②属于运输机场建设项目法人（或机场管理机构）的建设项目，运输机场建设项目法人（或机场管理机构）应当将建设方案报送所在地民航地区管理局备案。③属于民航地区管理局的建设项目，其建设方案应当由民航地区管理局征求机场管理机构的意见后，报民航局备案。④备案机关应当对备案材料进行审查。对于不符合机场总体规划的建设项目，应当在收到备案文件15日内责令改正。

（8）运输机场总体规划的修编。运输机场建设项目法人（或机场管理机构）应当对机场总体规划的实施情况进行经常性复核，根据机场的实际发展状况，适时组织修编机场总体规划。修编机场总体规划应当履行规定的程序，经批准后方可实施。

（9）地方政府对运输机场总体规划的管理。运输机场所在地有关地方人民政府应当将运输机场总体规划纳入城乡规划，并根据运输机场的运营发展需要，对运输机场周边地区的土地利用和建设实行规划控制。运输机场所在地有关地方人民政府在制定机场周边地区土地利用总体规划和城乡规划时，应当充分考虑航空器噪声对机场周边地区的影响，符合国家有关声环境质量标准。

4. 运输机场工程初步设计

运输机场工程初步设计应当由运输机场建设项目法人委托具有相应资质的单位编制。运输机场工程初步设计应当符合以下基本要求：①建设方案符合经民航管理部门批准的机场总体规划；②项目内容、规模及标准等符合经审批机关批准的可行性研究报告或经核准的项目申请报告；③符合《民用机场工程初步设计文件编制内容及深度要求》[①] 等国家和行业现行的有关技术标准及规范；④符合《民航建设工程概算编制办法》（2008年）。

除一般规定外，对于由中央政府直接投资或资本金注入方式投资的运输机场工程提出了一些特别的要求，主要包括以下两个方面。①中央政府直接投资、资本金注入或以资金补助方式投资的运输机场工程，其初步设计概算不得超出批准的可行性研究报告总投资。如实际情况确实需要部分超出的，必须说明超出原因并落实超出部分的资金来源；当超出幅度在

---

① 《民用机场工程初步设计文件编制内容及深度要求》，发布单位：中国民用航空总局，生效日期：2001年12月1日。

10% 以上时，应当按有关规定重新报批可行性研究报告。②规定了特别的程序要求。A 类工程、B 类工程的初步设计分别由运输机场建设项目法人向民航局、所在地民航地区管理局提出审批申请，并同时提交初步设计文件一式 2～10 份（视工程技术复杂程度由民航管理部门确定）和相应的电子版本（光盘）一式 2 份。民航管理部门组织对运输机场工程初步设计文件进行审查，并提出审查意见。运输机场工程初步设计文件应当经过专家评审。技术复杂的工程项目应当由具有相应资质的评审单位进行专家评审。运输机场建设项目法人应当与具有相应资质的评审单位依法签订技术服务合同，明确双方的权利义务；技术简单的工程项目可以由民航管理部门选择专家征求评审意见。评审单位或者专家在完成评审工作后应当提出评审报告。申请人应当组织设计单位根据各方意见对运输机场工程初步设计进行修改、补充和完善，并向民航管理部门提交运输机场工程初步设计补充材料和相应的电子版本（光盘）一式 2 份。专家评审期间不计入审查期限。

对于非中央政府直接投资、资本金注入或以资金补助方式投资的运输机场工程，如含有运输机场专业工程项目，其运输机场工程初步设计亦应当履行上述规定的程序，由民航管理部门对运输机场工程初步设计出具行业意见。

项目法人报审运输机场工程初步设计时应当包括以下材料。①审批申请文件。②初步设计文件、资料清单、设计说明书（设计总说明书和各专业设计说明书）、设计图纸、主要工程量表、主要设备及材料表、工程概算书等。③初步设计项目、规模及汇总概算与批准的可行性研究报告（或核准的项目申请报告）项目、规模及投资对照表及其说明，有关附件等。④有关批准文件。包括：预可行性研究报告、可行性研究报告（或项目申请报告）、环境评价、土地预审、通信、导航、监视、气象台（站）址等的批准（或核准）文件。⑤相应的工程勘察、地震评估、环境评价以及工程试验等报告书。

运输机场工程初步设计一经批准，应严格遵照执行，未经批准不得擅自修改、变更。如确有必要对已批准的初步设计进行变更或调整概算，应严格执行《民航建设工程设计变更及概算调整管理办法》（2008 年）。

5. 运输机场施工图设计

运输机场工程施工图设计应当由运输机场建设项目法人委托具有相应资质的单位编制。运输机场工程施工图设计应当符合以下基本要求：①符合经民航管理部门批准的初步设计；②符合《民用机场工程施工图设计文件编制内容及深度要求》等国家和行业现行的有关技术标准及规范。

下列运输机场工程应由运输机场建设项目法人按照国家有关规定委托具有相应资质的单位进行施工图审查，并将审查报告报工程质量监督机构备案：①飞行区土石方、地基处理、基础、道面、排水、桥梁、涵隧、消防管网、管沟（廊）等工程；②航管楼、塔台、雷达塔的土建部分，以及机场通信、导航、气象工程中层数为2层及以上的其他建（构）筑物的土建部分；③飞行区内地面设备加油站、机坪输油管线、机场油库、中转油库工程（不含土建工程）。上述运输机场工程未经施工图审查合格的，不得实施。

运输机场工程施工图设计的审查内容主要包括：①建筑物和构筑物的稳定性、安全性审查，包括地基基础和主体结构体系是否安全、可靠；②是否满足飞行安全与正常运行的要求；③是否符合国家和行业现行的有关强制性标准及规范；④是否符合批准的初步设计文件；⑤是否达到规定的施工图设计深度要求。

施工图设计审查报告应当包括以下内容：①审查工作概况；②审查依据和采用的标准及规范；③审查意见；④与运输机场建设项目法人、设计单位协商的情况；⑤有关问题及建议；⑥审查结论意见。

6. 运输机场建设实施

运输机场内的建设项目应当符合运输机场总体规划。任何单位和个人不得在运输机场内擅自新建、改建、扩建建筑物或者构筑物。运输机场工程的建设实施应当执行国家规定的市场准入、招标投标、监理、质量监督等制度。运输机场工程的招标活动按照国家有关法律、法规执行。承担运输机场工程建设的施工单位应当具有相应的资质等级。运输机场工程的监理单位应当具有相应的资质等级。民航专业工程质量监督机构负责运输机场专业工程项目的质量监督工作。属于运输机场专业工程的，运输机场建设项目法人应当在工程开工前向民航专业工程质量监督机构申报质量监督手续。在机场内进行不停航施工，由机场管理机构负责统一向机场所在地民航地区管理局报批，未经批准不得在机场内进行不停航施工。

运输机场新建、改建和扩建项目的安全设施应当与主体工程同时设计、同时施工、同时验收、同时投入使用。安全设施投资应当纳入建设项目概算。运输机场内的供水、供电、供气、通信、道路等基础设施由机场建设项目法人负责建设；运输机场外的供水、供电、供气、通信、道路等基础设施由运输机场所在地地方人民政府统一规划，统筹建设。

7. 运输机场工程验收

运输机场工程竣工后，运输机场建设项目法人应当组织勘察设计、施工、监理等有关单位进行竣工验收。工程质量监督机构应当对竣工验收进行监督。

运输机场工程竣工验收应当具备下列条件：①完成建设工程设计和合同约定的各项内容；②有完整的技术档案和施工管理资料；③有工程使用的主要建筑材料、建筑构配件和设备的进场试验报告；④有勘察设计、施工、监理等单位分别签署的质量合格文件；⑤有施工单位签署的工程保修书。

对于规定要求需进行飞行校验的通信、导航、监视、助航等设施设备，运输机场建设项目法人必须按有关规定办理飞行校验手续，并取得飞行校验结果报告。对于规定要求需进行试飞的新建运输机场工程或飞行程序有重大变更的改建、扩建运输机场工程，在竣工验收和飞行校验合格后，运输机场建设项目法人必须按有关规定办理试飞手续，并取得试飞总结报告。

运输机场专业工程应当履行行业验收程序。运输机场专业工程行业验收应当具备下列条件：①竣工验收合格；②已完成飞行校验；③试飞合格；④民航专业弱电系统经第三方检测符合设计要求；⑤涉及机场安全及正常运行的项目存在的问题已整改完成；⑥环保、消防等专项验收合格、准许使用或同意备案；⑦民航专业工程质量监督机构已出具同意提交行业验收的工程质量监督报告。

运输机场建设项目法人在申请运输机场专业工程行业验收时，应当报送以下材料：①竣工验收报告；②飞行校验结果报告；③试飞总结报告；④运输机场专业工程设计、施工、监理、质监等单位的工作报告；⑤环保、消防等主管部门的验收合格意见、准许使用意见或备案文件；⑥运输机场专业工程有关项目的检测、联合试运转情况；⑦有关批准文件。

运输机场专业工程行业验收应当履行以下程序：①A 类工程、B 类工程的行业验收由运输机场建设项目法人向所在地民航地区管理局提出申请；②对于具备行业验收条件的运输机场工程，民航管理部门在受理运输机场建设项目法人的申请后 20 日内组织完成行业验收工作，并出具行业验收意见。

运输机场专业工程行业验收的内容包括：①工程项目是否符合批准的建设规模、标准；②工程质量是否符合国家和行业现行的有关标准及规范；③工程主要设备的安装、调试、检测及联合试运转情况；④航站楼工艺流程是否符合有关规定、满足使用需要；⑤工程是否满足机场运行安全和生产使用需要；⑥运输机场工程档案收集、整理和归档情况；⑦有中央政府直接投资、资本金注入或以资金补助方式投资的工程的概算执行情况。

非运输机场专业工程应当按国家有关规定履行验收程序。运输机场建设项目法人应当按国家、民航及地方人民政府有关规定及时移交运输机场工程档案资料。未经行业验收合格的运输机场专业工程，不得投入使用。运输机场建设项目法人应当在运输机场工程竣工后三个月内完成竣工财务决算的编制工作，并按有关规定及时上报。

8. 运输机场工程建设信息

运输机场工程实行工程建设信息报告制度。新建运输机场工程建设信息报告期为自出具场址审查意见之日起，至投入使用止；改建、扩建运输机场工程建设信息报告期为自批准立项之日起，至投入使用止。运输机场建设项目法人应当指定项目信息员对其实施工程的建设信息及时进行收集、统计和整理，形成电子文本。电子文本通过中国民用航空安全信息网民航建设项目管理系统，按照规定的时间报所在地民航地区管理局。

运输机场工程建设信息在开工建设前每季度报告一次，开工建设后每月报告一次。报告日期为次月的 5 日之前。民航地区管理局负责审核本地区的运输机场工程建设信息，并将审核后的工程建设信息电子文本通过中国民用航空安全信息网民航建设项目管理系统，于每月 10 日前报民航局。

运输机场工程建设信息应当包括以下内容。①项目概况，包括：项目基本信息、机场总体规划情况、项目审批情况、工程规模、主要建设内容和技术方案、资金来源、总体实施计划、建设单位基本信息、其他情况。②当前动态，包括：形象进度、资金到位及投资完成情况、工程质量情况、配套工程进展情况、其他情况。③存在的主要问题。运输机场工程建设信息具体内容及格式应符合中国民用航空安全信息网民航建设项目管理系统的要求。当发生工程质量事故和安全事故时，运输机场建设项目法人必须按国家有关规定及时上报。

9. 空管工程建设管理

空管工程预可行性研究、可行性研究应当按照国家及民航局的有关规定执行。空管工程初步设计应当由项目法人委托具有相应资质的单位编制。空管工程在相应的通信、导航、监视、气象等的台（站）址得到批复后方可报审初步设计。空管工程初步设计概算不得超出批准的可行性研究报告中的总投资。如实际情况确实需要部分超出的，必须说明超出原因并落实超出部分的资金来源；当超出幅度在 10% 以上时，应当按有关规定重新报批可行性研究报告。

空管工程的初步设计应当按照有关法律、行政法规的规定进行审批。空管工程初步设计的审批工作，按照民航局和民航地区管理局的有关规定执行。空管工程初步设计未经批准的，不得实施。空管工程初步设计一经批准，应严格遵照执行，不得擅自修改、变更。如确有必要对已批准的空管工程初步设计进行变更或概算调整，应严格执行《民航建设工程设计变更及概算调整管理办法》。

空管工程施工图设计应当由项目法人委托具有相应资质的单位编制。空管工程施工图设计应当符合以下基本要求：①符合经民航管理部门批准的初步设计；②符合国家和行业现行的有关技术标准和规范。

空管工程中的土建部分应由项目法人按照国家有关规定委托具有相应资质的单位进行施工图审查，并将审查报告报工程质量监督机构备案。上述工程未经施工图审查合格的，不得实施。

空管工程的建设实施应当执行国家规定的市场准入、招标投标、监理、质量监督等制度。空管工程的招标活动按照国家有关法律、法规执行。承担空管工程建设的施工单位应当具有相应的资质等级。空管工程的监理单位应当具有相应的资质等级。空管工程项目法人应在工程开工前向工程质量监督机构申报质量监督手续。

机场工程配套的空管工程可与运输机场工程采用建设集中管理模式，统一组建工程建设指挥部，统一开展整体工程项目申报、用地预审、规划选址、环境影响评价、节能评估、征地拆迁、招投标等工作，统一组织工程建设。空管工程竣工后，项目法人应当组织勘察、设计、施工、监理等有关单位进行竣工验收。工程质量监督机构应当对竣工验收进行监督。

对于规定要求需进行飞行校验的通信、导航、监视等设施设备，项目法人必须按有关规定办理飞行校验手续，并取得飞行校验结果报告。空管工程经过民航管理部门验收后，方可投入使用。下列空管工程由民航局组织验收：①民航局空管局为项目法人的建设工程；②批准的可行性研究报告总投资2亿元（含）以上的民航地区空管局或空管分局（站）为项目法人的建设工程。其他空管工程由所在地民航地区管理局组织验收。

项目法人应当按国家、民航有关规定及时移交空管工程档案资料。未经验收合格的空管工程，不得投入使用。空管工程项目法人应在空管工程竣工后三个月内完成竣工财务决算的编制工作，并上报主管部门。空管工程实行工程建设信息报告制度。工程建设信息报告期为自批准立项之日起，至投入使用止。项目法人应当指定项目信息员对其实施工程的建设信息及时进行收集、统计和整理，形成电子文本。民航地区空管局、空管分局（站）的空管工程建设信息电子文本通过中国民用航空安全信息网民航建设项目管理系统，按照规定的时间报民航局空管局。空管工程建设信息在开工建设前每季度报告一次，开工建设后每月报告一次。报告日期为次月的5日之前。民航局空管局负责审核空管工程建设信息，并将审核后的工程建设信息电子文本通过中国民用航空安全信息网民航建设项目管理系统，于每月10日前报民航局。空管工程建设信息具体内容及格式应符合中国民用航空安全信息网民航建设项目管理系统的要求。当发生工程质量事故和安全事故时，项目法人必须按照国家有关规定及时上报。

6.2.3　民用机场的使用条件

民用机场是公共基础设施。各级人民政府应当采取必要的措施，鼓励、支持民用机场发展，提高民用机场的管理水平。国务院民用航空主管部门依法对全国民用机场实施行业监督管理。地区民用航空管理机构依法对辖区内民用机场实施行业监督管理。有关地方人民政府依法对民用机场实施监督管理。通用航空机场的规划、建设按照国家有关规定执行。运输机场的安全和运营管理由依法组建的或者受委托的具有法人资格的机构（以下简称机场管理机构）负责。

（1）运输机场投入使用应当具备下列条件：①有健全的安全运营管理体系、组织机构和管理制度；②有与其运营业务相适应的飞行区、航站区、工作区以及空中交通服务、航行情报、通信导航监视、气象等相关设施、设备和人员；③使用空域、飞行程序和运行标准已经批准；④符合国家规定的民用航空安全保卫条件；⑤有处理突发事件的应急预案及相应的设施、设备。

运输机场投入使用的，机场管理机构应当向国务院民用航空主管部门提出申请，并附送符合规定条件的相关材料。国务院民用航空主管部门应当自受理申请之日起 45 个工作日内审查完毕，作出准予许可或者不予许可的决定。准予许可的，颁发运输机场使用许可证；不予许可的，应当书面通知申请人并说明理由。

（2）通用航空机场投入使用应当具备下列条件：①有与运营业务相适应的飞行场地；②有保证飞行安全的空中交通服务、通信导航监视等设施和设备；③有健全的安全管理制度、符合国家规定的民用航空安全保卫条件以及处理突发事件的应急预案；④配备必要的管理人员和专业技术人员。

通用航空机场投入使用的，通用航空机场的管理者应当向通用航空机场所在地地区民用航空管理机构提出申请，并附送符合规定条件的相关材料。地区民用航空管理机构应当自受理申请之日起 30 个工作日内审查完毕，作出准予许可或者不予许可的决定。准予许可的，颁发通用航空机场使用许可证；不予许可的，应当书面通知申请人并说明理由。

（3）运输机场作为国际机场使用的，应当按照国家有关规定设立口岸查验机构，配备相应的人员、场地和设施，并经国务院有关部门验收合格。国际机场的开放使用，由国务院民用航空主管部门对外公告；国际机场资料由国务院民用航空主管部门统一对外提供。

（4）机场管理机构应当按照运输机场使用许可证规定的范围开放使用运输机场，不得擅自关闭。运输机场因故不能保障民用航空器运行安全，需要临时关闭的，机场管理机构应当及时通知有关空中交通管理部门并及时向社会公告。空中交通管理部门应当按照相关规定发布航行通告。机场管理机构拟关闭运输机场的，应当提前 45 日报颁发运输机场使用许可证的机关，经批准后方可关闭，并向社会公告。

运输机场的命名或者更名应当符合国家有关法律、行政法规的规定。运输机场废弃或者改作他用的，机场管理机构应当按照国家有关规定办理报批手续，并及时向社会公告。

6.2.4　民用机场安全和运营管理

1. 民用机场安全和运营的管理机制

民用航空管理部门、有关地方人民政府应当加强对运输机场安全运营工作的领导，督促机场管理机构依法履行安全管理职责，协调、解决运输机场安全运营中的问题。民用航空管理部门、有关地方人民政府应当按照国家规定制定运输机场突发事件的应急预案。

2. 机场管理机构的权利和义务

机场管理机构应当根据运输机场突发事件应急预案组织运输机场应急救援的演练和人员培训。机场管理机构、航空运输企业以及其他驻场单位应当配备必要的应急救援设备和器材，并加强日常管理。

机场管理机构应当依照国家有关法律、法规和技术标准的规定，保证运输机场持续符合安全运营要求。运输机场不符合安全运营要求的，机场管理机构应当按照国家有关规定及时改正。

机场管理机构对运输机场的安全运营实施统一协调管理，负责建立健全机场安全运营责任制，组织制定机场安全运营规章制度，保障机场安全投入的有效实施，督促检查安全运营工作，及时消除安全事故隐患，依法报告生产安全事故。航空运输企业及其他驻场单位应当按照各自的职责，共同保障运输机场的安全运营并承担相应的责任；发生影响运输机场安全运营情况的，应当立即报告机场管理机构。

机场管理机构、航空运输企业以及其他驻场单位应当定期对从业人员进行必要的安全运营培训，保证从业人员具备相关的知识和技能。

机场管理机构统一协调、管理运输机场的生产运营，维护运输机场的正常秩序，为航空运输企业及其他驻场单位、旅客和货主提供公平、公正、便捷的服务。

机场管理机构与航空运输企业及其他驻场单位应当签订书面协议，明确各方在生产运营、机场管理过程中以及发生航班延误等情况时的权利和义务。机场管理机构应当组织航空运输企业及其他驻场单位制定服务规范并向社会公布。机场管理机构应当按照国家规定的标准配备候机、餐饮、停车、医疗急救等设施、设备，并提供相应的服务。

机场管理机构应当与航空运输企业、空中交通管理部门等单位建立信息共享机制，相互提供必要的生产运营信息，及时为旅客和货主提供准确的信息。

3. 保护民用机场安全和运营管理

民用机场专用设备应当符合国家规定的标准和相关技术规范，并经国务院民用航空主管部门认定的机构检验合格后，方可用于民用机场。民用航空管理部门应当加强对民用机场专用设备的监督检查。

在运输机场开放使用的情况下，不得在飞行区及与飞行区临近的航站区内进行施工。确需施工的，应当取得运输机场所在地民用地区航空管理机构的批准。

发生突发事件，运输机场所在地有关地方人民政府、民用航空管理部门、空中交通管理部门、机场管理机构等单位应当按照应急预案的要求及时、有效地开展应急救援。

机场管理机构、航空运输企业以及其他驻场单位应当采取有效措施加强协调和配合，共同保证航班正常运行。航班发生延误，机场管理机构应当及时协调航空运输企业及其他有关驻场单位共同做好旅客和货主服务，及时通告相关信息。航空运输企业及其代理人应当按照有关规定和服务承诺为旅客和货主提供相应的服务。

机场范围内的零售、餐饮、航空地面服务等经营性业务采取有偿转让经营权的方式经营的，机场管理机构应当按照国务院民用航空主管部门的规定与取得经营权的企业签订协议，明确服务标准、收费水平、安全规范和责任等事项。对于采取有偿转让经营权的方式经营的业务，机场管理机构及其关联企业不得参与经营。

机场管理机构应当向民用航空管理部门报送运输机场规划、建设和生产运营的有关资料，接受民用航空管理部门的监督检查。

民用航空管理部门和机场管理机构应当建立投诉受理制度，公布投诉受理单位和投诉方式。对于旅客和货主的投诉，民用航空管理部门或者机场管理机构应当自受理之日起 10 个工作日内作出书面答复。

4. 航空燃油供应企业

在民用机场内从事航空燃油供应业务的企业，应当具备下列条件：①取得成品油经营许可和危险化学品经营许可；②有符合国家有关标准、与经营业务规模相适应的航空燃油供应设施、设备；③有健全的航空燃油供应安全管理制度、油品检测和监控体系；④有满足业务经营需要的专业技术和管理人员。申请在民用机场内从事航空燃油供应业务的企业，应当向民用机场所在地区民用航空管理机构提出申请，并附送符合规定条件的相关材料。地区民用航空管理机构应当自受理申请之日起 30 个工作日内，作出准予许可或者不予许可的决定。准予许可的，颁发民用机场航空燃油供应安全运营许可证；不予许可的，应当书面通知申请人并说明理由。

航空燃油供应企业供应的航空燃油应当符合航空燃油适航标准。民用机场航空燃油供应设施应当公平地提供给航空燃油供应企业使用。运输机场航空燃油供应企业停止运输机场航空燃油供应业务的，应当提前 90 日告知运输机场所在地区民用航空管理机构、机场管理机构和相关航空运输企业。

6.2.5　民用机场安全环境保护

1. 民用机场净空保护

民用机场所在地民用地区航空管理机构和有关地方人民政府，应当按照国家有关规定划定民用机场净空保护区域，并向社会公布。

县级以上地方人民政府审批民用机场净空保护区域内的建设项目，应当书面征求民用机场所在地民用地区航空管理机构的意见。

在民用机场净空保护区域内设置 22 万伏以上（含 22 万伏）的高压输电塔的，应当按照国务院民用航空主管部门的有关规定设置障碍灯或者标志，保持其正常状态，并向民用机场所在地区民用航空管理机构、空中交通管理部门和机场管理机构提供有关资料。

禁止在民用机场净空保护区域内从事下列活动：①排放大量烟雾、粉尘、火焰、废气等影响飞行安全的物质；②修建靶场、强烈爆炸物仓库等影响飞行安全的建筑物或者其他设施；③设置影响民用机场目视助航设施使用或者飞行员视线的灯光、标志或者物体；④种植影响飞行安全或者影响民用机场助航设施使用的植物；⑤放飞影响飞行安全的鸟类，升放无人驾驶的自由气球、系留气球和其他升空物体；⑥焚烧产生大量烟雾的农作物秸秆、垃圾等物质，或者燃放烟花、焰火；⑦在民用机场围界外 5 m 范围内，搭建建筑物、种植树木，或者从事挖掘、堆积物体等影响民用机场运营安全的活动；⑧国务院民用航空主管部门规定的其他影响民用机场净空保护的行为。在民用机场净空保护区域外从事上述所列活动的，不得影响民用机场净空保护。禁止在距离航路两侧边界各 30 km 以内的地带修建对空射击的靶场和其他可能影响飞行安全的设施。

民用航空管理部门和机场管理机构应当加强对民用机场净空状况的核查。发现影响民用机场净空保护的情况，应当立即制止，并书面报告民用机场所在地县级以上地方人民政府。接到报告的县级以上地方人民政府应当及时采取有效措施，消除对飞行安全的影响。

2. 民用机场电磁环境保护

民用机场所在地地方无线电管理机构应当会同地区民用航空管理机构按照国家无线电管理的有关规定和标准确定民用机场电磁环境保护区域，并向社会公布。民用机场电磁环境保护区域包括设置在民用机场总体规划区域内的民用航空无线电台（站）电磁环境保护区域和民用机场飞行区电磁环境保护区域。

设置、使用地面民用航空无线电台（站），应当经民用航空管理部门审核后，按照国家无线电管理有关规定办理审批手续，领取无线电台执照。

在民用机场电磁环境保护区域内设置、使用非民用航空无线电台（站）的，无线电管理机构应当在征求民用机场所在地民用地区航空管理机构意见后，按照国家无线电管理的有关规定审批。

禁止在民用航空无线电台（站）电磁环境保护区域内，从事下列影响民用机场电磁环境的活动：①修建架空高压输电线、架空金属线、铁路、公路、电力排灌站；②存放金属堆积物；③种植高大植物；④从事掘土、采砂、采石等改变地形地貌的活动；⑤国务院民用航空主管部门规定的其他影响民用机场电磁环境的行为。

任何单位或者个人使用的无线电台（站）和其他仪器、装置，不得对民用航空无线电专用频率的正常使用产生干扰。民用航空无线电专用频率受到干扰时，机场管理机构和民用航空管理部门应当立即采取排查措施，及时消除；无法消除的，应当通报民用机场所在地地方无线电管理机构。接到通报的无线电管理机构应当采取措施，依法查处。在民用机场起降的民用航空器应当符合国家有关航空器噪声和涡轮发动机排出物的适航标准。

3. 民用航空器噪声管理

机场管理机构应当会同航空运输企业、空中交通管理部门等有关单位，采取技术手段和管理措施控制民用航空器噪声对运输机场周边地区的影响。

民用机场所在地有关地方人民政府制定民用机场周边地区的土地利用总体规划和城乡规划，应当充分考虑民用航空器噪声对民用机场周边地区的影响，符合国家有关声环境质量标准。机场管理机构应当将民用航空器噪声对运输机场周边地区产生影响的情况，报告有关地方人民政府国土资源、规划建设、环境保护等主管部门。

民用机场所在地有关地方人民政府应当在民用机场周边地区划定限制建设噪声敏感建筑物的区域并实施控制。确需在该区域内建设噪声敏感建筑物的，建设单位应当采取措施减轻或者避免民用航空器运行时对其产生的噪声影响。民用机场所在地有关地方人民政府应当会同地区民用航空管理机构协调解决在民用机场起降的民用航空器噪声影响引发的相关问题。

6.3 民用航空运输

航空运输分为民用航空运输和非民用航空运输。从航空运输的性质出发，可以把航空运输分为国际航空运输和国内航空运输两部分内容。

6.3.1 国际航空运输

1. 国际航空运输的含义及特征

国际航空运输与国内航空运输是一对相对应的概念。根据《华沙公约》的定义，国际航空运输是指"根据有关各方所订的合同，不论在运输中有无间断或转运，其出发地和目的地是处在两个缔约国的领土内，或处在一个缔约国的领土内，而在另一国的主权、宗主权、委任统治权或权力管辖下的领土内有一个议定的经停地点的运输，即使该国不是本公约的缔约国。在同一缔约国的主权、宗主权、委任统治权或权力管辖下的领土间的运输，如果没有这种约定的经停地点，对本公约来说不作为国际运输。"

修改《华沙公约》的《海牙议定书》第一条规定："本公约所称国际运输，系指按合同当事人的约定，无论运输中有无间断或有无转运，其出发地点与目的地点系在两个缔约国的领土内，或在一个缔约国领土内，而在另一个缔约国或甚至非缔约国的领土内有一约定的经停地点的任何运输。在一个缔约国领土内两地间的运输而在另一个国家的领土内没有约定的经停地点，不是本公约意义上的国际运输。"

由《华沙公约》及《海牙议定书》的上述规定可以看出，国际公约意义上的所谓"国际航空运输"基本上是这样三种类型的航空运输：一是根据当事人各方所订立的航空运输合同，运输的出发地和目的地分别是在两个不同的缔约国的领域内；二是运输的出发地和目的地虽然都是位于同一个缔约国的领域内，但在另一国的主权、宗主权、委任统治权或权力管辖下的领土内有一个议定的经停地点；三是运输的出发地和目的地虽然都是位于同一个缔约国的领域内，但在某个非缔约国的主权、宗主权、委任统治权或权力管辖下的领土内有一个议定的经停地点。

由此看见，《华沙公约》对国际航空运输的判定不是以合同主体是否含有涉外因素来确定其性质，而是以运输过程是否涉及两个或两个以上的主权国家来确定其性质的。并且，国际航空运输中所指的经停地点是由各缔约国通过协议事先约定好的，如果国内航空运输过程中由于临时降落的原因经停其他国家领土之上的，并不能因此而改变其国内航空运输的性质。也就是说，一个航空运输是否是《华沙公约》意义上的国际运输，关

🖈 **华沙公约**

键是取决于当事人之间的运输合同是如何规定的，而不是取决于航空运输的实际情况如何。因此，若当事人之间运输合同所规定的出发地和目的地均在同一缔约国内，即使承担该运输的飞机由于某种原因临时降落经停于他国领域内，此航空运输仍是国内运输，而非国际运输。因为该飞机经停于他国并不是由于运输合同的规定。相反地，若当事人之间运输合同所规定的出发地和目的地分别位于两个不同缔约国领域内，即使承担该运输的飞机因故中途降落，并未飞出出发地国家的国境，该航空运输亦被视为《华沙公约》意义上的国际运输。此外，如果当事人之间的运输合同所规定的出发地和目的地均在同一缔约国领域内，而并未规定在外国有经停地点，那么，即使承担该运输飞机的航线在外国上空穿过，该运输也只是国内运输，而非《华沙公约》意义上的国际运输。

应该注意的是，有些航空运输虽然在一般意义上可以视为国际运输，但它们并不是《华沙公约》意义上的国际运输。例如，运输的出发地和目的地分别位于两个不同的非缔约国领域内的航空运输；或者运输的出发地和目的地均在同一个非缔约国领域内，且在其他国家（包括缔约国和非缔约国）领域内有约定经停地点的航空运输；或者运输的出发地（或目的地）在一个缔约国（或非缔约国）领域内的航空运输等。还应当注意的是，第 1 条规定，公约只适用于"以航空器运送旅客、行李或货物而收取

🖈 **民用航空法**

报酬的国际运输"。根据《中华人民共和国民用航空法》（以下简称《民用航空法》）第 107 条的定义，国内航空运输，是指根据当事人订立的航空运输合同，运输的出发地点、约定的经停地点和目的地点均在中华人民共和国境内的运输。国际航空运输，是指根据当事人订立的航空运输合同，无论运输有无间断或者有无转运，运输的出发地点、约定的经停地点和目的地点之一不在中华人民共和国境内的运输。

2. 航空运输凭证与航空运输合同

航空运输凭证是证明承运人与旅客、托运人及收货人之间订立航空运输合同和确立运输条件的初步证据。可作为运输凭证的有客票、行李票、航空货运单。客票是航空旅客运输合同订立和运输合同条件的初步证据；行李票是行李托运合同订立和运输合同条件的初步证据；航空货运单是航空货物运输合同订立和运输条件以及承运人接收货物的初步证据。

航空运输合同是指经营航空运输的承运人与使用人之间达成的使用民用航空器进行旅客、行李或货物运输的协议。航空运输正是通过航空运输

企业与其服务对象之间通过确立航空运输合同来实现的。航空运输合同按运输对象不同，可分为三类。一类是航空旅客运输合同，一类是航空行李运输合同，还有一类是航空货物运输合同。

航空运输合同属于民事合同的一种。但因其合同内容的特殊性，它又表现出以下的特点。

第一，合同形式。航空运输合同没有专门形式上的要求，只是以航空运输凭证作为航空运输合同成立以及运输合同条件确立的初步证据。只要具有航空运输凭证就可以证明航空运输合同的存在。航空运输凭证不符合规定或者遗失，并不影响合同的存在和效力，但必须提供证明。

第二，合同内容。航空运输合同的内容是由承运人根据航空运输的特点和需要，并按照法定的程序统一确定的，而且，通常是承运人单方意思的表示。如对承运条件、运价以及旅客、货物托运人应负责任等内容的规定，是承运人单方通过法定形式公布的，旅客或托运人只能表示接受或拒绝。如果选择航空运输，就必须严格遵守承运人规定的条件，才能获得应有的服务。并且，出于对公众利益的保护，对航空运输合同条件的规定多为强制性的，承运人、旅客和托运人必须遵照执行。

航空运输合同的内容表现为当事人的权利和义务。航空运输合同的双方当事人分别为以航空公司为代表的承运方，也称承运人，以及航空运输的使用人，即旅客、货主和托运人。

作为承运人，其享有的权利主要有四个方面：①有权要求旅客出示客票、行李票；②有权要求托运人填写货运单；③有权要求对方支付运价；④有权要求对方遵守旅客运输和货物托运的统一规定。

承运人的义务主要包括：①按照合同约定为旅客、托运人或其他当事人提供安全、正常、优质的运输条件和服务；②对运输过程中由于承运人违反约定义务造成对方人员和财产损失的，应承担赔偿责任。

旅客、货主及托运人作为航空运输合同的对方当事人，同样享有合同规定的权利，同时也应承担合同约定的相应义务。

旅客、货主、托运人的权利主要有四项：①要求承运人提供合同约定的运输条件和服务；②在不使承运人遭受损失的情况下有权提出变更合同内容的要求，如旅客更改机票、托运人变更收货地、收货人等；③有权提取行李或要求承运人移交航空货运单并支付货物及对货物行使处置权；④因承运人违反约定造成损失的，有权要求赔偿。

旅客、货主、托运人的义务主要包括：①按规定支付运价；②切实按照航空运输合同规定的运输条件履行义务；③如未按运输合同约定履行义务造成承运人损失的，应偿付由此产生的费用。

6.3.2　国际航空运输中的航空权

1. 航空权的含义及特征

航空权是指国际航空运输中的过境权利和运输业务权利，也称国际航空运输业务或空中自由权。它是国家重要的航空权利，在国际航空运输中交换这些权益时，一般采取对等原则，有时候某一方也会提出较高的交换条件或收取补偿费以适当保护本国航空企业的权益。航空权是世界航空业通过国际民航组织制定的一种国家性质的航空运输权利，因为航空运输只要超出自己的国界就涉及其他国家的主权，国际航空运输就需要一个在全球行业范围内有一个统一的规定，航空权就属于这个规定其中的一部分。

　　1944 年芝加哥会议签署的《国际民用航空公约》（又称《芝加哥公约》）及其两个附件，即《国际航班过境协定》和《国际航空运输协定》，是国际航空运输所依据的基础性法律文件。这些法律文件确立了各缔约国所享有的空中权利和自由，这是国际航空运输得以展开的法律基础。因为，从国家的经济利益考虑，各个国家都希望确保享有民用航空运输所带来的经济利益，因而，各国都采取保护本国航空公司的政策，而限制外国航空公司的航空器飞越其管辖的领土的自由。所以说，国际航空运输的关键就是要解决空中保护的问题，给予本国以外的其他国家这种空中自由和权利。航空权就是在这样的需求中产生的一个法律概念。

🔍 芝加哥公约

　　航空权最早也称为"空中自由"（freedoms of the air）或"空中权利"（air freedom rights）。这一概念是由加拿大最先提出的，它迎合了美国提出的"不受约束"的定期国际航空运输的概念。由于这些权利都是各缔约国给予他国的，是须经各缔约国予以特别认可他国才能享有的权利，因此，与其将这些权利称为"空中自由"，不如将其称为特权（privileges）。

　　与《芝加哥公约》同时签署的两个附件之一的《国际航空运输协定》中，就明确规定了每一缔约国应给予其他缔约国的定期国际航班五种空中自由，即五种航空权。

　　第一航空权：不降停而飞越缔约国领土的权利。这种权利是指，缔约各国同意其他缔约国的一切从事定期国际航班飞行的航空器，在遵守公约规定的条件下，不需要事先获准，有权飞入或飞经其领土而不降停。

　　第二航空权：非商业性降停的权利。这里的非商业性降停是指仅仅因为技术故障所做的一次或几次经停，如给航班加油等，但不得在航班过境的国家上下旅客或装卸货物或邮件，除非是由于加油时的安全等原因而暂时性地允许旅客上下航班。

　　第三航空权：卸下来自航空器国籍国（航空器旗国）领土的旅客、货物、邮件的权利。这一权利是指航空器国籍国的航空公司有权运载或卸下来自本国的旅客、货物或邮件去到一外国的权利。

　　第四航空权：装载前往航空器国籍国（航空器旗国）领土的旅客、货物、邮件的权利。这一权利是指从一外国飞入国籍国的飞机，有权装载或卸下前往国籍国的旅客、货物或邮件。

　　第五航空权：装卸前往或来自任何其他缔约国领土的旅客、货物、邮件的权利。这一权利比前一项权利的内容广泛得多。它是在第三、四项规定的基础上，进一步飞入或飞自第三国作商业运载的权利。

习惯上把第一、二种航空权称为"过境权"（transit rights），而把第三、四、五种航空权称为"营运权"（traffic rights）或商业运营权。运营权是指异国民用航空器飞入、经停对方国家领土，并做上下旅客、装卸货物或邮件的商业活动的权利，也叫作商业运输权。国际航空运输实际上是建立在双边协定的基础上，通过交换第二、四、五种航空权实现的。在以后的航空运输实践中，又引发了第六、第七、第八航空权。

第六航空权是指一个国家的定期航班在两个其他国家之间进行的经过其本国领土的运营的权利。它是第三、第四航空权的有效结合。

第七航空权是指一个国家的定期航班在两个其他国家之间运营，而其始发地和目的地都不在本国领土内的权利。

第八航空权是指一个国家的定期航班在他国领土的两点之间进行运营的权利。这种权利也称为国内运载权。

第九航空权是指本国飞机可以到协议国作国内航线运营。所谓第九航空权是指上述第八航空权分为连续的和非连续的两种，如果是"非连续的国内载运权"即为第九航空权。值得留意的是第八航空权和第九航空权的区别，虽然两者都是关于在另外一个国家内运输客货，但是，第八航空权所谓"cabotage"，只能是从自己国家的一条航线在别国的延长。但是第九航空权，所谓的"full cabotage"，可以是完全在另外一个国家开设的航线。

2. 国际航空权中的发展

航空权是国际航空运输中的一个十分重要的问题，它涉及航空运输市场的准入问题。航空公司经营国际航空运输业务，如果得不到航空权，是不可能进入他国市场的。即使获得了一定的航空权，但得到的权利不充分，也很难经营国际航空运输业务。因此，各国政府都非常重视航空权的发展。

目前欧盟和东盟两大区域联盟内，都通过开放成员国的航空权共享天空资源，加深了各国间经济的合作和紧密。欧盟内的航空权开放始于1990年，欧盟成员国间开放了第三、第四和第五航空权。1997年，欧盟内九大航空权全部开放，自此欧盟成员国的航空公司，只要拥有欧盟共同执照，就可以在欧盟内部任意开辟航线。东盟由于组织形式更为分散，虽然一直在推动联盟内的"航空共同市场"（SAM），但航空权开放进度较慢。2008年开放了第三和第四航空权；2010年，东盟开放了有限制的第五航空权；2015年，东盟彻底放开第五航空权。从全球航空客运市场的结构来看，欧洲和亚太是国际线最为繁忙的区域，这也同两大域内大幅开放航空权有关。

从国际航空运输的发展趋势来看，航空权开放是大势所趋。随着国际贸易自由化的深入发展，开放天空是国际航空运输业面临的大环境，完全开放第三、第四、第五航空权是各国参与国际航空运输竞争、拓展航空运输市场的必要手段，也是促进整个世界航空运输事业繁荣发展的必要措施。甚至于开放第六、第七、第八、第九航空权也越来越多地成为部分国家开放天空协议的谈判内容。打破和消除国家地区间有关航空运输方面的限制和障碍将会极大地推动国际航空运输业的发展，使更多的国家和人口从中受益。当然，不可避免地，航空权开放也会加剧各国之间航空运输市场的竞争，甚至带来一定程度的贸易不平衡。特别是对那些在航空运输领域处于竞争劣势的国家来说，开放航空权会对其本国的航空市场带来巨大的冲击，从而根本影响到本国航空公司的利益。因此，航空权开放问题的关键是要找到一个利益的均衡点，从而让各国都能从中受益。

6.3.3　不定期航班

1. 定期航班和不定期航班的定义及其他规定

1944 年《芝加哥公约》已经就定期航班和不定期航班所享有的权利和飞行规则作了严格的区别。例如，公约第 6 条规定："除非经一缔约国特准或者其他许可并遵照此项特准或许可的条件，任何定期国际航班不得在该国领土上空飞行或进入该国领土。"而对于不定期航班，公约第 5 条则规定："缔约各国同意其他缔约国的一切不从事定期国际航班飞行的航空器，在遵守本公约规定的条件下，不需要事先获准，有权飞入或飞经其领土而不降停，或作非商业性降停，但飞经国有权令其降落。为了飞行安全，当航空器所欲飞经的地区不得进入或缺乏适当航行设施时，缔约各国保留令其遵循规定航路或获得特准后方许飞行的权利。"但公约并未对定期航班和不定期航班下明确的定义。但是，随着不定期航班业务的发展，不论是在使用的航空器的大小上，还是在航班的频繁程度上，都有与定期航班雷同的趋势，甚至造成了对定期航班的侵犯。因此，对定期航班和不定期航班作明确的界定势在必行。直到国际民用航空组织 1980 年第二届航空运输会议上，才对其定义进行明确注解并予以通过。同年 9 月，国际民用航空组织大会第 23 届会议批准了该定义。

依据国际民用航空组织的定义，定期国际航班是指具有以下特点的一系列飞行：经过一个以上国家领土之上的空气空间；用航空器为取酬目的从事旅客、邮件或货物运输，以每次飞行都对公众开放使用的方式经营；就其在相同的两个或多个地点之间营运而言，它的经营：①依公布的时刻表飞行；②其飞行的正规性或经常性已达到公认的制度性系列。

鉴于定期航班与不定期航班之间的激烈竞争，1955 年 11 月和 12 月在斯特拉斯堡举行的欧洲民航会议第一届会议上，起草了一份欧洲不定期航班商业权利多边协定草案。该草案经 1956 年 4 月在巴黎召开的欧洲民航会议的中期特别会议修订，并于 1965 年 4 月 30 日开放签字。

《巴黎协定》将不定期航班定义为：①为满足人道主义或紧急需要的飞行；②应请求偶尔进行的出租式载客飞行，但该航空器不得设有 6 个以上的座位，并不得向公众作部分转售而由租赁人选择目的地；③由单个人为运输其从业人员或货物而包租全部舱位的航班，但该舱位不得作部分转售；④一次性飞行，在本款范围内任何经营人或经营人团体均无权在两个固定交通中心之间作超过每月一次的飞行，这包括其能使用的全部航空器。

由以上定义可以看出，国际社会对不定期航班是做了明确的限制性规定的。在斯特拉斯堡会议报告中就指出："然而，大家同意，可以准许不定期航班不需政府的许可在欧洲内部自由飞行，如果这种航班不与已经成熟的定期航班竞争的话。"1956 年《巴黎协定》在其前言第一段解释了对不定期航班的基本原则，规定："参加本协定各国的方针是，在欧洲内部从事不定期商业飞行而不损害他们定期航班的航空器，可以被允许自由进入他们的领土以装上或卸下运输客货。"

2. 包机

包机是不定期航班的一种主要形式，也是现代国际航空运输的重要组成部分。但是，在第二次世界大战以前，由于包机运输十分稀少，基本上属于定期航空公司附带的零星业务，因此，包机运输并没有受到国际社会的足够重视。甚至于在《芝加哥公约》中，也未对包机运输作特别的规定。第二次世界大战以后，随着大量军用飞机的退役，这些飞机的闲置促进了包机运输业的发展，包机运输在美国和欧洲都一度兴旺发达。

从包机的形式来看，早期的包机类型主要是军用包机和全货包机，包机的目的主要是为军队运送物资、人员或为政府提供货物运输服务。后来包机又慢慢发展到社团型包机。这里的社团是有特定含义的，它是指："代表一个团体，该团体的主要目标、目的与宗旨不是为了旅行，而且该团体成员之间早在申请包机前就有了足以使它与一般公众相区别或分开的密切关系。"到了 20 世纪 60 年代中期，包机运输由原来以"公务型"包机为主要形式逐渐转变为以观光旅游为主的"旅游型"包机。一直到现在，包机的类型还在不断地增加和发展，形成了名目繁多、类型多样的局面。包括自用包机、综合旅游包机、社团包机、学生或学习团体包机、货物包机、专机等种类。

〇 国内投资民用航空业的规定

（1）自用包机。①包机人（如自然人、商人、公司、事务所、政府部门或协会等）为其本身的需要或为参加某项特定的国际活动，载运所属人员或货物而包用的飞机。此种飞机载量属包机人专用。②包机人包用的所有舱、座位，不得零售或出售。自用包机的旅客一般不负担此种包机的飞行成本。自用包机载运的货物不得用于商业性质。

（2）综合旅游包机。①旅游包机系指旅游组织者在预定期间内包用单程或来回程的不定期飞行，并按综合旅游价格收费。②包机的旅客必须交付同一综合游览票价（包括飞机票、地面交通、游览、膳宿费用等）。③来回程包机的旅客姓名、人数不得改变（临时因病或其他意外情况不能同机成行并持有证明者除外）。④包机人、承运人以及代理人不得在中华人民共和国境内招揽零散旅客，或以其他旅客替换。⑤综合旅游包机不得载运其他类型的不定期飞行的旅客和货物。

（3）社团包机。①包机的旅客必须是同一社团（如各行业工会、宗教、音乐、体育团体等）的成员及其家属子女；②社会团体的成员，应具有加入该团体3个月以上的资历，并有该团体的书面证明才能享受社团的优惠，每一社会团体的成员人数不得多于两万人；③包机的目的是为了进行考察、科研、集会或参加国外同行的活动等；④包机人可以是一个团体或一个以上团体，但每一包机团体的旅客人数不得少于40人；⑤每一旅客所付的票价，不得低于相应的定期航班公布的正常来回程票价的70%，或经批准的特别票价。

（4）学生或学习团体包机。①此种包机的旅客必须是公、私立全日制大、中学校（院）的学生，年龄不得超过27周岁。②包机人可以是一个或一个以上，但每一包机团体的旅客人数不得少于40人。③包机去程和回程相隔时限不得少于4周；每一包机旅客所付的票价，不得低于定期航班普通来回程票价的65%。

（5）货物包机。①此种包机是指货主为运送鲜活物品、军用物资、急救、救灾物品、纺织品等类货物而向航空承运人包用的飞机。②此种包机是在定期航班以外的地点进行，有特别协议或经特准的除外。③此种包机载运的货物运价，不得低于定期航班公布的货运价。

（6）专机。专机系指运送国家元首、政府首脑或议会议长的飞机。从事此种飞行一般通过政府间外交途径安排。

国外的包机类型更是五花八门，多种多样。如在欧洲兴起的包价旅游包机（inclusive tours charter）和预购包机（advance booking charter）。包价旅游包机是指："由旅游经营人以公开价格向公众提供的，全部或部分乘坐飞机的往返程或环程，在旅行期间除航空运输外，还包括食宿、地面交通及其他舒适安排的服务。包价旅游通常应事先付款，有预定期限，公布一个或几个目的地。"预购包机是指不包含包价旅游包机所提供的食宿、地面交通等一揽子服务，而只限于包机本身条件的一种包机形式。除此之外，还有拼合包机、部分包机等其他包机形式。

6.3.4　损害赔偿及诉讼管辖

1. 承运人损害赔偿责任

国际航空运输中的损害赔偿责任问题是国际航空运输中的一个重要的私法问题，也是国际航空运输中的一个关键性问题。这一问题的解决对国际航空运输业的发展能起到重要的推动作用，而统一了航空运输中的赔偿责任制度，则是1929年《华沙公约》的主要实体性法律成果。

《华沙公约》采用了传统民法中的过错推定原则来确定运输过程中的损害赔偿责任。公约在第17条明确规定："因发生在航空器上或者在旅客上、下航空器过程中的事件，造成旅客死亡、受伤或者其他任何身体伤害的，承运人应当承担责任。"第18条规定"因发生在航空运输期间的事件，造成托运的行李或货物毁灭、遗失或损坏的，承运人应当承担责任。"这两条均规定在航空运输过程发生的损害事故的责任由承运人承担，由承运人承担航空运输中的损害赔偿责任。

与此同时，《华沙公约》第20条又规定："承运人证明本人及其代理人为了避免损失的发生，已经采取一切必要措施，或者不可能采取措施的，不承担责任。""在货物和行李运输中，承运人证明损失的发生是由于领航、航空器的操作或导航方面的过失，而在其他一切方面本人及其受雇人已经采取一切必要措施以避免损失的，不承担责任。"公约第21条也规定："承运人证明损失是由于受害人的过错造成或者促成的，法院可以按照它的法律规定，免除或者减轻承运人的责任。"

由《华沙公约》的第17、18、20、21条规定可以看出，《华沙公约》在规定由承运人承担航空运输中的损害赔偿责任的同时，又把举证责任交由承运人承担，即让原本应由原告承担的举证责任让承运人本人来承担，承运人如能证明自己没有过错，则不用承担法律责任。这就意味着，在确定航空运输中的赔偿责任时，首先推定承运人是有过错的，应当对旅客、货主的人身或财产损害承担赔偿责任。但同时，又将举证责任倒置，由承运人自己证明自己没有过错。如果承运人不能举出相应的证据，则必须承担对旅客、货主的赔偿责任。

实行过错推定原则的原因在于，航空运输活动是一种风险很大的商业活动，且航空运输事故往往在高空或瞬间发生，一旦发生航空运输事故，又往往造成机毁人亡的严重后果。这一客观情况让旅客和货主承担举证责任成为不可能或不可行，实现起来很困难。而实行过错推定原则，由承运人承担举证的责任，则能够弥补这一不足，并且对于保护旅客、货主的利益也非常有利，同时，也适应了航空运输的特点。

除了采用过错推定原则统一了航空运输中的承运人赔偿责任，《华沙公约》还采用了限制承运人责任的原则，即承运人对旅客和货主的赔偿责任是有限制的，赔偿的数额被限制在一定的数额之内，承运人不承担无限的赔偿责任。规定这一原则的目的，在于保护承运人的利益。由于飞机价值昂贵，飞行中的风险又很大，承运人经营航空运输活动的成本也非常高，一旦发生航空事故，航空公司就面临着巨额的财产损失。如果对承运人的赔偿责任不加以限制，势必使得承运人陷入经济困难、举步维艰的境地，甚至会导致破产或无法继续维持经营的局面。同时，这也妨碍到承运人投资航空运输业的兴趣，不利于航空运输业的长远发展。采取限制责任原则有利于保护承运人的根本利益，维护承运人从事航空运输活动的积极性。反过来，也有利于保护旅客和货主的利益。

但在两种特殊情况下，承运人承担无限制的责任。一是损失是由承运人的有意的违规行为造成的，或者是由承运人的过错造成的。二是如果损失是在相同的情形下由承运人的受雇人在执行其职务范围内造成的，承运人也应承担无限制的责任。

至于承运人的赔偿金额，《华沙公约》对此做了统一的规定。公约采取了以金法郎作为货币计算单位的计算方法，这里的金法郎系指含有千分之九百成色的 65.5 毫克黄金的法国法郎，各国在执行的时候可以将这项金额折算成本国货币，并取其整数。

公约第 22 条分别用了三款对旅客的人身伤亡、行李货物的损失以及自理行李的灭失的赔偿做了限制性规定。①在旅客运输中，承运人对每名旅客的赔偿责任以 12.5 万金法郎（约 8 300 美元）为限。根据案件受理法院地的法律，可以用分期付款方式赔偿损失的，赔偿的金额不得超过此限额。但是，旅客可以通过其同承运人的特别协议，约定一个较高的责任限额。②在托运行李和货物运输中，承运人对行李或者货物的赔偿责任以 250 金法郎/kg 为限，除非旅客或托运人在交运包件时，特别声明在目的地点交付时的利益，并在必要时支付附加费。在后一种情况下，承运人应当偿付所声明的金额，除非承运人证明声明的金额高于在目的地点交付时旅客或托运人的实际利益。③关于旅客自己照管的物件，承运人对每名旅客的赔偿责任，以 5 000 金法郎为限。

2. 承运人赔偿责任的新变化

《华沙公约》对解决国际航空运输中的赔偿责任问题作出了巨大的贡献。但是，随着国际航空运输业和国际经济形势的不断发展，《华沙公约》中有关承运人赔偿责任的限额越来越受到争议。赔偿责任限额偏低遭到了一些国家的抱怨。1955 年 9 月，在国际民用航空组织海牙会议上对 1929 年的《华沙公约》做了修正，《海牙议定书》将承运人对每名旅客的赔偿责任限额提高了一倍，从 12.5 金万法郎提高到了 25 万金法郎（当时约合 16 600 美元）。但美国对此项改进并不满意，它与世界各大航空公司之间又签署了适用于美国境内的《蒙特利尔协议》，将赔偿额提高到 7.5 万美元（包含律师费）或 5.8 万美元（不包含律师费）。

自《海牙议定书》后，《华沙公约》又经过了多次修改，这些修改的成果分别是 1961 年 9 月 18 日在瓜达拉哈拉签订的《统一非缔约承运人所办国际航空运输某些规则以补充华沙公约的公约》（简称《瓜达拉哈拉公约》）、1971 年 3 月 8 日在危地马拉城签订的《修订经 1955 年 9 月 28 日订于海牙的议定书修正的 1929 年 10 月 12 日在华沙签订的统一国际航空运输某些规则的公约的议定书》（简称《危地马拉城议定书》）、1975 年 9 月 25 日在蒙特利尔签订的《修订经海牙议定书或者经海牙议定书和危地马拉城议定书修正的华沙公约的第一号至第三号附加议定书以及蒙特利尔第四号议定书》（合称为《蒙特利尔公约》）。《危地马拉城议定书》（没有生效）将赔偿责任限额提高到每位旅客 150 万金法郎（约合 10 万美元）。1975 年《蒙特利尔第三号附加议定书》将《华沙公约》中的责任限额提高到了每名旅客 10 万特别提款权，行李的责任限额为每名旅客 1 000 特别提款权，货物的限额没有变化，还是每千克 17 万特别提款权。

虽然在国际航空运输赔偿责任制度上国际社会已作出了许多的努力，并制定了多部重要的法律文件，但由于各国经济发展的不均衡，这些法律文件仍然没有能够顺利地解决国际航空运输中出现的法律问题。为了进一

🖢 蒙特利尔公约

步适应国际航空运输的发展，并实现国际航空运输承运人责任制度重新地统一，1999 年 5 月 28 日《蒙特利尔公约》正式签订，并于 2003 年 11 月 4 日生效。公约以统一国际航空运输规则和国际航空运输承运人的责任为主要内容，对华沙体制下的各项公约和议定书规定的国际航空运输规则和承运人责任制度进行了重大修改。在旅客运输责任制度问题上，与原来的华沙体制相比较，《蒙特利尔公约》的最大特点，是引进了一种全新的"双梯度"责任制度，即两级责任制。第一梯度是指对于赔偿限额在 10 万特别提款权（约 13.5 万美元）（公约签署当日，1 特别提款权合人民币 11.163 10 元）之内的人身伤亡赔偿，公约采用了 1971 年《危地马拉议定书》的责任规则，不论承运人有无过错，都应当对此承担责任，除非是由于旅客自己的原因造成的。第二梯度是指，如果索赔人提出的索赔金额超过 10 万特别提款权的，对于超过 10 万特别提款权的部分，只要承运人证明自己没有过错或者证明伤亡是由于第三人的过错造成的，承运人就不承担损害赔偿责任，否则，承运人必须承担责任。但是，在任何情况下，索赔人都必须举证，证明其提出的索赔额就是其遭受的实际损失。同时，10 万特别提款权只是一个限额，实际损失低于 10 万特别提款权的，根据旅客遭受到的实际损失予以赔偿。公约规定承运人只对旅客的"身体伤害"进行赔偿，对单纯的精神损害不承担赔偿责任。

3. 国际航空运输中的诉讼管辖

航空事故引起的赔偿诉讼往往涉及众多国家公民的人身和财产利益，而各国关于人身财产损害赔偿的法律规定是各不相同的，这种私法上的冲突对航空运输损害赔偿案件带来了法律适用和管辖上的困难，哪个国家的法院有权对国际航空运输中的损害赔偿案件进行管辖呢？《华沙公约》第 28 条就此项问题做了统一的规定："有关赔偿的诉讼，应当由原告选择，在一个缔约国的领土内，向承运人住所地或其主营业所所在地或签订合同的机构所在地法院提起，或者向目的地法院提起。"

由此可以看出，有权对航空案件进行管辖的法院有四个，分别是承运人住所地法院、承运人主营业所所在地法院、订立运输合同的机构所在地法院以及目的地法院。原告对这些法院有选择权，可以自行决定向哪个法院起诉。这一规定明显有利于原告行使诉讼权，也有利于保护原告的利益。

1999 年《蒙特利尔公约》又增加了一个有管辖权的法院，即旅客的主要且永久居所所在地的法院。至此，国际航空运输中的有管辖权的法院增加到了五个。

关于国际航空运输损害赔偿案件的诉讼时效，1999 年《蒙特利尔公约》规定沿用了 1929 年《华沙公约》有关诉讼时效的规定，再次明确了：自航空器到达目的地之日、应当到达目的地之日或者运输终止之日起两年期间内未提起诉讼的，丧失对损害赔偿的权利。这一诉讼时效的规定，有利于督促原告及时行使其诉讼权利，解决损害赔偿纠纷。

6.4　我国航空运输法律制度

6.4.1　我国航空运输企业法律制度

1980 年，我国第一家中外合资企业诞生在民航①；1984 年，我国第一家由中央和地方合资的航空公司——厦门航空有限公司成立；2005 年，我国第一家民营航空公司——奥凯航空成功首飞。从最初的国有资本一统天下发展到现在，三大国有航空公司和部分地方航空公司已经完成境内外的上市，实现了全球融资；地方航空公司和民营航空公司不断崛起；机场属地化管理后引入了外资和地方资本，中国民航利用多元的融资体系发展壮大了自己，产权多元化后的民航企业增强了发展活力、竞争力和抗风险能力，完善了公司治理结构，产权清晰、权责明确、政企分开、管理科学的现代企业制度逐步建立起来。

1. 航空运输企业的概念及特征

航空运输企业是指以营利为目的，使用民用航空器运送旅客、行李、邮件或者货物的企业法人。

作为企业法人，航空运输企业表现出以下特征。①依法成立。作为企业法人，航空运输企业不论从设立条件还是从设立程序上，都既符合一般企业法人以营利为目的，能独立承担法律责任的基本条件，又符合民航企业法人成立的特殊条件和要求，如符合国际公约的要求和取得航空运输企业经营许可证等。②企业的业务活动具有民航的行业特点。航空运输作为运输业的重要组成部分和一种重要的交通运输方式，具有快速、高效、安全等特点。航空运输在安全、服务、技术要求等方面，都比其他交通运输方式有着更高的要求。因此，航空运输企业因具有自己特殊的行业特点而具备了行业的优势。

2. 航空运输企业的设立和审批

1）航空运输企业的设立条件

根据《中华人民共和国全民所有制工业企业法》② 和《民用航空法》及民航总局《公共航空运输企业经营许可规定》③ 的有关规定，我国民航运输企业必须具备以下条件。

（1）有必要的经营资金。其中，注册资金不得少于 8 000 万元人民币。

资金是企业进行经营活动必备的物质基础，航空运输企业作为投入

---

① 1980 年 4 月 10 日，中外合资企业——北京航空食品有限公司被批准成立，5 月 1 日公司在北京正式挂牌。这是全国第一家中外合资企业，取得了国家外资委发放的中外合资企业第 "001 号"。

② 《中华人民共和国全民所有制工业企业法》，发布单位：全国人民代表大会，生效日期：1988 年 8 月 1 日，2009 年修订。

③ 《公共航空运输企业经营许可规定》，发布单位：中国民用航空总局，生效日期：2005 年 1 月 15 日，2014 年、2016 年进行了修订。

大、技术密集型企业，丰厚的经营资金是不可缺少的条件。注册资金不得少于 8 000 万元人民币是设立航空运输企业的基本条件。

（2）有与其经营业务相适应，经民航总局登记注册并发给适航证的航空器。

航空器是航空运输企业的运输工具和载体，航空器数量和适航状况，直接关系到航空运输企业的效益和安全。

（3）有与所经营业务相适应的，持有民航总局颁发的执照的空勤人员、航空维修人员和必要的经营管理人员。

航空人员和经营管理人员是航空运输企业运行的基本保障，作为技术密集型企业，在航空运输企业中工作的人员应有与其工作相适应的执照。

（4）所使用的机场能够保证运营安全。

机场是供航空器停放、滑行、起飞、降落的场所，航空运输企业的活动离不开机场的保障，因此，各航空运输企业通常选择某一机场作为自己的活动基地。

（5）有适当的经营场所和相应的设备、设施，航空器的维修设施必须能够保证适航要求。

经营场所是航空运输企业从事生产经营活动必备的环境要求，各种设备设施是从事各类航空活动必须具备的物质条件，如飞机维修的设施、设备，通信导航的设施、设备等，缺乏这些设施设备，各类航空活动就无法开展。

（6）法律、法规规定的其他条件。

2）航空运输企业的审批程序

根据法律规定，对航空运输企业设立的审批权限的划分，经营国际航线业务的，由中国民航总局审查，报国务院批准；经营省际航线业务的，由中国民航总局审查、批准；经营省、自治区、直辖市境内航线业务的，由各省级人民政府批准，报民航总局备案。

申办单位应按照审批权限的规定，向有关机关提交符合航空运输企业开办条件的各项证明文件、经济效益分析文件，经审查批准后，由中国民航总局发给航空运输企业经营许可证，并持许可证向国家工商行政管理机关办理登记手续，领取营业执照。

6.4.2　我国航空旅客、行李运输法律制度

国内航空旅客运输是指根据旅客运输合同，其出发地、约定经停地和目的地均在中华人民共和国境内的航空运输，具体来讲，是指以民用航空器运送旅客、行李而收取报酬的国内航空运输及经承运人同意而办理的免费国内航空运输。

1. 客票

1）客票的含义与特征

客票指由承运人或承运人代表所填开的被称为"客票及行李票"的凭

证,包括运输合同条件、声明、通知以及乘机联和旅客联等内容。客票为记名式,只限客票上所列姓名的旅客本人使用,不得转让和涂改,否则客票无效,票款不退。客票应当至少包括下列内容:①承运人名称;②出票人名称、时间和地点;③旅客姓名;④航班始发地点、经停地点和目的地点;⑤航班号、舱位等级、日期和离站时间;⑥票价和付款方式;⑦票号;⑧运输说明事项。

客票是航空运输合同成立的初步证据,其效力是指客票的有效性,它直接决定客票能否被使用。旅客使用客票时,应交验有效客票,并应在客票有效期内,完成客票上列明的全部航程①。

定期国际航空运输管理规定

有效客票是指包括乘机航段的乘机联和全部未使用并保留在客票上的其他乘机联和旅客联,缺少上述任何一联,客票即为无效。国际和国内联程客票,其国内联程段的乘机联可在国内联程航段使用,不需换开成国内客票;旅客在我国境外购买的用国际客票填开的国内航空运输客票,应换开成我国国内客票后才能使用。

民用航空旅客行李国际运输规则

客票分为普通票价和特种票价,普通票价即航空公司公布的销售票价,通常称为全价票,全价票在签转、变更和退票等方面的限制很少。特种票价通常分为两类。一类适用于政府规定的特定人群,如革命伤残军人和因公致残的人民警察等。在签转、变更和退票等方面的限制很少。另一类是航空公司根据市场淡旺季、购票人数、购票时间的早晚等情况推出的适用于经济舱的票价,通常称为折扣客票。航空公司对特种客票一般规定了比较严格的限制条件,一般是不得退票、不得更改、不得签转。提前购票能购买到不同折扣的低价客票,飞往同一地方各时段的航班客票价格也有差别。此外,客票价格越低,限制条件相对也越多。航空公司普遍采用收益管理系统进行机票销售管理,会发生旅客购票时价格随时变化的情况,此属正常现象。

国内旅客行李运输规则

为适应国内航空运输市场发展,民航局、国家发展和改革委员会研究决定,自 2010 年 6 月 1 日起,民航国内航线头等舱、公务舱票价实行市场调节价,由各运输航空公司自主定价。各运输航空公司国内航线头等舱、公务舱价格种类、水平及适用条件(含头等舱和公务舱的座位数量、与经济舱的差异以及相匹配的设施和服务标准等)会有所不同。

客票的有效期自旅行开始之日起,一年内运输有效。如果客票全部未使用,则从填开票之日起,一年内运输有效。客票有效期的计算,从旅行开始或填开客票之日的次日零时起至有效期满之日的次日零时为止。

2)客票的购买

旅客购票应在承运人或其销售代理人的售票处购买。购买机票时应凭

---

① 国家税务总局与民航局 2012 年 8 月联合发布了《关于国际客票使用〈航空运输电子客票行程单〉有关问题的通知》。《航空运输电子客票行程单》作为我国境内注册的公共航空运输企业和航空运输销售代理企业销售国际电子客票的付款凭证或报销凭证,兼有行程提示的作用;《航空运输电子客票行程单》作为国际客票报销凭证,自 2013 年 1 月 1 日起全面使用,《国际航空旅客运输专用发票》停止开具。

本人有效身份证件或公安机关出具的其他身份证件。购买儿童票、婴儿票，应提供儿童、婴儿出生年月的有效证明。重病旅客购票，应持有医疗单位出具的适于乘机的证明，经承运人同意后方可购票。儿童按照同一航班成人普通票价的50%购买儿童票，提供座位。婴儿按照同一航班成人普通票价的10%购买婴儿票，不提供座位；如需要单独占座位时，应购买儿童票。航空公司销售以上优惠客票，不得附加购票时限等限制性条件。革命伤残军人和因公致残的人民警察乘坐国内航班时实行优惠票价，既可以按同一航班对应舱位成人普通票价的50%计价，航空公司不得附加购票时限等限制性条件；也可以自愿选择购买航空公司在政府规定政策范围内确定并公布的其他种类票价，并执行相应的限制条件。

购票时，需提供乘机人准确有效的证件号码。请注意，此证件要与办理乘机手续和通过安全检查时的证件相同。如在网上购买客票，应查看或询问网站服务商是否具有合法工商注册资格及中国航空运输协会认证资格。网上购票，一定要认真填写并确认旅客的姓名、登机时使用的证件号码、乘机日期和航程等信息。客票是实名制，不得转让。

3）客票的变更

旅客如果在购票后要求改变航班、日期、舱位等级等，属于自愿变更。自愿变更有一定限制，折扣票有不同的限制条件，甚至不允许变更。

遇到航班取消、提前、延误、航程改变或不能提供原订座位时，承运人应该优先安排旅客乘坐后续航班或签转其他承运人的航班。因为承运人的原因使旅客的舱位等级变更时，票款的差额多退少不补。

旅客要求改变承运人，应征得原承运人或出票人的同意，并在新的承运人航班座位允许的条件下予以签转。

4）退票

旅客在购买机票后，也可以在客票的有效期内要求退票。如果在客票有效期内要求退票，凭有效身份证件，按航空公司的规定即可办理。电子客票凭行程单办理退票手续，如果未曾打印行程单，可凭有效身份证件办理退票手续。如果旅客在航班经停地自动终止旅行，则该航班未使用航段的票款不退。如果因病要求退票，需提供医疗单位证明，始发地退还全部票款，经停地退还未使用航段的全部票款，不收取手续费。患病旅客的陪伴人员要求退票，不收取手续费。票款只能退给客票上列明的旅客本人。如委托他人办理，须提供旅客本人和受委托人的有效身份证件。如旅客持折扣客票，退票按航空公司的有关规定办理。

5）客票遗失的处理

当旅客遗失客票时，应以书面形式迅速向航空公司或其销售代理人申请挂失。如果申请挂失前，客票如已被冒用或冒退，航空公司不承担责任。申请挂失后，经查证客票未被冒用或冒退，待客票有效期（通常是一年）满后的30天内，办理退款手续。国际客票应在航空公司规定的时限内办理。

2. 乘机

乘机手续是旅客乘坐飞机前的必要的程序，包括客票查验、托运行李、领取登机牌等内容。旅客在办理乘机手续时需凭客票及其本人有效身份证件按时进行办理。乘机前，旅客及其行李必须经过安全检查。

航空运输的首要原则是保证安全，民航安检部门在保证安全的前提下，为航空消费者提供优质、高效、快捷的服务。安检时，旅客应向安检人员出示登机牌和有效身份证件，安检员审核后将在登机牌上盖章。旅客和旅客随身携带的所有物品必须接受安检部门的检查。为了保证航空安全，特殊情况下可以实施安检特别工作方案，一些机场可能要求旅客脱下皮带、鞋子、照相机、移动电话、随身携带的玩具等接受检查，如发现可疑物品时采用开箱（包）检查的方式，必要时也可以随时抽查。

限制运输旅客是指在符合承运人规定的条件下经承运人预先同意并在必要时作出安排后方予以载运的旅客，包括无成人陪伴儿童、病残旅客、孕妇、盲人、聋人或犯人等特殊旅客。

禁止运输旅客是指承运人不予运输的旅客。禁止运输的目的是为了保障公共安全。禁止运输的旅客包括传染病患者、精神病患者或健康情况可危及自身或影响其他旅客安全的旅客。对于这一类旅客，承运人有权不予承运。

3. 行李运输

行李是指旅客在旅行中为了穿着、使用、舒适或方便的需要而携带的物品和其他个人财物，包括旅客的托运行李、自理行李及随身携带物品。

1）行李运输的限制性规定

《中国民用航空旅客、行李国内运输规则》和《中国民用航空旅客、行李国际运输规则》都对托运行李和自带行李提出了一些限制性的规定①，例如危险物品；而且随着人们对电子设备、化妆物品的普遍使用，限制运输的种类也在不断增加，如锂电池、充电宝等。

对于一些特殊物品的运输，民用航空局也规定了一些特殊规则，例如

---

① 《中国民用航空旅客、行李国内运输规则》第36条规定规定："下列物品不得作为行李运输：（一）危险物品，包括爆炸品、气体、易燃液体、易燃固体、自燃物质、遇水释放易燃气体的物质、氧化剂、有机过氧化物、毒性物质、传染性物质、放射性物品、腐蚀品和不属于上述任何一类别而在航空运输中具有危险性的物质和物品；（二）枪支、弹药、管制刀具及其他类似的物品，但按照本规则第三十八条、第三十九条规定办理的除外；（三）动物，但按照本章第三节规定办理的除外；（四）中华人民共和国或者运输过程中有关国家法律规定禁止出境、入境或者过境的物品；（五）包装、形状、重量、体积或者性质不适宜运输的物品。"第37条规定："旅客不得在托运行李中夹带易碎或者易腐物品、货币、珠宝、贵重金属、金银制品、流通票证、有价证券和其他贵重物品、商业文件、护照和其他证明文件或者样品。对旅客违反上述规定而造成的损失，承运人不承担责任。"第38条规定："用于狩猎和体育运动的枪支和弹药，可凭枪支运输经营许可证或者国务院体育行政部门的批准证明作为托运行李运输，但不得作为非托运行李带入客舱。枪支必须卸下子弹和扣上保险并妥善包装。弹药的运输应当按危险物品运输的有关规定办理。"第39条规定："属于古董或者旅游纪念品的剑、刀及类似物品，只能作为托运行李运输并符合有关规定。"

关于人体器官、宠物的运输。

2）关于行李规格的相关规定

国内运输规则规定：托运行李的重量每件不得超过 50 kg，体积不得超过 40 cm×60 cm×100 cm，超过上述规定的行李，须事先征得承运人的同意才能托运。自理行李的重量不得超过 10 kg，体积每件不超过 20 cm×40 cm×55 cm。随身携带物品的重量，每位旅客以 5 kg 为限。持头等舱客票的旅客，每人可随身携带两件物品。每件随身携带物品的体积均不得超过 20 cm×40 cm×55 cm。超过上述重量、件数或体积限制的随身携带物品，应作为托运行李托运。

国际运输规则中规定：承运人应当公布旅客享有的免费行李额及其条件。旅客享有的免费行李额及其条件按承运人规定办理。购买混合等级客票的旅客，其免费行李额可按各航段票价级别规定的免费行李额分别计算。搭乘同一航空器前往同一目的地点或者中途分程地点的两人以上的同行旅客或者团体旅客，在同一时间、同一地点办理行李托运手续的，旅客提出要求时，无论计重或者计件，其免费行李额可按各自的票价级别规定的标准合并计算。组成国际运输的国内航段，旅客适用的免费行李额，应当按相应国际航段的规定办理。旅客自愿改变航程后的免费行李额，应当按改变航程后客票票价级别所适用的免费行李额的规定办理。旅客非自愿改变航程后的免费行李额，应当按原客票票价级别所适用的免费行李额的规定办理。

3）行李的领取

旅客应在航班到达后立即在机场凭行李牌的识别联领取行李。旅客行李延误到达后，承运人应立即通知旅客领取，也可直接送达旅客。

无法交付的行李，自行李到达的次日起，超过 90 天仍无人领取，承运人可按照无法交付行李的有关规定处理。

6.4.3 航班正常管理规定

1. 航班正常保障

承运人、机场管理机构、空管部门、地面服务代理人及其他服务保障单位应当分别建立航班正常运行保障制度，保证航班正点运营。航班正常运行保障制度应当包括航班正常工作的牵头部门、管理措施、考核制度等内容。

承运人应当按照获得的航班时刻运营航班。承运人应当提高航空器及运行人员的运行能力，充分利用仪表着陆系统或者等效的精密进近和着陆引导系统，积极开展相关新技术的应用，保障航班安全、正常运行。承运人应当合理安排运力和调配机组，减少因自身原因导致的航班延误。

机场管理机构应当加强对设施设备的检查和维护，保障航站楼、飞行区的设施设备运行正常，减少因设施设备故障导致的航班延误。机场管理机构与空管部门应当加强协同，研究优化机坪运行管理，提高地面运行效

🔎 航班正常管理规定

率，并对所有进出港航班运行进行有效监控。机场管理机构应当按照相关规定安装、使用仪表着陆系统或者等效的精密进近和着陆引导系统，积极开展相关新技术的应用，保障航班安全、正常运行。

地面服务代理人、自营地面服务业务的承运人、代理承运人从事地面服务业务的机场管理机构，应当按照保障业务的实际需求配备足够数量的运行保障设备和人员。空管部门应当依据职责严格执行空管运行工作程序和标准，加快空中流量，保证航班正常。空管部门应当依据职责积极推动新技术应用，提高运行保障能力，保证航班正常。空管部门应当加强天气监测和预报能力建设，按照规定为承运人提供准确的航空气象服务。航空油料企业、航空器材企业、航空信息企业等服务保障单位，应当做好航油供应、航材保障和信息服务等工作，避免因自身原因影响航班正常运行。

2. 延误处置

1）一般规定

承运人应当制定并公布运输总条件，明确航班出港延误及取消后的旅客服务内容，并在购票环节中明确告知旅客。国内承运人的运输总条件中应当包括是否对航班延误进行补偿；若给予补偿，应当明确补偿条件、标准和方式等相关内容。

承运人应当积极探索航班延误保险等救济途径，建立航班延误保险理赔机制。

承运人委托他人代理地面服务业务或者销售代理业务的，应当在代理协议中明确航班出港延误后的服务内容和服务标准。

承运人及其航空销售代理人在售票时应当将旅客联系方式等必要信息准确录入旅客订座系统，并负责及时通告旅客航班动态信息。

承运人、机场管理机构、地面服务代理人应当分别制定备降航班地面服务保障工作程序和应急预案。承运人与备降机场管理机构、地面服务代理人有备降保障协议的，备降机场管理机构和地面服务代理人应当按保障协议做好备降航班服务工作。承运人签订协议的备降机场无法接收备降，航班需在其他机场备降时，相关机场管理机构应当按照有关规定积极创造条件，在保证安全的前提下，提供备降保障，不得借故不予保障。

航班出港延误或者取消时，承运人、机场管理机构、空管部门、地面服务代理人、航空销售代理人应当加强信息沟通和共享。承运人应当每隔30分钟向机场管理机构、空管部门、地面服务代理人、航空销售代理人发布航班出港延误或者取消信息，包括航班出港延误或者取消原因及航班动态。空管部门应当按照规定将天气状况、流量控制和航班出港延误后放行等信息通告承运人和机场管理机构。机场管理机构应当按照规定将机位、机坪运行情况等信息通告承运人、地面服务代理人和空管部门。

机场管理机构应当协调驻场各单位，制定大面积航班延误总体应急预案，并定期组织演练。承运人、地面服务代理人、空管部门及其他服务保障单位应当分别制定大面积航班延误应急预案。驻场各单位应当服从机场管理机构的组织协调，参加演练，落实各项服务保障工作。

旅客应当文明乘机，合法维权，不得违法进入机场控制区，堵塞安检口、登机口，冲闯机坪、滑行道、跑道，拦截、强登、强占航空器，破坏设施设备，或者实施其他扰乱民航运输生产秩序的行为。出现旅客扰乱民航运输生产秩序的情况，承运人、地面服务代理人、机场管理机构等相关单位应当及时报警。机场公安机关接到报警后，应当依法及时处理，维护民航运输生产秩序。

2）航班出港延误旅客服务

在掌握航班出港延误或者取消信息后，各单位应当按照各自职责，做好以下信息通告工作：承运人应当在掌握航班状态发生变化之后的 30 分钟内通过公共信息平台、官方网站、呼叫中心、短信、电话、广播等方式，及时、准确地向旅客发布航班出港延误或者取消信息，包括航班出港延误或者取消原因及航班动态。机场管理机构应当利用候机楼内的公共平台及时向旅客通告航班出港延误或者取消信息。航空销售代理人应当将承运人通告的航班出港延误或者取消的信息及时通告旅客。各单位应当加强协调，及时传递相关信息，确保对外发布的航班信息真实、一致。旅客对承运人、机场管理机构、航空销售代理人通告的信息真实性有异议的，可在旅行结束后向民航局确认。

航班出港延误或者取消时，承运人应当根据运输总条件、客票使用条件，为旅客妥善办理退票或者改签手续。旅客要求出具航班延误或者取消书面证明的，承运人应当及时提供。航班出港延误或者取消时，承运人应当按照运输总条件，做好旅客服务工作。

发生航班出港延误或者取消后，承运人或者地面服务代理人应当按照下列情形为旅客提供食宿服务：由于机务维护、航班调配、机组等承运人自身原因，造成航班在始发地出港延误或者取消，承运人应当向旅客提供餐食或者住宿等服务。由于天气、突发事件、空中交通管制、安检以及旅客等非承运人原因，造成航班在始发地出港延误或者取消，承运人应当协助旅客安排餐食和住宿，费用由旅客自理。国内航班在经停地延误或者取消，无论何种原因，承运人均应当向经停旅客提供餐食或者住宿服务。国内航班发生备降，无论何种原因，承运人均应当向备降旅客提供餐食或者住宿服务。

在航班出港延误或者取消时，承运人、航空销售代理人或者地面服务代理人应当优先为残疾人、老年人、孕妇、无成人陪伴儿童等需特别照料的旅客提供服务。机场管理机构应当在航站楼内为旅客提供医疗服务。

3）机上延误处置

承运人应当制定并向社会公布机上延误应急预案，预案内容应当包括机上延误时的信息通告、餐饮服务提供时间和下机的条件及限制。机上延误应急预案应当与机场管理机构、海关、边检、安保部门充分协调。发生机上延误后，承运人应当每 30 分钟向旅客通告延误原因、预计延误时间等航班动态信息。由于流量控制、军事活动等原因造成机上延误的，空管部门应当每 30 分钟向承运人通告航班动态信息。机上延误期间，在不影响航空安全的前提下，承运人应当保证盥洗设备的正常使用。机上延误超过 2 h（含）的，应当为机上旅客提供饮用水和食品。机上延误超过 3 h（含）且无明确起飞时间的，承运人应当在不违反航空安全、安全保卫规定的情况下，安排旅客下飞机等待。机场管理机构、地面服务代理人应当协助承运人做好机上延误时的各项服务工作。

4）大面积航班延误处置

机场管理机构及驻场各单位应当共同建立大面积航班延误联动协调机制，包括信息共享、航班放行协调、旅客服务协调等机制。机场管理机构应当及时宣布启动大面积航班延误总体应急预案，并协调承运人、地面服务代理人、机场公安机关、空管部门及服务保障单位，共同实施应急预案。发生大面积航班延误时，空管部门应当按照规定向有关单位通告航班延误原因、预计起飞时间等航班动态信息。机场管理机构应当建立大面积航班延误信息发布工作制度及对外宣传平台，实时向社会公布延误及处置情况。

发生大面积航班延误时，空管部门应当协调承运人、机场管理机构、地面服务代理人等单位，启动航班放行协调机制。发生大面积航班延误时，机场管理机构应当启动旅客服务协调机制，协调承运人、地面服务代理人、机场公安等单位，组织实施相关服务工作。机场管理机构应当协调海关、边防、检验检疫等联检单位，根据进出港航班运行情况，确保旅客快速办理联检手续。夜间大面积航班延误期间，机场管理机构应当协调相关单位延长机场巴士运营时间。

发生大面积航班延误时，机场公安机关应当增加现场执勤警力，维护民航运输生产秩序。机场管理机构应当与地方政府建立大面积航班延误处置联动机制，必要时请求地方政府协助。

3. 旅客投诉管理

为了维护自身的合法权益，旅客可以向承运人、机场管理机构、地面服务代理人、航空销售代理人或者民航行政机关投诉，也可以依法直接申请仲裁或者提起民事诉讼。承运人、机场管理机构、地面服务代理人、航空销售代理人应当设立专门机构或者指定专人负责受理投诉工作，并以适当方式向社会公布中国境内的投诉受理电话、电子邮件地址，并报民航行政机关备案。投诉受理机构、投诉受理人员及联系方式等事项发生变化的，应当自决定变化之日起 5 日内以书面形式告知民航行政机关。港澳台地区承运人和外国承运人应当具备受理中文投诉的能力。

承运人、机场管理机构、地面服务代理人、航空销售代理人、民航行政机关应当在收到旅客投诉 7 日内予以处理并告知旅客受理情况。国内承运人、机场管理机构、地面服务代理人、航空销售代理人、民航行政机关应当在收到旅客投诉 10 日内作出实质性回复。港澳台地区承运人和外国承运人应当在收到旅客投诉 20 日内作出实质性回复。承运人、机场管理机构、地面服务代理人、销售代理人应当书面记录旅客的投诉情况及处理结果，投诉记录至少保留 2 年。承运人、机场管理机构、地面服务代理人、航空销售代理人处理投诉不符合要求，民航行政机关依据职责要求其改正的，承运人、机场管理机构、地面服务代理人、航空销售代理人应当予以改正。

4. 信息报告

承运人应当将运输总条件报民航行政机关备案。机场管理机构应当将大面积航班延误总体应急预案报民航行政机关备案。承运人应当将机上延误应急预案报民航行政机关备案。大面积航班延误总体应急预案、机上延误应急预案发生变化的，应当自变化之日起 5 日内以书面形式告知民航行政机关。发生大面积航班延误和机上延误时，承运人、机场管理机构、空管部门应当及时向民航地区管理局报告相关情况，并保存处置情况记录 2 年。承运人、机场管理机构、地面服务代理人、空管部门应当按照航班正常统计有关规定，做好航班运行数据的记录、上报、汇总等工作，并对真实性负责。民航局定期对外公布航班正常情况和旅客投诉受理、处理情况，接受社会监督。

6.4.4 赔偿责任

界定航空交通事故旅客人身损害赔偿责任需要具备以下条件。

1. 特定的责任期间

航空事故损害赔偿的责任期间为乘客处于民用航空器上或者在旅客上、下民用航空器过程中。具体而言，只要旅客身体某一部分接触到航空器，或者虽未接触到航空器但正要登上航空器的过程中。《蒙特利尔公约》第 17 条规定："对于因旅客死亡或者身体伤害而产生的损失，只要造成死亡或者伤害的事故是在航空器上或者在上、下航空器的任何操作过程中发生的，承运人就应当承担责任。"我国《民用航空法》第 124 条规定："因发生在民用航空器上或者在旅客上、下民用航空器过程中的事件造成旅客人身伤亡的，承运人应当承担责任。但是旅客的人身伤亡完全是由于旅客本人的健康状况造成的承运人不承担责任。""航空器上"相对容易理解，但是"上、下航空器的任何操作过程"的界定相对比较难，各国存在不同做法。

⚲ 旅客人身损害限额赔偿规定

"上航空器的过程中"这一时间、空间和活动概念，应该是指处于承运人或其代理人实际可控制或照料的期间。从时间上看，旅客已办理登机手续但尚未进入民用航空器；从其从事的活动来看，旅客正在登机过程中；从地点看，旅客正处于登机区域，一般包括廊桥、停机坪、客梯车等位置。而"下航空器的过程中"，应该是指旅客走出民用航空器后，到达机场候机楼的安全地带之前。从时间上看，指旅客下飞机直至候机楼的时间，从活动上看，旅客正在进行下机活动，处于承运人或其代理人的照管下；从地点来看，下航空器区域，包括了机场的飞行区、停机坪或飞机的停放地点等。但需要明确的是，由于旅客自主行为导致的损害，例如，旅客不听劝阻自行穿越机坪被待起飞的航空器发动机吹倒骨折；旅客办理完行李提取手续后发生的伤害不应认为是承运人责任范畴。因此，对"上、下航空器的任何操作过程"采用"三重标准"理论，更能体现承运人与乘客在合同履行过程中责任的区分。

2. 事故发生与民用航空器有关

在法律的适用问题上，通常将航空器分为民用航空器和国家航空器，是最基本、也是最为重要的分类方法。民用航空器是指用于执行军事、海关和警察部门飞行任务以外的从事航空活动的航空器。民用航空器和国家航空器最显著的区别如下：民用航空器一般在一国民用航空当局注册登记；从事公共航空运输。

3. 航空交通事故损害赔偿主体主要是承运人

在航空旅客运输合同中，承运人是指包括填开客票的航空承运人和承运或约定承运该客票所列旅客的所有航空承运人。公共航空运输企业是指以营利为目的，使用民用航空器运输旅客的企业法人。设立公共航空运输企业，应当向国务院民用航空主管部门申请领取经营许可证，并依法办理工商登记，未取得经营许可证的，工商行政管理部门不得为其办理工商登记。

关于国内旅客人身损害的赔偿的标准主要依据是 2006 年的《国内航空运输承运人赔偿责任限额规定》[①]，国内航空运输承运人（以下简称承运人）应当在下列规定的赔偿责任限额内按照实际损害承担赔偿责任，但是《民用航空法》另有规定的除外：①对每名旅客的赔偿责任限额为人民币 40 万元；②对每名旅客随身携带物品的赔偿责任限额为人民币 3 000 元；③对旅客托运的行李和对运输的货物的赔偿责任限额，为每千克人民币 100 元。但是现在对限额赔偿制度还存在较大争论，从航空法发展的趋向来看，更倾向于采用与国际航空人身损害赔偿规则一致的规则，即《蒙特利尔公约》的"双梯度"赔偿制度[②]。

不正常航班情况下的赔偿责任问题近些年来成为航空公司与旅客之间矛盾的一个主要方面，双方经常为此发生纠纷。为解决这一问题，中国民航总局于 2004 年 7 月 1 日出台了《航班延误经济补偿指导意见》。由于航班延误的赔偿问题比较复杂且难以操作，该指导意见对航班延误的补偿问题只做了原则性的规定，而把具体的补偿标准和补偿方案交由航空公司自行制定。《航班延误经济补偿指导意见》的具体内容如下。

---

① 《国内航空运输承运人赔偿责任限额规定》，发布单位：中国民用航空总局，生效日期：2006 年 3 月 28 日。

② 《蒙特利尔公约》采取了"双梯度"进行赔偿的独特架构，第一梯度是对于不超过 10 万特别提款权（约 15 万美元）的损害赔偿，采用无过错责任原则，第二梯度是超过 10 万特别提款权的赔偿，使用过错责任原则。参见唐明毅，陈宇. 国际航空私法［M］. 北京：法律出版社，2004：130。

（1）航空公司因自身原因造成航班延误标准分为两个，一个是延误 4 h 以上、8 h 以内；另一个是延误超过 8 h 以上。这两种情况，航空公司要对旅客进行经济补偿。

（2）补偿方式可以通过现金、购票折扣和返还里程等方式予以兑现。

（3）在航班延误的情况下，为了不再造成新的延误，经济补偿一般不在机场现场进行，航空公司可以采用登记、信函等方式进行。

（4）机场应该制止旅客在航班延误后，采取"罢乘""占机"等方式影响航班的正常飞行。

在《航班正常管理规定》（2016 年）中明确国内承运人的运输总条件中应当包括是否对航班延误进行补偿；若给予补偿，应当明确补偿条件、标准和方式等相关内容。

6.4.5　我国航空货物运输法律制度

航空货物运输是民用航空运输中的重要内容，与旅客运输从交通运输方式到损害赔偿责任的承担上都有很大的不同。我国民用航空法明确规定了航空货物运输中的基本原则，一是保证重点、照顾一般、合理运输的原则，二是安全、迅速、准确、经济地组织货物运输的原则。这两个原则要求在航空货物运输过程中，应该根据航空货物运输的特点，按货物运输的重要程度、货主的需求、货物的性质，有秩序地组织运输，并在运输过程中做到安全、迅速、准确、经济，确保货物运输目的的实现，确保货主的利益，体现人民航空为人民的宗旨。

〇 航空货物国内运输规则

1. 货物的托运

1）货物托运的手续

航空货物的托运需到承运人或其代理人处办理托运手续。办理托运时须提交托运人本人的居民身份证或者其他有效身份证件。办理时还须填写货物托运书。托运书是指托运人办理货物托运时填写的书面文件，是据以填开航空货运单的凭据，不具法律效力。如果承运人或其货运代理人要求托运人出具单位介绍信或其他有效证明，托运人也应予提供。如果是托运政府规定限制运输的货物以及需向公安、检疫等有关政府部门办理手续的货物，托运人应当随附有效的证明文件。

〇 航空货物国际运输规则

货物托运书的基本内容包括：①货物托运人和收货人的具体单位或者个人的全称及详细地址、电话、邮政编码；②货物品名；③货物件数、包装方式及标志；④货物实际价值；⑤货物声明价值；⑥普货运输或者急件运输；⑦货物特性、储运及其他说明。

2）货物的包装要求

货物包装的基本原则是，应当保证货物在运输过程中不致损坏、散失、渗漏，不致损坏和污染飞机设备或者其他物品。至于货物包装的材料及形式，托运人应当根据货物性质及重量、运输环境条件和承运人的要求来确定，必须采用适当的内、外包装材料和包装形式。精密、易碎、怕震、怕压、不可倒置的货物，必须有相适应的防止货物损坏的包装措施。在货物运输中，严禁使用草袋包装或草绳捆扎。货物包装内不准夹带禁止运输或者限制运输的物品、危险品、贵重物品、保密文件和资料等。托运人应当在每件货物外包装上标明出发站、到达站和托运人、收货人的单位、姓名及详细地址等。托运人应当根据货物性质，按国家标准规定的式样，在货物外包装上张贴航空运输指示标贴。

3）货物的运输规格

货物的规格有两个指标，一是重量，二是体积。根据我国货物国内运输规则的有关规定，非宽体飞机载运的货物，每件重量一般不超 80 kg，体积一般不超过 40 cm×60 cm×100 cm；宽体飞机载运的货物，每件重量一般不超过 250 kg，体积一般不超过 100 cm×100 cm×140 cm。超过以上重量和体积的货物，承运人可依据机型及出发地和目的地机场的装卸设备条件，确定可收运货物的最大重量和体积。

每件货物的最小规格为长、宽、高之和不得小于 40 cm。

对于每千克货物体积超过 6 000 cm^3 的货物，也称为轻泡货物，其重量以每 6 000 cm^3 折合 1 kg 计重。

货物重量按毛重计算，计量单位为 kg。重量不足 1 kg 的尾数四舍五入。每张航空货运单的货物重量不足 1 kg 时，按 1 kg 计算。贵重物品按实际毛重计算，计算单位为 0.1 kg。

2. 货物的承运

1）货物的收运

（1）货物收运的条件和程序。

货物的收运按货物的性质，可分为一般货物的收运，批量大和有特定条件及时间要求的联程货物的收运，限制运输物品的收运等。

承运人应当根据运输能力，按货物的性质和急缓程度，有计划地收运货物。对于批量大和有特定条件及时间要求的联程货物，承运人必须事先安排好联程中转舱位后方可收运。遇有特殊情况，如政府法令、自然灾害、停航或者货物严重积压时，承运人可暂停收运货物。凡是国家法律、法规和有关规定禁止运输的物品，严禁收运。凡是限制运输的物品，应在符合规定的手续和条件后，方可收运。需经主管部门查验、检疫和办理手续的货物，在手续未办妥之前不得收运。不符合航空运输要求的货物包装，须经托运人改善包装后方可办理收运。

承运人收运货物时，应当查验托运人的有效身份证件；凡属国家限制运输的物品，必须查验国家有关部门出具的准许运输的有效凭证。

（2）货物的安全检查。

承运人对托运人托运货物的内包装是否符合要求，不承担检查的责任，如因内包装不符合货物运输的要求造成货物损坏的，承运人不对此承担法律责任。承运人对收运的货物应当进行安全检查。对于收运后 24 h 内装机运输的货物，一律实行开箱检查，或者通过安检仪器的检测。

（3）航空货运单。

航空货运单是由托运人或者托运人委托承运人填制的，是托运人和承运人之间为在承运人的航线上承运货物所订立货物运输合同的证据，是航空货物运输合同的凭证。航空货运单应由托运人填写，连同货物一并交给承运人。如果是承运人依据托运人提供的托运书填写，经过托运人签字，则该航空货运单应当视为代托运人填写。航空货运单一式八份，其中三份为正本，五份为副本。三份正本分别做如下处理：第一份交承运人，由托运人签字或盖章；第二份交收货人，由托运人和承运人签字或盖章；第三份交托运人，由承运人接收货物后签字盖章。三份货运单具有同等的法律效力。货运单的承运人联应当自填开货运单之次日起，保存两年。

航空货运单的内容包括：填单地点和日期；出发地点和目的地点；第一承运人的名称、地址；托运人的名称、地址；收货人的名称、地址；货物品名、性质；货物的包装方式、件数；货物的重量、体积或尺寸；计费项目及付款方式；运输说明事项；托运人的声明。

2）货物的发送

由于航空运输的货物的具体情况不同，货物发送时也应该根据运输的实际需要，在不影响货主运输要求的前提下，按不同的顺序，有重点、有先后地进行发送。货物发送的一般顺序为：①抢险、救灾、急救、外交信袋和政府指定急运的物品；②指定日期、航班和按急件收运的货物；③有时限、贵重和零星小件物品；④国际和国内中转联程货物；⑤一般货物按照收运的先后顺序发送。

承运人对承运的货物应当精心组织装卸作业，轻拿轻放，严格按照货物包装上的储运指示标志作业，防止货物的损坏。承运人应当按装机单、卸机单准确装卸货物，保证飞行安全。为保障货物装卸的质量和安全，承运人应当建立健全监装、监卸制度，应派专职人员对作业现场实施监督和检查。

承运人应当根据进出港货物运输量及货物特性，分别建立普通货物及贵重物品、鲜活物品、危险物品等货物仓库。货物仓库应当建立健全保管制度，严格交接手续；库内货物应当合理码放、定期清仓；做好防火、防盗、防鼠、防水、防冻等工作，保证进出库货物准确完整。

货物托运后，托运人或收货人可在出发地或目的地向承运人或其代理人查询货物的运输情况，查询时应当出示货运单或提供货运单号码、出发地、目的地、货物名称、件数、重量、托运日期等内容。承运人或其代理人对托运人或收货人的查询应当及时给予答复。

3）货物的到达和交付

货物到达目的地后，承运人或其代理人应及时将货物到达的情况通知收货人。到货通知可采用电话和书面两种形式。急件货物的到货通知应当在货物到达后 2 h 内发出，普通货物的到货通知应当在货物到达后 24 h 内发出。动物、鲜活易腐物品及其他指定日期和航班运输的货物，托运人应当负责通知收货人在到达站机场等候现场提取。

货物到达后，收货人提取货物，应凭到货通知单和本人居民身份证或其他有效身份证件进行提取。如果收货人不能亲自提取货物，需委托他人提货的，提货人应凭到货通知单和货运单指定的收货人及提货人的居民身份证或其他有效身份证件提取。承运人交付货物时，应当先按照货运单列明的货物件数作出清点后，才能将货物交付收货人。

特种货物的运输

如果承运人发现托运人所托运的货物与货运单上所列的品名不符，或托运人在货物中夹带政府禁止运输或限制运输的物品和危险物品，承运人应当按照货物发送的情况，作出以下的处理：①如货物还未发送，则在出发站停止发送，通知托运人提取，运费不退；②如果货物已经发送，并在运输途中，则在中转站停止运送，通知托运人，运费不退，并对品名不符的货件，按照实际运送航段另核收运费；③如果货物已经发送到了终点站，则在到达站，对品名不符的货件，另核收全程运费。

危险物品安全航空运输技术细则

货物到达目的地后，如货物自发出到货通知的次日起 14 d 后还无人提取，到达站应当通知始发站，征求托运人对货物的处理意见；如满 60 d 后仍无人提取，且又未收到托运人的处理意见时，则对货物按无法交付货物处理。通常的做法是：属政府禁止和限制运输物品、贵重物品及珍贵文史资料等货物，移交政府主管部门；凡属一般的生产、生活资料，作价移交有关物资部门或商业部门；鲜活易腐物品或保管有困难的货物，由承运人酌情处理，由此产生的费用由托运人承担；作价处理的货款，由承运人负责保管。从处理之日起 90 d 内，如有托运人或收货人认领，扣除该货物的保管费和处理费后，余款退给认领人；如 90 d 后仍无人认领，余款上缴国库。无法交付货物的处理结果，由目的站通过始发站通知托运人。

4）货物运输的变更

货物运输的变更通常有两种情况：一是托运人提出变更；二是承运人的原因引起的变更。如属托运人提出变更的情况，托运人应当提供原托运人出具的书面要求、个人有效证件和货运单托运人联。承运人应当及时处理托运人的变更要求，根据变更要求更改或重开货运单，重新核收运费。如果不能按照要求办理，应当迅速通知托运人。在运送货物前取消托运，承运人可以收取退运手续费。

由于承运人执行特殊任务或天气等不可抗拒的原因，货物运输受到影响，需要变更运输时，承运人应当及时通知托运人或收货人，商定处理办法。运费按照以下规定处理：①在出发站退运货物，退还全部运费；②在中途站变更到达站，退还未使用航段的运费，另核收由变更站至新到达站的运费；③在中途站将货物运至原出发站，退还全部运费；④在中途站改用其他交通工具将货物运至目的站，超额费用由承运人承担。

5）货物运输的费用

货物运价是指出发地机场至目的地机场之间的航空运输价格，不包括机场与市区间的地面运输费及其他费用。贵重物品、动物、鲜活易腐物品、危险物品、灵柩、骨灰、纸型以及特快专递、急件货物等按普通货物运价的150%计收运费。声明价值附加费的计算方法为：$[$声明价值 $-$（实际重量$\times 20$）$]\times 0.5\%$。承运人可以收取地面运输费、退运手续费和保管费等货运杂费。

6）赔偿责任

（1）货物损毁的法律责任。

航空货物运输过程中，如因承运人的原因发生货物损失，如丢失、短缺、变质、污染、损坏的，对于没有办理声明价值的货物，承运人应按照实际损失的价值进行赔偿。按照2006年3月28日施行的《国内航空运输承运人赔偿责任限额规定》的有关规定，对航空运输的货物的赔偿责任最高限额为每千克（毛重）人民币100元。对于已向承运人办理货物声明价值的货物，则按照声明的价值进行赔偿。

（2）货物延迟的法律责任。

关于货物延迟的法律责任问题，我国民用航空法没有做明确的规定，通常由双方按照运输合同的约定进行赔偿，或由双方协商解决。实践中，赔偿责任的大小通常不超过全部运价，以全部运费为限。

6.5 通用航空和无人机的管理制度

6.5.1 通用航空的管理制度

1. 通用航空的概念和管理规则[①]

通用航空，是指除军事、警务、海关缉私飞行和公共航空运输飞行以外的航空活动，包括从事工业、农业、林业、渔业、矿业、建筑业的作业飞行和医疗卫生、抢险救灾、气象探测、海洋监测、科学实验、遥感测绘、教育训练、文化体育、旅游观光等方面的飞行活动。

从事通用航空飞行活动的单位、个人，必须按照《民用航空法》的规定取得从事通用航空活动的资格，并遵守国家有关法律、行政法规的规定。

飞行管制部门按照职责分工，负责对通用航空飞行活动实施管理，提供空中交通管制服务。相关飞行保障单位应当积极协调配合，做好有关服务保障工作，为通用航空飞行活动创造便利条件。

2. 飞行空域的划设与使用

从事通用航空飞行活动的单位、个人使用机场飞行空域、航路、航

（侧注）民用航空危险品运输管理规定

通用航空飞行管制条例

通用航空经营许可管理规定

---

① 参见《通用航空飞行管制条例》（2003年）。

线，应当按照国家有关规定向飞行管制部门提出申请，经批准后方可实施。

从事通用航空飞行活动的单位、个人，根据飞行活动要求，需要划设临时飞行空域的，应当向有关飞行管制部门提出划设临时飞行空域的申请。划设临时飞行空域的申请应当包括下列内容：①临时飞行空域的水平范围、高度；②飞入和飞出临时飞行空域的方法；③使用临时飞行空域的时间；④飞行活动性质；⑤其他有关事项。

划设临时飞行空域，按照下列规定的权限批准：①在机场区域内划设的，由负责该机场飞行管制的部门批准；②超出机场区域在飞行管制分区内划设的，由负责该分区飞行管制的部门批准；③超出飞行管制分区在飞行管制区内划设的，由负责该管制区飞行管制的部门批准；④在飞行管制区间划设的，由中国人民解放军空军批准。批准划设临时飞行空域的部门应当将划设的临时飞行空域报上一级飞行管制部门备案，并通报有关单位。

划设临时飞行空域的申请，应当在拟使用临时飞行空域 7 个工作日前向有关飞行管制部门提出；负责批准该临时飞行空域的飞行管制部门应当在拟使用临时飞行空域 3 个工作日前作出批准或者不予批准的决定，并通知申请人。临时飞行空域的使用期限应当根据通用航空飞行的性质和需要确定，通常不得超过 12 个月。因飞行任务的要求，需要延长临时飞行空域使用期限的，应当报经批准该临时飞行空域的飞行管制部门同意。通用航空飞行任务完成后，从事通用航空飞行活动的单位、个人应当及时报告有关飞行管制部门，其申请划设的临时飞行空域即行撤销。已划设的临时飞行空域，从事通用航空飞行活动的其他单位、个人因飞行需要，经批准划设该临时飞行空域的飞行管制部门同意，也可以使用。

3. 飞行活动的管理

从事通用航空飞行活动的单位、个人实施飞行前，应当向当地飞行管制部门提出飞行计划申请，按照批准权限，经批准后方可实施。飞行计划申请应当包括下列内容：①飞行单位；②飞行任务性质；③机长（飞行员）姓名、代号（呼号）和空勤组人数；④航空器型别和架数；⑤通信联络方法和二次雷达应答机代码；⑥起飞、降落机场和备降场；⑦预计飞行开始、结束时间；⑧飞行气象条件；⑨航线、飞行高度和飞行范围；⑩其他特殊保障需求。

从事通用航空飞行活动的单位、个人有下列情形之一的，必须在提出飞行计划申请时，提交有效的任务批准文件：①飞出或者飞入我国领空的（公务飞行除外）；②进入空中禁区或者国（边）界线至我方一侧 10 km 之间地带上空飞行的；③在我国境内进行航空物探或者航空摄影活动的；④超出领海（海岸）线飞行的；⑤外国航空器或者外国人使用我国航空器在我国境内进行通用航空飞行活动的。

使用机场飞行空域、航路、航线进行通用航空飞行活动，其飞行计划申请由当地飞行管制部门批准或者由当地飞行管制部门报经上级飞行管制部门批准。使用临时飞行空域、临时航线进行通用航空飞行活动，其飞行计划申请按照下列规定的权限批准：①在机场区域内的，由负责该机场飞行管制的部门批准；②超出机场区域在飞行管制分区内的，由负责该分区飞行管制的部门批准；③超出飞行管制分区在飞行管制区内的，由负责该区域飞行管制的部门批准；④超出飞行管制区的，由中国人民解放军空军批准。

飞行计划申请应当在拟飞行前一天 15 时提出；飞行管制部门应当在拟飞行前一天 21 时作出批准或者不予批准的决定，并通知申请人。执行紧急救护、抢险救灾、人工影响天气或者其他紧急任务的，可以提出临时飞行计划申请。临时飞行计划申请最迟应当在拟飞行 1 小时前提出；飞行管制部门应当在拟起飞时刻 15 分钟前作出批准或者不予批准的决定，并通知申请人。在划设的临时飞行空域内实施通用航空飞行活动的，可以在申请划设临时飞行空域时一并提出 15 d 以内的短期飞行计划申请，不再逐日申请；但是每日飞行开始前和结束后，应当及时报告飞行管制部门。

使用临时航线转场飞行的，其飞行计划申请应当在拟飞行两天前向当地飞行管制部门提出；飞行管制部门应当在拟飞行前一天 18 时作出批准或者不予批准的决定，并通知申请人，同时按照规定通报有关单位。飞行管制部门对违反飞行管制规定的航空器，可以根据情况责令改正或者停止其飞行。

4. 飞行保障

通信、导航、雷达、气象、航行情报和其他飞行保障部门应当认真履行职责，密切协同，统筹兼顾，合理安排，提高飞行空域和时间的利用率，保障通用航空飞行顺利实施。通信、导航、雷达、气象、航行情报和其他飞行保障部门对于紧急救护、抢险救灾、人工影响天气等突发性任务的飞行，应当优先安排。

从事通用航空飞行活动的单位、个人组织各类飞行活动，应当制定安全保障措施，严格按照批准的飞行计划组织实施，并按照要求报告飞行动态。从事通用航空飞行活动的单位、个人，应当与有关飞行管制部门建立可靠的通信联络。在划设的临时飞行空域内从事通用航空飞行活动时，应当保持空地联络畅通。在临时飞行空域内进行通用航空飞行活动，通常由从事通用航空飞行活动的单位、个人负责组织实施，并对其安全负责。

飞行管制部门应当按照职责分工或者协议，为通用航空飞行活动提供空中交通管制服务。从事通用航空飞行活动需要使用军用机场的，应当将使用军用机场的申请和飞行计划申请一并向有关部队司令机关提出，由有关部队司令机关作出批准或者不予批准的决定，并通知申请人。从事通用航空飞行活动的航空器转场飞行，需要使用军用或者民用机场的，由该机场管理机构按照规定或者协议提供保障；使用军民合用机场的，由从事通用航空飞行活动的单位、个人与机场有关部门协商确定保障事宜。在临时机场或者起降点飞行的组织指挥，通常由从事通用航空飞行活动的单位、个人负责。从事通用航空飞行活动的民用航空器能否起飞、着陆和飞行，由机长（飞行员）根据适航标准和气象条件等最终确定，并对此决定负责。通用航空飞行保障收费标准，按照国家有关国内机场收费标准执行。

5. 升放和系留气球的规定

升放无人驾驶自由气球或者系留气球，不得影响飞行安全。无人驾驶自由气球，是指无动力驱动、无人操纵、轻于空气、总质量大于 4 kg 自由飘移的充气物体。系留气球，是指系留于地面物体上、直径大于 1.8 m 或者体积容量大于 3.2 m³、轻于空气的充气物体。无人驾驶自由气球和系留气球的分类、识别标志和升放条件等，应当符合国家有关规定。

进行升放无人驾驶自由气球或者系留气球活动，必须经设区的市级以上气象主管机构会同有关部门批准。升放无人驾驶自由气球，应当在拟升放两天前持规定的批准文件向当地飞行管制部门提出升放申请；飞行管制部门应当在拟升放一天前作出批准或者不予批准的决定，并通知申请人。

升放无人驾驶自由气球的申请，通常应当包括下列内容：①升放的单位、个人和联系方法；②气球的类型、数量、用途和识别标志；③升放地点和计划回收区；④预计升放和回收（结束）的时间；⑤预计飘移方向、上升的速度和最大高度。

升放无人驾驶自由气球，应当按照批准的申请升放，并及时向有关飞行管制部门报告升放动态；取消升放时，应当及时报告有关飞行管制部门。升放系留气球，应当确保系留牢固，不得擅自释放。系留气球升放的高度不得高于地面150 m，但是低于距其水平距离50 m范围内建筑物顶部的除外。系留气球升放的高度超过地面50 m的，必须加装快速放气装置，并设置识别标志。

升放的无人驾驶自由气球或者系留气球中发生下列可能危及飞行安全的情况时，升放单位、个人应当及时报告有关飞行管制部门和当地气象主管机构：①无人驾驶自由气球非正常运行的；②系留气球意外脱离系留的；③其他可能影响飞行安全的异常情况。加装快速放气装置的系留气球意外脱离系留时，升放系留气球的单位、个人应当在保证地面人员、财产安全的条件下，快速启动放气装置。禁止在依法划设的机场范围内和机场净空保护区域内升放无人驾驶自由气球或者系留气球，但是国家另有规定的除外。

6.5.2 无人机的管理制度

随着无人机技术的日渐成熟，民用无人机尤其是消费级无人机迅速发展。随着无人机潜在应用领域被不断发掘，其在警用安防、国土测绘、影视拍摄、农林植保、行政巡检等方面迅速崭露头角。无人机监管法律法规的制定涉及多部门多领域，需要国家有关部门统筹安排、统一制定，生产、适航、注册、审批、飞行、监管、惩处等方面全方位、前瞻性立法，并同步出台与法律相配套的实施细则、操作规程和行业规定，确保飞行安

◦ 轻小无人机
运行规定

全和空中飞行秩序。

1. 无人机的概念

无人机是无人驾驶飞机的简称，也称为无人驾驶航空器（unmanned aircraft, UA），是一架由遥控站管理（包括远程操纵或自主飞行）的航空器，也称遥控驾驶航空器（remotely piloted aircraft, RPA）。按照操控技术的不同，国际民航组织将"无人机"（unmanned aircraft）分为：①智能飞机（autonomous aircraft）；②远程遥控飞机（remotely piloted aircraft, RPA）；③模型飞机（model aircraft）三类。无人机的飞行不能单靠"机体"，还需要操控站或遥控装置及控制信号（command and control link, C2 link），有时甚至需要发射和回收装置的配合，因此对无人机的规范，准确而言是对无人机系统的规范。无人机系统（unmanned aircraft system, UAS），也称无人驾驶航空器系统（remotely piloted aircraft systems, RPAS），是指由一架无人机、相关的遥控站、所需的指令与控制数据链路以及批准的型号设计规定的任何其他部件组成的系统，具有自主飞行和独立完成某项任务的功能。根据《民用无人驾驶航空器实名制登记管理规定》的界定，无人机是指没有机载驾驶员操纵、自备飞行控制系统，并从事非军事、警察和海关飞行任务的航空器。不包括航空模型、无人驾驶自由气球和系留气球①。根据《民用无人机驾驶员管理规定》，我国民用无人机系统依据空机重量和起飞全重划分为九类。

○ 民用无人机
驾驶员管理
规定

2. 无人机的主要管理制度

从无人机的法律规范发展来看，国际民航组织已经开始为无人机及其相关系统制定标准和建议措施（standard and recommended practices, SARPs）、空中航行服务程序（procedures for air navigation services, PANS）和指导材料的任务。这些标准和建议措施预计将在未来几年成熟。

当前我国关于无人机的专门管理制度正在修订中，已有的相关规定主要有：《通用航空经营许可管理规定》（2016 年），该管理规定明确了从事经营通用航空必须取得民航主管部门的许可②。2015 年民航局发布了《使用民用无人驾驶航空器系统开展通用航空经营活动管理暂行办法》（征求意见稿），③ 在该征求意见稿中，明确了无人机开展通用航空经营活动的

---

① 参见《民用无人驾驶航空器实名制登记管理规定》的相关规定。

② 《通用航空经营许可管理规定》第 3 条规定：从事通用航空经营活动，应当取得通用航空经营许可。取得通用航空经营许可的企业，应当遵守国家法律、行政法规和规章的规定，在批准的经营范围内依法开展经营活动。

③ 按照《通用航空经营许可管理规定》的要求，取得通用航空经营许可；活动主体应为企业法人，企业的法定代表人为中国籍公民；购买或租赁不少于两架的无人机，该无人机应当在中华人民共和国登记、取得适航证；需使用的专业作业设施设备，应符合相关法律、法规和标准要求并经检测合格；有与所使用无人机（7 kg 以下及植保无人机除外）相适应，经过专业训练、取得相应执照或训练合格证的驾驶员；设立经营、运行及安全管理机构并配备相应专业人员；所使用的航空无线电频率应符合国家及民航无线电管理法规和规定的要求；需在无人机上设置无线电设备的，应取得民用航空器无线电台执照或相应许可；企业高级管理人员应当完成有关法规标准培训，主管飞行安全、作业质量的负责人还应当在最近两年内具有累计一年以上相关专业领域工作经验；具备充分的赔偿责任承担能力，按规定投保地面第三人责任险等保险，并确保在无人机飞行活动期间持续有效；民航局认为必要的其他条件。

基本条件。2015 年民航局颁布的《轻小无人机运行规定（试行）》，对轻小无人机的概念进行了界定，也明确了轻小无人机驾驶员、无人机机长的职责①，2016 年民航局制定《民用无人驾驶航空器系统空中交通管理办法》，明确了无人机的管理机制和相关制度。2016 年发布的《民用无人机驾驶员管理规定》，对无人机驾驶员实现资质管理。2017 年《民用无人驾驶航空器实名制登记管理规定》对无人机登记相关制度进行了规定。2017 年 3 月《民航局关于在华东地区开展通用航空管理服务平台和无人机研发试飞基地建设试点的通知》明确，在民航华东地区管理局辖区范围内开展通用航空管理服务平台和无人机研发试飞基地建设试点，探索无人机研发试飞管理，引导无人机有序发展，避免飞行冲突；为试飞基地划设专用区域，配套建立地面监视系统。

目前我国关于无人机的法律法规仅限于部门规章，法律位阶较低，行政强制效力不足，且现行规定仅仅各自分别对无人机活动的一部分作出规定，缺乏全面系统性法规。

3. 民用无人驾驶航空器系统空中交通管理

民航局指导监督全国民用无人驾驶航空器系统空中交通管理工作，地区管理局负责本辖区内民用无人驾驶航空器系统空中交通服务的监督和管理工作。空管单位向其管制空域内的民用无人驾驶航空器系统提供空中交通服务。民用无人驾驶航空器仅允许在隔离空域内飞行。民用无人驾驶航空器在隔离空域内飞行，由组织单位和个人负责实施，并对其安全负责。多个主体同时在同一空域范围内开展民用无人驾驶航空器飞行活动的，应当明确一个活动组织者，并对隔离空域内民用无人驾驶航空器飞行活动安全负责。

我国还对民用无人驾驶航空器的评估管理、空中交通服务、无线电管理等方面进行了明确的规定。

6.6　民用航空安全

6.6.1　民用航空安全的概念和基本管理原则

1. 民用航空安全的概念

民用航空安全有两层含义：一是使安全处于持续的状态，也就是运输飞行时间持续延长，这是持续安全在数量上的体现；二是使安全品质持续提高，安全水平呈现平稳上升的态势，而不是时间指标与侥幸相伴，在"有惊无险""化险为夷"的磕磕绊绊中求得安全数量，这是持续安全在质量上的体现。两层含义归结为一点，就是使安全风险降至最低，事故率

---

① 无人机系统驾驶员，由运营人指派对无人机的运行负有必不可少责任并在飞行期间适时操纵无人机的人。无人机系统机长，是指在系统运行时间内负责整个无人机系统运行和安全的驾驶员。

逐年降低。

关于民用航空安全概念的理解有以下几个要点：①安全是相对的，不是绝对的。简单地把安全和零事故画等号，不是科学的思想方法和思维方式；②安全又是可控的，通过人的主观努力，掌握规律，加强管理，运用高新技术和设备，汲取事故和事故征候的教训，增强风险防控能力，事故是可以预防的；③在事故与人的主观努力的评价上，要实事求是，客观地鉴定和处理，没有事故不等于没有问题，而出了事故也不能对工作全盘否定，不能简单地以"事故定乾坤"，万一发生事故，要具体情况具体分析，要看事故的性质是不可抗力所致，还是违规操作所致，是机械、气象等外部因素所致；还是员工、企业等内部因素所致，还要看事故率是多少，事故的发生是不是在航空界可接受的范围以内。

2. 民用航空安全管理的基本原则

民用航空安全保卫工作实行统一管理、分工负责的原则。民用航空公安机关（以下简称民航公安机关）负责对民用航空安全保卫工作实施统一管理、检查和监督。

有关地方人民政府与民用航空单位应当密切配合，共同维护民用航空安全。

旅客、货物托运人和收货人以及其他进入机场的人员，应当遵守民用航空安全管理的法律、法规和规章。

民用机场经营人和民用航空器经营人应当履行下列职责：①制订本单位民用航空安全保卫方案，并报国务院民用航空主管部门备案；②严格实行有关民用航空安全保卫的措施；③定期进行民用航空安全保卫训练，及时消除危及民用航空安全的隐患。与中华人民共和国通航的外国民用航空企业，应当向国务院民用航空主管部门报送民用航空安全保卫方案。

公民有权向民航公安机关举报预谋劫持、破坏民用航空器或者其他危害民用航空安全的行为。

民用航空运输机场航空安全保卫规则

6.6.2 民用机场的安全保卫

民用机场（包括军民合用机场中的民用部分，下同）的新建、改建或者扩建，应当符合国务院民用航空主管部门关于民用机场安全保卫设施建设的规定。民用机场开放使用，应当具备下列安全保卫条件：①设有机场控制区并配备专职警卫人员；②设有符合标准的防护围栏和巡逻通道；③设有安全保卫机构并配备相应的人员和装备；④设有安全检查机构并配备与机场运输量相适应的人员和检查设备；⑤设有专职消防组织并按照机场消防等级配备人员和设备；⑥订有应急处置方案并配备必要的应急援救设备。

机场控制区应当根据安全保卫的需要，划定为候机隔离区、行李分检装卸区、航空器活动区和维修区、货物存放区等，并分别设置安全防护设施和明显标志。机场控制区应当有严密的安全保卫措施，实行封闭式分区管理。人员与车辆进入机场控制区，必须佩戴机场控制区通行证并接受警卫人员的检查。

在航空器活动区和维修区内的人员、车辆必须按照规定路线行进，车辆、设备必须在指定位置停放，一切人员、车辆必须避让航空器。停放在机场的民用航空器必须有专人警卫；各有关部门及其工作人员必须严格执行航空器警卫交接制度。

机场内禁止下列行为：①攀（钻）越、损毁机场防护围栏及其他安全防护设施；②在机场控制区内狩猎、放牧、晾晒谷物、教练驾驶车辆；③无机场控制区通行证进入机场控制区；④随意穿越航空器跑道、滑行道；⑤强行登、占航空器；⑥谎报险情，制造混乱；⑦扰乱机场秩序的其他行为。

6.6.3　民用航空营运的安全保卫

承运人及其代理人出售客票，必须符合国务院民用航空主管部门的有关规定；对不符合规定的，不得售予客票。承运人办理承运手续时，必须核对乘机人和行李。旅客登机时，承运人必须核对旅客人数。对已经办理登机手续而未登机的旅客的行李，不得装入或者留在航空器内。旅客在航空器飞行中途中止旅行时，必须将其行李卸下。承运人对承运的行李、货物，在地面存储和运输期间，必须有专人监管。配制、装载供应品的单位对装入航空器的供应品，必须保证其安全性。

航空器在飞行中的安全保卫工作由机长统一负责。航空安全员在机长领导下，承担安全保卫的具体工作。机长、航空安全员和机组其他成员，应当严格履行职责，保护民用航空器及其所载人员和财产的安全。

机长在执行职务时，可以行使下列权力：①在航空器起飞前，发现有关方面对航空器未采取规定的安全措施的，拒绝起飞；②在航空器飞行中，对扰乱航空器内秩序，干扰机组人员正常工作而不听劝阻的人，采取必要的管束措施；③在航空器飞行中，对劫持、破坏航空器或者其他危及安全的行为，采取必要的措施；④在航空器飞行中遇到特殊情况时，对航空器的处置作最后决定。

禁止下列扰乱民用航空营运秩序的行为：①倒卖购票证件、客票和航空运输企业的有效订座凭证；②冒用他人身份证件购票、登机；③利用客票交运或者捎带非旅客本人的行李物品；④将未经安全检查或者采取其他安全措施的物品装入航空器。

航空器内禁止下列行为：①在禁烟区吸烟；②抢占座位、行李舱（架）；③打架、酗酒、寻衅滋事；④盗窃、故意损坏或者擅自移动救生物品和设备；⑤危及飞行安全和扰乱航空器内秩序的其他行为。

6.6.4　安全检查

乘坐民用航空器的旅客和其他人员及其携带的行李物品，必须接受安全检查；但是，国务院规定免检的除外。拒绝接受安全检查的，不准登机，损失自行承担。

民用航空安全保卫条例

民用航空安全检查规则

安全检查人员应当查验旅客客票、身份证件和登机牌，使用仪器或者手工对旅客及其行李物品进行安全检查，必要时可以从严检查。已经安全检查的旅客应当在候机隔离区等待登机。

进入候机隔离区的工作人员（包括机组人员）及其携带的物品，应当接受安全检查。接送旅客的人员和其他人员不得进入候机隔离区。

外交邮袋免予安全检查。外交信使及其随身携带的其他物品应当接受安全检查；但是，中华人民共和国缔结或者参加的国际条约另有规定的除外。空运的货物必须经过安全检查或者对其采取的其他安全措施。货物托运人不得伪报品名托运或者在货物中夹带危险物品。

航空邮件必须经过安全检查。发现可疑邮件时，安全检查部门应当会同邮政部门开包查验处理。除国务院另有规定的外，乘坐民用航空器的，禁止随身携带或者交运下列物品：①枪支、弹药、军械、警械；②管制刀具；③易燃、易爆、有毒、腐蚀性、放射性物品；④国家规定的其他禁运物品。除以上规定的物品外，其他可以用于危害航空安全的物品，旅客不得随身携带，但是可以作为行李交运或者按照国务院民用航空主管部门的有关规定由机组人员带到目的地后交还。对含有易燃物质的生活用品实行限量携带。限量携带的物品及其数量，由国务院民用航空主管部门规定。

本章小结

本章首先介绍了民用航空法的概念、特征和地位，在此基础上分别从机场建设、国际民用航空运输和国内民用航空运输、通用航空和无人机管理等方面介绍了航空法的基本制度，最后阐述了航空运输安全方面的法律制度。

本章的重点和难点是旅客航空运输、货物航空运输。

习题

一、名词解释
1. 航空法
2. 机场
3. 航空运输企业
4. 航权
5. 航班
6. 民用航空
7. 通用航空
8. 无人机

二、单项选择题

1. 民用航空器的适航管理由（　　）负责。

　　A. 民航总局　　　　　　　　　　B. 国务院

　　C. 中央军委　　　　　　　　　　D. 航空公司

2. 《中国民用航空法》中"航空人员"是指从事民用航空活动的（　　）。

　　A. 空勤人员

　　B. 空勤人员和地面人员

　　C. 飞行人员和地面人员

　　D. 空勤人员、飞行人员和地面人员

三、多项选择题

1. 《中国民用航空法》颁布的目的（　　）。

　　A. 为了维护国家的领空主权和民用航空权利

　　B. 保障民用航空活动安全和有秩序地进行

　　C. 保护民用航空活动当事人各方的合法权益

　　D. 促进民用航空事业的发展

2. 下列关于"机长的权利和义务"的表述正确的有（　　）。

　　A. 有关保障条件低于最低安全标准，或者缺乏信心时，有权拒绝飞行

　　B. 发现机组成员不适宜继续飞行，有碍飞行安全时，提出将其更换

　　C. 发生特殊情况时，为保证航空器和旅客安全，对航空器处置作出最后决定

　　D. 航空器迫降或遇险后首先离开航空器

四、判断题

1. 即便是在战争时期，仍然要适用民用航空法。

2. 飞机的主人是哪个国家的，那么飞机也就是哪个国家的。

3. 民用航空器优先权是指债权人向民用航空器所有人、承租人提出赔偿请求，对产生该赔偿请求的民用航空器具有优先受偿的权利。

4. 民用机场是指专供民用航空器起飞、降落、滑行、停放以及进行其他活动使用的划定区域。

5. 在民用机场及其净空保护区域以外，对可能影响飞行安全的高大建筑物或者设施，应当限期拆除，给予补偿。

五、简答题

1. 民用航空法有何特点？

2. 简述航空法的法律渊源。

3. 民用机场建设和管理的基本规则有哪些？

4. 国际航空权存在哪些问题？我国面临什么样的契机和挑战？

5. 简述民用航空器所有权。

6. 航空承运人的赔偿责任有何新变化？

7. 我国航空法对旅客和行李的运输有哪些规定？

8. 我国航空法对货物的运输有哪些规定？

9. 我国通用航空的管理规定有哪些？

六、案例题

1. 伊春空难案

2010 年 8 月 24 日，河南航空有限公司哈尔滨至伊春 VD8387 航班，在黑龙江省伊春市林都机场着陆过程中失事，造成机上 44 人死亡、52 人受伤，直接经济损失 30 891 万元。此后，机长齐全军因涉嫌重大飞行事故罪被立案侦查。

根据检方指控，时任机长齐全军违反航空公司关于飞行操作的规章制度，对空难负有直接责任，应当以重大飞行事故罪追究齐全军的刑事责任，建议判处 4~6 年有期徒刑。法院一审认为，齐全军作为当班机长，违反航空运输管理的有关规定，违规操纵飞机实施进近并着陆，致使飞机坠毁，造成机上 44 人死亡、52 人受伤，直接经济损失人民币 3 亿余元。2014 年 12 月，伊春区法院一审以重大飞行事故罪判处齐全军有期徒刑 3 年。宣判后齐全军提出了上诉。

齐全军的辩护人张起淮律师表示，造成空难有多种因素：如当时气象条件不好；齐全军没有返航，与领导的要求有直接关系，因为飞机上有要客，返航对商业信誉有影响。同时机场建设时存在很多问题却迅速地"验收合格"；空难发生时，两名飞行管制员有一人不在岗等。

2015 年 4 月 10 日，伊春市中级人民法院二审驳回齐全军上诉，维持原判。

这是中国首例飞行员被指控重大飞行事故罪的案件，受到国际民航组织的高度关注，国际民航组织也派员旁听了庭审。

齐全军原是深圳航空公司的机长，后来加入鲲鹏航空。2007 年开航的鲲鹏航空是一家支线航空公司，后更名为河南航空公司，深圳航空是其大股东。事发后三日，河南省工商局撤销了河南航空有限公司企业名称登记。

2012 年 6 月 29 日，《河南航空有限公司黑龙江伊春"8·24"特别重大飞机坠毁事故调查报告》经国务院批复结案，并予以发布。根据该调查报告，事故当班机长齐全军，对事故的发生负有直接责任。被告人齐全军作为事故当班机长，未履行《民用航空法》关于机长法定职责的有关规定，违规操纵飞机低于最低运行标准实施进近，在飞机进入辐射雾，没有建立着陆所必需的目视参考的情况下，穿越最低下降高度实施着陆，在撞地前出现无线电高度语音提示，且未看见机场跑道的情况下，仍未采取复飞措施，继续实施着陆，导致飞机撞地，对事故的发生负有直接责任；飞机撞地后，没有组织指挥旅客撤离，没有救助受伤人员，而是擅自撤离飞机。建议依法吊销其飞行驾驶员执照，给予开除公职、开除党籍的处分，依法追究其刑事责任。

而事故航班副驾驶朱建州没有提醒机长保持最低下降高度平飞或复

飞,对事故的发生负有直接责任。鉴于其已在事故中死亡,调查组建议不再进行责任追究。

辩方律师:事发飞机上有要客

张起淮称,空难是多因一果,他调查到的"因素"之多达到 28 个,包括伊春地区的地形、气候等不具备建设机场的条件;机场设备简陋;伊春林都机场未经依法严格验收,未达到开放条件等。

对于检方指控齐全军违反航空公司关于飞行操作的规章制度,张起淮表示,齐全军虽然违反了规章制度,但并非出于为自己考虑。

张起淮透露,律师在此前会见齐全军时得知,事发前飞机上有要客,包括部委领导带队的工作组,伊春市的领导也等候在机场迎接。地面上的管制人员虽然提醒天气条件,但并没有让飞机飞走,齐全军也认为地面上的人是希望飞机能降落的,这也是采取强硬着陆的原因之一。

张起淮称,事故因素涉及多个主管部门和公司,暴露出民航发展过程中存在的问题,给飞速发展的民航业都敲响警钟,责任不止机长一个人。

2012 年 5 月,民航黑龙江监管局在对伊春机场的消防整改复查中发现问题如下:部分专职消防员年龄偏大,兼职消防员技能训练不足,部分消防器材(空气呼吸器等)老旧破损不能使用……

据了解,在空难发生后,齐全军先是因为受伤接受了一段治疗,此后一直被羁押在案,由于在押候审时间长达两年多,按照法律羁押一日折抵刑期一日的规定,齐全军的刑期到 2015 年 6 月将届满。齐全军仍要申诉。齐全军的律师张起淮表示,齐全军认为自己不该为坠机承担刑责,对案件的二审结果仍然不服。

张起淮说,案件的一审和二审判决结果均是依据国务院对伊春空难的事故调查报告作出的,而按照法律的相关规定,刑事案件不能将事故报告作为判案的主要依据。基于此,张律师认为要对案件提出申诉,同时要对国务院的调查报告提出行政诉讼,要求撤销该份报告。

52 名空难幸存者目前还没有获得航空公司的民事赔偿。据张起淮律师表示,目前已经有数十名幸存者和空难中遇难者的家属委托他进行民事赔偿事宜,赔偿会向中国民航局、民航地区管理局、航空公司、伊春机场等单位提出,诉讼将会在北京进行。此外,民事赔偿诉讼一直没有开始是因为需要等待齐全军案件的最终判决结果,以此来确定各方的责任,但就目前的情况看,张律师说,可能会将齐全军案件的申诉工作与幸存者们的民事赔偿一并来进行。

问题:根据以上材料,分析航空事故处理程序。并从航空法律角度分析,机长的法律责任和航空公司损害赔偿责任。

2. 无人机案例

上诉人(原审原告、反诉被告):厦门加能电力科技有限公司

被上诉人(原审被告、反诉原告):陈亚新

案由:财产损害赔偿纠纷

【案情概述】

2012 年 9 月 25 日 12 时许，加能公司所有的无人驾驶的遥控飞机在翔安区马巷镇巷南中学门口附近的公路上紧急迫降着陆时与由陈亚新驾驶其自有的闽 D××××号轿车相碰撞。事故现场无人飞机（长约 2 m，宽约 3 m）位于道路右侧第二个车道上，机腹朝下，飞机的尾部断裂、机翼受损。闽 D××××号轿车停于飞机前方的第二、第三车道中间，车头右侧及右前轮有碰剐痕迹。在闽 D××××号轿车及无人飞机的后方现场道路上留有一条印迹明显的小车急刹车挫痕。原告诉讼请求为：①陈亚新赔偿加能公司经济损失 235 600 元；②陈亚新赔偿加能公司因此产生的律师费用 6 000 元。被告提起反诉，其诉求请求为：加能公司赔偿陈亚新因本起交通事故所造成的财产损失合计 1 454 元。

【争议焦点】

1. 本案是否应当适用《通用航空飞行管制条例》的相关规定。

2. 加能公司在飞行过程中是否存在过错，是否应当承担事故责任。

【处理结果】

厦门市翔安区人民法院判决：①驳回厦门加能电力科技有限公司的诉讼请求。②驳回陈亚新的反诉诉讼请求。

加能公司不服，向厦门市中级人民法院提起上诉，二审判决驳回上诉，维持原判。

【法律评析】

1. 国务院《通用航空飞行管制条例》第 2 条、第 3 条明确规定了军事、警务、海关缉私飞行和公共航空运输飞行以外的航空活动均应适用该条例。本案加能公司进行无人机飞行，应当适用该条例。

2. 加能公司未经相关飞行管理部门批准擅自进行无人机飞行活动，违反了《通用航空飞行管制条例》的规定，原审认定属于违规飞行作业并无不当。加能公司应当对其在飞行过程中未尽安全保障义务而发生的相应损失承担责任。加能公司工作人员在飞行过程中未做好安全防范措施是造成事故发生的主要原因。加能公司没有选择合适的飞行区域。飞行空域在马巷镇巷南中学门口附近，为城镇居民区，在该区域进行试飞活动存在重大安全隐患。事发路段建设后虽然尚未投入使用，但属于机动车已可行驶的道路，并未禁止车辆通行，属于开放性公共场所。飞机驾驶人员应当预见到可能有过往车辆通行，应当采取切实有效的防范措施避免车辆进入。但加能公司在实际飞行过程中并未采取设置路障等有效措施，也未设置无人机正在试飞禁止车辆、其他人员进入的明显标志。无人机突然降落在机动车路面上，行进中的车辆驾驶人难以预料，难以及时采取切实有效的安全避让措施。陈亚新在事故发生时已采取紧急刹车的制动措施，加能公司主张陈亚新故意碰撞飞机，证据不足。因此，加能公司对本案事故的发生具有重大过错，原审判决认定其应对自身的飞行安全自行负责，从而驳回其诉讼请求并无不当。

第 7 章

水路运输法

本章导读

水路运输法基本遵循民商法的基本规则，其特殊的法律制度主要体现在水路运输管理体制、水路旅客运输、航道管理、港口和水路运输安全管理法律制度等方面。

7.1 水路运输法概述

我国濒临渤海、黄海、东海、南海，海岸线长 1.8 万 km；岛屿总数5 000多个，有 1.4 万 km 的岛屿岸线；在漫长的海岸线上，分布有众多的海湾、海峡和河口。我国有 5 万多条河流，多呈东西走向，南北走向的为少。其中航运发达的有通称"三江两河"的内河水系——长江、珠江、黑龙江、京杭运河、淮河。我国湖泊分布甚广，面积在 1 km² 以上的湖泊共有 2 800 余个。据统计，我国水路资源居世界第一位。因此，我国水路运输非常发达，也形成了较为完备的法律体系。

7.1.1 水路运输概述

1. 水路运输的概念

利用水路资源运送旅客和货物是古老的交通运输方式之一。水路运输又称船舶运输，是指一切经由水路（包括海洋、江河、湖泊、水库、人工水道等）使用水上运输工具（包括船舶、排筏和其他浮运工具）在港口间运送旅客和货物的一种交通运输方式。水路运输是指以人工运河或天然水域作为航道，以人工建造的港口或天然坡岸为作业场地，以船舶为载运工具进行货物和旅客运输。水路运输包括远洋运输、沿海运输和内河运输。本章中所提水路运输指沿海运输和内河运输，海上运输另列章节研究。

国内水路运输（以下简称水路运输），是指始发港、挂靠港和目的港均在中华人民共和国管辖的通航水域内的经营性旅客运输和货物运输。水路运输分为营业性运输和非营业性运输。营业性运输是指为社会服务，发生费用结算的旅客运输（含旅游运输，下同）和货物运输。非营业性运输是指为本单位或本身服务，不发生费用结算的运输。船舶运输经营范围按船舶航行区域分为沿海船舶运输和内河船舶运输。按经营船舶种类分为货船运输和客船运输。货船运输分为普通货船、散装液体危险品船运输（液化气船、散装化学品船、油船运输）（以下简称"液货危险品船运输"）。客船运输分为普通客船（客渡船）、客滚船（车客渡船）、高速客船运输。

我国水路运输发展的特点是沿海港口和远洋运输发展较快，内河运输发展较缓慢。沿海运输是指沿海区域各地（港）之间的运输。内河航运是利用自然河流辅以少量的人工运河形成航道进行运输，受自然条件的限制，在区域分布上有较大的不均匀性。与公路、铁路等其他交通运输方式相比，内河航运具有受自然条件影响大、运输速度慢和门到门运输差的弱点。但水路在各种交通运输方式中投资最省，占地最少，劳动生产率最高，运输成本最低，污染最小，是世界各国都努力加以开发利用的运输资源。随着对外开放、贸易往来和旅游业的发展，以及船舶技术的不断进步、航速不断提高，水路运输正方兴未艾地稳步发展着。水路货物运输在能源、大宗原材料等物资及集装箱运输中有着十分重要的作用，也是部分沿海港口主要的集疏运方式。

2. 水路运输的特点

1）受自然条件限制较大

水路运输必须具备供船舶航行的可航水域和船舶到达的港口才能进行，也就是只有在临江河湖海的两地间才能开展水路运输。直接使用天然水域进行的水路运输，受不利的自然因素影响严重。使水路运输有着较为特殊的风险。为了维护运输秩序和发展水路运输，规定了许多特殊的风险承担制度。

2）运量大、速度低、运费低

水路运输直接使用海洋和湖泊河流进行运输，只要水域有足够的深度和宽度就能够使用大型的运载工具，实现大运量的运输。由于水路运输受到船舶水面航行时航道地理条件的限定和水阻力的制约，无法进行极短距离运输且运输速度较低。由于水路运输大运量、长距离，因此单位运输吨公里（海里）成本和费用较低，能实现低运费运输。

3. 水路运输业的组成

现代水路运输业是由许多环节分工组成的一个运输整体，由各环节分工合作、互相配合、互相依赖、共同发展。

1）航运经营企业

航运经营企业是指持有《水路运输营业许可证》和经营海上货物运输、内河货物运输、海上旅客运输、内河旅客运输的工商营业执照，以其经营的自有或租用的船舶，承接旅客或货物从一港到另一港运输，收取票价、运费或租金的经济组织和个人。航运经营企业有国有企业、股份制企业、中外合资经营企业、私营企业、个体运输船户（内河）等经济组织和个人。其中从事海上运输必须具有法人资格。

2）港口经营企业

港口经营企业是指持有《港口经营许可证》和工商营业执照，以其所具有的或租用的港口码头、泊位、堆场、装卸作业设备对船舶进行装卸货作业、货物仓储、转运、旅客上下船舶等服务，收取作业费用和使用费用的经济组织。有港务集团公司、港务有限责任公司、合资港务企业、其他经营港口业务的企业等经济组织。

3）航运服务业

航运服务业是指对航运经营人、船舶提供各种服务、劳务的企业或个人。具体包括以下几类。①航运代理人。航运代理人是指接受航运经营人的委托，以委托人的名义进行水路商务、港口商务、船舶管理、船员服务的企业和个人。②船舶供应人。船舶供应人是指向船舶提供各种物资、物料和船员生活物资以及航海技术资料、航运技术支持的企业与个人。从严格意义上说船舶供应人并非航运企业，但航运经营与船舶供应有着密不可分的关系，供应人的责任常常影响航运经营人的责任与义务。③理货业。理货是指受委托提供理货服务的企业和个人。由于船舶运量大，承运人往往无法进行细致的货物点算、计量及办理交接等业务，而将这些业务委托理货人进行理算，由理货人出具理货证明。理货业虽然是航运的服务业，但其理货的结论往往是公证文书，作为划分责任的依据。因而理货不仅是航运服务，而且有着公证的性质。④船舶服务业。船舶服务业是指对船舶和船舶航行提供服务的机构、企业和个人。该行业有船舶引航、船舶港内机动作业的拖船服务、船舶修理、船舶通信及其他服务的企业与个人。船舶服务与航运经营人通过服务合同建立服务关系。

4）航政管理

航政管理包括对航运市场管理、船舶管理、航运安全管理的国家机关或事业单位。具体来看，有交通部、各地方交通主管部门、海事局、港务监督、港口管理局、市场监督管理、船舶检验、航道维护等部门。

7.1.2　我国水路运输基本法律制度

我国的水路运输立法的基本思路是以水路运输为核心，根据水路运输所涉及各个方面的相互关系的紧密程度，逐层剥离。最外一层是与水路运输紧密联系但又不属于运输的环节而是为水路运输服务的部分，包括航道法、船舶法、船员法、水上交通安全法；第二层是就水路运输的过程来进行划分，水路运输包括两港一航，其中港口部分制定港口法，船舶运输部分制定航运法；第三层是根据我国对远洋运输和国内水路运输采用不同的管理方式及适用运输规则的不同分别制定海商法和水路运输法。

♀ 港口法　　我国已经制定了一些调整水路运输的基本法律，如 2003 年的《中华人民共和国港口法》（以下简称为《港口法》），该法于 2004 年 1 月 1 日起正式施行（2015 年、2017 年修正）。共六章 61 条，调整对象是商港，包括公用码头和货主码头，军港和渔港不在其调整范围之内。2014 年的《中华人民共和国航道法》（2016 年修正）（以下简称为《航道法》）。此外，调整水路运输关系的还有国务院颁布的行政法规、交通部颁布的规章和地方政府制定的法规规章。例如《国内水路运输管理条例》（2012 年发布，2016 年、2017 年修订），《中华人民共和国内河交通安全管理条例》（2002 年发布，2011 年、2017 年修订），《水路旅客运输规则》（1995 年发布，1997 年、2014 年修正），《水上交通管制办法》（2016 年）。

7.1.3　水路运输经营者

申请经营水路运输业务，除个人申请者外，申请人应当符合下列条件：①具备企业法人资格；②有符合规定的船舶，并且自有船舶运力符合国务院交通运输主管部门的规定；③有明确的经营范围，其中申请经营水路旅客班轮运输业务的，还应当有可行的航线营运计划；④有与其申请的经营范围和船舶运力相适应的海务、机务管理人员；⑤与其直接订立劳动合同的高级船员占全部船员的比例符合国务院交通运输主管部门的规定；⑥有健全的安全管理制度；⑦法律、行政法规规定的其他条件。

<ins>水路运输管理条例</ins>

个人可以申请经营内河普通货物运输业务。申请经营内河普通货物运输业务的个人，应当有符合规定且船舶吨位不超过国务院交通运输主管部门规定的自有船舶，并应当有健全的安全管理制度和法律、行政法规规定的其他条件。

经营水路运输业务，应当按照国务院交通运输主管部门的规定，经国务院交通运输主管部门或者设区的市级以上地方人民政府负责水路运输管理的部门批准。申请经营水路运输业务，应当向负责审批的部门提交申请书和证明申请人符合规定条件的相关材料。负责审批的部门应当自受理申请之日起 30 个工作日内审查完毕，作出准予许可或者不予许可的决定。予以许可的，发给水路运输业务经营许可证件，并为申请人投入运营的船舶配发船舶营运证件；不予许可的，应当书面通知申请人并说明理由。取得水路运输业务经营许可的，持水路运输业务经营许可证依法向国家市场监督管理机关办理登记后，方可从事水路运输经营活动。取得许可证的水路运输经营者终止经营的，应当自终止经营之日起 15 个工作日内向原许可机关办理注销许可手续，交回水路运输业务经营许可证。

为保障水路运输安全，维护水路运输市场的公平竞争秩序，国务院交通运输主管部门可以根据水路运输市场监测情况，决定在特定的旅客班轮运输和散装液体危险货物运输航线、水域暂停新增运力许可。运力调控措施，应当符合公开、公平、公正的原则，在开始实施的 60 日前向社会公告，说明采取措施的理由以及采取措施的范围、期限等事项。

<ins>水路运输管理规定</ins>

外国的企业、其他经济组织和个人不得经营水路运输业务，也不得以租用中国籍船舶或者舱位等方式变相经营水路运输业务。香港特别行政

区、澳门特别行政区和台湾地区的企业、其他经济组织以及个人参照适用上述规定，国务院另有规定的除外。

7.1.4　水路运输经营船舶

水路运输经营者投入运营的船舶应当符合下列条件：①与经营者的经营范围相适应；②取得有效的船舶登记证书和检验证书；③符合国务院交通运输主管部门关于船型技术标准和船龄的要求；④法律、行政法规规定的其他条件。

水路运输经营者新增船舶投入运营的，应当凭水路运输业务经营许可证件、船舶登记证书和检验证书向国务院交通运输主管部门或者设区的市级以上地方人民政府负责水路运输管理的部门领取船舶营运证件。从事水路运输经营的船舶应当随船携带船舶营运证件。

海事管理机构办理船舶进出港签证，应当检查船舶的营运证件。对不能提供有效的船舶营运证件的，不得为其办理签证，并应当同时通知港口所在地人民政府负责水路运输管理的部门。港口所在地人民政府负责水路运输管理的部门收到上述通知后，应当在 24 小时内作出处理并将处理情况书面通知有关海事管理机构。

国家根据保障运输安全、保护水环境、节约能源、提高航道和通航设施利用效率的需求，制定并实施新的船型技术标准时，对正在使用的不符合新标准但符合原有标准且未达到规定报废船龄的船舶，可以采取资金补贴等措施，引导、鼓励水路运输经营者进行更新、改造；需要强制提前报废的，应当对船舶所有人给予补偿。

水路运输经营者不得使用外国籍船舶经营水路运输业务。但是，在国内没有能够满足所申请运输要求的中国籍船舶，并且船舶停靠的港口或者水域为对外开放的港口或者水域的情况下，经国务院交通运输主管部门许可，水路运输经营者可以在国务院交通运输主管部门规定的期限或者航次内，临时使用外国籍船舶运输。在香港特别行政区、澳门特别行政区、台湾地区进行船籍登记的船舶，参照适用关于外国籍船舶的规定，国务院另有规定的除外。

7.1.5　水路运输管理机构及职责权限

在国家层面，交通运输部是国务院主管水路交通运输的主管部门。下设水运局主管全国水路交通基础设施建设和水路运输，其主要职责是：负责水路建设和运输市场监管工作，拟订水路工程建设、维护、运营和水路运输、航政、港政相关政策、制度和技术标准并监督实施；负责国家重点水路工程设计审批、施工许可、实施监督和竣工验收工作；负责港口、航道及设施、通航建筑物、引航管理工作；负责船舶代理、理货、港口设施保安、无船承运、船舶交易等管理工作；负责国际和国境河流运输及航道管理工作；负责起草水路有关规费政策并监督实施；负责对台运输管理工

◉ 水路运输辅助业管理规定

◉ 水运局网址

作；负责组织协调国家重点物资运输和紧急客货水路运输；负责起草港口安全生产政策和应急预案，组织实施应急处置工作。设海事局负责国家水上安全监督和防止船舶污染、船舶及海上设施检验、航海保障管理和行政执法，并履行交通部安全生产等管理职能。此外还有长江航务管理局、珠江航运管理局两个派出机构。

在地方，各省、自治区政府设立交通厅、直辖市设交通局（委、办），具体负责本区域的水路基础设施的建设、养护和运输行政管理。有关水路方面的专业管理由厅（局、委、办）下设的航运（务）管理局、航道局、地方海事局、船检局等分别承担。地市局及以下机构基本上与省（自治区、直辖市）级机构相对应，地市、县级设交通局，乡设交管站。在地市级交通局下设航运（务）管理处，县级交通局下设航运（务）管理所。

但是，由于各地水路发达程度和地方实际情况的不同，在机构的设置上也不完全一致。如江苏省将水路运政管理职能交由交通厅运输管理局（运政稽查总队），由运管局统一实施水陆运政的综合管理，其他水路交通管理职能则由航道局和地方海事局分别承担；上海市水路交通运输行政管理由城市交通局下的港务局和航务管理处分别承担，港务局负责港政、港建工程和交通卫生监督，航务管理处综合负责内河的航道行政、港航监督、水路运输管理、船舶检验以及船员证书考试等行政事务；西部省份，如陕西省属非水网地区，水路运输规模小，交通厅下设航运管理局，统一行使政府对全省水路基础设施和水路运输的行业管理的职权。

此外，深圳等一些城市进行了综合交通运输管理体制的尝试，设立了交通委员会（交通办公室），采取"一城一交"的模式，由交通委员会（交通办公室）统一负责协调全市的水路、公路、铁道、邮电和航空等交通运输方式的管理，交通委员会下设港航管理局，负责水路交通运输的管理。

7.2　水路旅客运输

水路旅客运输中，船舶在天然航道中航行，水域宽阔，运行密度小，速度慢，安全高。船舶的规模大，活动空间大，可以布置各种生活设施、娱乐设施，舒适性好，娱乐性、趣味性大。

🔎 **水路旅客运输规则**

7.2.1　水路旅客运输概述

水路旅客运输是指在我国沿海、江河、湖泊以及其他通航水域中将旅客从一个港口运输到另一个港口的水路船舶运输。水路旅客运输包括旅客及其自带行李运输、托运行李运输及其有关的装卸作业。

水路旅客运输贯彻"安全第一，正点运行，以客为主，便利旅客"的客运方针，遵循"全面服务，重点照顾"的服务原则。

水路旅客运输的特点如下。

（1）速度慢、航程时间长。客船航行速度较低，船舶的机动作业时间长，为了保证安全航行，船舶都航行在水深较深的水域，且离岸边较远，因而使得客船航程时间较长，属于低速运输工具。客船的一次载客量较大，但一般来说班期密度较低、间隔时间长，当然客船具有续航力强、连续24小时航行的能力，在海洋或河口、湖泊、水流平稳的河道能够进行夜间航行。

（2）受气候因素的影响大。水路旅客运输出于安全运输的需要，在海面风浪大、能见度低等不良气候或恶劣天气时禁止航行或船舶必须避风，河流枯水或洪水期间也无法航行，使得航程经常被延误或被阻止。风浪使得船舶摇摆也造成旅客的极度不适，舒适性降低。

（3）旅客运输季节性变化极大。水路旅客运输具有旺季和淡季的明显差别。在公众假期、学校假期、春节前后，大量的旅客出行、探亲，形成巨量的客流；而平时大都流量较少。此外，一些社会因素也会造成客流的重大变化。如某一地区的经济兴起，大量劳工流入；大型社会活动期间等。

7.2.2　水路旅客运输合同概述

水路旅客运输合同是水路承运人使用船舶等水上运输工具通过国家或国际上确定的航线，将旅客运送至旅行目的地，旅客按规定支付票款的合同。《水路旅客运输规则》将水路旅客运输合同定义为"承运人以适合运送旅客的船舶经水路将旅客及其自带行李从一港运送至另一港，由旅客支付票款的合同"。将水路行李运输合同定义为"承运人收取运费，负责将旅客托运的行李经水路由一港运送至另一港的合同"。具有一定的客运量、一定的港口码头泊位、一定的船舶，按特定运行组织经营的水上客运交通称为水上客运航线。水路旅客运输根据运输船舶组织形式可分为两种：旅客航线运输和旅客航次运输，相应地水路旅客运输合同也可以分为旅客航线运输合同和旅客航次运输合同。旅客航次运输，是指客运船舶的运行没有固定的出发港和目的港，客船仅为完成某一次旅客运输任务，按照预先安排的航次计划进行旅客运输。旅客航线运输，是指在固定的港口客运站之间，为完成一定的旅客运输任务，配备适合具体条件、性能接近的一定数量的客运船舶，并按一定的程序而组织的客运船舶运输。

水路旅客运输合同的承运人是指取得从事水路运输业务的企业法人或者个体运输户。

凡以载运旅客为主要业务的船舶称为客船，凡搭载旅客超过12人的船舶，一般称为客船。船舶作为水路承运人的运输工具，必须符合国家规定的适航要求，以保证旅客在旅行中的生命财产的安全。对于不符合运输安全条件的船舶，国家交通运输主管部门有权责令停止运输。

7.2.3　水路旅客运输合同的签订

签订水路旅客运输合同应当遵循公平、平等的原则，按照国家有关法律法规的规定，依法签订。旅客到水路承运人的售票点购买船票，水路承运人出售船票，便在水路承运人与旅客之间形成水路旅客运输合同关系。旅客依据合同，有权要求水路承运人将其运至目的地，水路承运人有权要求旅客支付规定的费用。

水路旅客运输合同根据交通运输方式分为旅客航线运输合同和旅客航次运输合同，不管是哪种合同，都基本包括以下主要条款：①起运港、到达港的名称；②水路承运人名称；③票价；④乘船日期、班次；⑤违约责任；⑥当事人商定的其他内容。

水路旅客运输合同的表现形式主要是船票，船票是客票的一种。船票是不记名的，谁持有船票，谁就有权要求水路承运人承担相应的义务。因此，船票是证明旅客与水路承运人之间合同成立的重要的证明文件。船票记载内容至少应当包括发运港和到达港的名称、票价、乘船日期、航班次等。

行李运输合同成立的凭证为行李运单，合同双方当事人——旅客和承运人即时清结费用，填制行李运单后合同即成立。行李运单应具备下列基本内容：①承运人名称；②船名、航次、船票号码；③旅客姓名、地址、电话号码、邮政编码；④行李名称；⑤件数、重量、体积（长、宽、高）；⑥包装；⑦标签号码；⑧起运港、到达港、换装港；⑨运费、装卸费；⑩特约事项。

7.2.4　水路旅客运输合同的履行

1. 船票

船票是水路旅客运输合同成立的证明，是旅客乘船的凭证。船票分全价票和半价票。儿童身高超过 1.2 m 但不超过 1.5 m 者，应购买半价票，超过 1.5 m 者，应购买全价票。革命伤残军人凭中华人民共和国民政部制发的革命伤残军人证，应给予优待购买半价票。没有工资收入的大、中专学生和研究生，家庭居住地和院校不在同一城市，自费回家或返校时，凭附有加盖院校公章的减价优待证的学生证每年可购买往返 2 次院校与家庭所在地港口间的学生减价票（以下简称"学生票"）。学生票只限该航线的最低等级。学生回家或返校，途中有一段乘坐其他交通工具的，经确认后，也可购买学生票。应届毕业生从院校回家，凭院校的书面证明可购买一次学生票。新生入学凭院校的录取通知书，可购买一次从接到录取通知书的地点至院校所在地港口的学生票。

船票在承运人或其代理人所设的售票处发售，在未设站的停靠点，由客船直接发售。要求乘船的人凭介绍信，可以一次购买或预订同一船名、航次、起讫港的团体票，团体票应在 10 张以上。售票处发售团体票时，应在船票上加盖团体票戳记。包房，由售票处办理；包舱，经承运人同意后，由售票处办理；包船，由承运人办理。包用人在办理包房、包舱、包船时，应预付全部票价款。

2. 旅客的权利和责任

旅客应按所持船票指定的船名、航次、日期和席位乘船。重病病人或精神病患者，应有人护送。

每一成人旅客可免费携带身高不超过 1.2 m 的儿童一人。超过一人时，应按超过的人数购买半价票。旅客漏船，如能赶到另一中途港乘上原船，而原船等级席位又未售出时，可乘坐原等级席位，否则，逐级降等乘坐，票价差额款不退。每一旅客可免费携带总重量 20 kg（免费儿童减半），总体积 0.3 m³ 的行李。每一件自带行李，重量不得超过 20 kg；体积不得超过 0.2 m³；长度不得超过 1.5 m（杆形物品 2 m）。残疾旅客乘船，另可免费携带随身自用的非机动残疾人专用车一辆。

旅客自带行李超过免费规定的，应办理托运。经承运人同意的，也可自带上船，但应支付行李运费。对超过免费规定的整件行李，计费时不扣除免费重量、体积和长度。旅客携带的活动物，由旅客自行看管，不得带入客房（舱），不得放出喂养。旅客携带的活动物，应按行李运价支付运费。旅客携带活动物的限量，由承运人自行制定。

3. 承运人的权利和责任

承运人应按旅客运输合同所指定的船名、航次、日期和席位运送旅客。承运人在旅客上船前、下船后和在客船航行途中应对旅客所持的船票进行查验，并作出查验记号。查验船票的内容包括：①乘船人是否持有效船票；②持用优待票的旅客是否有优待证明；③超限自带行李是否已按规定付运费。

乘船人无票在船上主动要求补票，承运人应向其补收自乘船港（不能证实时，自客船始发港）至到达港的全部票价款，并核收补票手续费。在途中，承运人查出无票或持用失效船票或伪造、涂改船票者，除向乘船人补收自乘船港（不能证实时，自客船始发港）至到达港的全部票价款外，应另加收相同区段最低等级票价的 100% 的票款，并核收补票手续费。在到达港，承运人查出无票或持用失效船票或伪造、涂改船票者，应向乘船人补收自客船始发港至到达港最低等级票价的 400% 的票款，并核收补票手续费。

在乘船港，承运人查出应购买全价票而购买半价票的儿童，应另售给全价票，原半价票给予退票，免收退票费。在途中或到达港，承运人查出儿童未按规定购买船票的，应按下列规定处理：①应购半价票而未购票的，补收半价票款，并核收补票手续费；②应购全价票而购半价票的，补收全价票与半价票的票价差额款，并核收补票手续费；③应购全价票而未购票的，应按成人无票乘船的相关规定处理。在途中或到达港，承运人查出持用优待票乘船的旅客不符合优待条件时，应向旅客补收自乘船港至到达港的全部票价款，并核收补票手续费。原船票作废。旅客在检票后遗失船票，应按规定在船上补票。旅客补票后如在离船前找到原船票，可办理其所补船票的退票手续，并支付退票费。旅客在离船后找到原船票，不能退票。旅客在到达港出站前遗失船票，应按无票乘船的规定办理。

在乘船港，由于承运人或其代理人的责任使旅客降等级乘船时，承运人应将旅客的原船票收回，另换新票，退还票价差额款，免收退票费。在途中，由于承运人或其代理人的责任使旅客降等级乘船时，承运人应填写客运记录，交旅客至到达港办理退还票价差额款的手续。由于承运人或其代理人的责任使旅客升等级乘船时，承运人不应向旅客收取票价差额款。旅客误乘客船时，应先办理补票手续，旅客可凭客船填写的客运记录，到下船港办理原船票的退票手续，并支付退票费。旅客因病或临产必须在中途下船的，由承运人填写客运记录，交旅客至下船港办理退票手续，将旅客所持船票票价与旅客已乘区段票价的差额退还旅客，并向旅客核收退票费。患病或临产旅客的护送人，也可按前款规定办理退票。

承运人可以在任何时间、任何地点将旅客违反规定随身携带的违禁品、危险品卸下、销毁或者使之不能为害，或者送交有关部门，而不负赔偿责任。

7.2.5 水路旅客运输合同的变更和解除

旅客因故不能按船票票面载明的日期、航班乘船旅行的，可以提出变更合同。变更合同应本着公平、平等的原则，协商办理变更手续。

在乘船港不办理船票的签证改乘手续。旅客要求变更乘船的班次、舱位等级或行程时，应先行退票并支付退票费，再另行购票。旅客在旅行途中要求延程时，承运人应向旅客补收从原到达港至新到达港的票价款，并核收补票手续费。客船满员时，不予延程。

对超程乘船的旅客（误乘者除外），承运人应向旅客补收超程区段最低等级票价的200%的票款，并核收补票手续费。

旅客在船上要求升换舱位等级时，承运人应向旅客补收升换区段所升等级同原等级票价的差额款，并核收补票手续费。持用学生票的学生在船上要求升换舱位等级时，承运人应向其补收升换等级区段所升等级全票票价与学生票票价的差额款，并核收补票手续费。持低等级半价票的儿童可与持高等级船票的成人共用一个铺位。如持低等级船票的成人与持高等级半价票的儿童共用一个铺位，由承运人对成人补收高等级与低等级票价的差额款，并核收补票手续费，儿童的半价票差额款不退，且不另供铺位。在乘船港，旅客可在规定时限内退票，但应支付退票费。

超过规定的退票时限，不能退票。在乘船港退票的时限规定为：①内河航线在客船开航以前；沿海航线在客船规定开航时间2小时以前；②团体票在客船规定开航时间24小时以前。除另有规定的外，旅客在中途港、到达港和船上不能退票。包房、包舱、包船的包用人可在规定的时限内要求退包，但应支付退包费。超过规定的退包时限，不能退包。退包的时限规定为：①包房、包舱退包，在客船规定开航时间 24 小时以前；②包船退包，在客船计划开航时间 24 小时以前。由于不可抗力或者承运人或其代理人的责任造成的退票或退包，承运人不得向旅客收取退票费或退包费。在春运等客运繁忙季节，承运人可以暂停办理退票。

7.2.6　行李运输合同的履行

1. 行李运单

行李运单是水路行李运输合同成立的证明，行李运单的提单联是旅客提取行李的凭证。除法律、行政法规限制运输的物品，以及水路运输有特别规定不能办理托运的物品外，其他物品均可办理行李托运。在客船和港口条件允许或行李包装适合运输的情况下，家用电器、精密仪器、玻璃器皿及陶瓷制品等可办理托运。

2. 旅客的权利和责任

下列物品不能办理托运：①违禁品或易燃、易爆、有毒、有腐蚀性、有放射性以及有可能危及船上人身和财产安全的其他危险品；②污秽品、易于损坏和污染其他行李和船舶设备的物品；③货币、金银、珠宝、有价证券或其他贵重物品；④活动物、植物；⑤灵柩、尸体、尸骨。

托运的行李，每件重量不得超过 50 kg，体积不得超过 0.5 m³，长度不得超过 2.5 m。托运行李的包装应符合下列条件：①行李的包装应完整、牢固、捆绑结实，适合运输；②旅行包、手提袋和能加锁的箱类，应加锁；③包装外部不拴挂其他物品；④纸箱应有适当的内包装；⑤易碎品、精密仪器及家用电器，应使用硬质材料包装，内部衬垫密实稳妥，并在明显处标明"不准倒置"等警示标志；⑥胶片应使用金属容器包装。

旅客应在托运行李的外包装上写明姓名和起讫港名。旅客违反规定托运不得托运的物品，致使行李损坏，承运人不负赔偿责任；造成客船及他人的损失时，应由旅客负责赔偿。旅客遗失行李运单时，如能说明行李的特征和内容，并提出对行李所有权的有力依据，经承运人确认后，可凭居民身份证并开具收据领取行李，原行李运单即行作废。旅客遗失行李运单，在提出声明前，如行李已被他人冒领，承运人不负赔偿责任。

3. 承运人的权利和责任

承运人应提供足够的适合运输的行李舱，将旅客托运的行李及时、安全地运到目的港。托运的行李，应与旅客同船运送。如来不及办理当班客船的托运手续时，经旅客同意，承运人也可给予办理下一班次客船的托运手续。承运人对托运的行李，必要时可要求旅客开包查验，符合运输规定时，再办理托运手续，如旅客拒绝查验，则不予承运。行李承运后至交付前，包装破损或松散时，承运人应负责修补，所需费用由责任方负担。承运人查出在已经托运的行李中夹有违禁品或易燃、易爆、有毒、有腐蚀性、有放射性以及有可能危及船上人身和财产安全的其他危险品时，除按规定处理外，对行李的运杂费还应按下列规定处理：①在起运港，运杂费不退；②在船上或卸船港，应加收一次运杂费。

承运人查出托运的行李中夹带易于损坏和污染物品时，应按下列规定办理：①在起运港，立即停止运输，并通知旅客进行处理，运杂费不退；②在船上或卸船港，由承运人采取处理措施，除所需费用由旅客负担外，另加收一次运杂费。承运的行李未能按规定的时间运到，旅客前来提取时，承运人应在行李运单上加盖"行李未到"戳记，并记录到达后的通知方法，行李到达后，应立即通知旅客。托运的行李自运到后的第三日起计收保管费。行李在交付时，承运人应会同旅客对行李进行查验，经查验无误后再办理提取手续。

行李自运到之日起 10 d 后旅客还未提取时，承运人应尽力查找物主；如超过 60 d 仍无人提取时，即确定为无法交付物品。对无法交付物品，承运人应按下列规定处理：①一般物品，依法申请拍卖或交信托商店作价收购；②没有变卖价值的物品，适当处理；③军用品、危险品、法律和行政法规限制运输的物品、历史文物、机要文件及有价证券等，无偿移交当地主管部门处理。无法交付物品处理后所得款额，应扣除保管费和处理费用，剩余款额由承运人代为保管 3 个月。在保管期内，旅客要求归还余款时，应出具证明，经确认后方可归还；逾期无人提取时，应上缴国库。

4. 合同的变更和解除

行李在装船前，旅客要求变更托运，应先解除托运，另行办理托运手续。行李在装船前，旅客要求解除托运，承运人应将行李运单收回，加盖"变更托运"戳记，退还运杂费，核收行李变更手续费，并自托运之日起计收保管费。行李装船后，不能办理变更、解除托运手续。如旅客要求由到达港运回原托运港或运至另一港，可委托承运人在到达港代办行李运回或运至另一港的手续，并由旅客预付第二程运杂费（多退少补），其第一程交付的运杂费不退，并核收代办托运手续费。

7.2.7 运输发生意外情况的处理

1. 客船停止航行的处理

由于不可抗力或承运人的责任造成客船停止航行时，承运人对旅客和行李的安排应按下列规定办理：①在乘船（起运）港，退还全部船票票款和行李的运费；②在中途停止航行，旅客要求中止旅行或提取行李时，退还未乘（运）区段的票款或运费；③旅客要求从中途停止航行地点返回原乘船港或将行李运回原起运港，应免费运回，退还全部船票票款或行李运费。如在返回途中旅客要求下船或提取行李时，应将旅客所持船票票价或行李运单运价与自原乘船（起运）港至下船（卸船）港的船票票价或行李运价的差额款退还旅客。

由于不可抗力或承运人的责任造成客船停止航行，承运人安排旅客改乘其他客船时所发生的票价差额款，按多退少不补的原则办理。

2. 旅客发生疾病、伤害或死亡的处理

旅客在船上发生疾病或遭受伤害时，客船应尽力照顾和救护，必要时填写客运记录，将旅客移交前方港处理。旅客在船上死亡，客船应填写客运记录，将死亡旅客移交前方港会同公安部门处理。旅客在船上发生病危、伤害、死亡或失踪的，客船填写的客运记录应详细写明当事人的姓名、性别、年龄或特征、通信地址及有关情况；准确记录事发的时间、地点及经过情况；如实报告客船所采取的措施及结果。客运记录应取得两人以上的旁证；经过医生治疗的，应附有医生的"诊治记录"，并由旅客本人或同行人签字。

3. 行李事故处理

在行李运送期间，发生行李灭失、短少、损坏等情况，承运人或港口经营人应编制行李运输事故记录。行李运输事故记录必须在交接的当时编制，事后任何一方不得再行要求补编。

行李运输事故按其发生情况分为下列四类：①灭失，托运的行李未按规定时间运到，承运人查找时间超过 30 d 仍未找到的，即确定为行李灭失；②短少：件数短少；③损坏：湿损、破损、污损、折损等；④其他。

旅客对其托运行李发生事故要求赔偿时，应填写行李赔偿要求书。提出赔偿的时效为旅客在离船或者行李交还或者应当交还之日起 15 d 内，过期不能再要求赔偿。旅客未按照规定及时提交行李赔偿要求书的，除非提出反证，视为已经完整无损地收到行李。行李交还时，旅客已经会同承运人对行李进行联合检查或者检验的，无须提交行李赔偿要求书。

承运人从接到行李的赔偿要求书之日起，应在 30 d 内答复赔偿要求人：①确定承运人或港口经营人不负赔偿责任时，应当填发拒绝赔偿通知书，赔偿要求人提出的单证文件不予退还；②确定承运人或港口经营人应负赔偿责任时，应当填发承认赔偿通知书，赔偿要求人提出的单证文件不予退还。

4. 赔偿责任

在规定的旅客及其行李的运送期间，因承运人或港口经营人的过失，造成旅客人身伤亡或行李灭失、损坏的，承运人或港口经营人应当负赔偿责任。旅客的人身伤亡或自带行李的灭失、损坏，是由于客船的沉没、碰撞、搁浅、爆炸、火灾所引起或者是由于客船的缺陷所引起的，承运人除非提出反证，应当视为其有过失。旅客托运的行李的灭失或损坏、不论由于何种事故引起的，承运人或港口经营人除非提出反证，应当视为其有过失。对旅客携带的活动物发生灭失的，按照前述规定处理。

经承运人或港口经营人证明，旅客的人身伤亡，是由于旅客本人的过失或者旅客和承运人或港口经营人的共同过失造成的，可以免除或者相应减轻承运人或港口经营人的赔偿责任。因疾病、自杀、斗殴或犯罪行为而死亡或受伤者，以及非承运人或港口经营人过失造成的失踪者，承运人或港口经营人不承担赔偿责任。由前述原因所发生的打捞、救助、医疗、通信及船舶临时停靠港口的费用和一切善后费用，由旅客本人或所在单位或其亲属负担。

旅客的行李有下列情况的，承运人或港口经营人不负赔偿责任：①不可抗力造成的损失；②物品本身的自然性质引起的损耗、变质；③规定不准携带或托运的物品发生灭失、损耗、变质。

在行李运送期间，因承运人或港口经营人过失造成行李损坏的，承运人或港口经营人应负责整修，如损坏程度已失去原来使用价值，应按规定进行赔偿。承运人或港口经营人对灭失的托运行李赔偿后，还应向旅客退还全部运杂费，并收回行李运单。灭失的行李，赔偿后又找到的，承运人或港口经营人应通知索赔人前来领取。如索赔人同意领取时，则应撤销赔偿手续，收回赔偿款额和已退还的全部运杂费。灭失的行李赔偿后部分找到的，可参照前述规定的精神办理。如发现索赔人有以少报多、以次充好等行为时，应追回多赔款额。

7.3　水路货物运输

水路货物运输是指中华人民共和国沿海、江河、湖泊以及其他通航水域中一切营业性的货物运输。水路货物运输按货类分为散货运输和杂货运输两类，前者是指无包装的大宗货物，如石油、煤炭、矿砂等的运输（有时散货是专指干散货如煤炭、矿砂等的运输）；后者是指批量小、件数多或较零星的货物运输。

水路货物运输可依据船舶营运形式组织分为定期船运输、不定期船运输和专用船运输。定期船运输，即班轮运输，是指固定的船舶在特定的航线上按照预定的船期和固定的港口从事有规律的水上货物运输的运输形式。其中，固定的港口有始发港、中途挂靠港和目的港。始发港和目的港的不同形成不同的班轮航线。在班轮运输实践中，班轮运输可分为两种形式：一种是船舶严格按照预先公布的船期表运行，到离港口的时间基本上固定不变，通常称为"核心班轮"，也即所谓的严格定期定线的班轮运输；另一种是船舶运行虽有船期表，但船舶到离港口的时间可有一定的伸缩性，并且航线上虽有固定的始发港和终点港，但中途挂港则视货源情况可以有所增减，通常称为"弹性班轮"，也即所谓的定线不严格定期的班轮运输。

不定期船运输是指船舶的运行没有规定的航线，而是按照运输任务或按租船合同所组织的运输，主要包括航次租船运输，即船舶出租人向承租人提供船舶的全部或者部分舱位，装运约定的货物，从一港（站、点）运至另一港（站、点）的运输形式。专用船运输是指企业自置或租赁船舶从事本企业自有物资的运输。内河拖航视为水路货物运输。

因我国《国内水路货物运输规则》已被废止，关于水路货物运输的相关规则只能适用《合同法》，而且港口之间的海上货物运输不适用《海商法》，所以本书不对水路货物运输相关法律制度进行说明。

7.4　水路运输安全管理

水路运输安全管理可分为船上安全管理、船公司的安全管理以及主管机关的监督管理三个层次的内容，其中主管机关的安全监督管理工作尤为重要和关键。水路运输安全监督管理作为协调和控制力量，其直接作用于人—船—环境—管理所组成的交通系统中，渗透于系统的各个环节。我国的水上运输安全监督管理机构是对国家管辖水域的水上交通安全和防止船舶污染实施统一的监督管理的主管机关。

7.4.1　水路运输安全管理概述

1. 水路运输安全管理的机制

水路运输安全管理行政部门的主要职责是对水路运输行业所属企业贯彻执行国家安全生产方针、政策、法规和标准，进行计划、组织、指挥、协调、宏观控制，以提高水路运输行业的安全管理和技术装备水平，控制和防止伤亡事故的发生，保障职工安全健康和生产任务顺利进行。国务院交通主管部门主管全国内河交通安全管理工作。国家海事管理机构在国务院交通主管部门的领导下，负责全国内河交通安全监督管理工作。国务院交通主管部门在中央管理水域设立的海事管理机构和省、自治区、直辖市人民政府在中央管理水域以外的其他水域设立的海事管理机构（以下统称海事管理机构）依据各自的职责权限，对所辖内河通航水域实施水上交通安全监督管理。

中国海事局水上安全管理的主要职责如下。①拟订和组织实施国家水上交通安全监督管理、船舶及相关水上设施检验和登记、防治船舶污染和航海保障的方针、政策、法规和技术规范、标准。②统一管理水上交通安全和防治船舶污染。监督管理船舶所有人安全生产条件和水路企业安全管理体系；调查、处理水上交通事故、船舶污染事故及水上交通违法案件；指导船舶污染损害赔偿工作。③负责船舶、海上设施检验行业管理以及船舶适航和船舶技术管理；管理船舶及海上设施法定检验、发证工作；审定船舶检验机构和验船师资质、负责对外国验船组织在华设立代表机构进行监督管理；负责中国籍船舶登记、发证、检查和进出港（境）签证；负责外国籍船舶入出境及在我国港口、水域的监督管理；负责船舶保安和防抗海盗管理工作；负责船舶载运危险货物及其他货物的安全监督。④负责船员、引航员、磁罗经校正员适任资格培训、考试、发证管理。审核和监督管理船员、引航员、磁罗经校正员培训机构资质及其质量体系；负责海员证件的管理工作。⑤管理通航秩序、通航环境。负责禁航区、航道（路）、交通管制区、锚地和安全作业区等水域的划定；负责禁航区、航道（路）、交通管制区、锚地和安全作业区等水域的监督管理，维护水上交通秩序；

核定船舶靠泊安全条件；核准与通航安全有关的岸线使用和水上水下施工、作业；管理沉船沉物打捞和碍航物清除；管理和发布全国航行警（通）告，办理国际航行警告系统中国国家协调人的工作；审批外国籍船舶临时进入我国非开放水域；办理港口对外开放的有关审批工作和中国便利运输委员会的日常工作。⑥负责航海保障工作。管理沿海航标、无线电导航和水上安全通信；管理海区港口航道测绘并组织编印相关航海图书资料；归口管理交通行业测绘工作；承担水上搜寻救助组织、协调和指导的有关工作。⑦组织实施国际海事条约；履行"船旗国""港口国"及"沿岸国"监督管理义务，依法维护国家主权；负责有关海事业务国际组织事务和有关国际合作、交流事宜。

按照分级管理和依法授权、依法定责的原则，中国海事局根据以上职责，对全国海事系统各级海事机构主要职责进行了分工。

县级以上地方各级人民政府应当加强本行政区域内的内河交通安全管理工作，建立、健全内河交通安全管理责任制。乡（镇）人民政府对本行政区域内的内河交通安全管理履行下列职责：①建立、健全行政村和船主的船舶安全责任制；②落实渡口船舶、船员、旅客定额的安全管理责任制；③落实船舶水上交通安全管理的专门人员；④督促船舶所有人、经营人和船员遵守有关内河交通安全的法律、法规和规章。

2. 水路运输安全管理制度

《内河交通安全管理条例》是安全管理的基本法规，该条例共十一章95条，分为总则；船舶、浮动设施和船员；航行、停泊和作业；危险货物监管；渡口管理；通航保障；救助；事故调查处理；监督检查；法律责任；附则等内容，对涉及内河交通安全的主要因素都进行了比较明确的规定。

◦ **内河交通安全管理条例**

3. 水上交通事故的概念

水路运输安全管理的目的是防止水路运输事故的发生。船舶、浮动设施在内河通航水域发生的碰撞、触碰、触礁、浪损、搁浅、火灾、爆炸、沉没等引起人身伤亡和财产损失的事件称为内河交通事故，发生在海上的事故称为海上交通事故，二者又合称为水上交通事故或船舶交通事故。

所谓事故，可以简单地定义为突然发生的，使系统或人的有目的行动遇阻碍，以至暂时或永久停止的事件。人们通常所说的事故大多表现为意外性和突发性，但不意味事故是不可避免的，万事有因，事故也不例外。水路运输事故是在由人—船舶—环境构成的水路运输系统中出于一个或几个因素的不协调变化导致的。可以把这些因素归结为以下六种基本条件：①自然条件，气象海况等非人为因素；②船舶条件，船舶的强度、船舶机械设备的状况等；③交通条件，船舶交通密度、船舶流向等；④航道条件，航道的水文地理环境等；⑤船员条件，船员技能、知识、经验、健康状况、应变能力和工作责任心等；⑥管理条件，影响船舶航行的航运企业、港口等管理方面的因素。当然，除上述条件外，还存在着其他造成水上交通事故发生的因素，如由于旅客携带易燃易爆物品导致的事故。

7.4.2 船舶、浮动设施和船员的安全管理

船舶、浮动设施应当保持适于安全航行、停泊或者从事有关活动的状态。船舶、浮动设施的配载和系固应当符合国家安全技术规范。船舶、浮动设施的所有人或者经营人，应当加强对船舶、浮动设施的安全管理，建立、健全相应的交通安全管理制度，并对船舶、浮动设施的交通安全负责；不得聘用无适任证书或者其他适任证件的人员担任船员；不得指使、强令船员违章操作。船舶、浮动设施的所有人或者经营人，应当根据船舶、浮动设施的技术性能、船员状况、水域和水文气象条件，合理调度船舶或者使用浮动设施。

（1）船舶具备下列条件，方可航行：①经海事管理机构认可的船舶检验机构依法检验并持有合格的船舶检验证书；②经海事管理机构依法登记并持有船舶登记证书；③ 配备符合国务院交通主管部门规定的船员；④配备必要的航行资料，按照国家规定必须取得船舶污染损害责任、沉船打捞责任的保险文书或者财务保证书的船舶，其所有人或者经营人必须取得相应的保险文书或者财务担保证明，并随船携带其副本。

（2）浮动设施具备下列条件，方可从事有关活动：①经海事管理机构认可的船舶检验机构依法检验并持有合格的检验证书；②经海事管理机构依法登记并持有登记证书；③配备符合国务院交通主管部门规定的掌握水上交通安全技能的船员。

（3）船员应具备的条件。船员经水上交通安全专业培训，其中客船和载运危险货物船舶的船员还应当经相应的特殊培训，并经海事管理机构考试合格，取得相应的适任证书或者其他适任证件，方可担任船员职务。严禁未取得适任证书或者其他适任证件的船员上岗。船员应当遵守职业道德，提高业务素质，严格依法履行职责。

7.4.3 航行、停泊和作业的安全管理

1. 航行应该遵守的规定

（1）船舶在内河航行，应当悬挂国旗，标明船名、船籍港、载重线。按照国家规定应当报废的船舶、浮动设施，不得航行或者作业。

（2）船舶在内河航行，应当保持瞭望，注意观察，并采用安全航速航行。船舶安全航速应当根据能见度、通航密度、船舶操纵性能和风、浪、水流、航路状况以及周围环境等主要因素决定。使用雷达的船舶，还应当考虑雷达设备的特性、效率和局限性。船舶在限制航速的区域和汛期高水位期间，应当按照海事管理机构规定的航速航行。

（3）船舶在内河航行时，上行船舶应当沿缓流或者航路一侧航行，下行船舶应当沿主流或者航路中间航行；在潮流河段、湖泊、水库、平流区域，应当尽可能沿本船右舷一侧航路航行。

（4）船舶在内河航行时，应当谨慎驾驶，保障安全；对来船动态不

明、声号不统一或者遇有紧迫情况时，应当减速、停车或者倒车，防止碰撞。船舶相遇，各方应当注意避让。按照船舶航行规则应当让路的船舶，必须主动避让被让路船舶；被让路船舶应当注意让路船舶的行动，并适时采取措施，协助避让。船舶避让时，各方避让意图经统一后，任何一方不得擅自改变避让行动。

（5）船舶进出内河港口，应当向海事管理机构报告船舶的航次计划、适航状态、船员配备和载货载客等情况。

（6）关于引航的安全管理规定，下列船舶在内河航行，应当向引航机构申请引航：①外国籍船舶；②1 000 总吨以上的海上机动船舶，但船长驾驶同一类型的海上机动船舶在同一内河通航水域航行与上一航次间隔 2 个月以内的除外；③通航条件受限制的船舶；④国务院交通主管部门规定应当申请引航的客船、载运危险货物的船舶。

♀ 水上交通管制办法

（7）船舶进出港口和通过交通管制区、通航密集区或者航行条件受限制的区域，应当遵守海事管理机构发布的有关通航规定。任何船舶不得擅自进入或者穿越海事管理机构公布的禁航区。

（8）从事货物或者旅客运输的船舶，必须符合船舶强度、稳性、吃水、消防和救生等安全技术要求和国务院交通主管部门规定的载货或者载客条件。任何船舶不得超载运输货物或者旅客。

（9）船舶在内河通航水域载运或者拖带超重、超长、超高、超宽、半潜的物体，必须在装船或者拖带前 24 小时报海事管理机构核定拟航行的航路、时间，并采取必要的安全措施，保障船舶载运或者拖带安全。船舶需要护航的，应当向海事管理机构申请护航。

（10）遇有下列情形之一时，海事管理机构可以根据情况采取限时航行、单航、封航等临时性限制、疏导交通的措施，并予公告：①恶劣天气；②大范围水上施工作业；③影响航行的水上交通事故；④水上大型群众性活动或者体育比赛；⑤对航行安全影响较大的其他情形。

2. 停泊应该遵守的安全管理规定

船舶应当在码头、泊位或者依法公布的锚地、停泊区、作业区停泊；遇有紧急情况，需要在其他水域停泊的，应当向海事管理机构报告。船舶停泊，应当按照规定显示信号，不得妨碍或者危及其他船舶航行、停泊或者作业的安全。船舶停泊，应当留有足以保证船舶安全的船员值班。

3. 作业应该遵守的安全管理规定

（1）在内河通航水域或者岸线上进行下列可能影响通航安全的作业或者活动的，应当在进行作业或者活动前报海事管理机构批准：①勘探、采掘、爆破；②构筑、设置、维修、拆除水上水下构筑物或者设施；③架设桥梁、索道；④铺设、检修、拆除水上水下电缆或者管道；⑤设置系船浮筒、浮趸、缆桩等设施；⑥航道建设，航道、码头前沿水域疏浚；⑦举行大型群众性活动、体育比赛。

进行上述所列作业或者活动，需要进行可行性研究的，在进行可行性研究时应当征求海事管理机构的意见；依照法律、行政法规的规定，需经其他有关部门审批的，还应当依法办理有关审批手续。海事管理机构审批上述规定的作业或者活动，应当自收到申请之日起 30 日内作出批准或者不批准的决定，并书面通知申请人。遇有紧急情况，需要对航道进行修复或者对航道、码头前沿水域进行疏浚的，作业人可以边申请边施工。

（2）航道内不得养殖、种植植物、水生物和设置永久性固定设施。划定航道，涉及水产养殖区的，航道主管部门应当征求渔业行政主管部门的意见；设置水产养殖区，涉及航道的，渔业行政主管部门应当征求航道主管部门和海事管理机构的意见。

（3）在内河通航水域进行下列可能影响通航安全的作业，应当在进行作业前向海事管理机构备案：①气象观测、测量、地质调查；②航道日常养护；③大面积清除水面垃圾；④可能影响内河通航水域交通安全的其他行为。

（4）进行规定的作业或者活动时，应当在作业或者活动区域设置标志和显示信号，并按照海事管理机构的规定，采取相应的安全措施，保障通航安全。作业或者活动完成后，不得遗留任何妨碍航行的物体。

7.4.4　危险货物监管

（1）从事危险货物装卸的码头、泊位，必须符合国家有关安全规范要求，并征求海事管理机构的意见，经验收合格后，方可投入使用。禁止在内河运输法律、行政法规以及国务院交通主管部门规定禁止运输的危险货物。

（2）载运危险货物的船舶，必须持有经海事管理机构认可的船舶检验机构依法检验并颁发的危险货物适装证书，并按照国家有关危险货物运输的规定和安全技术规范进行配载和运输。

（3）船舶装卸、过驳危险货物或者载运危险货物进出港口，应当将危险货物的名称、特性、包装、装卸或者过驳的时间、地点以及进出港时间等事项，事先报告海事管理机构和港口管理机构，经其同意后，方可进行装卸、过驳作业或者进出港口；但是，定船、定线、定货的船舶可以定期报告。

（4）载运危险货物的船舶，在航行、装卸或者停泊时，应当按照规定显示信号；其他船舶应当避让。

（5）从事危险货物装卸的码头、泊位和载运危险货物的船舶，必须编制危险货物事故应急预案，并配备相应的应急救援设备和器材。

7.4.5　渡口管理

（1）设置或者撤销渡口，应当经渡口所在地的县级人民政府审批；县级人民政府审批前，应当征求当地海事管理机构的意见。

（2）渡口的设置应当具备下列条件：①选址应当在水流平缓、水深足够、坡岸稳定、视野开阔、适宜船舶停靠的地点，并远离危险物品生产、堆放场所；②具备货物装卸、旅客上下的安全设施；③配备必要的救生设备和专门管理人员。

（3）渡口经营者应当在渡口设置明显的标志，维护渡运秩序，保障渡运安全。渡口所在地县级人民政府应当建立、健全渡口安全管理责任制，指定有关部门负责对渡口和渡运安全实施监督检查。

（4）渡口工作人员应当经培训、考试合格，并取得渡口所在地县级人民政府指定的部门颁发的合格证书。渡口船舶应当持有合格的船舶检验证书和船舶登记证书。

（5）渡口载客船舶应当有符合国家规定的识别标志，并在明显位置标明载客定额、安全注意事项。渡口船舶应当按照渡口所在地的县级人民政府核定的路线渡运，并不得超载；渡运时，应当注意避让过往船舶，不得抢航或者强行横越。遇有洪水或者大风、大雾、大雪等恶劣天气，渡口应当停止渡运。

7.4.6 通航保障

（1）内河通航水域的航道、航标和其他标志的规划、建设、设置、维护，应当符合国家规定的通航安全要求。

（2）内河航道发生变迁，水深、宽度发生变化，或者航标发生位移、损坏、灭失，影响通航安全的，航道、航标主管部门必须及时采取措施，使航道、航标保持正常状态。

（3）内河通航水域内可能影响航行安全的沉没物、漂流物、搁浅物，其所有人和经营人，必须按照国家有关规定设置标志，向海事管理机构报告，并在海事管理机构限定的时间内打捞清除；没有所有人或者经营人的，由海事管理机构打捞清除或者采取其他相应措施，保障通航安全。

（4）在内河通航水域中拖放竹、木等物体，应当在拖放前24小时报经海事管理机构同意，按照核定的时间、路线拖放，并采取必要的安全措施，保障拖放安全。

（5）任何单位和个人发现下列情况，应当迅速向海事管理机构报告：①航道变迁，航道水深、宽度发生变化；②妨碍通航安全的物体；③航标发生位移、损坏、灭失；④妨碍通航安全的其他情况。海事管理机构接到报告后，应当根据情况发布航行通告或者航行警告，并通知航道、航标主管部门。

（6）海事管理机构划定或者调整禁航区、交通管制区、港区外锚地、停泊区和安全作业区，以及对进行的作业或者活动，需要发布航行通告、航行警告的，应当及时发布。

7.4.7 水路事故救助

（1）船舶、浮动设施遇险，应当采取一切有效措施进行自救。船舶、浮动设施发生碰撞等事故，任何一方应当在不危及自身安全的情况下，积极救助遇险的他方，不得逃逸。船舶、浮动设施遇险，必须迅速将遇险的时间、地点、遇险状况、遇险原因、救助要求，向遇险地海事管理机构以及船舶、浮动设施所有人、经营人报告。

（2）船员、浮动设施上的工作人员或者其他人员发现其他船舶、浮动设施遇险，或者收到求救信号后，必须尽力救助遇险人员，并将有关情况及时向遇险地海事管理机构报告。

（3）海事管理机构收到船舶、浮动设施遇险求救信号或者报告后，必须立即组织力量救助遇险人员，同时向遇险地县级以上地方人民政府和上级海事管理机构报告。遇险地县级以上地方人民政府收到海事管理机构的报告后，应当对救助工作进行领导和协调，动员各方力量积极参与救助。

（4）船舶、浮动设施遇险时，有关部门和人员必须积极协助海事管理机构做好救助工作。遇险现场和附近的船舶、人员，必须服从海事管理机构的统一调度和指挥。

7.4.8　事故调查处理规定

（1）船舶、浮动设施发生交通事故，其所有人或者经营人必须立即向交通事故发生地海事管理机构报告，并做好现场保护工作。

（2）海事管理机构接到内河交通事故报告后，必须立即派员前往现场，进行调查和取证。海事管理机构进行内河交通事故调查和取证，应当全面、客观、公正。

（3）接受海事管理机构调查、取证的有关人员，应当如实提供有关情况和证据，不得谎报或者隐匿、毁灭证据。

（4）海事管理机构应当在内河交通事故调查、取证结束后 30 日内，依据调查事实和证据作出调查结论，并书面告知内河交通事故当事人。

（5）海事管理机构在调查处理内河交通事故过程中，应当采取有效措施，保证航路畅通，防止发生其他事故。

（6）地方人民政府应当依照国家有关规定积极做好内河交通事故的善后工作。

（7）特大内河交通事故的报告、调查和处理，按照国务院有关规定执行。

7.5　航道管理

航道法

《中华人民共和国航道法》（以下简称为《航道法》）已由中华人民共和国第十二届全国人民代表大会常务委员会第十二次会议于 2014 年 12 月 28 日通过，自 2015 年 3 月 1 日起施行，2016 年进行了修正。《航道法》共七章 48 条，涉及航道规划、航道建设、航道养护、航道保护以及法律责任等问题。

航道，是指中华人民共和国领域内的江河、湖泊等内陆水域中可以供船舶通航的通道，以及内海、领海中经建设、养护可以供船舶通航的通道。航道包括通航建筑物、航道整治建筑物和航标等航道设施。

规划、建设、养护、保护航道，应当根据经济社会发展和国防建设的需要，遵循综合利用和保护水资源、保护生态环境的原则，服从综合交通运输体系建设和防洪总体安排，统筹兼顾供水、灌溉、发电、渔业等需求，发挥水资源的综合效益。

国务院交通运输主管部门主管全国航道管理工作，并按照国务院的规定直接管理跨省、自治区、直辖市的重要干线航道和国际、国境河流航道等重要航道。县级以上地方人民政府交通运输主管部门按照省、自治区、直辖市人民政府的规定主管所辖航道的管理工作。国务院交通运输主管部门按照国务院规定设置的负责航道管理的机构和县级以上地方人民政府负责航道管理的部门或者机构（以下统称负责航道管理的部门），承担规定的航道管理工作。

7.5.1 航道规划

航道规划分为全国航道规划、流域航道规划、区域航道规划和省、自治区、直辖市航道规划。航道规划应当包括航道的功能定位、规划目标、发展规划技术等级、规划实施步骤以及保障措施等内容。航道规划应当符合依法制定的流域、区域综合规划，符合水资源规划、防洪规划和海洋功能区划，并与涉及水资源综合利用的相关专业规划以及依法制定的城乡规划、环境保护规划等其他相关规划和军事设施保护区划相协调。

航道应当划分技术等级。航道技术等级包括现状技术等级和发展规划技术等级。航道发展规划技术等级根据相关自然条件以及防洪、供水、水资源保护、生态环境保护要求和航运发展需求等因素评定。

全国航道规划由国务院交通运输主管部门会同国务院发展和改革部门、国务院水行政主管部门等部门编制，报国务院批准公布。流域航道规划、区域航道规划由国务院交通运输主管部门编制并公布。省、自治区、直辖市航道规划由省、自治区、直辖市人民政府交通运输主管部门会同同级发展和改革部门、水行政主管部门等部门编制，报省、自治区、直辖市人民政府会同国务院交通运输主管部门批准公布。编制航道规划应当征求有关部门和有关军事机关的意见，并依法进行环境影响评价。涉及海域、重要渔业水域的，应当有同级海洋主管部门、渔业行政主管部门参加。编制全国航道规划和流域航道规划、区域航道规划应当征求相关省、自治区、直辖市人民政府的意见。流域航道规划、区域航道规划和省、自治区、直辖市航道规划应当符合全国航道规划。

7.5.2 航道建设

新建航道以及为改善航道通航条件而进行的航道工程建设，应当遵守法律、行政法规关于建设工程质量管理、安全管理和生态环境保护的规定，符合航道规划，执行有关的国家标准、行业标准和技术规范，依法办理相关手续。

航道建设单位应当根据航道建设工程的技术要求，依法通过招标等方式选择具有相应资质的勘察设计、施工和监理单位进行工程建设，对工程质量和安全进行监督检查，并对工程质量和安全负责。从事航道工程建设的勘察设计、施工和监理单位，应当依照法律、行政法规的规定取得相应的资质，并在其资质等级许可的范围内从事航道工程建设活动，依法对勘察设计、施工、监理的质量和安全负责。

有关县级以上人民政府交通运输主管部门应当加强对航道建设工程质量和安全的监督检查，保障航道建设工程的质量和安全。航道建设工程竣工后，应当按照国家有关规定组织竣工验收，经验收合格方可正式投入使用。航道建设单位应当自航道建设工程竣工验收合格之日起 60 日内，将竣工测量图报送负责航道管理的部门。沿海航道的竣工测量图还应当报送海军航海保证部门。进行航道工程建设应当维护河势稳定，符合防洪要求，不得危及依法建设的其他工程或者设施的安全。因航道工程建设损坏依法建设的其他工程或者设施的，航道建设单位应当予以修复或者依法赔偿。

7.5.3　航道养护

国务院交通运输主管部门应当制定航道养护技术规范。负责航道管理的部门应当按照航道养护技术规范进行航道养护，保证航道处于良好通航技术状态。

负责航道管理的部门应当根据航道现状技术等级或者航道自然条件确定并公布航道维护尺度和内河航道图。航道维护尺度是指航道在不同水位期应当保持的水深、宽度、弯曲半径等技术要求。

负责航道管理的部门应当按照国务院交通运输主管部门的规定对航道进行巡查，发现航道实际尺度达不到航道维护尺度或者有其他不符合保证船舶通航安全要求的情形，应当进行维护，及时发布航道通告并通报海事管理机构。海事管理机构发现航道损毁等危及通航安全的情形，应当及时通报负责航道管理的部门，并采取必要的安全保障措施。其他单位和人员发现航道损毁等危及通航安全的情形，应当及时报告负责航道管理的部门或者海事管理机构。

负责航道管理的部门应当合理安排航道养护作业，避免限制通航的集中作业和在通航高峰期作业。负责航道管理的部门进行航道疏浚、清障等影响通航的航道养护活动，或者确需限制通航的养护作业的，应当设置明显的作业标志，采取必要的安全措施，并提前通报海事管理机构，保证过往船舶通行以及依法建设的工程设施的安全。养护作业结束后，应当及时清除影响航道通航条件的作业标志及其他残留物，恢复正常通航。

进行航道养护作业可能造成航道堵塞的，有关负责航道管理的部门应当会同海事管理机构事先通报相关区域负责航道管理的部门和海事管理机构，共同制订船舶疏导方案，并向社会公告。

因自然灾害、事故灾难等突发事件造成航道损坏、阻塞的，负责航道管理的部门应当按照突发事件应急预案尽快修复抢通；必要时由县级以上人民政府组织尽快修复抢通。船舶、设施或者其他物体在航道水域中沉没，影响航道畅通和通航安全的，其所有人或者经营人应当立即报告负责航道管理的部门和海事管理机构，按照规定自行或者委托负责航道管理的部门或者海事管理机构代为设置标志，并应当在海事管理机构限定的时间内打捞清除。

7.5.4　航道保护

新建、改建、扩建（以下统称建设）跨越、穿越航道的桥梁、隧道、管道、缆线等建筑物、构筑物，应当符合该航道发展规划技术等级对通航净高、净宽、埋设深度等航道通航条件的要求。

在通航河流上建设永久性拦河闸坝，建设单位应当按照航道发展规划技术等级建设通航建筑物。通航建筑物应当与主体工程同步规划、同步设计、同步建设、同步验收、同步投入使用。闸坝建设期间难以维持航道原有通航能力的，建设单位应当采取修建临时航道、安排翻坝转运等补救措施，所需费用由建设单位承担。在不通航河流上建设闸坝后可以通航的，闸坝建设单位应当同步建设通航建筑物或者预留通航建筑物位置，通航建筑物建设费用除国家另有规定外，由交通运输主管部门承担。通航建筑物的运行应当适应船舶通行需要，运行方案应当经负责航道管理的部门同意并公布。通航建筑物的建设单位或者管理单位应当按照规定维护保养通航建筑物，保持其正常运行。

在航道保护范围内建设临河、临湖、临海建筑物或者构筑物，应当符合该航道通航条件的要求。航道保护范围由县级以上地方人民政府交通运输主管部门会同水行政主管部门或者流域管理机构、国土资源主管部门根据航道发展规划技术等级和航道保护实际需要划定，报本级人民政府批准公布。国务院交通运输主管部门直接管理的航道的航道保护范围，由国务院交通运输主管部门会同国务院水行政主管部门、国务院国土资源主管部门和有关省、自治区、直辖市人民政府划定公布。航道保护范围涉及海域、重要渔业水域的，还应当分别会同同级海洋主管部门、渔业行政主管部门划定。

建设与航道有关的工程，建设单位应当在工程可行性研究阶段就建设项目对航道通航条件的影响作出评价，并报送有审核权的交通运输主管部门或者航道管理机构审核，但下列工程除外：①临河、临湖的中小河流治理工程；②不通航河流上建设的水工程；③现有水工程的水毁修复、除险加固、不涉及通航建筑物和不改变航道原通航条件的更新改造等不影响航道通航条件的工程。建设单位报送的航道通航条件影响评价材料不符合规定的，可以进行补充或者修改，重新报送审核部门审核。未进行航道通航条件影响评价或者经审核部门审核认为建设项目不符合规定的，建设单位不得建设。政府投资项目未进行航道通航条件影响评价或者经审核部门审核认为建设项目不符合规定的，负责建设项目审批的部门不予批准。

国务院或者国务院有关部门批准、核准的建设项目，以及与国务院交通运输主管部门直接管理的航道有关的建设项目的航道通航条件影响评价，由国务院交通运输主管部门审核；其他建设项目的航道通航条件影响评价，按照省、自治区、直辖市人民政府的规定由县级以上地方人民政府交通运输主管部门或者航道管理机构审核。

航道上相邻拦河闸坝之间的航道通航水位衔接，应当符合国家规定的通航标准和技术要求。位于航道及其上游支流上的水工程，应当在设计、施工和调度运行中统筹考虑下游航道设计最低通航水位所需的下泄流量，但水文条件超出实际标准的除外。保障下游航道通航所需的最小下泄流量以及满足航道通航条件允许的水位变化的确定，应当征求负责航道管理的部门的意见。水工程需大幅度减流或者大流量泄水的，应当提前通报负责航道管理的部门和海事管理机构，给船舶避让留出合理的时间。

与航道有关的工程施工影响航道正常功能的，负责航道管理的部门、海事管理机构应当根据需要对航标或者航道的位置、走向进行临时调整；影响消除后应当及时恢复。所需费用由建设单位承担，但因防洪抢险工程引起调整的除外。与航道有关的工程竣工验收前，建设单位应当及时清除影响航道通航条件的临时设施及其残留物。与航道有关的工程建设活动不得危及航道安全。与航道有关的工程建设活动损坏航道的，建设单位应当予以修复或者依法赔偿。

在通航水域上建设桥梁等建筑物，建设单位应当按照国家有关规定和技术要求设置航标等设施，并承担相应费用。桥区水上航标由负责航道管理的部门、海事管理机构负责管理维护。

禁止下列危害航道通航安全的行为：①在航道内设置渔具或者水产养殖设施的；②在航道和航道保护范围内倾倒砂石、泥土、垃圾以及其他废弃物的；③在通航建筑物及其引航道和船舶调度区内从事货物装卸、水上加油、船舶维修、捕鱼等，影响通航建筑物正常运行的；④危害航道设施安全的；⑤其他危害航道通航安全的行为。

在河道内采砂，应当依照有关法律、行政法规的规定进行。禁止在河道内依法划定的砂石禁采区采砂、无证采砂、未按批准的范围和作业方式采砂等非法采砂行为。在航道和航道保护范围内采砂，不得损害航道通航条件。

《航道法》对航道建设、勘察设计、施工、监理单位在航道建设活动中的违法行为、对建设单位危害航道安全的违法行为，以及社会公众危害航道安全的行为明确规定了法律责任，并且对交通运输主管部门以及其他有关部门的违法行为规定了法律责任。

7.6　港口法律制度

港口是交通运输的枢纽，是运输过程中的一个重要环节，是对外贸易的重要途径，对国民经济发展和国家的对外交往具有十分重要的作用。在全球港口货物吞吐量和集装箱吞吐量排名前 10 名的港口中，中国港口均占有 7 席。我国港口大型化、专业化水平明显提速，通过能力显著提升，为国民经济发展提供了有力支撑。

7.6.1　港口法律制度概述

1. 港口的概念

多年来，港口作为一个约定俗成的概念被人们广泛使用，而由于港口大小不一，先进程度不等，功能上差异也很大，对港口进行定义是非常困难的。我国《港口法》从港口的基本特征入手，认为港口是指具有船舶进出、停泊、靠泊，旅客上下，货物装卸、驳运、储存等功能，具有相应的码头设施，由一定范围的水域和陆域组成的区域。

从我国港口经营实践来看，港口业务范围很广，除提供设施服务外，还包括装卸、储存、积载、平舱、隔垫、绑扎、驳运以及为货物运输所需的理货、制作标志、更换包装、拆包、灌包、分拣、计量、检疫、消毒等，同时也包括为旅客提供候船、登离船及其非自带行李的交接、搬运、装卸等。港口按照其用途不同可以分为商港、渔业港、军港、避风港等。其中，商港是为商业运输所使用的港口，涉及港口商务管理。因运输的对象不同，商港可以分为货物运输港口和旅客运输港口。

港口是内地的货物、旅客运往海外，或船舶靠岸后起卸客货运送至本地或内陆各地的交汇地。因此港口的功能可以归纳为以下几个方面。

（1）货物装卸和转运功能。这是港口的最基本的功能，即货物通过各种运输工具转运到船舶或从船舶转运到其他各种运输工具，实现货物在空间位置的有效转移，开始或完成水路运输的全过程。

（2）服务的功能。港口的服务功能表现是非常广泛的，"运输中转"的实质也是一种服务，是生产性的服务，既是生产又是服务。但港口的服务功能主要体现为：接待船舶，船舶技术供应，燃料、淡水、一切船用必需品、船员的食品供应，引航，航次修理等；恶劣天气船舶躲避的需要；海难的救助；文化、科技、贸易、旅游等。

（3）商业功能。商业功能即在商品流通过程中，货物的集散、转运和一部分储存都发生在港口。港口介于远洋航运业与本港腹地客货的运输机构之间，便利客货的运送和交接。而且港口处于陆路运输的最末端或者起点，为维持港口货物疏运的需要，港口的交通运输条件必然有较高的标准，使得港区后方的交通运输条件较好，公路网、铁路线完善且等级较高，交通条件极为便利。港口地区有着便利的交通条件、良好的仓储条件，有着物流成本低廉的优势。港口地区必然成为生产布局、产品供应链的主要组成环节所在地，同时为港口的城市发展提供有力的支持，促进城市经济的发展。

（4）工业功能。随着港口的发展，临江工业、临海工业越来越发展。通过港口，由船舶运入供应工业的原料，再由船舶输出制造的产品，前者使工业生产得以进行，后者使工业产品的价值得以实现。港口的存在是工业存在和发展的前提，在许多地方，港口和工业已融为一体。

（5）国防军事功能。一般港口在战争时期多为军事服务，开辟专用军事码头。而在和平时期，除了特殊军事需要的港口独立存在之外，一般港口也设有军用码头或泊位，这是根据军事任务的性质和需要决定的。

根据《港口法》的规定，将港口的功能归结为"船舶进出、停泊、靠泊，旅客上下，货物装卸、驳运、储存"三个方面。但实际上作为重要的社会基础设施，港口是多种社会关系的结合处，各种社会关系交织在一起，极为复杂。这些社会关系从覆盖面上划分有涉外的和不涉外的；从性质上划分有纵向的行政管理关系，有横向的平等主体之间的民事关系；从类别上划分则包括了交通、铁路、金融、公安、环保、卫生、海关、土地、规划等几乎各个方面的社会关系，基本上就是一个社会的缩影。

2. 港口基本法律制度

《中华人民共和国港口法》于 2003 年 6 月 28 日，在第十届全国人大常委会第三次会议上通过，2004 年 1 月 1 日起正式施行（2015 年、2017 年修正）。该法共六章 61 条，调整对象是商港，包括公用码头和货主码头，军港和渔港不在其调整范围之内。《港口法》理顺了我国港口的管理体制，对港口的规划与建设、经营与管理、安全生产和港口保护以及政府部门的责任都作出了明确的规定。

《港口法》对港口的规划、建设、维护、经营、管理及其相关活动进行了全面的规范，是我国水路运输法律体系中的一部"龙头法"。它确立了中央宏观调控、地方政府具体管理的港口管理体制，保证了港口管理和运行的科学化、高效率和低成本。

3. 港口的分类

《港口法》确定了港口分类的基本原则，通过"地理位置重要、吞吐量较大、对经济发展影响较大"三个"弹性标准"对港口进行分类和管理。《港口法》规定，地理位置重要、吞吐量较大、对经济发展影响较大的主要港口的总体规划，由国务院交通主管部门征求国务院有关部门和有关军事机关的意见后，会同有关省、自治区、直辖市人民政府批准，并公布实施。主要港口名录由国务院交通主管部门征求国务院有关部门意见后确定并公布。省、自治区、直辖市人民政府征求国务院交通主管部门的意见后确定本地区的重要港口。重要港口的总体规划由省、自治区、直辖市人民政府征求国务院交通主管部门意见后批准，公布实施。前述规定以外的港口的总体规划，由港口所在地的市、县人民政府批准后公布实施，并报省、自治区、直辖市人民政府备案。市、县人民政府港口行政管理部门编制的全国主要港口和本地区重要港口的总体规划，在报送审批前应当经本级人民政府审核同意。

根据上述规定，我国港口被划分为三类，第一类为由国务院交通主管部门确定的全国的主要港口，第二类为省、自治区、直辖市人民政府经征求国务院交通主管部门意见确定的本地区的重要港口，第三类为前两种港口以外的港口。

4. 港口的管理体制

港口管理体制是指国家通过什么样的部门、设置什么样的管理机构、管理机构的层次、不同层次管理机构之间的相互关系和管理机构所行使的职权等法律规定形成的一套港口行政管理系统，用以实现国家对港口的行政管理。

我国已经确立了中央宏观调控、地方政府进行具体管理的港口管理体制。这个管理体制的核心是：政企分开，多家经营；一港一政，统一管理。《港口法》以法律形式明确规定了各级政府交通和港口行政管理部门的职责，赋予政府交通和港口行政管理部门履行统筹规划、制定政策、维护市场秩序、信息分布、组织协调、提供公益性服务和检查监督的职能；明确港口企业作为独立的市场主体，依法自主经营、自负盈亏、自我发展。

我国现有的港口管理体系基本框架为：国务院交通主管部门（现为交通运输部），对全国港口实行统一行政管理，负责制定全国港口行业的发展规划，按有关规定负责港航设施岸线规划和使用的行业管理，对大中型港口建设项目提出行业审查意见，制定港口行业发展政策和法规，并实施监督。省级人民政府交通主管部门负责本行政区域内港口的行政管理工作。省级或港口所在城市人民政府港口主管部门按照"一港一政"的原则依法对港口实行统一的行政管理。港口企业作为独立的市场主体，依法从事经营。

根据港口的特点以及我国港口管理的实践，除有关法律、法规规定的外，港口行政管理的主要内容是：①贯彻执行国家法律、法规和规章，制定港口管理有关规定；②编制港口布局规划、总体规划、岸线利用规划，对港口岸线、陆域、水域实施统一的行政管理；③监管港口建设市场秩序；④管理港口经营的市场准入，维护港口生产经营秩序；⑤对港口安全生产、环境保护等实施监督和管理；⑥监督涉外港口保安履约工作；⑦征收或代征国家行政性费用；对港口企业经营性费用项目和价格实施监督和管理；⑧负责协调国家重点物资、军事物资及抢险救灾物资的港口作业和集疏运；⑨负责港口信息的汇总、统计和管理工作；⑩负责对港口从业人员的技术、业务培训、考核和发证的管理工作。

7.6.2　港口建设基本制度

船舶的停泊和装卸货物作业、旅客登离船舶和候船都需要有一定的设施和建筑。港口必须建有码头泊位、场地、建筑以及装配相应的设备。有供船舶航行和机动作业的水域、航道、标识及防波堤、河岸等建筑。港口有一定的水域和陆域，港口水域分为码头泊位水域、港区水域、航道水域、锚地以及航标、浮筒、水上作业区域、水面仓储等设施和区域。港区陆域场所是指由仓库、堆场、集装箱场站、生产和管理用建筑物、通道、道路、门卫（闸口）、铁路线、月台，以及装卸作业设备、供电、供水、通信设施构成的港口生产作业和管理的场所，随着港口经营业务的增加，港口介入物流管理和货物的流通加工领域，相应地在港内加设流通加工场所。

1. 港口的规划

港口规划与建设管理是港口行政管理的重要内容，是港口管理部门的主要职责。港口规划是指根据经济与社会发展的要求，合理制定港口发展战略、发展目标和发展方向，对未来时期的港口设施布局及建设等作出综合部署和全面安排，是建设、管理港口的基本依据。港口规划包括港口布局规划和港口总体规划。港口布局规划，是指港口的分布规划，包括全国港口布局规划和省、自治区、直辖市港口布局规划。港口总体规划，是指一个港口在一定时期的具体规划，包括港口的水域和陆域范围、港区划分、吞吐量和到港船型、港口的性质和功能、水域和陆域使用、港口设施建设岸线使用、建设用地配置以及分期建设序列等内容。港口总体规划应当符合港口布局规划。

港口规划应当根据国民经济和社会发展的要求以及国防建设的需要编制，体现合理利用岸线资源的原则，符合城镇体系规划，并与土地利用总体规划、城市总体规划、江河流域规划、防洪规划、海洋功能区划、水路运输发展规划和其他交通运输方式发展规划，并与法律、行政法规规定的其他有关规划相衔接、协调。编制港口规划应当组织专家论证，并依法进行环境影响评价。

全国港口布局规划，由国务院交通主管部门征求国务院有关部门和有关军事机关的意见编制，报国务院批准后公布实施。省、自治区、直辖市港口布局规划，由省、自治区、直辖市人民政府根据全国港口布局规划组织编制，并送国务院交通主管部门征求意见。港口总体规划由港口行政管理部门征求有关部门和有关军事机关的意见编制。

2. 港口的建设

港口是投资大、直接效益低的社会基础产业。改革开放以来，港口建设步伐加快，在总重规模不断扩大的同时，港口结构发生了重大变化。以主枢纽港为核心、地区重要港口为骨干、其他中小港口适当发展的层次格局初步形成；环渤海地区、长江三角洲和珠江三角洲地区初步形成港口群体；一批专业化大型散货码头和集装箱码头建成，促进了煤炭、原油和铁矿石运输系统以及集装箱干支运输网络的发展。

港口建设实行投资主体多元化，这是我国港口建设任务繁重的现实需求所决定的。根据《港口法》的规定，港口市场是开放和透明的，凡符合法定条件的经营人都可以进入。鼓励国内外经济组织和个人依法投资建设、经营港口，平等竞争。

港口建设应符合以下基本要求：①港口建设应当符合港口规划。不得违反港口规划建设任何港口设施；②按照国家规定须经有关机关批准的港口建设项目，应当按照国家有关规定办理审批手续，并符合国家有关标准和技术规范；③建设港口工程项目，应当依法进行环境影响评价，港口建设项目的安全设施和环境保护设施，必须与主体工程同时设计、同时施工、同时投入使用；④港口建设使用土地和水域，应当依照有关土地管理、海域使用管理、河道管理、航道管理、军事设施保护管理的法律、行政法规以及其他有关法律、行政法规的规定办理；⑤港口的危险货物作业场所、实施卫生除害处理的专用场所，应当符合港口总体规划和国家有关安全生产、消防、检验检疫和环境保护的要求，其与人口密集区和港口客运设施的距离应当符合国务院有关部门的规定，经依法办理有关手续，并经港口行政管理部门批准后，方可建设；⑥航标设施以及其他辅助性设施，应当与港口同步建设，并保证按期投入使用。港口内有关行政管理机构办公设施的建设应当符合港口总体规划，建设费用不得向港口经营人摊派。

港口设施建设项目竣工后，应当按照国家有关规定经验收合格，方可投入使用。港口设施的所有权，依照有关法律规定确定。

7.6.3 港口营运法律制度

打破条条块块的分割、封锁和垄断，促进和保护公平竞争，是建设社会主义市场经济的主要内容，也是港口管理部门的主要任务。无论是港口建设与经营，都无法离开市场的驱动，港口有竞争，才有活力和效率，才会提高港口服务质量。《港口法》制定了港口市场的准入制度，明确了港口经营人的市场准入条件和公平竞争的要求，为港口形成公开、公平、竞争、有序的市场环境，保证港口安全生产奠定了法律基础。

港口经营包括码头和其他港口设施的经营，港口旅客运输服务经营，在港区内从事货物的装卸、驳运、仓储的经营和港口拖轮经营等。

港口经营实行经营许可制度，从事港口经营，应当向港口行政管理部门书面申请取得港口经营许可，并依法办理工商登记。实施港口经营许可证制度，是国家管理港口活动的一种重要形式和手段，可以有效地控制港口生产、经营规模、调整港口经营的布局，有效地利用资源，保护港口经济的协调、稳步发展。港口行政管理部门实施港口经营许可，应当遵循公开、公正、公平的原则。

取得港口经营许可的基本条件包括：①有固定的经营场所；②与经营业务相适应的设施、设备、专业技术人员和管理人员；③具备法律、法规规定的其他条件。

港口行政管理部门应当自收到港口经营人提交的书面申请之日起 30 日内依法作出许可或者不予许可的决定。予以许可的，颁发港口经营许可证；不予许可的，应当书面通知申请人并告知理由。

港口理货和港口货物作业是密不可分的，理货业务的实质是由专门的理货人员在货物交接过程中对交接货物的数量和表面状况进行清点和检查，其基本的业务内容包括最基本的计算货物的数量，以及检查货物残损，指导装船积载，制作有关单证等。但理货业务与其他港口业务相比，与船舶靠泊、运送货物和旅客的关系比较间接，其存在的直接目的是保证其他港口业务得以顺利进行，经营港口理货业务，应当按照规定取得许可。实施港口理货业务经营许可，应当遵循公开、公正、公平的原则。港口理货业务经营人应当公正、准确地办理理货业务；不得兼营货物装卸经营业务和仓储经营业务。

港口经营人从事经营活动，必须遵守有关法律、法规，遵守国务院交通主管部门有关港口作业规则的规定，依法履行合同约定的义务，为客户提供公平、良好的服务。从事港口旅客运输服务的经营人，应当采取保证旅客安全的有效措施，向旅客提供快捷、便利的服务，保持良好的候船环境。港口经营人应当依照有关环境保护的法律、法规的规定，采取有效措施，防治对环境的污染和危害。

港口经营人应当优先安排抢险物资、救灾物资和国防建设急需物资的作业。港口经营人应当在其经营场所公布经营服务的收费项目和收费标准；未公布的，不得实施。港口经营性收费依法实行政府指导价或者政府定价的，港口经营人应当按照规定执行。港口经营人的合法权益受法律保护。任何单位和个人不得向港口经营人摊派或者违法收取费用，不得违法干预港口经营人的经营自主权。

7.6.4 港口安全与监督管理

1. 港口安全管理制度

港口安全与监督管理是港口行政管理的一项重要职责。港口属于一个劳动密集、资产密集的区域，安全问题十分重要，其不仅关系到港口区域内人员、物质、资产的安全，而且与港口所在城市人民生命财产和地区经济乃至整个国民经济正常运行的关系都很大。

港口行政管理部门应当依法制定可能危及社会公共利益的港口危险货物事故应急预案、重大生产安全事故的旅客紧急疏散和救援预案以及预防自然灾害预案，建立健全港口重大生产安全事故的应急救援体系。遇有旅客滞留、货物积压阻塞港口的情况，港口行政管理部门应当及时采取有效措施，进行疏港；港口所在地的市、县人民政府认为必要时，可以直接采取措施，进行疏港。港口行政管理部门应当组织制定所管理的港口的章程，并向社会公布。港口章程的内容应当包括对港口的地理位置、航道条件、港池水深、机械设施和装卸能力等情况的说明，以及本港口贯彻执行有关港口管理的法律、法规和国务院交通主管部门有关规定的具体措施。

1）港口的安全生产制度

港口经营人必须依照安全生产法等有关法律、法规和国务院交通主管部门有关港口安全作业规则的规定，加强安全生产管理，建立健全安全生产责任制等规章制度，完善安全生产条件，采取保障安全生产的有效措施，确保安全生产。港口经营人应当依法制定本单位的危险货物事故应急预案、重大生产安全事故的旅客紧急疏散和救援预案以及预防自然灾害预案，保障组织实施。

2）对危险品运输安全作业监管制度

船舶进出港口，应当依照有关水上交通安全的法律、行政法规的规定向海事管理机构报告。海事管理机构接到报告后，应当及时通报港口行政管理部门。船舶载运危险货物进出港口，应当按照国务院交通主管部门的规定将危险货物的名称、特性、包装和进出港口的时间报告海事管理机构。海事管理机构接到报告后，应当在国务院交通主管部门规定的时间内作出是否同意的决定，通知报告人，并通报港口行政管理部门。但是，定船舶、定航线、定货种的船舶可以定期报告。在港口内进行危险货物的装卸、过驳作业，应当按照国务院交通主管部门的规定将危险货物的名称、特性、包装和作业的时间、地点报告港口行政管理部门。港口行政管理部门接到报告后，应当在国务院交通主管部门规定的时间内作出是否同意的决定，通知报告人，并通报海事管理机构。

3）港口相关人的责任和义务

港口行政管理部门应当依法对港口安全生产情况实施监督检查，对旅客上下集中、货物装卸量较大或者有特殊用途的码头进行重点巡查；检查中发现安全隐患的，应当责令被检查人立即排除或者限期排除。负责安全生产监督管理的部门和其他有关部门依照法律、法规的规定，在各自职责范围内对港口安全生产实施监督检查。

禁止在港口水域内从事养殖、种植活动。不得在港口进行可能危及港口安全的采掘、爆破等活动；因工程建设等确需进行的，必须采取相应的安全保护措施，并报经港口行政管理部门批准；依照有关水上交通安全的法律、行政法规的规定须经海事管理机构批准的，还应当报经海事管理机构批准。禁止向港口水域倾倒泥土、砂石以及违反有关环境保护的法律、法规的规定排放超过规定标准的有毒、有害物质。建设桥梁、水底隧道、水电站等可能影响港口水文条件变化的工程项目，负责审批该项目的部门在审批前应当征求港口行政管理部门的意见。

2. 监督管理制度

港口行政管理部门依据职责对港口法执行情况实施监督检查。港口行政管理部门的监督检查人员依法实施监督检查时，有权向被检查单位和有关人员了解有关情况，并可查阅、复制有关资料。监督检查人员对检查中知悉的商业秘密，应当保密。监督检查人员实施监督检查时，应当出示执法证件。

监督检查人员应当将监督检查的时间、地点、内容、发现的问题及处理情况作出书面记录，并由监督检查人员和被检查单位的负责人签字；被检查单位的负责人拒绝签字的，监督检查人员应当将情况记录在案，并向港口行政管理部门报告。

被检查单位和有关人员应当接受港口行政管理部门依法实施的监督检查，如实提供有关情况和资料，不得拒绝检查或者隐匿、谎报有关情况和资料。

7.6.5　港口经营人

1. 港口经营人的概念

通常理解港口经营人又称为运输港站经营人，是指在其业务过程中，在其控制下的某一区域或在其有权出入或使用的某一区域内，负责接管国际运输的货物，以便对这些货物从事或安排从事与运输有关的服务的人。但是凡属根据适用于货运的法律规则身为承运人的人，不视为经营人。其中"国际运输"是指在经营人接管货物时确定其启运地和目的地位于两个不同国家的任何货物运输，"与运输有关的服务"则包括诸如堆存、仓储、装货、卸货、积载、平舱、隔垫和绑扎等服务。

我国港口经营人是指与作业委托人订立作业合同的人，我国的港口经营人仅指水路运输的港站经营人，而不包含公路、铁路、空港等类港站经营人。其次，由于港口是水路交通的枢纽，港口经营人不仅为货物提供服务同时也对船舶、旅客提供服务。港口经营包括码头和其他港口设施的经营，港口旅客运输服务经营，在港区内从事货物的装卸、驳运、仓储的经营和港口拖轮经营等。根据上述港口经营的定义，可以对港口经营人做以下解释，港口经营人是指在港区范围内，对水路运输的船舶、货物和旅客提供与运输有关的经营性港口业务的人。

我国港口经营人不仅包括接受船方或货方的委托的人，而且也涉及那些受港口经营人的转委托的经营人。其次，港口经营人不仅涉及接受船方或货方的委托并与其订立港口作业合同的人，而且也涉及那些与船方或货方没有直接合同关系，但其受港口经营人的委托，而在其拥有或有权使用的设施和场地，为船舶、货物和旅客提供与运输有关的服务的人，即实际履行港口作业的人。港口经营人的工作主要是以自己特有的设施、机械、场地和人员，提供相应的技术和人力，代替承运人或托运人完成运输合同中约定的部分义务。

2. 港口经营人的分类

根据《港口法》对于港口经营的规定，港口经营人应当包括以下几类。

1）装卸公司

装卸公司是指从事货物的装船和卸船业务，并收取装卸费用的专业化企业。它一般拥有自己的码头、堆场、装卸器具、运输车辆等硬件设施，同时拥有一套了解港口规律，熟知各种船舶特点，对各类性质不同、包装有别的货物富有装卸经验的人马。

一些大型的厂矿企业，为了在运输本企业需要或生产的原材料、制成品等物资方面自主、方便，减少倒搬和短途运输、降低产品成本，常在靠近本企业的水域或附近有关港口建设自己的专用码头，以便停靠船舶装卸自己的货物，俗称货主码头。比如上海宝山钢铁有限公司在上海宝山县建造的码头，就是规模较大的货主专用码头。这些码头及靠离这些码头的船舶仍受国家有关港口及船舶管理和监督的有关规定规范。这些货主码头是否属于港口经营人，《港口法》没有给予明确的回答，但从《港口法》第23条港口经营的概念来看，港口经营人应当是从事经营活动的法律主体。因此，如果货主在其所属的货主码头装卸自己的货物，则不应被视为港口经营人。如果装卸其他货主的货物，并收受一定的报酬，这种情况下，可以归入港口经营人的范畴。

2）仓储公司

水路货物运输过程中，大批货源要从港口的腹地运送港口，由于货物种类繁多，运往的地点不同，这些到港等待装船的货物应先在港口的仓库、堆场进行组合。同时，进口货物抵港卸船后，在由陆路运输工具或水路运输工具转运之前，或者进口货物的收货人未能及时提货，这些货物也需要在港口储存，因此，在港区或周边区域必须建设有不同运输工具之间转换货物而存储货物的仓库、堆场等设施。经营货物储存业务的公司即为仓储公司。仓储公司在整个货物的运输过程中起着重要的衔接和调节作用，保证了运输、装卸作业正常进行。仓储被认为是与运输相关的一个不可或缺的重要一环，因此在实践中和立法上有使仓储和运输统一协调起来的趋势。仓储公司应列入港口经营人的调整范围。

3）驳运公司

对于吃水较深的船舶，在某些小港由于港口码头吃水较浅，需要在锚地用驳船进行卸货或减载后待船舶吃水较浅时再驶入泊位进行卸货，或者在港口压船时，用驳船卸货便成了疏港的重要方式。驳运业务是港口经营人所提供的与运输有关的服务，驳运公司应当列入港口经营人的范围。

4）港口拖轮公司

当船舶尤其是大型船舶靠离泊位时，为安全起见，一般会要求港口方面提供拖轮辅助靠离。《海商法》第155条规定："海上拖航合同，是指承拖方用拖轮将被拖物经海路从一地拖至另一地，而由被拖方支付拖航费的合同。"同时它还规定："本章规定不适用于在港区内对船舶提供的拖轮服务。"由此可见，《海商法》非常明确地将港区内的拖带服务排除出《海商法》第七章的调整范围。但是港区内的拖轮服务与海路拖航并无实质上的区别,《海商法》将其排除在外的理由一方面在于港区拖带的风险较小,另一方面在于港区拖带通常由港口提供,而拖航服务通常由有拖带能力的公司进行,与港口没有任何关系。根据港口经营范围的规定,港口拖轮公司应列入港口经营人的范围。

5) 理货公司

理货是指理货公司接受货物的船舶承运人或者所有人的委托,从事船舶装卸货物的点数、交接业务。理货只是对货物的数量、表面状况等事实状态作出客观、独立的证明。理货业务是否应列入港口经营人的范围,就要看理货业务是否应当为港口业务的一种。理货业务与其他港口业务相比有十分重要的区别,即其他港口业务与船舶靠泊、运送货物和旅客的关系较为直接,而理货业务是间接的,是为了保证其他港口业务顺利进行而衍生出的另外一个层次上的服务。尽管理货不是一种独立的港口业务,但要保证其他港口业务的顺利进行,理货业务又不可缺少。因此理货业务是一种特殊的港口业务。

6) 客运站

客运站是指对海上运输的旅客提供候船或上下船服务,对旅客的行李提供搬运、装卸、保管等与海上运输有关的服务的部门。客运站一般设在港区,客运站的业务范围包括组织客流调整、提供客流量、流向资料及船计划、组织售票和问询、办理行李、包裹运输、小件寄存、组织旅客候船、组织检票、验票、确保旅客安全上下船及接受客运承运人委托的有关临时业务。客运站应列入港口经营人的范围。

船舶进出港口,除了需要上述港口经营人提供服务外,还需要其他法律主体提供服务,比如,引航站的引航,货代公司的代理等,其他提供港口服务的法律主体主要有以下几类。

(1) 引航站。引航是指持有引航员证书的引航员将船舶从一个地点引领到另一地点的行为。它是保证船舶安全航行的主要手段,一般包括码头引航、航道引航、海上引航和分段引航。引航的目的一方面是为了保证船舶和港口设施及有关人员、货物的安全,维持港口正常的生产秩序,另一方面也是为了体现国家主权,因此,我国对外籍船舶实行强制引航的制度,从各国的立法实践来看,也同样接受强制引航。

引航既有行政方面的问题如引航员的资格、职业纪律、引航员的管理组织以及强制引航的范围,同时又有民事方面的问题如引航员的过错引起船东责任和引航员、引航组织的责任限制等问题。从管理体制来看,目前引航站一般都归属于港口集团,由港口经营人进行管理。

(2) 货代公司。货代公司是指代表货方,就有关货物的报关、报验、装卸、储存、转运,以及与货物运输有关的各种业务提供服务的代理机构。根据货代公司成立的背景和经营特点分类,货代公司大致分以下四类:①以实际承运人企业为背景的国际货代公司,如中国外轮代理总公司、中远国际货运有限公司等；②以外贸、工贸公司为背景的货代公司，如五矿国际货运公司、中粮国际仓储运输公司等；③以仓储、包装企业为背景的货代公司，如中储国际货代公司；④以港口、机场企业为背景的货代公司，这种货代公司服务内容较为单一，缺乏服务网络，市场竞争力较弱。目前，许多港口都设立了独资或控股的货代公司，在货方与港口之间发挥着重要的协调作用。

3. 港口经营合同

近年来，随着水路运输的发展，特别是港口功能的日益拓宽和完善，港口经营人不再属于承运人的范畴，具有独立的民事法律地位，成为独立于承运人的民事主体，港航之间有关港口生产作业中的法律关系应通过合同来进行，即经营各方根据相应的合同承担其相应的责任，港口经营人作为独立的民事主体，与作业委托人签订港口作业合同，并根据合同履行职责和承担责任。其具体程序是，由作业委托人或其代理人事先向港口经营人提出申请，双方签订协议，作业委托人按有关的规定和双方的约定，支付港口设施使用费和港口作业服务费，而港口经营人应按照有关规章的规定或双方签订合同，为作业委托人提供港口设施和港口作业服务。

港口经营合同一般包括以下条款：作业委托人、港口经营人和货物接收人名称；作业项目；货物名称、件数、重量、体积（长、宽、高）；作业费用及其结算方式；货物交接的地点和时间；包装方式；识别标志；船名、航次；起运港（站、点）和到达港（站、点）；违约责任；解决争议的方法。

4. 港口经营人的基本权利和义务

港口经营人的基本权利和义务主要包括：配备适当的机械、设备、工具、库场等设备。当事人在作业合同中对配备情况作出明确约定的，港口经营人应当按照合同的约定进行配备。当事人没有明确约定的，港口经营人应当按照通常的作业要求及具体作业货物的性质和状态进行适当的配备，并使之处于良好的、适于作业的状态。港口经营人有权要求作业委托人按照合同的约定正确、及时地交付货物。港口经营人应当保证从接收时起至交付时止货物的完好性。从港口作业合同的履行过程来看，涉及两次货物交接，也涉及两个货物收据：港口经营人接收货物时以及交付货物时，接收货物的一方当事人都必须给相对方签发货物收据。应当在约定期间或者在没有这种约定时在合理期间内完成货物作业。当作业委托人没有按照规定的包装标准对货物进行包装或者没有满足危险货物作业规定的要求时，港口经营人享有拒绝作业的权利。作业委托人未将危险货物的相关情况通知港口经营人或者通知有误的，港口经营人可以在任何时间、任何地点根据情况需要停止作业、销毁货物或者使之不能为害，而不承担赔偿责任。

本章小结

　　本章首先介绍了水路运输法的概念和特点，在此基础上介绍了我国的水路运输管理体制，并从旅客运输和货物运输两个方面详细分析了水路运输合同，明确运输各方的权利和义务，最后阐述了港口建设及安全方面的法律制度。

　　本章的重点和难点是水路运输合同。

习题

一、名词解释

1. 水路运输
2. 船员
3. 航道
4. 港口

二、多项选择题

水路运输以水域来划分主要可以分为以下几种：（　　　　）。

A. 沿海运输　　　B. 江河运输　　　C. 湖泊运输　　　D. 运河运输

三、简答题

1. 水路运输有何特点？
2. 水路旅客运输中承运人的法律责任有哪些？
3. 水路运输中旅客的责任有哪些？
4. 水路运输安全管理制度的基本内容有哪些？
5. 航道建设和养护制度有哪些规定？
6. 港口建设和营运制度有哪些规定？
7. 港口经营人的权利和义务有哪些？

四、案例题

　　2001 年 2 月 5 日 15 时许，"桂北渔 16311" 号渔船自北海启航，开往涠洲岛附近海域从事捕捞作业。船上有船长姜洪帮、轮机员姜其帮、跟船的姜振华和出海玩耍的姜德华（16 岁）、黄冲（15 岁）共五人。6 日上午，渔船在北纬 21°09′50″、东经 109°07′30″附近海区拖两张网从事捕捞作业，航速 2.2 节，航向 20°～30°，船上开左右舷红绿灯和一盏白灯，其他灯未开，渔船上没有喇叭。上午的天气状况为北风 3～4 级，有雾，雾时浓时淡，能见度 500 m 至 1 海里左右，轻浪。约11：30时，渔船发现一艘大船快速驶近并撞到渔船船尾角，致使渔船右尾角被撞散、机舱进水。渔船上人员即大声呼救，并看到大船"离－离波"（离合器脱开，即减速），其船尾和驾驶台走廊有一人向该渔船张望，约 20～30 秒后大船加速向北开去，航向为340°左右。船长姜洪帮及姜振华都看到该大船船尾有"海龙1"三字，姜洪帮即叫大家记住该船名。碰撞后，渔船的主机继续运行约10分钟后死火，其后不久该船沉没，船上人员全部落水，靠冰箱、煤气瓶等漂浮在海面上。落水约40分钟后，落水人员被"桂合渔32124"号渔船救起，并于15时许被送到北海南万港。姜洪帮被救后，即用救助船船长许本东的手机于12:25向广西壮族自治区边防总队海警第一支队海上"110指挥中心"报警，称其"桂北渔16311"号渔船被"海龙1"号货船撞沉，肇事船向北海方向逃逸，请求处理；海上"110指挥中心"告知其向渔监、渔政联系处理。约15:30，姜洪帮向北海渔监报案。

另查明，油船"海龙1"号于2月5日空载自海南省清澜港启航开往广西北海港，2月6日11:00航行至北纬21°06.188′、东经109°10′080″，即涠洲岛东北距涠洲岛东北角约3海里处。当时偏东风4级，西北流1~2节，轻浪，有雾，能见度约100 m。11:15，二副陈上福接班，航向335°，开启航行灯，并以顺流航速约11.3~11.7节全速前进。约11:30时，水手林春炎接替水手长全业操舵，陈上福负责在海图室定位、观看雷达、在驾驶室左舷窗瞭望海面，并每隔两分钟鸣放一次雾号，但未加派人员船头瞭望。林春炎发现在本船右舷正横、相距约5~6 m处有一小船驶过，当即告知陈上福，陈即把船速从前进4（9节）减至前进1（4节），并到驾驶室外右舷走廊观察该小船情况，陈"凭着这条船的机器还发出响声"即断定该渔船没有什么异常，遂将船速重新提至前进4，继续往北海方向航行，11:50船长黄国胜上驾驶台，陈上福向其汇报曾有一渔船靠得比较近，但未定位、未看清渔船船名、亦未掉头确认渔船是否发生海事。黄国胜听汇报后，批评陈上福"为什么不回头看一看，有雾应该慢慢开"，黄国胜"本想掉头回去找，但想雾大，时间也这么长，很可能找不到，所以不掉头回去找"，而是继续航行，于13:20在北海港石化码头附近抛锚。

"桂北渔16311"号船系木质单底拖渔船，船长13.45 m，宽3.36 m，深1.40 m，总吨15 t，净吨5 t，主机功率2 3.5 kW+17.6 kW，1992年下水，登记船主为原告蓝庆强。2000年8月，蓝庆强将该渔船卖给刘世连，同月10日刘世连又以68 000元的价格将其卖给罗文辉、姜洪帮。两次转让均未办理船舶过户登记手续，登记船主仍为原告蓝庆强。经查，姜洪帮、姜其帮未取得国家法定机关颁发的船员资格证书。碰撞事故发生时，船上应有一定的网具、拖网缆索、备用柴油、冷藏设备、炊具、船员个人生活用品等。

"海龙1"号轮为钢质油船，船长59.2 3 m，宽10.80 m，深5.35 m，总吨495 t，净吨277 t，主机功率552 kW，船舶所有人为被告李国庆、陈保生，1998年5月13日起至2003年5月12日止光船租赁给被告钦州市钦南区水路三公司。

一审法院审理后认为，本案系船舶碰撞损害赔偿纠纷。原告所属"桂北渔16311"号渔船在视线不良的雾天从事拖网捕鱼作业，未保持正规瞭望，亦未显示规定的号灯和号型、未按规定鸣放声号，违反了《1972年国际海上避碰规则》第5条、第19条、第26条、第35条之规定。被告所属"海龙1"号船舶在能见度不良时仍全速前进，无视雾天航行安全航速的规定，对碰撞危险没有充分的估计，且瞭望人员严重不足，又不加派人员在船头瞭望，违反了《1972年国际海上避碰规则》第5条、第6条、第7条、第19条的规定。由于两船的上述过失，以致酿成船舶碰撞之紧迫局面，亦即原被告的船舶对碰撞紧迫局面的形成负有均等之过失责任，并不可逆转地导致了碰撞事故的发生。从法庭查明的案件事实考察，碰撞前两船处于交叉相遇的位置，渔船在被告船舶的右舷位置。根据交叉相遇状态时的避碰规则，被告船舶系负担让路义务的让路船，应给作为权利船的原告渔船让路。由于被告方的船员疏忽大意，未适当履行避碰规则所规定的能见度不良时的谨慎瞭望责任，以至于根本就没有发现碰撞之紧迫局面已经形成，故未采取任何让路措施，从而导致碰撞发生并造成渔船沉没的重大事故。根据造成碰撞紧迫局面的过失是划分责任大小的主要标准，碰撞紧迫局面下是否适当采取避碰措施是认定责任大小的次要标准之原则，并根据《1972年国际海上避碰规则》第15条之规定，综合碰撞紧迫局面的形成、是否采取紧急避碰措施、原告船员有无法定资格证书等情况全面考察，原被告船舶对碰撞事故的发生互有过失，而又以被告所属"海龙1"号船舶的过失为大，应负本次事故65%的责任；原告所属"桂北渔16311"号渔船的过失为次，应负本次事故35%的责任。被告关于未发生碰撞事故之辩解，有悖于案件真相，故其辩解之理由不成立。

在另案中，人民法院委托广西大公财产评估有限公司对原告渔船进行评估，评估价为90 000元，根据本案具体情况，在评估价基础上扣减10%，即将该渔船价值认定为81 000元是公平和合理的。碰撞事故发生时，船上应有一定的网具、拖网缆索、备用柴油、冷藏设备、炊具、船员个人生活用品等，因渔船已沉没，该类物品皆已随船沉入大海，确切数量无证据证实，但可根据同类船舶的通常情况予以推定。原告主张其船上的网具6 300元，该主张较为合理，予以认定；船上的备用柴油可推定为尚存1 t，价值2 650元；原告主张船上冰柜及冰托价值1 000元，船上炊具价值440元，该主张较为合理，予以认定；根据《最高人民法院关于审理船舶碰撞和触碰案件财产损害赔偿的规定》第9条第（七）项船员个人生活必需品的损失"按实际损失适当予以赔偿"的原则，结合当地渔民的生活水平，3名船员个人生活必需品的损失认定为每人600元，出海玩耍的2人生活必需品损失认定为每人300元，5人共损失2 400元。关于船期损失的计算，根据《最高人民法院关于审理船舶碰撞和触碰案件财产损害赔偿的规定》第10条"船舶全损的，以找到替代船所需的合理期间为限，但最长不得超过两个月……渔业船舶，按上述期限扣除休渔期为限，或者以一个鱼汛期为限"的规定，原告的船期损失为自原告渔船被撞沉之次日起共计60 d；北海市银海区水产局证实与原告同类型的渔船每月纯收入约10 000元，本院认为在此基础上扣减10%，即每月纯收入为9 000元比较合理，对原告所主张的每天300元的船期损失予以支持，其60 d的船期损失折算费用为18 000元。参照船期损失的计算标准，原告出海两天的鱼获物损失认定为600元。卫导和对讲机损失因原告无确切证据证明船上有此类通信工具，且无正式发票，故不予认定；关于原告2 800元现金损失的主张，无相应证据证实，本院不予支持；关于原告施救费3 000元的主张，因只有人命被救而无遭遇同一海难的财产获救，依法不应支付救助报酬，故原告的该项请求应予驳回。综上，原告的渔船损失和其他物质损失共计112 390元，被告应承担其中65%，即73 053.50元的赔偿责任。

"桂北渔16311"号渔船于2000年8月经历了两次所有权变更，最后的事实受让人为罗文辉、姜洪帮，但该两次所有权转移均未依法进行船舶变更登记。根据《中华人民共和国船舶登记条例》第5条"船舶所有权的取得、转让和消灭，应当向船舶登记机关登记；未经登记的，不得对抗第三人"的规定，原告罗文辉、姜洪帮不得以船舶所有人的身份对第三人主张权利，其对被告的诉讼请求应予驳回。蓝庆强为法律认可的船舶所有人，其对船舶的所有权应依法予保护，故本院支持其诉讼主张。被告钦州市钦南区水路三公司作为光船承租人，全面负责船舶的营运管理工作，故应对该碰撞事故承担第一性的损害赔偿责任，出租人即船东李国庆、陈保生应对此承担连带责任。根据《中华人民共和国海商法》第169条"船舶发生碰撞，碰撞的船舶互有过失的，各船按照过失程度的比例负赔偿责任；过失程度相当或者过失程度的比例无法判定的，平均负赔偿责任。"以及《中华人民共和国民事诉讼法》第144条"被告经传票传唤，无正当理由拒不到庭的，或者未经法庭许可中途退庭的，可以缺席判决"之规定，判决：①被告钦州市钦南区水路三公司赔付原告蓝庆强船舶碰撞损失73 053.50元，被告李国庆、陈保生承担连带赔偿责任，于判决生效之日起10日内清偿；②驳回原告的其他诉讼请求。案件受理费4 794元，由原告负担2 300元；被告钦州市钦南区水路三公司负担2 494元。

上诉人钦州市钦南区水路三公司、李国庆、陈保生不服一审判决上诉称：①海龙1根本没有碰到"桂北渔16311"，因为海龙1当天没有经过"桂北渔16311"出事的地点；海龙1的船体丝毫没有碰撞痕迹；"桂北渔16311"船上人员的陈述违背科学，是虚假的。②一审法院以海龙1和"桂北渔16311"违反《1972年国际海上避碰规则》的某些条款作为两船碰撞和责任划分的理由和根据是错误的，如果发生碰撞，"桂北渔16311"才是让路船，应负主要责任。③姜洪帮等人从事非法捕捞，一审法院却判令上诉人赔偿渔获物和船期的损失，是错误的。④假如发生碰撞，上诉人李国庆、陈保生作为"海龙1"号光船租赁关系中的所有权人（出租人），光船租赁已经合法登记后，可以对抗第三人，李国庆、陈保生就不应承担责任，一审判决李国庆、陈保生和光船承租人钦州市钦南区水路三公司承担连带责任是错误的。综上所述，请求：①撤销一审判决，驳回被上诉人的诉讼请求；②本案一切诉讼费用由被上诉人负担。

被上诉人蓝庆强未提供书面答辩，在庭审中辩称：①"海龙1"号船撞沉"桂北渔16311"号船是客观事实；②"海龙1"号船雾天高速航行及瞭望疏忽是导致事故的根本原因，应负事故全部责任；③被上诉人的船是依法取得捕捞许可证的渔船，沉船损失客观存在，上诉人应负赔偿责任。一审认定事实清楚，证据确凿，请求驳回上诉，维持原判。

一审原告罗文辉、姜洪帮的意见与被上诉人蓝庆强的答辩意见一致。

综合诉辩各方的意见，本案的争议焦点为：①"海龙1"号船与"桂北渔16311"号船是否发生碰撞并致"桂北渔16311"号船沉没？②若发生碰撞，两船的过错、责任比例如何划分？③若发生碰撞，责任方应在什么范围内赔偿损失？

一、关于"海龙1"号船是否撞沉"桂北渔16311"号船的问题

上诉人认为："海龙1"号轮本航次中并未与他船发生过任何形式的碰撞。理由如下。

1. 被上诉人方面关于"海龙1"号轮与"桂北渔16311"号渔船发生碰撞的证词，严重违反科学，并且自相矛盾，根本不能采信。

1）被上诉人声称"桂北渔16311"号渔船在发生碰撞20多分钟后才沉没，这不可能是事实。①被上诉人方面对渔船碰撞后的状态描述，本身就自相矛盾。姜洪帮称："只弹开一点点"，而姜振华却声称"向左倾斜"，也就是说，渔船被碰撞后并不是被弹开，而只是造成一定角度的倾斜。两者自相矛盾。②按照被上诉人的描述，渔船碰撞后并非十分严重，而这与两船碰撞能量的科学计算完全不符。根据北海港监和一审法院均已认可的两船质量、航向、航速等资料，科学的计算为：两船如果发生碰撞，则小渔船会因无法承受如此强大的碰撞力而立即被撞毁并沉没，也就是说，渔船面临的是立即毁灭的严重后果，根本不可能仅仅才被弹开一点点或发生一点倾斜，更不可能再漂浮20多分钟后才沉没。被上诉人方面的证词严重违反科学。

2）被上诉人声称发生碰撞时，"桂北渔16311"号船上没有一个人跌倒和受伤，这不可能是事实。经计算可以看出，渔船在被撞击船尾后，对于渔船上5个事先没有丝毫准备的普通渔民来说，站立在突然间发生高速前冲并且旋转的渔船上，居然没有一个人跌跤，没有人跌落海，也没有一个人受伤，这根本是不可能的。

3）被上诉人声称看到"海龙1"号轮碰撞后船速慢了一下，然后又加速开走，这不可能是事实。如果"海龙1"号轮果真如被上诉人所声称的那样从11.5节降到1.5节，那么，被上诉人当时由于浓雾的影响早已看不到"海龙1"号轮了。

4）"桂北渔16311"号船员在渔船沉没落水后，被合浦渔船救起的地点，与根据当日水流的流向和风向科学计算出来的落水者应在地点相差达3.96海里（约为7 300 m）。

5）被上诉人在谈到未用自己的手机报警问题时称，"手机已经没电，即使有电，手机在该海域也没有信号"。既然没电，用于呼叫救助船的手机却有信号？被上诉人的证词自相矛盾。

2. 北海港监对本案涉嫌海事事故的调查报告，内容客观，程序合法，其结论应予以采纳。

3. 根据"海龙1"号轮《航海日志》记录的船舶定位和船位推算，其与被上诉人声称发生碰撞的地点相距约1.4海里（约2 600 m），根本没有经过被上诉人声称发生碰撞的地点。

4. "海龙1"号轮船首、船身油漆完好，证明该轮并未与他船发生过碰撞，否则一定会出现碰撞损伤或擦划痕迹。

5. 北海港监就本次涉嫌海事事故所作出的调查报告，应当予以采信。

6. 根据本案现有证据材料，足以证明上诉人的主张；而被上诉人未能举证证明"海龙1"号轮与"桂北渔16311"号渔船发生过碰撞，应当承担举证不能的法律后果。

被上诉人及一审原告认为："海龙1"号船撞沉"桂北渔16311"号船是客观事实。①"海龙1"号船员于事发地点、事发时间的证词证实曾有与一小船密切接触时减速一事。②"海龙1"号碰撞"桂北渔16311"号船并减速慢行后，双方船员曾互相对视。③事发当日11：30时，"海龙1"号交班船员交班时没有发现来船，11：30时接班船员对突兀出现在"海龙1"号船首右舷楼梯处的来船动态无法自圆其说。④上诉人称根据船舶定位两船相距约1.4海里，不可能碰撞。但由于定位时间、定位仪器的品牌、质量差别造成的误差，定位人员的技术、工作态度造成的误差，航行轨迹的偏差，以及船舶碰撞不可预见性，便会使记录与事实差之毫厘谬以千里。⑤两船质量悬殊及碰撞角度的特殊性使"海龙1"号船木留下明显碰撞痕迹，"桂北渔16311"号船也未立即沉没，这并不违背常理。

本院认为：本案船舶碰撞水上交通事故发生后，反映当时客观事实的大多物证已经灭失，亦无第三者在场见证是否发生碰撞，但被上诉人报警后北海渔监、北海港监对事故进行了调查，第一时间询问"海龙1"号与"桂北渔16311"号两船船上人员及救助船船长，则相关人员当时的陈述和证词的可信度较高。

①"桂北渔16311"号船被他船撞沉，船上五人落水约40分钟后被"桂合渔32124"号船救起是客观事实。被救起后姜洪帮马上用救助船船长的手机报警指证肇事船为"海龙1"号。

②"海龙1"号二副与水手承认事发当日11：30与一小船近距离相遇（7～8 m或5～6 m）。该陈述与"桂北渔16311"号11：30被他船撞沉的时间一致。

③"海龙1"号水手称相遇小船上一人"带黄色衣服"（一审正卷第60页），"桂北渔16311"号船上的姜其帮称其船上"还有一个十六岁的好像穿一件棕偏黄色的毛线衣"（一审正卷第47页），二者陈述相吻合。

④"海龙1"号二副承认，与小船相遇后，其曾走出驾驶舱观察小

船，与姜洪帮陈述的当时看见"海龙 1"号"驾驶台走廊也有一个人"（一审正卷第 38 页），二者陈述相吻合。

⑤与小船相遇后，"海龙 1"号的航向为 335°，姜洪帮称肇事船逃逸方向"约 340 度左右"（一审正卷第 38 页），二者基本一致。

基于以上理由及一审法院采信的其他证据，本院认为，"海龙 1"号船与"桂北渔 16311"号船相撞的可能存在高度的盖然性。综观上诉人的理由，其认为"海龙 1"号船与"桂北渔 16311"号船如果相撞，应是立即撞毁、人员受伤；从船速计算，"桂北渔 16311"号船上的人也不可能看到"海龙 1"号船减速。本院认为，上诉人提供的计算过程即使准确，但其并不可能采集撞船瞬间所有的真实数据（除了质量、航向、航速之外，还有碰撞瞬间的角度、水流、海浪等对碰撞结果的影响），两船质量虽然相差悬殊，但并不能得出立即船毁人伤的结论。与小船相遇后，"海龙 1"号船减速行驶，二副走出驾驶舱观察小船，其水手还能看见小船上人员衣服的颜色，这是"海龙 1"号二副和水手对港监、渔监的询问所承认的事实，上诉人在诉讼中却以公式计算的方式否认这种事实存在的可能性，其理由本院不予采信。渔船经过 10～20 分钟才沉没，也印证了"桂北渔 16311"号船并非正面全力受撞，也说明船上人员未当场伤亡、"海龙 1"号钢质轮船未出现碰撞损伤或擦划痕迹是有可能的。由于船舶碰撞的突发性，不可能苛求被撞落水的人员精确描述撞船瞬间所有的真实数据，且由于船舶定位时间、定位仪器的品牌、质量差别造成的误差，定位人员的技术、工作态度造成的误差，航行轨迹的偏差，诸多因素的作用便会使记录与事实有差距。上诉人仅根据"海龙 1"号轮《航海日志》记录的船舶定位和船位及落水者的陈述，便推算其与被上诉人声称发生碰撞的地点相距约 1.4 海里（约 2 600 m），认为其根本没有经过被上诉人声称发生碰撞的地点。该理由并不充分，也无法解释前述两船人员陈述一致的事实。上诉人根据当日水流的流向和风向计算后认为，落水者应在地点与实际获救地点相差达 3.96 海里（约为 7 300 m）。但上诉人忽视了大海上水流的流向和风向并非匀速不变，落水者自救的方式也影响漂流的方向，而仅以两项参数便认定落水者应将地点精确地确定为北纬 21°10′54″，其计算结论不具说服力，本院不予采信。至于北海港监于 2001 年 3 月 26 日作出的《"海龙 1"油船涉嫌撞沉"桂北渔 16311"渔船调查报告》认为不能排除碰撞的可能，也不足以证明发生了碰撞。其只是对事实可能性的分析，并无肯定性结论。综上所述，根据最高人民法院《关于民事诉讼证据的若干规定》第 73 条第 1 款"双方当事人对同一事实分别举出相反的证据，但都没有足够的依据否定对方证据的，人民法院应当结合案件情况，判断一方提供证据的证明力是否明显大于另一方提供证据的证明力，并对证明力较大的证据予以确认"之规定，本院认定，"海龙 1"号船与"桂北渔 16311"号船发生碰撞并致"桂北渔 16311"号船沉没。

二、关于两船的过错责任如何划分的问题

上诉人认为，一审法院在划分两船碰撞责任大小时，适用法律也是错误的。本案在声称碰撞时"有雾，能见度约为 100 m"，显然属于"能见度不良"，船舶只能依据《1972 年国际海上避碰规则》第 19 条"船舶在能见度不良时的行动规则"的规定来采取避让措施。各船负有同等的避让责任。一审法院却依据该避碰规则第 15 条关于船舶互见中行动规则，判定"海龙 1"号轮承担大部分责任，这是错误的。一审法院认定"渔船在被告船舶的右舷位置"，并由此将渔船判定为直航船，与事实完全不符。

被上诉人与一审原告认为，"海龙 1"在雾天高速行驶且疏于瞭望，是追越而不是交叉撞沉"桂北渔 16311"号船，根据《1972 年国际海上避碰规则》第 13 条、第 18 条的规定，正在从事捕鱼作业的"桂北渔 16311"号船是权利船，"海龙 1"号船应负全部责任。

法院认为，双方均无充分证据证明当时两船处于交叉或追越状态，一审法院认定两船均有过错是正确的，而"海龙 1"号船雾天高速行驶疏于瞭望是事实，故一审法院认定"海龙 1"号船过错较大、承担 65% 的事故责任并无不当。

三、关于责任人应在什么范围内赔偿损失的问题

上诉人认为，上诉人李国庆、陈保生作为"海龙 1"号光船租赁关系中的所有权人（出租人），光船租赁已经合法登记后，可以对抗第三人，李国庆、陈保生就不应承担责任，一审判决李国庆、陈保生和光船承租人钦州市钦南区水路三公司承担连带责任是错误的。姜洪帮等人从事非法捕捞，一审法院却判令上诉人赔偿渔获物和船期的损失，是错误的。

被上诉人与一审原告认为，被上诉人的船是依法取得捕捞许可证的渔船，沉船损失客观存在，上诉人应负赔偿责任。

法院认为，我国《民法通则》《海商法》《船舶登记条例》等相关法律并未规定船舶侵权时，光船租赁的出租人（船舶所有权人）不必承担责任。《海商法》第 22 条第 1 款第（五）项规定"船舶在营运中因侵权行为产生的财产赔偿请求"具有船舶优先权，即受损害一方的请求及于船舶所有人的财产——船舶，体现了船舶所有权人应承担责任的立法精神。上诉人认为法律规定光船租赁已经合法登记后，可以对抗第三人。但船舶优先权优先于留置权、抵押权，何况光船租赁权？且光船租赁权与受侵权一方的请求权并不冲突，自无对抗之说。至于被上诉人姜洪帮等人是否从事非法捕捞，并非上诉人可以免责的理由，因为即使占有财产的人属于非法占有，法律也禁止任何人非法侵犯该财产。一审计算损失范围亦为严谨、合理，法院予以确认。

一审判决认定"海龙 1"号船与"桂北渔 16311"号船发生碰撞并致"桂北渔 16311"号船沉没，所采信的证据并无不当；对事故双方的责任划分也有事实依据；对损失的计算科学合理。二审法院判决如下：驳回上诉，维持原判。

问题：1. 请简述水上交通事故处理的基本程序。
2. 你是否同意本案的法院判决？为什么？

第 8 章

海上运输法

本章导读

海上运输法一章包括海上运输法概述、海上运输管理体制、海上旅客运输、海上货物运输、海上保险合同和海上交通安全管理等内容。

8.1 海上运输法概述

很早以前，船舶就已经是一种安全、舒适，而且能远距离运送货物和旅客的主要运输工具。由于具有运量大、航程远、成本低的优点，海洋运输成为国际贸易的主要运输手段，世界商品流通中有80%以上是通过海运实现的。国际海运在沟通国际交往、推动世界经济一体化方面起着不可估量的作用。可以说，没有发达的海运服务，就无法实现大规模的国际贸易。中国海运贸易在国际航运界的市场份额不断增加，国际地位日益稳固。集装箱吞吐量连续多年稳居世界第一，船队规模世界第三，世界十大集装箱港口中国占 7 个，无论从港口规模还是从实际吞吐量来看，中国已然成为国际贸易和航运大国①。我国已经连续多年当选为国际海事组织 A类理事国，在世界海运界的地位显著提升。我国已成为世界海运发展的主要推动力，是世界海运需求总量、集装箱需求和铁矿石进口最大的国家。

8.1.1 海上运输的概念

海上运输，通常是指以船舶为工具，从事跨越洋运送货物和旅客的国际性运输及相关辅助服务活动，可以分为国际海上运输和国内海上运输。按照《海商法》的定义，海上运输，是指海上货物运输和海上旅客运输，包括海江之间、江海之间的直达运输。但要注意《海商法》第四章"海上货物运输合同"的规定，不适用于我国港口之间的海上货物运输。

---

① 陆民敏. 海运软实力，重在"定规则"［N］. 中国水路报，2017－07－04.

根据世界贸易组织 1995 年公布的《国际服务贸易分类表》，海运服务属于第十一类"运输服务"的项，其内容包括六个方面：①旅客运输；②货物运输；③船舶租赁；④船舶的维护与修理；⑤装卸与理货服务；⑥海运服务代理服务。其中前两项属于海上运输服务，后四项属于海运辅助服务。但传统的国际海运产业结构分为三大块，即国际海洋运输业、海运辅助服务和港口服务。在《服务贸易总协定》附则部分《关于海运服务谈判的部长决议》中亦明确了海运服务贸易主要涉及三个方面，即国际海上运输服务、海运辅助服务及港口设施的进入和使用。也就是说海运服务贸易的范围并不仅仅限于海上客货运输服务，还应包括海运辅助服务（如海关结关证服务、货运代理服务、仓储服务、货物装卸服务等）、港口服务（如领航服务、牵引船舶辅助服务、食品、燃料和淡水供应服务、垃圾收集和废水处理服务等）和其他海运服务（如船舶修理与维护服务、租船服务、海难救助服务以及船舶搁浅救助服务等）。因此，海运服务是指以船舶为工具，从事跨越海洋运送货物和旅客的国际海运、海运辅助服务及港口服务的产业结构。其具体业务范围包括海上运输服务、海运辅助服务及港口服务。这些服务都是围绕着海洋运输服务展开的，其对海洋运输服务起到了辅助作用，保证了海洋运输服务的安全、高效、顺利进行。考虑到书的整体结构，本章只对由海商法所调整的海上运输关系进行研究，即主要是国际的、商业行为性质的海上客货运输关系。

8.1.2　我国海上运输法的历史发展和现状

在人类开始海洋运输活动初期，就产生了海上运输法律。我国航海业曾有过比较辉煌的历史。从传说中的徐福出海，到元朝泉州成为当时世界上最繁华的贸易港口，再到明朝郑和率领当时世界上最大的商船队下西洋，几千年中，我国积聚了许多航海经验，也有许多海商运输法律规则和规范。但由于年代久远，这些法律规则已经难以查考。

清朝末年，我国开始了海上运输法律规定的修订，在 1909 年制定的《大清商律》中，就包括了《海船法》263 条。1929 年，南京国民党政府在清末《海船法》的基础上制定并颁行了《海商法》。该法在我国台湾地区仍继续适用，只在 1958 年和 1999 年进行了修订。在我国香港地区，则制定了一系列与英国法几乎完全一样的海商法律规范。在我国澳门地区，则继受了葡萄牙的法律，采用大陆法系的传统做法，在民法典中规定了海商法的内容。

8.1.3　我国海上运输基本法律制度

调整我国海上运输活动的相关法律主要由两部分组成：国际条约和国内法。二者相辅相成，构成统一协调的法律体系：国际条约包括多边公约和双边条约。多边公约主要是我国缔结或加入的由国际海事组织（international maritime organization，IMO）、联合国、国际劳工组织等国际组织通

💡 1965 年国际便利海上运输公约

过的有关海事的国际公约。如《国际便利海上运输公约》《海上旅客及其行李运输雅典公约》《联合国班轮公会行动守则公约》等。这些公约涉及船舶航行、海上与船舶安全、港口政策、客货运输等多个领域。双边海运协定是我国调整海运活动的最主要的国际法律形式。我国已经与世界主要海运国家和地区都签订了海运协定。这些双边协定主要调整范围是客货运输、特定的海运辅助服务、港口的进入和使用等。

🔲 **雅典公约**

🔲 **班轮公约**

🔲 **海商法**

　　我国 1992 年制定、1993 年 7 月 1 日起正式施行的《中华人民共和国海商法》（以下简称为《海商法》）是调整海上运输关系和船舶关系的专门法。该法共十五章 278 条，主要包括总则、船舶、船员、海上货物运输合同、海上旅客运输合同、海上拖航合同、船舶碰撞、海难救助、共同海损、海事赔偿责任限制、海上保险合同、时效、涉外关系的法律适用、附则等内容。我国《海商法》是一部法典性质的法律，内容涵盖了海商法几乎所有重要领域，但其内容无一不是围绕海上客、货运输的需要而制定的。如海商法关于海上货物运输合同、海上旅客运输合同、海上拖带合同和船舶租用合同的规定均直接约束各类海上运输行为和调整海上运输关系；有关共同海损、船舶碰撞、海难救助、海上保险以及有关海事赔偿责任限制、船舶优先权等规定，也都是为了避免或减少海上运输中发生的损失，或者为了便于处理海运事故而制定的。由于《海商法》所涉内容较多，本章只对与运输法律制度相关部分进行说明。我国海商法律制度与国际习惯做法非常一致，如海上旅客运输合同一章是依照《1974 年海上旅客及其行李运输雅典公约》《1910 年统一船舶碰撞某些法律规定的国际公约》《1989 年国际救助公约》和《1976 年海事索赔责任限制公约》拟定的，海上货物运输合同一章，则是在《海牙规则》《海牙—维斯比规则》和《汉堡规则》的基础上拟定的。2001 年制定的《中华人民共和国海域使用管理法》也规定了海上交通运输使用海域的一些相关规则。

🔲 **海运条例**

🔲 **海运条例细则**

　　为了调整海上运输，我国还制定了许多行政法规。例如，为了加强对国际海上运输的管理，2001 年 12 月 5 日国务院通过了《中华人民共和国国际海运条例》（以下简称为《国际海运条例》），该条例自 2002 年 1 月 1 日起施行，2016 年进行了修订。《国际海运条例》是对我国国际海上运输及其辅助业务作出全面规范的行政法规，是在总结我国国际海运管理实践的基础上，参照和借鉴了国际航运惯例和外国的航运立法实践制定的，基本适应我国航运市场发展的需要，符合我国加入 WTO 后海运业改革开放的要求。交通部于 2003 年颁布了该条例的实施细则（2017 年修正），对相关问题做了更详细的说明。为了规范对外商在中国境内设立外商投资企业从事国际海上运输业务以及与国际海上运输相关的辅助性经营业务的管理，2004 年交通部颁布了《外商投资国际海运业管理规定》（2014 年修正），对外商投资国际海上运输业的条件和程序作出了具体规定。另外还有《中华人民共和国海事行政许可条件规定》（2005 年通过）、《船舶登记条例》（1994 年制定，2014 年修订）、《对外籍船舶管理规则》等一些调整海运关系的行政性法规和规章，也是我国海运法律制度的重要组成部分。

8.2　海上运输管理体制

8.2.1　海上运输管理机构及职责权限

在国家层面，交通运输部是国务院主管水路交通运输的主管部门。下设海事局负责海上运输相关管理工作，相关职责如下。

（1）拟定和组织实施国家水上交通安全监督管理，船舶及相关水上设施检验和登记，防治船舶污染和航海保障的方针、政策、法规和技术规范、标准。

（2）统一管理水上交通安全和防治船舶污染。监督管理船舶所有人安全生产条件和水路企业安全管理体系；调查、处理水上交通事故、船舶污染事故及水上交通违法案件；指导船舶污染损害赔偿工作。

（3）负责船舶、海上设施检验行业管理以及船舶适航和船舶技术管理；管理船舶及海上设施法定检验、发证工作；审定船舶检验机构和验船师资质、负责对外国验船组织在华设立代表机构进行监督管理；负责中国籍船舶登记、发证、检查和进出港（境）签证；负责外国籍船舶入出境及在我国港口、水域的监督管理；负责船舶保安和防抗海盗管理工作；负责船舶载运危险货物及对其他货物的安全监督。

（4）负责船员、引航员、磁罗经校正员适任资格培训、考试、发证管理。审核和监督管理船员、引航员、磁罗经校正员培训机构资质及其质量体系；负责海员证件的管理工作。

（5）管理通航秩序、通航环境。负责禁航区、航道（路）、交通管制区、锚地和安全作业区等水域的划定；负责禁航区、航道（路）、交通管制区、锚地和安全作业区等水域的监督管理，维护水上交通秩序；核定船舶靠泊安全条件；核准与通航安全有关的岸线使用和水上水下施工、作业；管理沉船沉物打捞和碍航物清除；管理和发布全国航行警（通）告，办理国际航行警告系统中国国家协调人的工作；审批外国籍船舶临时进入我国非开放水域；办理港口对外开放的有关审批工作和中国便利运输委员会的日常工作。

（6）负责航海保障工作。管理沿海航标、无线电导航和水上安全通信；管理海区港口航道测绘并组织编印相关航海图书资料；归口管理交通行业测绘工作；承担水上搜寻救助组织、协调和指导的有关工作。

（7）组织实施国际海事条约；履行"船旗国""港口国"和"沿岸国"监督管理义务，依法维护国家主权；负责有关海事业务国际组织事务和有关国际合作、交流事宜。

8.2.2　国际海上运输及其辅助性业务经营者①主要管理制度

1. 国际船舶运输业务经营者的条件

我国对国际船舶运输业务船适用许可制，国际船舶运输经营者经营进出中国港口的国际班轮运输业务，应当依照规定取得国际班轮运输经营资格。未取得国际班轮运输经营资格的，不得从事国际班轮运输经营活动，不得对外公布班期、接受订舱。以共同派船、舱位互换、联合经营等方式经营国际班轮运输的，也应当取得国际班轮运输经营资格。②

经营国际船舶运输业务，应当具备下列条件：①有与经营国际海上运输业务相适应的船舶，其中必须有中国籍船舶；②投入运营的船舶符合国家规定的海上交通安全技术标准；③有提单、客票或者多式联运单证；④有具备国务院交通主管部门规定的从业资格的高级业务管理人员，而且应当向国务院交通主管部门提出申请，并附送符合规定条件的相关材料，取得国务院交通主管部门的许可。申请经营国际船舶运输业务，并同时申请经营国际班轮运输业务的，还应当附送规定的其他相关材料，由国务院交通主管部门一并审核、登记。

取得国际班轮运输经营资格的国际船舶运输经营者，应当自取得资格之日起 180 日内开航；因不可抗力并经国务院交通主管部门同意，可以延期 90 日。逾期未开航的，国际班轮运输经营资格自期满之日起丧失。新开、停开国际班轮运输航线，或者变更国际班轮运输船舶、班期的，应当提前 15 日予以公告，并应当自行为发生之日起 15 日内向国务院交通主管部门备案。

2. 无船承运业务经营者的条件

经营无船承运业务，应当向国务院交通主管部门办理提单登记，并交纳保证金，未依照规定办理提单登记并交纳保证金的，不得经营无船承运业务。无船承运业务，是指无船承运业务经营者以承运人身份接受托运人的货载，签发自己的提单或者其他运输单证，向托运人收取运费，通过国际船舶运输经营者完成国际海上货物运输，承担承运人责任的国际海上运输经营活动。在中国境内经营无船承运业务，应当在中国境内依法设立企业法人。无船承运业务经营者应当在向国务院交通主管部门提出办理提单登记申请的同时，附送证明已经按照规定交纳保证金的相关材料。保证金金额为 80 万元人民币；每设立一个分支机构，增加保证金 20 万元人民币。保证金应当向中国境内的银行开立专门账户交存。保证金用于无船承运业务经营者清偿因其不履行承运人义务或者履行义务不当所产生的债务

① 与国际海上运输相关的辅助性经营活动，包括国际船舶代理、国际船舶管理、国际海运货物装卸、国际海运货物仓储、国际海运集装箱站和堆场等业务。

② 外国国际船舶运输经营者从事有关的国际船舶运输活动，应当遵守海商法相关规定。外国国际船舶运输经营者不得经营中国港口之间的船舶运输业务，也不得利用租用的中国籍船舶或者舱位，或者以互换舱位等方式变相经营中国港口之间的船舶运输业务。

以及支付罚款。保证金及其利息，归无船承运业务经营者所有。专门账户由国务院交通主管部门实施监督。

3. 国际船舶管理业务经营者的条件

经营国际船舶管理业务，应当具备下列条件：①高级业务管理人员中至少2人具有3年以上从事国际海上运输经营活动的经历；②有持有与所管理船舶种类和航区相适应的船长、轮机长适任证书的人员；③有与国际船舶管理业务相适应的设备、设施。经营国际船舶管理业务，应当向拟经营业务所在地的省、自治区、直辖市人民政府交通主管部门提出申请，并附送符合规定条件的相关材料。省、自治区、直辖市人民政府交通主管部门应当自收到申请之日起15日内审核完毕。申请材料真实、齐备的，予以登记，并通知申请人；申请材料不真实或者不齐备的，不予登记，书面通知申请人并告知理由。

国际船舶管理经营者接受船舶所有人或者船舶承租人、船舶经营人的委托，可以经营下列业务：①船舶买卖、租赁以及其他船舶资产管理；②机务、海务和安排维修；③船员招聘、训练和配备；④保证船舶技术状况和正常航行的其他服务。

国际船舶运输经营者、无船承运业务经营者和国际船舶管理经营者经依照规定许可、登记后，应当持有关证明文件，依法向企业登记机关办理企业登记手续。国际船舶运输经营者、无船承运业务经营者和国际船舶管理经营者，不得将依法取得的经营资格提供给他人使用。国际船舶运输经营者、无船承运业务经营者和国际船舶管理经营者依照规定取得相应的经营资格后，不再具备规定的条件的，国务院交通主管部门或者省、自治区、直辖市人民政府交通主管部门应当立即取消其经营资格。

4. 国际船舶代理业务经营者的经营业务

国际船舶代理经营者接受船舶所有人或者船舶承租人、船舶经营人的委托，可以经营下列业务：①办理船舶进出港口手续，联系安排引航、靠泊和装卸；②代签提单、运输合同，代办接受订舱业务；③办理船舶、集装箱以及货物的报关手续；④承揽货物、组织货载，办理货物、集装箱的托运和中转；⑤代收运费，代办结算；⑥组织客源，办理有关海上旅客运输业务；⑦其他相关业务。

国际船舶代理经营者应当按照国家有关规定代扣代缴其所代理的外国国际船舶运输经营者的税款。

5. 国际海上运输的备案制度

1）运价备案

经营国际班轮运输业务的国际船舶运输经营者的运价和无船承运业务经营者的运价，应当按照规定格式向国务院交通主管部门备案。国务院交通主管部门应当指定专门机构受理运价备案。备案的运价包括公布运价和协议运价。公布运价，是指国际船舶运输经营者和无船承运业务经营者运价本上载明的运价；协议运价，是指国际船舶运输经营者与货主、无船承运业务经营者约定的运价。公布运价自国务院交通主管部门受理备案之日起满 30 日生效；协议运价自国务院交通主管部门受理备案之时起满 24 小时生效。国际船舶运输经营者和无船承运业务经营者应当执行生效的备案运价。国际船舶运输经营者在与无船承运业务经营者订立协议运价时，应当确认无船承运业务经营者已依照规定办理提单登记并交纳保证金。

从事国际班轮运输的国际船舶运输经营者之间订立涉及中国港口的班轮公会协议、运营协议、运价协议等，应当自协议订立之日起 15 日内将协议副本向国务院交通主管部门备案。

2）其他备案事项

国际船舶运输经营者有下列情形之一的，应当在情形发生之日起 15 日内，向国务院交通主管部门备案：①终止经营；②减少运营船舶；③变更提单、客票或者多式联运单证；④在境外设立分支机构或者子公司经营国际船舶运输业务；⑤拥有的船舶在境外注册，悬挂外国旗。

国际船舶运输经营者增加运营船舶的，增加的运营船舶必须符合国家规定的安全技术标准，并应当于投入运营前 15 日内向国务院交通主管部门备案。国务院交通主管部门应当自收到备案材料之日起 3 日内出具备案证明文件。其他中国企业在境外设立分支机构或者子公司经营国际船舶运输业务或拥有的船舶在境外注册悬挂外国旗，应当依照规定办理备案手续。

6. 国际海上运输的竞争规则

经营国际船舶运输业务和无船承运业务，不得有下列行为：

（1）以低于正常、合理水平的运价提供服务，妨碍公平竞争；

（2）在会计账簿之外暗中给予托运人回扣，承揽货物；

（3）滥用优势地位，以歧视性价格或者其他限制性条件给交易对方造成损害；

（4）其他损害交易对方或者国际海上运输市场秩序的行为。

8.2.3　外商投资经营国际海上运输及其辅助性业务的特别规定

外商在中国境内投资经营国际海上运输业务以及与国际海上运输相关的辅助性业务，适用我国《国际海运条例》的相关规定。经国务院交通主管部门批准，外商可以依照有关法律、行政法规以及国家其他有关规定，投资设立中外合资经营企业或者中外合作经营企业，经营国际船舶运输、国际船舶代理、国际船舶管理、国际海运货物装卸、国际海运货物仓储、国际海运集装箱站和堆场业务；并可以投资设立外资企业经营国际海运货物仓储业务。经营国际船舶运输、国际船舶代理业务的中外合资经营企业，企业中外商的出资比例不得超过 49%。经营国际船舶运输、国际船舶代理业务的中外合作经营企业，企业中外商的投资比例不得超过 49%。中外合资国际船舶运输企业和中外合作国际船舶运输企业的董事会主席和总经理，由中外合资、合作双方协商后由中方指定。

外商投资国际海运业管理规定

经国务院交通主管部门批准，外商可以依照有关法律、行政法规以及国家其他有关规定投资设立中外合资经营企业、中外合作经营企业、外资企业，为其拥有或者经营的船舶提供承揽货物、代签提单、代结运费、代签服务合同等日常业务服务；未在中国境内投资设立中外合资经营企业、中外合作经营企业、外资企业的，上述业务必须委托中国的国际船舶代理经营者办理。外国国际船舶运输经营者以及外国国际海运辅助企业在中国境内设立的常驻代表机构，不得从事经营活动。

8.3　海上旅客运输

8.3.1　海上旅客运输的基本法律制度

最早制定的有关海上旅客运输的国际公约是 1957 年 10 月 10 日第十届海洋法会议上制定的《统一海上旅客运输某些法律规则的国际公约》。1961 年第十一届海洋法会议上对此作了修订。1967 年 5 月 27 日，又制定了《1967 年统一海上旅客行李运输的国际公约》。目前最重要的国际公约是 1974 年在联合国主持下制定，1987 年 4 月 28 日生效的《1974 年海上旅客及其行李运输雅典公约》，简称《1974 年雅典公约》（the Athens Convention）。《1974 年雅典公约》适用于国际海上旅客运输，即合同规定的起运港和目的港位于不同国家，或者中途港位于不同国家的运输，条件是船舶悬挂公约缔约国的旗帜，或者在缔约国登记，或者运输合同在缔约国订立，或者合同规定的起运港或目的港位于缔约国国内。1976 年，通过了修订《1974 年雅典公约》中关于承运人责任限额的规定的议定书，该议定书于 1989 年 4 月 30 日生效。① 2002 年 10 月 21 日至 11 月 1 日国际海事组织（以下简称 IMO）第 13 次外交大会在伦敦国际海事组织总部举行，会议的任务是讨论、通过并签署对《1974 年雅典公约》进行重大修改的新的议定书，该议定书的名称为《1974 年海上旅客及其行李运输雅典公约的 2002 年议定书》，经该议定书修改的公约文本被定名为《2002 年海上旅客及其行李运输雅典公约》（以下简称《2002 年雅典公约》）。

我国《海商法》第五章专门调整海上旅客运输合同，与第四章海上货物运输不同，第五章既适用于国际海上旅客运输，也适用于我国沿海海上旅客运输。

8.3.2　海上旅客运输合同概述

1. 海上旅客运输合同的概念

海上旅客运输合同是海上运输合同的一种。《海商法》第 107 条规定，

① 郭瑜. 海商法教程 [M]. 北京，北京大学出版社，2002：201.

海上旅客运输合同，是指承运人以适合运送旅客的船舶经海路将旅客及其行李从一港运送至另一港，由旅客支付票款的合同。由于海上旅客运输涉及旅客在船上的住宿和饮食，因此，海上旅客运输合同不同于一般的旅客运输合同，它具有更为广泛的内容。

2. 海上旅客运输合同的当事人

海上旅客运输合同的承运人，有缔约承运人和实际承运人之分。所谓缔约承运人即指与旅客订立运输合同的人，此种合同的订立，有的是由承运人直接与旅客订立，有的则是委托他人以本人的名义与旅客订立。所谓实际承运人是指接受承运人委托，从事旅客运送或部分运送的人，也包括接受某人的转委托从事海上旅客运送的人。实际承运人主要发生在以下三种情况：一是根据情况将旅客在运输途中交给其他船舶转运；二是在联运合同下进行转运；三是与旅客缔结运输合同的承运人不是用自己所有的船舶或光船租赁的船舶，而是预先以租船合同等备妥船舶，用其他船公司的船舶进行自己承揽的运输。《海商法》中关于海上旅客运输承运人及其受雇人、代理人责任的规定，也适用于实际承运人及其受雇人和代理人。即使承运人将旅客运送或者部分运送委托给实际承运人履行，承运人仍然要对全程运送负责。具体地说，承运人应当对实际承运人的行为或者实际承运人的受雇人、代理人在受雇或者受委托的范围内的行为负责。

旅客，是指由承运人根据海上旅客运输合同所运送的人（按照规定，经承运人同意并根据海上旅客运输合同，随船护送货物的人，也被视为旅客）。一般情形下，旅客就是订立运输合同的当事人。但也有例外情况，如旅客携带的无须购买船票的小孩，也是根据海上旅客运输合同承运人同意运送的人，也是旅客，但却不是运输合同的当事人。

3. 海上旅客运输合同的种类

海上旅客运输合同根据不同的标准，可以分成不同种类。

（1）根据运送区域的不同，可分为国内海上旅客运输合同和国际海上旅客运输合同。

国内海上旅客运输合同是指在一国范围内，将旅客从一个港口运送至另一港口的合同；国际海上旅客运输合同是指根据双方合同的约定，承运人将旅客从一国的某一港口运至另一国某一港口的合同。国内海上旅客运输合同不具备涉外因素，仅适用一国的国内法；国际海上旅客运输合同具有涉外因素，涉及不同国家的管辖和法律适用。

（2）根据交通运输方式的不同，可分为租船运输和搭船运送两种合同。

租船旅客运输合同是指租用整船或者部分舱位运送旅客的合同；搭船运输合同是指个别旅客与承运人就海上旅客运输所订立的合同。

（3）根据是否是联运方式完成旅客的旅行的全过程，可以分为单独海上旅客运输合同和海上旅客联运合同。

单独海上旅客运输合同是指只采取一种海上交通运输方式来完成运送旅

客的义务；联运合同则是指采取两种或者两种以上的方式完成运送旅客的义务。

8.3.3　海上旅客运输合同的订立

1. 海上旅客运输合同的订立

订立海上旅客运输合同，和其他合同订立的程序一样，都要经过要约和承诺两个阶段。

承运人应当事先将船期、船舶名称、航线、经停港口、票价等有关海上旅客运输合同主要内容以公告方式予以公布，旅客根据承运人公布的内容，以购买客票的形式向承运人提出要约。承运人按照旅客的要求，收取票款，签发客票，合同即告成立。承运人公布海上旅客运输合同的主要内容，在法律上是一种要约邀请；旅客提出购买客票，是一种要约；承运人签发客票，则是承诺。客票一旦售出，合同关系成立。由海上旅客运输的特点所决定，承运人不可能逐个地与旅客通过谈判订立合同，只能将有关旅客运输的主要条件规定在客票之上，并以此划分双方的权利和义务。但是，由于客票是由承运人单方面签发的，因而从法律上来讲，不能将其直接称为旅客运输合同，只能叫作合同成立的凭证，即以签发客票来表明在承运人和旅客之间，已经建立了海上旅客运输合同关系。旅客客票是海上旅客运输合同成立的凭证。

客票作为合同的凭证，也可以认为就是合同的形式。因此，客票必须具有合同的基本要素。也就是说，客票通常要载明和旅客运输有关的必要的记载事项，起码应当包括以下内容：

（1）船名、航次；

（2）始发港和目的港名称；

（3）承运人的名称、地址；

（4）客舱等级、铺位号和票价；

（5）开航日期和到达时间。

在国际海上旅客运输的客票上，通常还载明承运人的名称和地址、旅客的姓名和地址、船舶抵达目的港的日期、海上客运的条件及旅客须知以及合同所适用的法律等事项。旅客客票有记名客票和不记名客票两种，载明旅客姓名的客票称为记名客票，此种客票不能随意转让。没有注明旅客姓名的客票称为不记名客票，这种客票是可以转让的。

2. 海上旅客运输合同的无效

海上旅客运输合同的无效是指合同的内容违反法律的规定或者有法律规定的情形而导致合同没有法律的约束力。合同无效分为全部无效和部分无效，合同部分无效的，不影响合同其他条款的效力。《海商法》中关于旅客运输合同的某些规定属于强行性规范，对这些规定当事人是不能以合同的形式加以变更的，从这个意义上来说，旅客运输合同中如有下列条款，应归于无效。

（1）免除承运人对旅客应当承担的法定责任。法定责任就是法律要求承运人必须履行的义务。法定义务是强制性的义务，当事人必须履行，不得免除或者转让他人履行。如果合同中有此条款，则该条款是无效的。

（2）降低法律规定的承运人责任限额。《海商法》规定，承运人对旅客的赔偿责任实行限额赔偿的原则。当事人双方如果就限额进行协商，低于法律规定的标准的，则该条款也是无效的。

（3）对法律规定的举证责任作出相反约定的条款无效。举证责任是指当事人对自己的权利有义务提供证据，证明其权利的存在。《海商法》对部分举证责任作了明确规定，有的属于承运人必须举证的，有的则属于旅客必须举证的。如果双方的约定与法律规定不同，该承运人举证约定由旅客举证，该旅客举证而约定由承运人举证的，则此类条款就是无效条款。

（4）限制旅客提出赔偿请求的权利的条款也是无效条款。旅客的赔偿请求权是法定权利，对此权利也不能通过约定的条款予以剥夺。

上述条款的无效不影响合同其他条款的效力。

3. 承运人对海上旅客及其行李运输的责任期间

承运人对海上旅客运输的责任期间是指从旅客在始发港登上船舶时起至旅客在目的港离船时止的一段时间，简而言之，从登船至离船。如果在客票中还包含了从岸上将旅客接到船上的费用和从船上送到岸上的费用，则承运人的责任期间也应相应地包括这一段时间，但旅客在港站内、码头上或其他设施内停留的时间不能计入承运人的责任期间。

从法律意义上来讲，行李有承运人载运的行李和旅客自带行李两种。所谓由承运人载运的行李，是指由旅客按照海上旅客运输合同的规定而交由承运人运送的任何物品和车辆，但活动物除外。承运人对此种行李运送的责任期间，是从旅客在始发港将其交付承运人或其受雇人、代理人时开始，至承运人或其受雇人、代理人在目的港将其交还旅客时为止的一段时间。所谓旅客自带行李，是指旅客自行携带、保管或者放置在客舱中的物品。承运人一般都允许旅客可以免费携带一些行李，但有一定的重量或者体积的限制，超过部分则要求托运或者支付一定的运费。承运人对于旅客自带行李的责任期间与对旅客运送的责任期间相同。

8.3.4　海上旅客运输合同的履行

海上旅客运输合同成立后，双方当事人应当切实履行各自的义务，保证合同的顺利履行。

1. 承运人在海上旅客运输中的主要权利和义务

1）承运人的主要权利

①客票票款请求权。作为运送旅客及其行李的对价，承运人有权请求客票上所规定的票款。此外，如遇有旅客无票乘船、越级乘船或超程乘船等情况，承运人有权要求旅客补足票款或按规定加收票款。如旅客拒不交

付，船长有权在适当地点令其离船并向其追偿。

②行李留置权。在旅客未支付或未付足票款、行李费、承运人为旅客垫付的款项或其他应付的费用，承运人有权留置旅客所交运的行李。

③定时起航权。如果旅客不能在规定的时间内于起运港或中途挂靠港登船或返船，船长有权决定按时起航，并且，不退还票款。

2）承运人的主要义务

承运人的义务主要包括以下几个方面。

①提供适航船舶的义务。法律不仅要求承运人在船舶开航前和开航当时保证适航，还要求在整个航程中都要保证适合航运。各国法律都对客船适航的要求有严格规定和要求。凡是检查不合格的，或者不适合航运的，都不能运送旅客。

②按照约定将旅客送至旅行目的港。旅客登船后，承运人应按照约定的时间及时开航。在航行中，应以合理的航行速度尽快将旅客送至旅行目的港，不得出现不合理绕航。承运人应在规定的运到期限内将旅客运送至旅行目的港。逾期运到的，要承担违约责任。

③为旅客提供住宿、娱乐、医疗等条件和饮食供应，提供良好的旅行服务，保证旅客旅途的安全、舒适和身体健康。根据《海商法》的规定，承运人对旅客的人身安全承担过错责任和过错推定的原则，并且其责任形式延伸到航运的全过程。承运人必须使船舶处于绝对适航状态，所提供的船舶必须适合于全程运输。《国际海上人命安全公约》规定，客船无论大小，都要和600总吨以上的货船一样配备电台，长度在58 m以上的至少要有四条救生艇。生活保障是指船上必须有满足旅客起居并保证其舒适的设施，有足够的饮食供应及医疗保健设备。过错责任是指只要承运人及其雇员和代理人有过失，都要对旅客所造成的损害承担赔偿责任。过错推定责任是指在无法判定是否有过失时，只要不是不可抗力造成的，而承运人又提不出反证的，都推定是承运人有过失的一种责任制度。这些规定，目的都是为了保证旅客的生命安全，从法律上强化承运人的责任。

④在规定的范围内为旅客免费携带儿童和自带行李服务。承运人对免费携带的儿童，应承担同交费旅客同样的赔偿责任。

除上述义务之外，承运人还可以在合同中增加自己的义务或减少自己的权利。如果承运人承担了法律所未规定的义务或放弃法律所赋予的权利，须经实际承运人书面同意，才能对实际承运人发生效力。当然，实际承运人是否同意，并不影响此种协议对承运人的效力。

2. 旅客的主要权利和义务

（1）旅客要按规定乘船，支付规定的旅行费用，也就是船票的票款。旅客无票乘船、越级乘船或者超程乘船，应当按照规定补足票款，承运人可以按照规定加收票款；拒不交付的，船长有权在适当地点令其离船，承运人有权向其追偿。

（2）旅客不得随身携带或者在行李中夹带违禁品或者易燃、易爆、有毒、有腐蚀性、有放射性以及有可能危及船上人身和财产安全的其他危险品。承运人可以在任何时间、任何地点将旅客违反规定随身携带或者在行李中夹带的违禁品、危险品卸下、销毁或者使之不能为害，或者送交有关部门，而不负赔偿责任。旅客违反规定携带违禁品、危险品给承运人造成损害的，应当负赔偿责任。

3. 船长的权利

船长在履行旅客运输合同中具有重要的地位。船舶在航行过程中，船长具有绝对的最高权威，任何人都要服从船长的指挥。因此，船长在一定程度上具有指挥命令权，在船人员必须服从船长的命令。船长有权按照航行图，按时开船。对旅客携带的行李和物品有监督检查权。对于违反法律规定携带的物品可以按法律规定的要求予以处理。

8.3.5　海上旅客运输合同的解除

海上旅客运输合同的解除分为约定解除和法定解除。约定解除是基于合同约定的解除事项发生而解除，法定解除是基于法律约定而解除。海上旅客运输合同的法定解除主要有以下几种情况。

（1）船舶开航前，由于不可抗力或其他不能归责于合同双方的事由，导致合同无法履行，双方均可解除合同而不负赔偿责任。旅客已经支付票款的，承运人应负责退还。

（2）船舶开航后，由于不可抗力或其他不能归责于合同双方的事由，导致合同无法继续履行，双方均可解除合同。承运人应将旅客运送至预定的中途港或就近港口，并退还全程票价减去乘客已乘区段票价后的票价差额。如所乘里程超过票价里程，超过部分乘客不补付票款。如承运人将旅客运回起运港，承运人应退还全部票款。

（3）船舶开航前或开航后，由于一方当事人严重违约，如旅客对船舶安全与秩序构成威胁，或承运人无正当理由擅自改变行程，另一方当事人有权解除合同，并有权索赔所有损失。

8.3.6　海上旅客运输的强制责任保险制度

强制责任保险制度是将责任和赔偿紧密联系起来的制度，通过它，特别是其给予受害人的直接诉权，可以对受害人提供更为充分的保护，在一定程度上保证受害人能够现实地得到充分赔偿，不会因承运人的偿付能力出现问题，而影响广大无辜受害人权益的实现。对赔偿责任的强制保险首先出现在船舶油污损害赔偿中，即《1969 年国际油污损害民事责任公约》。理论上，强制责任保险对各方都有益，但对是否在海上旅客运输中推行承运人强制责任保险，却有不同的观点。有学者认为，对于一些有足够实力面对索赔的承运人，只要能提供经济担保证明有能力支付有关索赔就行，不必一定要求投保责任保险。但从发展趋势上看，要求所有客船承运人加入针对旅客人身伤亡的强制责任保险是大势所趋。国际海事组织第82届会议绝大多数代表一致同意,在《2002年雅典公约》第4条补充有关强制保险的规定,内容大致如下:要求任何在缔约国登记并得到许可承运12名以上旅客的运输船舶,参加保险或者取得其他财务担保,否则不允许从事营运;国有船舶应备有一份证书,声明为国有并在规定范围内承担责任。赋予受害人直接诉权,同时对保险人的权利予以明确。

海上旅客人身伤亡强制责任保险制度的核心是通过强制保险使海上事故受害人享有直接诉权。在责任保险中,受害人和保险人间没有直接的合同关系。依据合同相对性原则,非合同当事人的受害人无权直接向保险人提出赔偿请求。更重要的原因在于责任保险著名的先付原则,它是指被保险人先支付有关的费用或承担责任,是其获得责任保险人补偿的先决条件。责任保险人一般都将其作为保险合同条款予以明确。根据该原则如果被保险人没有足够的能力先行支付,显然就无法对受害人进行赔偿,更无法要求保险偿付。先付原则使受害人在承运人无力赔偿时,无从保护自己的权益。要对受害人提供更充分和有效的保护,必须突破这一原则,规定受害人可以直接向责任保险人或财务担保人提起赔偿诉讼。强制保险的内容之一就是赋予请求人直接诉权。所谓直接诉权,是指承运人造成海上旅客人身伤亡时,请求人直接要求承运人的责任保险人支付有关赔偿金的权利。建立强制责任保险制度,一方面是因为现行的保险保障不足,另一方面是受害人在向责任人追偿时遇到的种种障碍,如先付原则。而直接诉讼是强制责任保险制度中最具活力的部分。保险人对旅客的赔付,是基于保险合同的约定对被保险人责任的一种分担,是建立在被保险人的责任上的。强制责任保险重在为受害人提供经济保障,本身并不解除承运人应承担的责任。

根据《1969年国际油污损害民事责任公约》的规定,保险金额或财务保证的数额依照船舶所有人的责任限额确定。因此,在确定海上旅客运输中承运人强制责任保险的保险金额或财务担保的数额时,也依照海上旅客运输中承运人对旅客人身伤亡的赔偿责任限额办理,即46 666个计算单位乘以该船舶证书所载明的载客定额要求海上旅客运输承运人投保强制责任保险,目的在于提供更为妥善的旅客人身伤亡赔偿保障,故法律所要求的保险金额或财务保证的数额是一个最低限额。如果承运人自愿提高应当允许,只要保险人同意承保或财务保证人接受,法律原则上不予干涉。

因此建议在我国《海商法》中补充强制保险制度的内容,要求相应的海上旅客运输船舶的承运人对旅客在运输过程中可能出现的人身伤亡必须进行责任保险或取得相应的财务保证。对于已有效实施保险或取得财务证明的承运人,由我国主管机关签发或核发《2002年雅典公约》第4条拟规定的"证书"。对国有船舶,如果没有进行保险或取得财务担保,则应备有一份我国主管机关签发的证书,声明该船为国有,并在相关条款规定的限度内承担责任。

8.3.7　海上旅客运输法律责任

1. 承运人责任的原则

我国《海商法》对承运人的责任规定，是根据国情并吸收了国际通行的公约和航海惯例，主要是以《海牙—威斯比规则》为基础，并吸收了《汉堡规则》若干条款，以及《1974 年雅典公约》，来确定承运人责任原则的。

海上货物运输合同的承运人实行过错责任原则，即承运人有过失即负责，无过失不负责，但有许多免责规定，即对某些过错不负责任。《海商法》第 114 条规定："在本法第一百一十一条规定的旅客及其行李的运送期间，因承运人或者承运人的受雇人、代理人在受雇或者受委托的范围内的过失引起事故，造成旅客人身伤亡或者行李的灭失、损坏的，承运人应当负赔偿责任。"从这一规定来看，海商法为承运人在海上旅客运输中所确立的责任原则是过错责任制，这里不存在所谓的驾驶船舶和管理船舶的过错免责问题。

（1）过错推定在如下两种情况下，可以推定承运人或其受雇人、代理人有过错：一种情况是由于船舶的沉没、碰撞、搁浅、爆炸、火灾或船舶的缺陷导致了旅客的人身伤亡或旅客自带行李的灭失或损坏；另一种情况是不论何种原因造成旅客自带行李以外的其他行李（即由承运人所载运的行李）的灭失或损坏。但是，在推定承运人或其受雇人、代理人有过失时，承运人或其受雇人、代理人可以提出反证。

（2）过错举证。除上述两种情况之外，请求人对承运人或其受雇人、代理人的过错应首先负举证之责，即证明旅客的人身伤亡或行李的灭失或损坏是由于承运人或其受雇人、代理人的过失所致。如果经承运人能够举证证明，旅客的人身伤亡或行李的灭失或损坏是由旅客本人的过错或者旅客与承运人的共同过错所致，则可以免除或者减轻承运人的责任。此外，如经承运人证明，旅客的人身伤亡是由于其自杀、自残行为或是本人健康状况不良所致，或者，旅客行李的灭失或损坏是由于旅客本人的故意或过失所致，则承运人可不负赔偿责任。

《2002 年雅典公约》关于承运人赔偿责任的规定可以归纳为以下几点[①]

---

① 《2002 年雅典公约》对旅客运输承运人责任基础做了如下规定："第三条 承运人的责任：①就航运事故造成的旅客人身伤亡引起的损失，承运人就该旅客在每一次事故中的损失所应承担的责任不超过 250,000 计算单位，除非承运人证明该事故①是由于战争、敌对、内战、起义或特殊的、不可避免、不可抗拒性质的自然现象导致的；或②完全由于第三方旨在造成该事故的故意的作为与不作为导致的；对于超出上述限额的损失，承运人还应进一步承担责任，除非承运人证明对于造成该损失的事故的发生承运人没有过失或疏忽。（2）由于非航运事故造成的旅客伤亡引起的损失，如果造成该损失的事故是由于承运人的过失或疏忽所致，承运人应当承担责任。索赔人应当证明承运人的过失或疏忽。③就自带行李灭失或损害引起的损失，如果造成该损失的事故是由于承运人的过失或疏忽所致，承运人应当承担责任。如果该损失由航运事故所造成，则推定承运人有过失或疏忽。④对自带行李以外的行李灭失或损害引起的损失，承运人应承担责任，除非承运人证明对于造成该损失的事故的发生承运人没有过失或疏忽。"第六条 自身过失 如经承运人证明，旅客的死亡或人身伤害或其行李的灭失或损坏，系该旅客的过失或疏忽所造成或促成，则受案法院可按该法院地的法律规定，全部或部分地免除承运人的责任。"

（1）旅客人身伤亡引起的损失，是由于战争、敌对、内战、起义或特殊的、不可避免、不可抗拒性质的自然现象导致的，或完全由于第三方旨在造成该事故的故意的作为与不作为导致的事故引起的，承运人不承担责任。

（2）旅客人身伤亡引起的损失，是由于非航运事故造成的，承运人承担过错责任。

（3）旅客人身伤亡引起的 25 万特别提款权（special drawing rights, SDR）以内的损失，是由于航运事故造成的，承运人承担严格责任，但是，如损失系该旅客的过失或疏忽所造成或促成，则受案法院可按该法院地的法律规定，全部或部分地免除承运人的责任。

（4）旅客人身伤亡引起的 25 万特别提款权以上的损失，是由于航运事故造成的，承运人承担过错责任。

（5）对于旅客行李灭失或损坏造成的损失承运人承担过错责任。

《2002 年雅典公约》与《华沙公约蒙特利尔议定书》都规定了承运人赔偿责任的双重责任基础，即严格责任和过错责任，但其双重责任基础在适用上的划分标准却是不一样的。《华沙公约蒙特利尔议定书》区分严格责任和过错责任的标准只有一个，即承运人赔偿责任的数额，以 10 万特别提款权为标准，10 万特别提款权以下适用严格责任，10 万特别提款权以上适用过错责任；而《2002 年雅典公约》除以承运人赔偿责任的数额为标准，即 25 万特别提款权以下适用严格责任，25 万特别提款权以上适用过错责任外，还同时以造成损害的事故是否航运事故为标准，确定适用严格责任还是过错责任，即 25 万特别提款权以下的损害也并不都适用严格责任，只有因航运事故造成的 25 万特别提款权以下的损害才适用严格责任。航运事故主要是指船舶沉没、倾覆、碰撞、搁浅、爆炸或火灾，或者船舶的缺陷。船舶缺陷的定义将船舶的下列部分或设备的故障、失灵或者与相关的安全规定不符确定为船舶缺陷，包括：用于旅客上下船或在紧急时疏散、逃生的；用于推进、驾驶、安全航行、系泊、锚泊、靠离码头或锚地的；用于控制船舶损伤（damage control after flooding）、施放救生用具的（used for the launching of life saving appliances）等。可以看出国际公约对承运人的责任原则与我国习惯的严格责任制有所区别。

2. 承运人的责任

（1）承运人对旅客及其运送的行李应当承担安全、及时运送至目的港的责任。在旅客及其行李的运送期间，因承运人或者承运人的受雇人、代理人在受雇或者受委托的范围内的过失引起事故，造成旅客人身伤亡或者行李灭失、损坏的，承运人应当负赔偿责任。除法律规定的情形外，请求人对承运人或者承运人的受雇人、代理人的过失，应当负举证责任。

（2）旅客的人身伤亡或者自带行李的灭失、损坏，是由于船舶的沉没、碰撞、搁浅、爆炸、火灾所引起或者是由于船舶的缺陷所引起的，承运人或者承运人的受雇人、代理人除非提出反证，应当视为其有过失。

（3）旅客自带行李以外的其他行李的灭失或者损坏，不论由于何种事故所引起，承运人或者承运人的受雇人、代理人除非提出反证，应当视为其有过失。

（4）承运人证明旅客的人身伤亡或者行李的灭失、损坏，是由于旅客本人的过失或者旅客和承运人的共同过失造成的，可以免除或者相应减轻承运人的赔偿责任。

（5）承运人证明旅客的人身伤亡或者行李的灭失、损坏，是由于旅客本人的故意造成的，或者旅客的人身伤亡是由于旅客本人健康状况造成的，承运人不负赔偿责任。

（6）承运人对旅客的货币、金额、珠宝、有价证券或者其他贵重物品所发生的灭失、损坏，不负赔偿责任。旅客与承运人约定将上述物品交由承运人保管的，承运人应当依照规定负赔偿责任；双方以书面约定的赔偿限额高于规定标准的，承运人应当按照约定的数额负赔偿责任。

3. 承运人的责任限制

海上旅客运输风险比较大，承运人责任也很大。因此，各国法律都明确承运人对旅客及其行李的损失赔偿采取限额赔偿的原则。也就是说，因承运人的责任造成旅客或者行李损害的，承运人只在限额范围内承担赔偿责任。

（1）关于旅客的人身伤害的赔偿问题，每名旅客不超过 46 666 计算单位；

（2）旅客自带行李的责任额，《海商法》规定，旅客自带行李灭失或者损坏的，每名旅客不超过 833 计算单位；

（3）旅客车辆包括该车辆所载行李灭失或者损坏的，每一车辆不超过 3 333 计算单位；

（4）旅客自带行李、旅客车辆包括该车辆所载行李以外的其他行李灭失或者损坏的，每名旅客不超过 1 200 计算单位。

承运人和旅客可以约定，承运人对旅客车辆和旅客车辆以外的其他行李损失的免赔额。但是，对每一车辆损失的免赔额不得超过 117 计算单位。对每名旅客的车辆以外的其他行李损失的免赔额不得超过 13 计算单位。在计算每一车辆或者每名旅客的车辆以外的其他行李的损失赔偿数额时，应当扣除约定的承运人免赔额。承运人和旅客可以书面约定高于规定的赔偿责任限额。

鉴于我国沿海运输与国际运输之间存在巨大差别，《海商法》特别规定，我国港口之间的海上旅客运输不适用上述责任限制的规定，而应由国务院交通主管部门另行制定规则，报国务院批准后施行。

4. 除外规定

对一些特殊情况的损害赔偿，《海商法》作了特别规定，主要包括：

（1）不得引用限额赔偿的规定。

①海商法规定，经证明，旅客的人身伤亡或者行李的灭失、损坏，是

由于承运人的故意或者明知可能造成损害而轻率地作为或者不作为造成的，承运人不得援用限制赔偿责任的规定。

②经证明，旅客的人身伤亡或者行李的灭失、损坏，是由于承运人的受雇人、代理人的故意或者明知可能造成损害而轻率地作为或者不作为造成的，承运人的受雇人、代理人也不得援引《海商法》关于限制赔偿责任的规定。

（2）向承运人的受雇人、代理人提出的赔偿请求，受雇人或者代理人证明其行为是在受雇或者受委托的范围内的，有权援用海商法规定的抗辩理由和赔偿责任限制的规定。

5. 实际承运人的责任

承运人将旅客运送或者部分运送委托给实际承运人履行的，仍然应当依照法律规定，对全程运送负责。实际承运人履行运送的，承运人应当对实际承运人的行为或者实际承运人的受雇人、代理人在受雇或者受委托的范围内的行为负责。

承运人承担法律规定以外的义务或者放弃法律赋予的权利的任何特别协议，经实际承运人书面明确同意的，对实际承运人发生效力；实际承运人是否同意，不影响此项特别协议对承运人的效力。承运人与实际承运人均负有赔偿责任的，应当在此项责任限度内负连带责任。

6. 索赔

索赔是旅客或者旅客及其亲属、继承人提出人身伤亡或者财产损害赔偿请求的行为。根据《海商法》的规定，旅客对行李发生明显损坏的，旅客应当向承运人或者承运人的受雇人、代理人提交书面通知。自带行李、应当在旅客离船前或者离船时提交；其他行李，应当在行李交还前或者交还时提交。行李的损坏不明显，旅客在离船时或者行李交还时难以发现的，以及行李发生灭失的，旅客应当在离船或者行李交还或者应当交还之日起 15 日内，向承运人或者承运人的受雇人、代理人提交书面通知。旅客未依照规定及时提交书面通知的，除非提出反证，视为已经完整无损地收到行李。行李交还时，旅客已经会同承运人对行李进行联合检查或者检验的，无须提交书面通知。

旅客如果没有在上述规定的期间内及时通知承运人并提出索赔请求的，应当视为承运人已经完整无损地交还了行李。此后，如旅客发现行李有损坏而提出赔偿要求的，应当承担举证责任，充分证明行李的损失是由于承运人的过错造成的。如不能证明，则旅客要承担不利的法律后果。

7. 诉讼

旅客提出索赔通知后，承运人可能赔偿，也可能不赔偿，或者不能满足旅客的赔偿请求额。在不赔偿或者不能满足旅客的请求额时，旅客可以向有管辖权的法院提出诉讼，请求司法救助。旅客可以选择的管辖法院如下。

①被告所在地或者主要营业场所所在地法院。

②运输合同规定的起运地或者到达地法院。

③原告原籍或者居住地法院，但被告必须是在该国没有营业所并受其管辖。

④合同订立地法院，但被告必须在该国没有营业所并受其管辖。

⑤双方协议选择的管辖法院。

我国《海商法》规定，海上旅客运输向承运人要求赔偿的请求权，时效期间为 2 年，具体计算方法是：有关旅客人身伤害的请求权，自旅客离船或者应当离船之日起计算；有关旅客死亡的请求权，发生在运送期间的，自旅客应当离船之日起计算。因运送期间内的伤害而导致旅客离船后死亡的，自旅客死亡之日起计算，但是此期限自离船之日起不得超过 3 年；有关行李灭失或者损坏的请求权，自旅客离船或者应当离船之日计算。

8.4　海上货物运输

海洋货物运输的工具是船舶，船舶的载运能力要远远大于其他的运输工具。第二次世界大战以后，世界商船的特点之一就是大型化，商船的吨位由过去的几百吨、几千吨发展到几万吨、十几万吨甚至几十万吨。目前，世界上的超巨型油轮吨位可达 60 多万吨，最大的集装箱可装载 8 000 个 TEU①（可载运 15 万 t 货物），可见海洋运输的运力极大。而且海上运输的船舶是利用天然航道来完成货物运输的，这些航道四通八达，将世界各地港口联在一起，所以不像汽车、火车运输要受到道路或轨道的限制。而且在遇到政治、经济贸易及自然条件发生变化时，可随时改选最有利的航线。另外在运输超重、超大等大件货物方面，船舶具有较强的适应性。但海洋运输也有其缺点：一是速度较低，二是风险较大，三是航行日期不易确定。这些特点必然反映到海上货物运输合同中对当事人的权利义务的规定方面。

8.4.1　海上货物运输的基本法律制度

海上货物运输是利用货船在国内外港口之间通过一定的航线和航区进行货物运输的一种方式。

海上货物运输主要是国际海运货物运输，绝大多数情况下采用国际公约规定的原则和标准。1924 年通过、1931 年生效的《关于统一提单某些法律规定的国际公约》（International Convention for the Unification of Certain Rules of Law Relating to Bills of Lading），简称《海牙规则》（The Hague Rules）使得国际航运业有章可循。《海牙规则》的立法指导思想是海上货

---

① TEU，即 Twenty – feet Equivalent Unit，中文通常翻译为换算箱或标准箱，以 20ft 集装箱为换算单位，即一个 20ft 箱为一个 TEU。目前，集装箱船的载运那里，集装箱船队的规模以及集装箱港口的吞吐量均以 TEU 表示。

物运输合同中的合同自由原则必须在一定范围内加以约束，确定了承运人 📍 **海牙规则**
的最低义务、最高免责和责任限制。该规则下的承运人责任制度被称为
"不完全的过失责任制"。规则规定了承运人适航、管货、不绕航等最低限
度的义务，同时又规定了承运人在驾驶和管理船舶中的过失、火灾、货物
包装不当等原因造成的损失免责等条款，而且免责条款中有两条是承运人
有过失也可以免责。1968 年签署、1977 年正式生效的《关于修订统一提 📍 **维斯比规则**
单某些法律规定的国际公约议定书》（Protocol to Amend the International
Convention for the Unification of Certain Rules of Law Relating to Bills of Lad-
ing），对《海牙规则》进行了修改，该规则被简称为《1968 年布鲁塞尔
议定书》或《维斯比规则》。根据该规则第 6 条第 1 款 "在本议定书缔约 📍 **汉堡规则**
国之间，公约（指 1924 年《海牙规则》）与议定书应作为一个文件一并
阅读并解释" 的规定，它又被称为《海牙 – 维斯比规则》（The Hague –
Visby Rules）。1978 年在汉堡签订、1992 年正式生效的《1978 年联合国海
上货物运输公约》（United Nations Convention on the Carriages of Goods by
sea）即《汉堡规则》（The Hamburg Rules）对《海牙规则》做了彻底的
修改。《汉堡规则》下承运人的责任更严格，被称为 "完全的过失责任
制" 或 "推定过失责任制"。该规则规定除非承运人能证明已为避免事故
发生而采取了一切所能合理采取的措施，承运人对货物的灭失、损坏或延
迟交付应该负责。我国的海上货运合同制度是以《海牙 – 维斯比规则》为
基础，又吸收了《汉堡规则》中一些符合海运发展趋势的内容而建立的。
我国《海商法》所规定内容，基本体现了我国已经参加的国际海运公约的
规定。

海上货物运输合同是海商法的核心内容。由海商法所调整的海上运输
主要是国际的，并且限于商业行为。根据我国《海商法》的规定，我国港
口之间的海上货物运输不由该法调整，而且，用于军事的、政府公务的船
舶和 20 总吨以下的小型船艇进行的运输不在其调整之列。

8.4.2　海上货物运输合同概述

《海商法》第 41 条规定："海上货物运输合同，是指承运人收取运
费，负责将托运人托运的货物经海路由一港运至另一港的合同。"海上货
物运输合同的主体包括承运人（通常称为船方）和托运人（通常称为货
方），海上货物运输合同的客体是海上货物，包括货物和由托运人提供的
用于集装箱、货盘或者类似的装运器具。

海上货物运输合同涉及合同托运人、承运人等当事人，还涉及实际承
运人、实际托运人、收货人、提单持有人等关系人。

1. 承运人

在海上货物运输合同中，承运人（carrier）是一方当事人，通常称为
船方，是指本人或者委托人订立海上货物运输合同的人。海运承运人的定
义第一次出现是在《海牙规则》中。该规则第 1 条第 1 款规定："承运人

包括与托运人订有运输合同的船舶所有人或租船人。"到制定《汉堡规则》时，将承运人区分为承运人和实际承运人。将承运人界定为以自己的名义与托运人缔结运输合同的一切人。《海商法》对承运人和实际承运人及其相互关系做了具体规定。所谓缔约承运人（contracting carrier），是指本人或者委托他人以本人名义与托运人订立海上货物运输合同的人。

所谓实际承运人（actual carrier），又称履约承运人（performing carrier），是真正履行海上货物运输合同的人，具体是指受缔约承运人委托从事货物运输或部分运输的人，包括接受转委托而从事此项运输的其他人。实际承运的成立有两个要件：一是实际进行货物运输，二是接受承运人委托或转委托。实际承运人可以根据承运人的实际授权、表面授权实际进行运输，也可以因表见代理而实际进行运输。

在海上联运中，与托运人订立海上货物运输合同的人通常是第一程承运人，他是缔约承运人。第二程承运人往往是接受第一程承运人的委托而完成部分运输的人，他是实际承运人。在直达运输因意外导致转船时，与托运人签订直达运输合同的人是合同承运人，而从事转船运输的人是实际承运。在转包运输中，转包者为合同承运人，而接受转包者为实际承运人。在航次租船和定期租船中，如承租人与托运人订立运输合同，则为缔约承运人，而船舶出租人是实际完成货物运输的人，为实际承运人。和《汉堡规则》一样，我国对实际承运人的定义包含了租船合同下的船舶所有人。

实际承运人不同于承运人的雇用人、代理人。承运人与实际承运人订立的是运输合同或租船合同等，而承运人与雇用人、代理人订立的是雇用合同或委托合同；承运人与实际承运人一般承担连带责任，而承运人对雇用人、代理人承担的是行为后果的归属责任或替代责任；承运人对实际承运人承担责任，不以其行为在委托范围之内为条件，而承运人对雇用人或代理人承担责任，以其行为在受雇或受托范围之内为条件。

承运人和实际承运人的责任根据法律和约定划分。承运人将货物运输或部分运输委托给实际承运人履行的，承运人仍应对全部运输负责。对实际承运人承担的运输，承运人应对实际承运人的行为或者其受雇人、代理人在受雇或受委托的范围内的行为负责。但是，海上运输合同明确约定合同所包括的特定的部分运输由承运人以外的指定的实际承运人履行的，合同可以同时约定，货物在指定的实际承运人掌管期间发生的灭失、损坏或迟延交付，承运人不负赔偿责任。但承运人应当证明货损发生在实际承运人的运输区段，而且应使货方能在有管辖权的法院对实际承运人提起诉讼。

《海商法》第 61 条规定："本章对承运人责任的规定，适用于实际承运人。"不过，应当清楚，实际承运人的义务责任与承运人并不完全相同。承运人的适航、管货、不绕航等义务责任，实际承运人也应承担，因为这是安全运输必不可少的。但是，承运人签发提单、向提单持有人交货等，不一定要求实际承运人承担，因为这是以运输合同的商业利益为基础的。另一方面，《海商法》第四章规定的承运人的权利也不能全部赋予实际承运人。因为建立实际承运人制度的目的在于加强对货方的保护，而不是加强对实际承运人的保护。让实际承运人享有承运人的全部法定权利不仅没有必要，而且可能引起混乱，例如，货方将不知该向何人支付运费。当然，与货物安全运输直接相关的权利，如在危险货物威胁船舶安全时，将其销毁而不负责任的权利，应当赋予实际承运人。

承运人承担我国《海商法》第四章未规定的义务或放弃所赋予的权利的任何特别协议，须得实际承运人书面明确同意，否则仅对承运人发生效力。尽管实际承运人是否同意，不影响此项特别协议对承运人的效力。

在我国，即使是联运，承运人自行委托他人完成海上特定部分运输的，承运人对货方负合同责任，实际承运人负法定责任；由各承运人与货主共同约定相继负担海上运输的，各承运人应依合同各负其责。实际承运人在运输中通常也签发自己的提单，但实际承运人仅对自己的提单持有人承担运输合同上的责任，而对缔约承运人签发的提单的持有人不承担运输合同责任。实际承运人对缔约承运人的提单持有人的责任，是法定责任。因此，除非合同承运人的提单的持有人同意，实际承运人提单的免责条款仅对承运人有约束力，而对缔约承运人的提单的持有人不具有约束力。还须指出，当发生多次转包运输时，依《汉堡规则》，对货方负责的是最后的实际承运人，而不包括中间的实际承运人。对此，我国没有限制。

2. 托运人

托运人（consignor）是指海上货物运输合同另一方当事人，称为货方，《海商法》规定"托运人"是指：①本人或者委托他人以本人名义或者委托他人为本人与承运人订立海上货物运输合同的人；②本人或者委托他人以本人名义或者委托他人为本人将货物交给海上货物运输合同有关的承运的人。从上述规定中可以看出，托运人包括两种：①是指与承运人订立海上货物运输合同的人，即海上货物运输合同的一方当事人，这是托运人本来的含义。托运人与承运人订立海上货物运输合同，可以是本人亲自与承运人订立，也可以委托他人充当自己的代理人，以托运人的名义，或者为托运人，与承运人订立运输合同。②是指将货物交给与海上货物运输合同有关的承运人的人，简言之，指将货物交给承运人的人。因此，托运人也包括并未与承运人订立海上货物运输合同，而只是将货物交给承运人的实际托运人。货物买卖合同的卖方基于将货物交给承运人这一行为而成为托运人。同样，实际托运人可亲自将货物交给承运人，也可委托代理人以其名义或为其将货物交给承运人。

海上货物运输合同中的托运人也可以分为缔约托运人和实际托运人。

缔约托运人和实际托运人可以是同一人，如 CIF① 买卖中，卖方既可以是缔约托运人，又可以是实际托运人。但二者也可不同一，如在 FOB② 的买卖中，买方自己负责货物运输，往往就是与承运人订立海上货物运输合同的人，而卖方则是有义务在起运港向承运人交付货物的人。缔约托运人应当根据合同规定和《海商法》规定承担相应义务和责任。而实际托运人不是运输合同的当事人，因此只承担我国海商法规定的义务，如申报提单记载事项并保证其正确性，托运危险货物通知等。实际托运人不履行其法定义务的，缔约托运人应依运输合同向承运人承担责任。③

3. 收货人和提单持有人

收货人（consignee），是指有权提取货物的人。海上货物运输可以签发提单，也可以不签发提单。一方面，在不签发提单的情况下，有权提取货物的人是运输合同指明的特定人。《汉堡规则》和我国《海商法》的一些条文就是在此情况下使用收货人概念的。如在提单记载事项中载明了"收货人的姓名或名称"，使人们认为收货人是特定的已知的人。同时，《海商法》还规定"承运人同收货人、提单持有人（bill of lading holder）之间的权利、义务关系，依据提单的规定确定"，这更清楚地表明收货人和提单持有人是并列概念。在当前国际海上货物运输通常以提单作为物权凭证的情况下，《汉堡规则》和《海商法》确认的收货人一般就是指合法的提单持有人。合法包括两方面的含义：一是提单必须有效；二是提单持有人必须以合法的方式取得提单和提单权利。

收货人可以通过背书、交付或其他方式取得提单。通过背书交付转让取得提单的，背书必须连续。至于"其他方式"，除继承、公司合并等外，英国 1992 年《海上货物运输法》第 5 条第 2 款规定，因进行任何交易，以及只要是出于善意而成为持单者，均可被视为本法所指的合法的提单持有人。所谓善意持单人，如实际托运人在货物装船后从承运人取得提单；在转手贸易、信用证规定提单凭某开证行指示的情况下，提单在交至该行前在各中间商之间的转让。当然，此类提单持有人在主张权利时，必须证明其是善意合法地取得提单。

提单上指定的收货人本来不是合同当事人，但各国为了便利跟单信用证制度的实施和提单的转让，往往通过立法规定善意受让提单的收货人或

---

① CIF 是 Cost，Insurance and Freight 的缩写，即成本加保险费加运费。按此术语成交，货价的构成因素中包括从装运港至约定目的地港的通常运费和约定的保险费，故卖方除具有与 CFR 术语的相同的义务外，还要为买方办理货运保险，支付保险费。货物自装运港到目的港的运费保险费等由卖方支付，但货物装船后发生的损坏及灭失的风险由买方承担。CFR 是指，cost and freight，即成本加运费，船上交货。CFR 中卖方必须支付将货物运至指定的目的港所需的运费和费用，但交货后货物灭失或损坏的风险及由于各种事件造成的任何额外费用即由卖方转移到买方。

② FOB 的全文是 Free On Board（…named port of shipment），即船上交货（…指定装运港），习惯称为装运港船上交货。按此术语成交，由买方负责派船接运货物，卖方应在合同规定的装运港和规定的期限内，将货物装上买方指定的船只，并及时通知买方。货物在装船时越过船舷，风险即由卖方转移至买方。

③ 姚鹏，刘伟军. 关于我国海商法海上货物运输合同一章几个基本法律问题的研究［J］. 当代法学，2002（10）：96.

提单持有人的法律地位，明确他们与承运人之间的权利义务以提单为依据。《维斯比规则》规定，当提单从托运人手里转至善意的收货人或其他第三者手里时，提单便成为承运人收到提单所载货物的绝对证据。这一规定有利于保护提单受让人的合法权益，促进提单的转让流通。《海牙规则》第3条第5款也有类似作用，但《维斯比规则》的规定更为清楚。《海商法》第78条规定："承运人同收货人、提单持有人之间的权利、义务关系，依据提单的规定确定。"收货人或善意提单持有人原则上不受原运输合同的约束。承运人不能以对托运人的抗辩对抗收货人。承运人也不得以收货人与其前手之间的抗辩对抗提单持有人。同时，承运人就运送货物必须而且原则上只需对提单持有人负责。其他货物权利人，包括所有权人，与承运人之间的关系，在一定意义上已因提单而受阻。收货人可以放弃权利，不请求交货。但收货人的权利自让提单时确定后，除非承运人同意，原则上不得撤回。收货人取得权利后，托运人在运输合同中的有关权利处于"休止状态"，但托运人对承运人仍负有合同上的义务。如果货物被拒收或出现其他情况，提单转回托运人持有的时，托运人的权利恢复。[①]

4. 船代和货代

船代即船舶运输代理，是货物运输中代理船舶在港口进行活动的人，其业务内容主要包括和承运人与货方进行磋商，安排运输事宜等。

货代即货物运输代理，是货物运输中代表货方与承运人接洽，安排货物运输、装卸、交接事宜，制作运输单证文件，从事与货物出运有关的业务活动，并相应地收取一定的代理费的人。其业务范围主要包括安排货物抵达港口、代理报关手续、定舱、签发提单、协调货物从始发地到船舶的运送等。船代和货代都不是运输合同的当事人，而是作为一方当事人的代理人，一般情况下不直接以本人身份承担运输合同下的权利义务，合同另有安排或代理方另有规定的除外。

8.4.3 海上货物运输合同的种类

1. 国内海上货物运输合同和国际海上货物运输合同

根据装卸港口的位置不同，海上货物运输合同分为国内海上货物运输合同和国际海上货物运输合同。在同一国家不同港口之间的运输是国内货物运输，又称为"沿海货物运输"；而将货物从一国港口运往另一国港口的是国际货物运输。在我国，两种合同中使用的运输单据不同，适用的法律也不同。

2. 零担货物运输合同和航次租船合同

零担货物运输合同又称件杂货物运输合同，是指承运人在不出租船舶的情况下负责将件杂货由一港运至另一港，而由托运人支付运费的协议。件杂货运输合同，通常是班轮运输所采用的。按照这种交通运输方

---

① 邢海宝. 海上货物运输合同中的关系人 [J]. 法学家，2002（3）：56.

式，承运人接受众多托运的货物，将它们装于同一船舶，按规定的船期，在一定的航线上，以规定的港口顺序运输货物。件杂货运输合同大多数是以提单的形式表现和证明的，因此件杂货运输又被称作提单运输。目前，海运提单作为件杂货运输合同的特别形式，在国际海运实践中的应用日趋广泛。

对于租船运输合同而言，可分为航次租船合同、定期租船合同和光船租船合同。航次租船合同又称航程租船合同或程租合同。它是船舶出租人向承租人提供船舶或者船舶的部分舱位，装运约定的货物，从一港运至另一港，并由承租人支付约定运费的合同。这种合同具体又分为单航次租船合同、往返航次租船合同、连续单航次租船合同和连续往返航次租船合同等多种形式。此类合同适用于不定期船运输。光船租船合同，其所体现的是一种财产的租赁使用关系，通常不纳入运输合同的范畴。但对于定期租船合同是否是运输合同问题，还存在争议，《海商法》并未将定期租船合同纳入第四章，但有的国家，比如英国的司法实践和理论界多将其作为水上货物运输合同。从定期租船合同的履行来看，船舶自始至终是在出租人掌握之中，出租人只是承诺根据承租人的指示使用船舶，可见定期租船合同的标的主要仍然是出租人在一定时期内根据承租人的指示所提供的运输服务。因此，尽管从合同性质上定期租船合同存在一定的租赁性质，但从本质上仍应将其纳入货物运输合同进行研究。

3. 公共运输合同和私人运输合同

根据订立合同的当事人不同，海上货物运输合同分为公共运输合同和私人运输合同。所谓公共运输合同，是指承运人订立运输合同的要约是对社会公众公开发布的，针对是不特定的多数人。而私人运输合同则是承运人和特定人单独洽谈后订立的运输合同。私人运输通常是根据租船合同进行的，并且只有在为了运送特定货物而缔结了专门的合同时才会产生。而公共运输通常都是根据班轮提单即以定期班轮为基础的轮船公司所签发的提单进行的。从事公共运输的承运人即公共承运人往往是专业性公司或组织。公共运输的承运人有一种法定的社会性义务。

4. 海上货物联运合同和多式联运合同

海上货物联运合同，是承运人负责将货物从一港经过两程以上的海路运至另一港，而由托运人或者收货人支付运费的协议。按照这种合同，货物分属于不同的船舶所有人或者承运人的两艘以上的船舶从起运港至到达港。参加货物运输的，除了作为合同一方当事人的承运人以外，还有与承运人另有合同关系的其他海上承运人，即区段承运人、实际承运人。海上货物联运合同，通常采用海上联运提单的形式。而多式联运合同是指两个或者两个以上的交通运输方式共同完成运输的全过程，其中有一种是海上交通运输方式。这种合同一般采取多式联运单证的形式，它的主要优点是为了方便托运人托运货物。

5. 海上货物运输总合同

海上货物运输总合同，又称为包运合同、货运数量合同，它是指承运人负责将一定数量的货物，在约定的时间内，分批经由海路从一港运至另一港，而由托运人或者收货人支付运费的协议。海上货物运输合同是相对于具体的海上货物运输合同而言的，在这种合同中，通常只订明一定时期内托运人交运货物的数量或批量、承担人提供的船舶吨位数、装卸港口、装卸期限、运价等主要内容。在每一批货物装船后，承运人再签发提单或双方就每一批货物签订具体的航次租船合同。此种合同适用于大批货物的运输，其优点是双方人关系比较固定。

8.4.4 海上货物运输合同的订立

海上货物运输合同是平等主体的船货双方的一种商事法律关系。这种商事法律关系的产生始于海上货物运输合同的成立，而合同的成立必须借助于双方当事人合意的商事法律行为。海上货物运输合同的订立在法律上与其他合同一样，其订立的过程就是双方当事人协商一致的过程，而且也要经过要约和承诺两阶段。但从实务的角度来看，就订立的具体方式和程序而言，零担运输合同与航次租船合同又具特色。

1. 订立的程序

班轮运输的特点是船舶按照定期公布的船期表行走固定的航线，有固定的班期，挂靠固定的港口，运费则按既定的运费表结算。由于班轮运输具有航线固定、港口固定、船期固定和相对固定的费率，因此为双方当事人洽谈运输条件提供了必要的依据。班轮船期表多由班轮船公司根据班轮运输的业务需要和运输服务承诺，统一编制，在航运报纸杂志、互联网络等媒体上对外发布，或直接寄送托运人，供托运人、收货人等了解货物运输的时间、地点、船舶等运输服务的内容，以期订立海上货物运输合同，它一般包括以下内容：班轮船公司的名称、地址、联系方式及联系人、航线、船名、航次、挂靠港口以及到达各个港口的日期等。有些班轮船期表，还加注在我国装运港的载货日期（Date cut off CY）①，离港日期等，其运输内容和事项更具体、完备。班轮运输实务中，班轮公司向托运人发布、寄送班轮船期表，托运人根据班轮船期表，办理订舱、托运货物，已经成为一种班轮航业务惯例。这一航运惯例是在长期的班轮航运业务实践中形成的，内容、规则比较明确，也为承托双方长期使用，共同接受和遵守。班轮船期表的发布是班轮公司依据航运实务和航运惯例，对托运人等有关货方作出的法律承诺，是班轮公司希望订约的法律行为，即班轮船期表是班轮公司发出的，希望依此订立并履行合同的要约。是海上货物运输合同成立的重要法律形式和程序。基于这一航运惯例，班轮公司从事件杂货物运输的班轮公司，在其航线经过的地方或其他地方设有营业所或代

---

① CY 是 container yard 的缩写，即码头堆场。

理机构，货物托运人及其代理人向班轮公司或其上述机构申请货物运输时，通常要填写订舱单，并载明货物的品类、数量、装船期限、卸货港等项内容，承运人根据上述内容并结合自己的情况决定是否接受。如果接受托运，即在订舱单上指定船名并签字，至此双方协商一致，运输合同即告成立。我国各专业进出口公司运输出口货物时，通常采取的办法是，由中国对外贸易运输公司作为托运人，向中国船务代理公司或中国外轮代理公司办理托运手续。班轮运输特别有利于一般件杂货和小额贸易货物运输，其特点决定了件杂货运输合同一般通过订舱的方式成立。

航次租船合同与件杂货运输合同不同，它除了由船舶出租人和承租人直接洽谈协商外，通常还通过船舶经纪人。船舶经纪人受出租人或承租人的委托，代表出租人或承租人磋商租船事宜。在航运实践中，一些航运组织、船公司、货主组织和大货主，为了省时省力和满足自身利益的需要，事先根据不同航线或货种的需要，拟订租船合同标准格式，以供订约时参考。这些标准合同条款比较齐全，当事人只需按自己的需要适当修订便可使用。实际上，几乎所有的租船合同，都是双方当事人在协议选用的标准合同基础上，订立附加条款，对原有条款进行修改、删减和补充而达成的。根据合同法的原则，如果附加条款与原格式合同的印刷条款内容相抵触，则应以附加条款为准。

2. 合同的形式

无论是件杂货运输合同，还是航次租船合同，都要采取一定的形式才能成立，对此既要充分尊重双方当事人的合同自由，又要考虑海上货物运输合同及其各种交通运输方式的特点，做到举证方便，容易分清责任。《海商法》第43条规定："承运人或者托运人可以要求书面确认海上货物运输合同的成立。但是，航次租船合同应当书面订立。电报、电传和传真具有书面效力。"本条规定包括以下三层含义。

（1）件杂货物运输合同的形式没有特别要求。实践中，法律不禁止当事人口头订立海上货物运输合同，但当事人对于合同成立的争议，海事法院通常要求主张口头订立的合同成立的一方负举证负责。举证的范围包括提供证明海上货物运输合同成立的书面证明文件和其他证据、证言等。但一方要求书面确认的，则合同经书面确认后方为成立。

（2）航次租船合同必须采用书面形式，此为合同成立的形式要件。这是由航次租船合同自身的特点决定的，与大多数国家的有关规定也相互一致。

（3）书面形式不仅包括普通的书面合同格式和条款，而且海上运输合同在订立和修改过程中，当事人对合同的要约或承诺之目的而经常采用的电报、电传和传真也具有书面效力。

在班轮运输中，承运人接收货物后一般会签发一份提单，有人主张提单签发时间才是合同成立时间，实际上，海上货物运输合同在要约时得到承诺时就成立，如果需要书面形式，则合同双方在书面合同上签字或盖章时成立，签发提单一般是在运输合同已经成立，根据合同托运人已经将货物交给承运人后才进行，是为了履行已经成立的合同义务。因此提单是否签发、什么时间签发对合同的成立并无必然影响，与海上货物运输合同相关的重要问题提单制度在本章最后单列加以说明。

3. 货物运输合同的效力

海上货物运输合同一经有效成立，就产生法律效力，双方当事人产生了一种法律关系。合同的效力表现为三个方面：①双方当事人必须按照法律规定和合同约定的内容自觉履行合同义务，并享受相应的权利；②一方当事人不履行合同义务擅自解除合同的，应承担违约责任；③在双方当事人发生纠纷时，合同是确定当事人权利义务，分清责任的基本法律依据。但是，双方当事人订立的海上货物运输合同却并不一定都有效成立。

《海商法》第44条结合海上货物运输合同的特点，规定了海上货物运输合同某些条款无效的两种情况：一是海上货物运输合同和作为合同凭证的提单或者其他运输单证中的条款，违反《海商法》关于海上货物运输合同规定的，无效；二是将货物的保险利益转让给承运人的条款或者类似条款，无效。货物的保险利益，是指由于保险事故的发生会使被保险人失去某种对于货物的经济利益或者由于货物而引起的经济利益或者承担某种经济责任，从而具有经济上的利害关系。根据海上保险法的保险利益原则，被保险人具有对于货物的保险利益的，货物保险合同方为有效，或者保险人方可承担保险责任。因此，当货物的保险利益转让给承运人时，承运人即可据以向保险人索赔，或者对抗保险人的代位权，最终使自己免除对货物的运输责任，并使此种责任转嫁给了货物的保险人。

8.4.5　海上货物运输合同的履行

海上货物运输合同的履行，也就是当事人要按照合同的规定，各自履行自己的义务。当事人的权利义务主要有以下几个方面。

1. 承运人的义务

承运人基本义务法定是世界通例，美国国会为抗衡英国船主在提单免责条款上滥用合同自由原则，就制定了1893年《哈特法》，在该法中明确了承运人最低限度的义务及最大限度的免责范围。《哈特法》的基本规则为1924年《海牙规则》所吸收，使世界海上航运市场的有序发展从此有了一个良好的开端。《海牙规则》所确立的承运人基本义务是强制性义务，免除或减轻该基本义务的协议及有利于承运人保险利益的协议将被认定为无效，承运人违反其基本义务时即需承担赔偿责任，使货方权益可以得到最低限度的保障，弥补了海运提单对当事人缔约自由的限制。

1）提供船舶并保证适航（seaworthiness）的义务

船舶是海上货物运输工具。承运人应提供约定的船舶，并保证适航。这是承运人在海上货物运输合同中最主要的义务。对此，各国海商法无不作出明确规定，其宗旨就在于确保海上运输安全。《海商法》规定承运人在船舶开航和开航当时，应当谨慎处理，使船舶处于适航状态，妥善配备船员、装备船舶和配备供应品，并使货舱、冷藏舱、冷气舱和其他载货物处所适于并能安全收受、载运和保管货物。承运人在这方面的义务又称为"适航义务"，具有法定义务的性质。其具体内容如下。

①适航的基本内容采用了广义的适航要求。首先是使船舶本身适航，船体须紧密、坚实、强固；船机的设计、结构、性能等必须能够抵御航行中一般或合理预见的风险。其次是妥善配备船员、装备船舶和配备供应品，这就要求船长和船员是具有相应知识与技能、持有相应资格证书的航海专业人员，否则即被认为承运人没有谨慎处理使船舶适航。还要求妥善装备航海所必需的各类船舶设备和配备航程所必需的各类供应品。再次是船舶应该适货，即货舱、冷藏舱、冷气舱和其他载货处所适于并能安全收受、载运和保管货物。

②适航的标准。适航标准有绝对与相对之分。绝对适航要求承运人对开航前和开航时不适航原因造成的货物灭损均须承担责任；相对适航则以"谨慎处理"或"恪尽职责"（due diligence）作为衡量是否适航的标准，只要承运人对船舶适航尽了谨慎处理的义务，则无须承担适航责任，实践中一般认为具备相应资格的承运人或其受雇人、代理人以通常的、习惯的方式履行义务，即为谨慎处理。《海牙规则》及《海商法》采用的是相对适航标准，因它是切实可行的标准。国际海事组织于1993年通过的《国际船舶安全营运和防止污染管理规则》（简称ISM规则）从建立船舶安全管理体系方面对船东提出了更高的适航标准。

③适航义务的时间界限是"船舶开航前和开航当时"，通常不要求在全部航程的存续期间均履行该项义务。通常认为"开航前"指开始装货时，"开航时"一般理解为船舶解除最后缆绳时。即承运人在该段时间内谨慎处理履行其适航义务即可。开航以后的不适航不被追究适航责任，因为要求置身于海上莫测风险中的承运人履行其在岸上才能达到的船舶适航标准是不现实的。

适航义务的主观状态是"谨慎处理"，即承运人应当考虑预定航次的风险、船舶的技术状态和货物的性质等因素后，对航船应采取合理措施，适用于"妥善配备船员、装备船舶和配备供应品"三个具体措施。

2）装卸、运送和交付货物的义务

承运人应当妥善地、谨慎地装卸、搬移、积载、运输、保管、照料和卸载所运货物。保管货物义务的时间界限适用于整个航程的存续期间。要求承运人从装载到卸载涉及的每一个环节均需尽到妥善谨慎之责。妥善之责是对承运人需具备一定装卸技能的客观方面的要求；谨慎之责是对承运人装卸时需尽合理注意的主观方面的要求。保管货物义务的主观状态具体地适用于"装载、搬移、积载、运输、保管、照料和卸载"七种管理货物的行为或措施。管货义务的客观标准应依据预定航程的海上危险、船舶的技术标准和状态及货物的性质和航运习惯等因素确定。

国际海运危险货物规则

3）合理速遣义务

承运人应当按约定的或者习惯的或者地理上的航线将货物运往卸货港，称之为"合理速遣义务"，也属于法定义务，包括按顺序选择航线和不得非合理绕航等两方面的内容。因此，在班轮运输的情况下，承运人应当按照船期表的规定，使船舶按时在装货港停泊并将托运人早已备好的货物装船积载。货物装妥当后，船舶应按船期表的规定，准时启航。船舶启航后应按约定的或者习惯的或者地理上航线航行，除了为救助或者企图救助人命或者财产而产生的绕航或者其他合理绕航外，不得发生不合理的绕航。同时，在航行过程中，承运人还应妥善保管和照料所载货物。货物卸下交付给提单中载明的收货人、提单受让人或其代理人。

以上几项义务是承运人不可推卸的最低义务。考虑到海运市场的无穷变化，《海商法》与《海牙规则》及各国立法一样，允许海运当事人在法定的承运人最低义务和责任之外，增加其义务和责任的约定。

2. 托运人的义务

托运人在海上货物运输中的义务按照法律或国际公约的规定，托运人在海上货物运输中，主要包括下列各项义务。

1）提供约定的货物

提供约定的货物是托运人的首要义务。托运人应履行下列内容。

①对货物实行妥善包装。《海商法》第66条规定，托运人托运货物，应当妥善包装；《海牙规则》和《海牙－维斯比规则》也规定，承运人或船舶，对由于包装不固所造成的灭失或损害不负责任。

②对货物加以妥善的标志。《海牙规则》和《海牙－维斯比规则》规定，不论是承运人或是船舶，对由于标志不清或不当造成的灭失或损坏都不负责；《海商法》第66条也有类似的规定。按照《海牙规则》和《海牙－维斯比规则》的要求，如果这种标志是以印戳或其他方式清楚地标示在不带包装的货物上，或在其中装有货物的箱子或包装物上，该项标志通常应保持清晰易辨，直至航程终了时为止。

③保证提单内容或货物资料的正确性。提单虽然是由承运人签发的，但提单上关于货物的品名、标志、包数或件数、重量或体积等项内容却是由托运人提供的。《海商法》第66条规定，托运人在托运货物时应该保证上述内容的正确性。《海牙规则》和《海牙－维斯比规则》第3条第5款也规定，应当认为，托运人已在货物装船时就托运人所提供的标志、包数、件数、数量和重量的正确性，向承运人提出保证。《汉堡规则》中也有类似的规定。

2）及时办理主管机关所要求的各项手续并送交承运人

托运人应及时地向主管机关办理货物运输所需要的各项手续，并将已办理各项手续的单证送交承运人。

①托运人须办理的各类手续。托运人在托运货物以后，应主动向相关

主管机关办理货物运输所需的各项手续①。

②申办各类手续的标准。托运人申办各类手续的标准，可以概括为六个字，即："及时、完备、正确"，违反了该三项标准，即属托运人违反义务的表现。

3）按时备妥货物并装船

在班轮或件杂货运输情况下，装船方式基本上有三种，即仓库收货、统一装船；仓库收货、驳船作业；现场收货、直接装船。不论采取何种方式，托运人都应在约定的时间内将货物运到承运人指定的地点，以便装船。

4）按时支付运费

作为承运人提供运输劳务的报酬，托运人应按约定向承运人支付运费。托运人和承运人也可以约定运费由收货人支付，但此种约定应当在运输合同中载明。

5）不装运危险货物

所谓危险货物（Dangerous cargo），按照《海牙规则》和《海牙－维斯比规则》所确立的定义，是指具有易燃、爆炸或其他危险性质的货物。这里所说的其他危险性质的货物，是指由于其性质和积载方面的原因可能会导致船舶倾覆的货物。按照《海商法》规定，托运人托运危险货物，应将其正式名称和性质，以书面通知承运人。危险货物不仅包括具有内在危险的货物，而且也包括具有外在危险的货物。鉴于危险货物运输具有较强的技术性，某些国际组织为其制定了一些指南，这些组织当中最重要的就是国际海事组织（IMO）。国际海事组织向各国政府建议，执行由联合国专家委员会根据《国际海上危险货物运输规则》而制定的货物操作规程，该操作规程属于一种技术指南，规则对危险货物在装船前、装船中、装船后以及在公海航行期间，规定了相应的防范措施。

托运人在危险货物的运输中，应承担下列义务。

（1）对危险货物加以妥善包装。包装是保证保险货物安全储存和运输的重要手段。《国际危险货物运输规则》对危险货物的包装材料、包装类别和包装方法等，均作出了详细的规定，托运人应严守规定，对不同性能的危险货物，应使用不同材质、不同规格和不同强度的包装。包装材料要与危险货物的性质相适应；包装规格要适于搬运和装卸，包装强度需能经

---

① 各项手续主要有：1. 海关。托运人在货物装船前，必须及时向海关办理出口报关业务，即凭海关所规定的各类单据，将待出口的货物向当地海关申报，并取得各类许可。2. 港口主管机关。托运人在办理货物托运以后，应就库场、港内运输、驳船运输等项业务与港口主管部门及时取得联系，以便做好装船准备，一旦装船，就可按船方所要求的速度，尽快地提供货物。3. 商品检验。托运人应向商品检验机构申请，对即将装船的货物以品质、数量、包装和装运技术条件进行检验，取得各类证明，以免延误装船工作。4. 动植物检疫。动植物检疫分为进口检疫和出口检疫两种。出口动植物及其产品，凡符合下列条件之一者，须实施检疫：①贸易合同中订有检疫条款的；②货物输出国与输入国订有检疫双边协定的；③输出者提出检疫申请的。托运人对上述情况下的货物，应办好检疫手续，取得检疫证书，以利货物及时装船。5. 按照法律规定应该办理的其他各项手续。

受海上正常风险和温度的变化。

（2）为危险货物作出妥善的标志。所谓危险货物标志就是表示危险货物的性质和种类的标记。《国际危险货物运输规则》对不同性质的危险货物规定了不同的识别标志及制作方法，托运人在托运危险货物时，应严格按照规定，对危险货物作出妥善的标志。危险货物的标志应图案清晰、字迹整洁、易辨，在水中浸泡三个月不致脱落。

（3）向承运人如实通知货物的危险性质。托运人在托运危险货物时，应将货物的学名、别名、理化特征、主要成分、包装方法、运输注意方法等，以书面通知承运人，以便使承运人能够在运输过程中对危险货物加以特殊的照料，在紧急情况发生时，能够妥善地采取应急措施。

根据《海牙规则》以及《海商法》，托运人在托运危险货物时，不论是否将危险货物的性质通知了承运人，承运人对此类货物均有紧急处置的权利，这种权利体现在以下两个方面：一是如果托运人未将危险货物的性质通知承运人或通知有误的，承运人可在任何时间、任何地点，根据情况需要将货物卸下、销毁或使之无害（即消除危害），而不负赔偿责任。二是即使在承运人知道危险货物的性质并已同意装运的情况下，承运人仍然可以在货物对船舶、船上人员或其他货物构成危险时，将货物卸下、销毁或使之无害，而不负赔偿责任。当然，如果货物本身并未发生险情，但作为共同海损措施，由船长将其抛弃入海或作出其他牺牲，以保证船、货的共同安全，则承运人要分摊货方所遭受的损失。

8.4.6 海上货物运输合同的变更和解除

1. 海上货物运输合同的变更

在实践中，海上货物运输合同大部分是基于贸易合同产生的，在运送的过程中，可能由于市场的涨跌、买受人资信程度的变化以及正常的贸易而产生货物的转卖，这就产生了托运人对卸货港、收货人的变更要求。而《海商法》中除规定船长可在原定的卸货港变为不可能时有权改变卸货港就近卸下以外，对以上问题并没有给予解决的途径。但《合同法》给予了托运人变更合同权利，《合同法》第308条规定："在承运人将货物交付收货人之前，托运人可以要求承运人中止运输、返还货物、变更到达地或者将货物交给其他收货人，但应当赔偿承运人因此受到的损失。"该规定在海上货物运输合同实践中，主要的问题是对变更到达地的要求，承运人如何处理。对于卸货港的更改，承运人如不同意托运人的变更要求，势必违反《合同法》规定的法定义务而面临托运人的索赔；若依其要求将货物运提单载明的卸货港以外的港口，则有可能遭到提单持有人对货的索赔，严重的还会被扣船舶，导致船期延误等进一步无法预计的损失。虽然依据《合同法》第308条规定，承运人对因变更到达遭受的损失有权要求托运人赔偿，但该条规定应该做合理的限制性解释，应该是由于变更而造成的正常损失，如绕航多用的船期、消耗的燃油，翻舱倒载造成的损失等。因此，无法解释成包括赔偿承运人由此受到可能的提单持有人的索赔。有学者提出应对托运人变更卸港的权利加以限制，限制到提单转让之前，或者虽然提单已经转让，但托运人能够收回全套正本提单，并交还承运人，然后由承运人根据实际变更情况重新签发提单，凭此改变卸货港。缺点是：若货物已经转卖，提单一旦进入流通领域，收回全套正本提单的可能性便很小。如果无法收回全套正本提单，则应要求托运人和实际收货人出具保函，各船东互保协会都有内容基本相同的改港保函范本，将提单内容和托运人的要求依样填写即可。但这种做法的风险在于如果出具信函的人破产或资信不足，则承运人的利益很难得到保护。①

托运人行使变更权除要考虑其他提单持有人的因素外，还要顾及实际履行的合理性以及可能性。由于交通运输具有移动性、路线和班次的固定性等特点。安排何种运输工具、何时发运、选择什么运输路线、是否途经加油港等都需要经过较为周密的计划和安排，同时还要考虑到影响运输安全的各项因素，诸如天气、地理环境和交通运输条件等，变更运输计划往往受到各方面因素的限制。托运人提出变更卸货港的请求应当在经济利益上合理，技术上可行，同时考虑安全港等因素。例如，要求沿海船舶变更沿海航线为远洋运输航线，或者要求船舶进入敌国港口卸货均属不合理或者不可能，出租人有权拒绝变更请求，但应当及时通知托运人。

2. 海上货物运输合同的解除

海上货物运输合同是双方当事人为了自己的经济利益而订立的，它们所要实现的经济利益只有通过合同的履行才能圆满实现。因此，海上货物运输合同大多数都因履行而终止。但是由于从订立合同到履行完毕需要一段时间，在这期间与合同有关的各种情势很可能发生重大变化。这又往往使得合同履行成为不可能或者对当事人的商业利益来说不经济，随之也就可能发生合同解除。根据法律规定，合同的解除是指对已有效成立但尚未履行或者尚未发行完毕的合同，当事人依据法律规定或双方约定提前终止合同效力的行为。

《海商法》第89条对一方当事人有权提起合同解除做了明确规定。其内容是"船舶在装货港开航前，托运人可以要求解除合同。但是，除合同另有约定外，托运人应当向承运人支付约定运费的一半；货物已经装船的，并应当负担装货、卸货和其他与此有关的费用。"这种合同解除具有三个特点：①有权提出解除合同的当事人只能是托运人；②解除合同的要求应在船舶开航前提出；③原则上托运人应当向承运人支付约定运费的一半作为给对方的损害赔偿。在货已装船的情况下，托运人还应负担与此有关的装卸费用。

同时，《海商法》第90条还对当事人双方均可提出的合同解除作了规

---

① 潘静，张洁.《合同法》下海运托运人变更运输合同之权利相关问题探讨［J］. 世界海运，2001，24（5）：34.

定，船舶在装货港开航前，因不可抗力或者其他不能归责于承运人和托运人的原因致使合同不能履行的，双方均可以解除合同，并互相不负赔偿责任。除合同另有约定外，运费已经支付的，承运人应当将运费退还给托运人；货物已经装船的，托运人应当承担装卸费用；已经签发提单的，托运人应当将提单退还承运人。这种合同解除具有四个特点：①有权合同解除的当事人不仅包括托运人，而且还包括承运人；②解除合同的要求也应在船舶开航前提出；③必须在船舶开航前发生了不可抗力及其他不可归责于双方当事人而又致使合同不能履行的情况；④不存在因合同解除而产生的一方向另一方请求损害赔偿的问题。

考虑到海上货物运输合同发行过程中风险的特殊性，为了避免不适应当地扩大合同解除的范围，并兼顾船、货双方的利益。《海商法》第91条还特别规定：因不可抗力或者其他不能归责于承运人和托运人的原因致使船舶不能在合同约定的目的港卸货的，除合同另有约定外，船长有权将货物在目的港邻近的安全港口或者地点卸载，视为已经履行合同。船长决定将货物卸载的，应当及时通知托运人或者收货人，并考虑托运人或者收货人的利益。

8.4.7 关于提单的法律问题

1. 提单的定义

关于提单的定义，在许多法律文件中都有表述。《1978年联合国海上货物运输公约》（《汉堡规则》）规定："提单"是指一种用以证明海上货物运输合同和货物由承运人接收并装船，以及承运人据以保证交付货物的单证。单证中关于货物应交付指定收货人或按批交付或交付提单持有人的规定，即构成了这一保证。

《海商法》规定提单，是指用以证明海上货物运输合同和货物已经由承运人接收或者装船，以及承运人保证据以交付货物的单证。提单中载明的向记名人交付货物，或者按照指示人的指示交付货物，或者向提单持有人交付货物的条款，构成承运人据以交付货物的保证。

两者内容是完全一致的。它们都概括了提单的本质属性，即证明海上货物运输合同，证明承运人接管货物或货已装船和保证据以交付货物。提单的上述本质属性则决定了提单的海上货物运输关系中的法律地位。

2. 提单的法律地位

从上述提单的定义中可以看出，提单具有如下三个基本属性，而这些构成其法律地位的核心内容。

1) 提单是承运人出具的已接收货物的收据

提单是承运人应托运人的要求签发的货物收据，以此确认承运人已收到提单所列的货物。无论是《海牙规则》还是《海商法》均规定，承运人对非集装箱运输货物的责任期间是从"货物装船起"，并在货物装船后签发"已装船提单"，表明"货物已处于承运人掌管下"，所以提单具有货物收据的性质。提单的货物收据的属性，在班轮运输的实践中，一般不以将货物装船为条件。通常的做法是，当托运人将货物送交承运人指定的仓库或地点时，根据托运人的要求，先签发备运提单，而在货物装船完毕后，再换发已装船提单。

提单正面所记载的有关货物的名称、重量、尺码、数量、标志、包装以及货物外表状况的描述，为承运人收到或接收货物的初步证据。原则上承运人应按照提单所载事项向收货人交货。但允许承运人就清洁提单所列事项以确切的证据向托运提出异议。当提单转让给善意的受让人时，除非提单订有有效的"不知条款"，承运人对于受让人不能就提单所载事项提出异议。此时，提单不再是已收到货物的初步证据，而是已收到货物的最终证据。

2）提单是承运人与托运人之间订立的运输合同的证明

提单不仅包括上述收据性的内容，而且还载明一般运输合同所应具备的各项重要条件和条款，这些内容从法律上讲，只要承运人不违反国家和社会公共利益并不违背法律的强制性规定，对承运人和托运人就应具有约束力。同时，承运人和托运人双方发生纠纷时，它还是解决的法律依据。基于这些原因，可以说提单在一定程度上起到了运输合同的作用。但是，由于提单是由承运人单方制定，并在承运人接收货物之后才签发的，而且在货物装船前或提单签发前，承运人和托运人双方就已经在订舱时达成了货物运输协议。所以，它还不是承运人与托运人签发的运输合同自身，而只是运输合同的证明。原则上，提单上的条款应与运输合同相一致；当它与运输合同的规定发生冲突时，应以后者为准。

另外，为了保护善意的提单受让人的利益，也为了维护提单的可流通性，《海商法》还规定，承运人同收货人、提单持有人之间的权利、义务关系，依据提单的规定确定。收货人、提单持有人不承担在装货港发生的滞期费、亏舱费和其他与装货有关的费用，但是提单中明确载明上述费用由收货人、提单持有人承担的除外。也就是说，一旦提单转到运输合同当事人以外的收货人或提单持有人手中时，提单可成为海上货物运输合同本身，其效力优于先手存在于承运人和托运人之间在订舱时达成的协议。

3）提单是承运人船舶所载货物的物权凭证

提单是承运人凭以交货的单证。在卸货港，承运人或其代理人只能把货物交给持有提单的人。为了加速商品流转和便利资金筹措的需要，国际贸易中出现了"单证买卖"。单证持有人只要将代表财产或资产的单证转让给他人，就意味着该财产或资产所有权的转移，让与人便可及时获得价款，以加速资金周转。也就是说收货人不一定是买卖合同的买方。当卖方将货物交给承运人，取得提单后，在信用证支付的情况下，持单人可以通过对提单的转让把货物的所有权转让给受让人，此时的受让人通过支付货价取得提单，即代表货物所有权的单证。提单就代表货物，谁持有提单，谁就有权要求承运人交付货物并对该货物享有所有权。

除不可转让的提单外，持有提单的人还享有转让、抵押提单的权利。作为物权凭证的提单，其行使效力要受到一定的限制：一是提单的转让必须在承运人在目的港交付货物前才有效，如果承运人凭一份提单正本交付了货物，其他几份也就失去效力。提单则不能再行转让；二是提单持有人必须在货物运抵目的港的一定时间内，与承运人洽办提货手续；货物过期不提，即视为无主，承运人可对不能交付的货物行使处分权，从而限制了提单作为物权凭证的效力。

3. 提单的种类

按照不同的划分标准，提单可划分为许多种类。

1）按提单抬头分类

提单的抬头就是指提单上填写的收货人栏目，提单因抬头填写的内容不同而分类如下。

☿ 海运单统一规则

（1）记名提单（Straight B/L）。

记名提单是由托运人在提单正面收货一栏中注明特定的收货人。承运人只能将货物交付给托运人指定的收货人。如果承运人擅自将货物交给提单指定的收货人以外的人，那么，即使该人占有提单，承运人也应承担责任。收货人不能将记名提单背书转让，如要转让货物，收货人只能按照一般的财产转让手续办理。使用记名提单，如果货物交付涉及贸易合同下的义务，则可不通过银行而由托运人将其邮寄收货人，或由船长随船带交。这样，提单就可以及时送达收货人，而不致延误。因此，记名提单在短途运输中使用较有优势。记名提单虽然因其不能转让而避免了转让中的风险，但却同时失去了流通性，使其作用受到很大限制。因而，在国际贸易中较少使用，一般只用于运输展览品、援外物资或贵重物品活动中。

（2）提示提单（Order B/L）。

提示提单是指提单正面收货人一栏填有"凭指示 To order"或"凭某某指示 To order of ××"字样的一种提单。它通常又可分为记名指示提单和不记名指示提单。

记名指示提单是在提单收货人栏内载明"凭某人指示"字样。依据发出指示人的不同，有托运人指示、收货人指示和进口方银行指示三种情况。但不论是何人的指示，只要提单持有人确实无误，符合提单中的指示，承运人就应向他交付货物。不记名指示提单，是在提单收货人一栏内不具体写明凭某人的指示，而只载明凭指示字样，通常它被视为托运人指示。

指示提单是一种可转让提单。提单的持有人可通过背书的方式把它转让第三者，而不须经过承运人认可。所以这种提单为买方所欢迎。而不记名指示提单与记名提单不同，它没有经提单指定人的背书转让的限制，所以其流通性更大。指示提单在国际海运业务中使用广泛。

（3）不记名提单（bearer B/L, blank B/L, open B/L）。

不记名提单，又称空白提单，是指在提单正面收货人一栏内不具体填写收货人或凭某人指示，而只证明"持有人"或"交与持有人"字样，日后凭提单取货的提单。使用不记名提单，承运人交付货物仅凭提单不凭人，谁持有提单，谁就有权提货。它不加背书即可转让，手续简便，但这种提单对买卖双方的风险都很大，一旦发生遗失或被盗，以至再转到善意的第三者手中就极易发生纠纷，所以在国际贸易已很少使用。

2）按货物是否已装船分类

（1）已装船提单（shipped B/L, on board B/L）。

已装船提单是指货物装船后凭大副收据由承运人签发给托运人的提单。如果承运人签发了已装船提单，就是确认已将货物装上船。这种提单除载明一般事项外，通常还必须注明装载货物的船舶名称及装船日期。在航运实践中，除集装箱货物运输外，现在大都采用已装船提单。

由于已装船提单对于收货人及时收到货物有保障，所以在买卖合同中一般都要求卖方提供已装船提单。根据国际商会《2010 年国际贸易术语解释通则》的规定，凡以 CIF 或 CFR 条件成交的货物，卖方应提供装船提单。在以跟单信用证为付款方式的国际贸易中，更是要求卖方必须提供装船提单。国际商会 2006 年重新修订的 2007 年 7 月 1 日生效的《跟单信用证统一惯例》（简称 UPC 600）规定，如信用证要求海运提单作为运输单据时，除非信用证另有规定，银行将接受注明货物已装船或已指定装船只的提单。

（2）备运提单（received for shipment B/L）。

备运提单又称待装提单、收妥待运提单。它是承运人收到托运人交来的货物但还没有装船时应托运人的要求而签发的提单。承运人签发了备运提单，说明确认货物已交由其保管并存在其所控制的仓库，而不能说明确实已将货物装到船上。这种提单通常要载明货物拟装某船，但若预定船舶不能按时到港，则承运人对此不负责任，并有权另换他船。当货物装上预定船舶后，承运人可以在备运提单正面加注"已装船"字样和装船日期，并签字盖章，从而使之成为已装船提单；同样，托运人也可以用备运提单向承运人换取已装船提单。

3）按提单上有无批注分类

（1）清洁提单（clean B/L）。

清洁提单是承运人不加注的提单。这种提单，由于托运人交付的货物"外表状况良好"，所以承运人在签发提单时，未加任何有关货物减损、外表包装不良或其影响结汇的批注。所谓"外表状况良好"仅意味着在目力所及的范围，货物是在外表良好的状况下装船的，但它并不排除货物存在着内在瑕疵及其他目力不及的缺陷。清洁提单在贸易实践中非常重要。买方要想收到完好无损的货物，首先必须要求卖方在装船时保持货物外观良好，并要求卖方提供清洁提单。根据国际商会跟单信用证统一惯例规定："清洁运输提单，是指货运单据上并无明显地声明货物及\或包装有缺陷的附加条文或批注者；银行对有该类附加条文或批注的运输单据，除信用证明确规定可接受外，当拒绝接受。"可见，在以跟单信用证为付款方式的贸易中，通常卖方只有向银行提交清洁提单才能取得货款。清洁提单是收货人转让提单时必须具备的条件，同时也是履行货物买卖合同规定的交货义务的必要条件。

承运人一旦签发了清洁提单就得对此负责。货物在卸货港卸下后，如果发现残损，除非是由于承运人可以免责的原因所致，承运人应对收货人负责赔偿，而不得借口签发清洁提单之前就存在不良的情况而推卸责任。

（2）不清洁提单（unclean B/L）。

不清洁提单又称有批注提单，是指被承运人加有批注的提单。这种提单，承运人因在货物装船时发现并非"外观状况良好"而加诸如"包装箱损坏""渗漏""破包""锈蚀"等形容货物的外观状态的批注。但是，并非加上任何批注的提单都属于不清洁提单。如果提单上只是批注的如"重量、数量不详"等内容，视为"不知条款"，不能视为不清洁提单。在提单上进行批注，是承运人自我保护的有效措施。在交货时如发现货物损害可以归因于这些批注的事项，可以减轻或免除承运人的责任。另一方面，不清洁提单对于托运人显然不利。买方由于担心包装不良会使货物在运输中受损，所以通常都拒绝接受不清洁提单。在跟单信用证贸易中，银行通常对提交不清洁提单者拒付货款。

托运人争取承运人不签发不清洁提单大致有两种途径：一是在货物外表状况并非良好的情况下，向承运人出具保函，确保由此引起的损失不涉及承运人，而由自己承担。但出于对自身利益的考虑，实际上承运人一般不愿意接受托运人这种保函。二是更换包装以使货物处于外表良好状况。

4）按交通运输方式分类

（1）直达提单（direct B/L）。

直达提单，又称直运提单，是批货物自装货港装船后，中途不转船，直接至卸货港的提单。直达提单上不得有"转船"或"在某港转船"的批注。但有提单条款内虽无"转船"批注，但却列有承运人有权装他船的所谓"自由转船条款"，这种提单通常也属于直达提单。使用直达提单，货物由同一航船直运目的港，对买方来说，比中途转船有利得多，它既可以减少风险，又可以节省时间，及早到货。因此，通常买方只有在无直达船时才同意转船。在贸易实务中，如信用证规定不准转船，则买方必须取得直达提单才能结汇。

（2）海上联运提单（transshipment B/L）。

海上联运提单又称转运提单，是指货物从装货港装船后，在中途转船，交由其他承运人用船舶接运至目的港的提单。通常签发联运提单的联运承运人又是第一程承运人，但他应对全程运输负责，其他接运承运人则应分别对自己承担的那部分运输负责，实践中，也有联运提单规定，联运承运人仅对自己完成的第一程运输负责，并且对于第二程运输期间发生的货损不负连带责任。这种责任划分的方式虽然可以充分保护联运承运人的利益，但通常使托运人难以接受，不利于承运人参与航运市场的竞争。

在货物转运地点，接运承运人通常要签发第二程海运提单，并将它作为划分与第一程承运人运输责任的依据。收货人只要凭第一程承运人签发的联运提单就可在目的港提货。

（3）多式联运提单（multi – model transport B/L or inter – modal transport B/L）。

多式联运提单是指多式联运承运人将货物经由海运、陆运、航空、公路等两种或两种以上交通运输方式，从一地运至另一地而签发的提单。这种提单通常用于国际集装箱运输。

5）特殊提单

除上述分类外，经常遇到的还有以下提单：

（1）倒签提单（anti – dated B/L）。

倒签提单是指以早于货物实际装船的日期为提单签发日期的提单。通常，提单签发日期应为该货物全部装船完毕的日期，或者是按照航运惯例的开装日期。但有时由于种种原因，不能在合同或信用证规定的装船期内完成装运，而又来不及修改合同及信用证时，为了符合合同或信用证关于装船运期的规定，承运人应托运人的请求，在一定条件下并取得托运人的保函后，才签发这种提单。倒签提单掩盖了货物真实的装运时间，构成了承运人和托运人共同对收货人的欺诈，一旦收货人发现事实真相，承运人也将承担一定的责任。

（2）略式提单（short form B/L）。

略式提单是相对于全式提单（long form B/L）而言的。全式提单既有正面记载的事项，又在其背面详细列有承运人、托运人双方权利、义务、责任、豁免的条款。略式提单是全式提单的简化，是不带有背面条款的提单，仅保留了全式提单的正面栏目。略式提单通常包括租船合同项下的提单和非租船合同项下的提单。

非租船合同项下的略式提单。为了简化提单备制工作，有些船公司实际上只签发给托运人一种略式提单，而将全式提单留存，以备托运人查阅。这种略式提单上一般印有"各项条款及例外条款以本公司正规的全式提单内所列的条款为准"，依照国际贸易惯例，银行可以接受这种略式提单。

租船合同项下的提单。在以租船的方式运输大宗货物时，船、货双方为了明确双方的权利、义务首先要订立航次租船合同，但租船合同本身却不是已经收到有关货物的收据。这种提单的正面一般会注明"所有条款与条件按照某月某日签订的租船合同"字样。

（3）预借提单（advanced B/L）。

预借提单指在货物装船前或装船完毕之前，托运人为了及时结汇而向承运人预先借用的已装船提单。这种提单一般是在信用证规定的装船日期和交单结汇日期即将届满时，应托运人的要求签发的。签发这种提单，比倒签提单具有更大的责任风险。因为货物在装船前可能因各种发生灭失、损坏或退关。而按照不少国家的法律和判例,承过人对于货损赔偿将丧失享受责任限制的权利,也不能援引免责条款,即使货物在装船前因不可抗力等原因受损,承运人也必须承担货损的赔偿责任。更为严重的是,签发预借提单时被认为是承运人与托运人双方共同的欺诈行为,是非法的。

(4) 运输代理行提单(house B/L)。

运输代理行提单是指由运输代理人签发的提单。在航运实践中,为了节省费用、简化手续,有时运输代理行将不同托运人发出的货物集中在一个提单上托运,而由承运人签发给运输代理行成组提单。由于提单只有一套,各个托运人不能分别取得提单,只好由运输代理行向各个托运签发运输代理行提单。由于集装箱的使用以及运输代理行提单有利于提高效率,所以这种提单的使用正在扩大。

从法律意义上说,运输代理行提单不具有提单的法律地位,它只是运输代理人收到货物的收据,而不是一种货物的物权凭证,故不能凭此向承运人提货。

(5) 舱面货提单(On Deck B/L)。

舱面货提单又称甲板货提单,是指承运人对装于船舶甲板上货物所签发的提单。承运人通常要在这种提单上打印或书写"舱面上"字样,以表明提单所列货物装在舱面的事实。在贸易实践中,有些体积特别庞大的货物以及某些有毒货物和危险物品不宜装于舱内,只能装在船舶舱面上,这种情况下托运人接受的是舱面货提单,但应注意加保舱面货险。

《海牙规则》和《海商法》均规定,舱面货不包括在承运人负责的"货物"范围内,承运人对其在海上运输中发生的任何性质的灭失或损坏不负责任。舱面货不仅遭受损害的可能性较大,而且还不能在发生共同海损时得到分摊,所以对托运人的保障较差。为了减少风险,买主一般不愿意把普通货物装在舱面上,有时甚至在合同和信用证中明确规定,不接受舱面货提单。银行为了维护开证人的利益,对这种提单一般也予以拒绝。

4. 提单的内容

提单通常是由各航运公司自行制定的,虽然没有统一标准,但其内容却大同小异,都包括正面内容和背面条款部分。

1) 提单正面的内容

为确保提单发挥应有的作用,维护收货人和提单受证人的合法权益,国际公约和各国海商法都提单必须记载的事项做了明确规定。《海商法》规定的提单内容包括:货物的品名、标志、包数或者件数、重量或者体积,以及运输危险货物对危险性质的说明;承运人的名称和主营业所;船舶名称;托运人的名称;收货人的名称;装货港和装货港接收货物的日期;卸货港;多式联运提单增列接收货物地点和交付货物地点;提单的签发日期、地点和份数;运费的支付;承运人或者其代表的签字。

提单缺少其中一项或者几项的,不影响提单的性质;但是应当符合

《海商法》有关提单的定义和法律地位的规定。

2）提单的背面条款

提单的背面规定有承运人与托运或收货人之间的权利、义务或责任的条款，它是处理双方争议的直接法律依据。虽然各种提单背面多少不一，内容也不尽相同，但一般都包括下列条款。

①首要条款（paramount clouse）和管辖权条款（jurisdiction）。这一条款规定双方发生争议时由何国法院行使管辖权，即由何国法院审理。提单一般都有此种条款，并且通常规定对提单产生的争议由船东所在国法院行使管辖权。

②法律适用条款。这一条款载明提单受某国际公约或某一国内法的制约，即该提单根据什么法律制度发生纠纷时用什么法律准据法。

③承运人责任与免责条款（carrier's responsibilities and immunities）。这一条款通常规定承运人在货物运送中应承担的责任及其免责事项。它类似于首要条款，如果在首要条款中已经规定了承运人的责任适用某一公约或国内法，这一条款无须另订。

④责任期间条款（period of responsibility）。这一条款通常明确规定承运人的责任期间。

5. 提单的签发

1）提单签发人

提单的签发人一般包括承运人、承运人的代理人和船长。在国际航运实践中，提单通常由船长签发。船长是承运人的代理人，不需以承运人的特别授权可签发提单。但如提单由承运人的代理人签发，则代理人必须得到承运人的授权，否则代理人无权签发。

提单往往是根据大副收据及其他有关单证，在与提单记载的各项内容核对无误后才签发的。如果大副收据上有批注，则签发人应如实转批在提单上。提单只有经过签字才产生效力，它一经签发就对承运人具有法律约束力。上述几种签发的提单上仍同等效力。

2）提单份数

提单分正本和副本。正本提单是一式几份，以防提单的遗失、被窃或延迟到达。由于正提单是一种物权凭证，可以流通和转让，因此，承运人为防止出现利用提单进行损害提单当事人利益的非法活动。一是要求收货人凭承运人签发的全套正本提单在目的港提货；二是在正本提单上注有"承运人或其代理人已签署本提单一式×份，其中一份经完成提货手续后，其余各份失效"等内容。据此，一经收货人在目的港向承运人出示一份正本提单并提走货物，其余各份正本提单也随即失去效力。

副本提单的份数根据需要而定。它虽然没有法律效力，不能据以提货，但却是装运港、中转港及目的港的代理人和载货船舶不可缺少的补充货运文件。

承运人只有在目的港向持有正本提单的人交付货物。如果承运人在目的港以外或向其他人交付了货物，则应向持有正本提单的人承担赔偿责任。

3）签发提单的地点和日期

签发提单的地点应当是货物的装船港。签发提单的日期应当是货物实际装船完毕的日期，并且与大副收据的日期一致。但实际上，当装运散装货物时，只要装船开始，就可按开装日期签发提单，而不必等到货物人全部装船完毕。

在国际货物买卖中，提单的签发日期非常重要。因此货物买卖合同大都规定了买卖货物的装卸日期，而且信用证也规定了货物的装船期限。所以卖方货物装船日期一旦超过规定时间，就可能遇到买方在目的港拒收货物并请求赔偿损失和银行拒付贷款的问题。

8.4.8　海上货物运输责任

1. 承运人的责任

海上承运人责任指承运人违反海上货物运输合同的约定，造成承运货物灭失、损害或迟延交付时所应承担的赔偿责任。《海商法》对承运人违约的损害赔偿责任做了详细、系统的规定。

海上货运合同的责任期间指承运人对于不可免责过失造成的损害承担赔偿责任的时间界限，即承运人仅对在该法定期间内发生的货物灭损或迟延交付承担赔偿责任。《海牙规则》未直接规定责任期间，一般将其关于"货物运输"的定义，即"自货物在装货港装上船时起至卸货港卸离船舶之时为止"作为《海牙规则》的责任期间来理解，通常称其为"船至船"或"钩至钩"原则，即只有货物在船上的这段时间才适用《海牙规则》。《汉堡规则》规定承运人对货物的责任期间包括货物在装货港、运输途中和卸货港处于承运人掌管之下的全部期间，即所谓"港至港"（或称"从收货起至交货止"）原则，与《海牙规则》相比，其责任期间是向装货港和卸货港两头延长了。

《海商法》区别集装箱运输和非集装箱运输规定了不同的责任期间，集装箱运输条件下的责任期间我国采用了《汉堡规则》"港至港"的原则；非集装箱运输条件下的责任期间我国采用了《海牙规则》"船至船"的原则。《海商法》规定了承运人的责任期间，承运人对集装箱装运的货物的责任期间，是指从装货港接收货物时起至卸货港交付货物时止，货物处于承运人掌管之下的全部期间。承运人对非集装箱装运的货物的责任期间，是指从货物装上船时起至卸下船时止，货物处于承运人掌管之下的全部期间。在承运人的责任期间，货物发生灭失或者损坏，除法律另有规定外，承运人应当负赔偿责任。前述规定，不影响承运就非集装箱装运的货物，在装船前和卸船后所承担的责任达成任何协议。这表明，《海商法》以货物处于承运人掌管之下的全部期间确定承运人责任期间的基本原则，同时又根据是否使用集装箱的装运方式对这一期间做了具体的不同规定。

并且在原则规定之外，就非集装箱装运的货物，又允许当事人就这一责任期间之外的责任达成协议，这充分体现了原则性与灵活性相统一，强制性与任意性相结合的立法指导思想。

2. 承运人的免责范围和赔偿责任原则

《海商法》规定：在责任期间货物发生的灭失或者损坏是由于下列原因之一造成的，承运人不负责任：

（1）船长、船员、引航员或者承运人的其他受雇人在驾驶船舶或者管理船舶中的过失。

（2）火灾，但是由于承运人本人的过失所造成的除外。

（3）天灾，海上或者其他可航水域的危险或者意外事故。

（4）战争或者武装冲突。

（5）政府或者主管部门的行为、检疫限制或者司法扣押。

（6）罢工、停工或者劳动受到限制。

（7）在海上救助或者企图求助人命或者财产。

（8）托运人、货物所有人或者他们的代理人的行为。

（9）货物包装的自然特性或者固有缺陷。

（10）货物包装不良或者标志欠缺、不清。

（11）经谨慎处理仍未发现的船舶潜在缺陷。

（12）非由于承运人或者承运人的受雇人、代理人的过失造成的其他原因。

承运人或者承运人的受雇人、代理人的过失造成的其他原因。除法律规定的情形以外，承运人对免除责任应负举证责任。

上述 12 项内容，既有无过失免责的情形，又有过失免责的情形，内容相当广泛。这些内容反映出海上货物运输合同承运人的赔偿责任是不完全的过失责任制，亦即没有彻底坚持过失责任原则。

值得探讨的是，《海商法》明确了承运人对航海过失和管船过失所造成的货物灭损或迟延交付可以不负赔偿责任。航海过失指船长、船员或引航员等在船舶航行或停泊操纵方面的过失；管船过失指船长、船员或引航员等在维持船舶性能和有效状态方面的过失。承运人对其代理人或受雇人的航海和管船过失的免责，从形式上看，直接违背了当事人对违约或损害后果存在过失即应承担赔偿责任的民事责任原则，也违背了本人应当承担其代理人代理行为所产生后果的一般民法规则；雇主是否应承担其受雇人执行职务时所引起的责任，各国立法态度不一，但雇主完全不承担雇佣责任并非任何一国的立法取向。我国坚持承运人对相关人航海与管船过失免责，因为它是海商法上在民法之外独立发展起来的特殊的责任制度，优先于一般民法责任原则的适用。

3. 承运人的赔偿内容

承运人赔偿责任范围是指赔偿责任所包括的具体内容，或者说就是承运人赔偿额的大小。按照《合同法》规定，违约方的赔偿责任可以包括两项内容，一是违约给受害方造成的直接损失，即财产价值的减少，如货物灭失、损坏；二是违约给受害方造成的间接损失，即可得利益的减少，如受害方的利润损失等。海上货物运输承运人的责任分为限额赔偿和按照声明价格赔偿两种。《海商法》关于承运人赔偿责任范围的规定是：货物灭失的赔偿额，按照货物的实际价值计算；货物损坏的赔偿额，按照货损前后实际价值和差额或者货物的修复费用计算。货物的实际价值，按照货物装船时的价值加保险费加运费计算。货物实际价值，赔偿时应当减去因货物损坏而少付或者免付的有关费用。承运人的赔偿责任范围仅限于直接损失，而不包括间接损失，这是与海上运输风险的特殊性有密切关系的。

承运人（船舶所有人）赔偿责任限制，又称"单位责任限制"，是将承运人对货物灭损的赔偿责任限制在一定数额之内被称为赔偿责任限制，相对于综合海事赔偿责任限制，它也被称为单位责任限制，单位责任限制责任的含义，是指对承运人应承担的赔偿责任，按计算单位计算，限制在一定范围之内的责任限制制度，即法律规定一个单位最高赔偿额，超过限制的部分承运人不负责赔偿责任。该制度是承运人责任制度中不可或缺的内容，其主体是承运人、实际承运人及其代理人等；其限制的债权仅为根据海上货物运输合同而产生的"对货物的灭失或者损坏"的赔偿责任，以及对"货物因迟延交付造成经济损失"的赔偿责任；其适用的责任限额制是"货物件数或重量金额制"以及"运费金额制"等，这些均不同于被称为"综合责任限制"的海事赔偿责任限制制度。1977 年 6 月生效的《海牙－维斯比规则》对《海牙规则》所做的重要修改之一就是提高了承运人对货物灭损的赔偿限额；并首次采用了双重计算标准确认赔偿限额的方法，还明确了集装箱运输时集装箱、货盘等现代装运器具在适用限额时的地位。《海牙－维斯比规则》的这些改进为我国《海商法》所采用，我国同时采用了《汉堡规则》计算限额的计量单位，但限额标准比《汉堡规则》的要低。

《海商法》第 56 条规定，承运人对货物的灭失或者损坏的赔偿限额，按照货物件数或者其他货运单位数计算，每件或者每个其他货运单位为 666.67 计算单位，或者按照货物毛重计算，每公斤为 2 计算单位，以二者中赔偿限额较高的为准。但是，托运人在货物装运前已经申报其性质和价值，并在提单中载明的，或者承运人与托运人已经另行约定高于规定的赔偿限额的除外。因为在这两种情况下，货方的利益已经获得了保障。货物用集装箱、货盘或者类似装运器具集装的，提单中载明装在此类装运器具中的货物件数或者其他货运单位数，视为货物件数或者其他货运单位数；未载明的，每一装运器具视为一件或者一个单位。装运器具不属于承运人所有或者非由承运人提供的，装运器具本身应当视为一件或者一个单位。货运单位是指《汉堡规则》中的"装运单位"。赔偿限额中所用的"计算单位"是指国际货币基金组织所规定的特别提款权（special drawing rights，SDR，或称记账单位）① （下同），其人民币数额为法院判决之日、仲裁机构裁决之日或当事人协议之日，按照国家外汇主管机关规定的兑换率得出的人民币数额。同时《海商法》第 57 条还规定："承运人对货物因迟延交付造成经济损失的赔偿限额，为所迟延交付的货物的运费数额。货物的灭失或者损坏和迟延交付同时发生的，承运人的赔偿责任限额适用海商法第五十六条第一款规定的限额。"承运人的责任限制仅在货物灭损超过责任限额时或迟延交付经济损失超过运费数额时才发生作用，未达到此界限的承运人无权援用责任限额，而应赔偿货方的实际损失或经济损失。

为了防止承运人赔偿责任限制的滥用，避免出现不合理的结果，《海商法》第 59 条还特意作出下列限制性规定，经证明，货物的灭失、损坏或者迟延交付是由于承运人故意或者明知可能造成损坏而轻率地作为或者不作为造成的，承运人不得援用本法第 56 条或者第 57 条限制赔偿责任的规定。经证明，货物的灭失、损坏或者迟延交付是由于承运人的受雇人、代理人的故意或者明知可能造成损坏而轻率地作为或者不作为造成的，承运人的受雇人或者代理人不得援用海商法第 56 条或者第 57 条限制赔偿责任的规定。也就是说对承运人的限额赔偿责任的限制情形，主要是如果能够证明货物的灭失、损坏或者迟延交付是由于承运人的故意或者明知可能造成损失而轻率地作为或者不作为造成的，承运人不得援用限额赔偿责任的规定。证明此种情形的举证责任应当在托运人或者收货人。承运人的受雇人、代理人的故意或者明知可能造成损失而轻率地作为或者不作为造成的，承运人的受雇人或者代理人也不得援用限制赔偿责任的规定。承运人将货物运输或者部分运输委托给实际承运人履行的，承运人仍然应当依照相关规定对全部运输负责。对实际承运人承担的运输，承运人当对实际承运人的行为或者实际承运人的受雇人、代理人在受雇或者受委托的范围内的行为负责。

由于承运人免责及限制赔偿责任等均需依合同才能享有，为避免索赔人规避适用承运人法定免责的事情发生，《海牙－维斯比规则》《汉堡规则》均有承运人的抗辩理由和责任限额适用于非合同索赔的规定，改变了《海牙规则》对承运人的受雇人或者代理人法律地位规定不明确的状况。《海商法》也明确规定，就海上货物运输合同所涉及的货物灭失、损坏或

---

① 特别提款权（special drawing right，SDR），亦称"纸黄金"（paper gold）是国际货币基金组织于 1969 年创设的，作为国际储备的货币单位。是国际货币基金组织根据会员国认缴的份额分配的，可用于偿还国际货币基金组织债务、弥补会员国政府之间国际收支逆差的一种账面资产。其价值目前由美元、欧元、人民币、日元和英镑组成的一篮子储备货币决定。会员国在发生国际收支逆差时，可用它向基金组织指定的其他会员国换取外汇，以偿付国际收支逆差或偿还基金组织的贷款，还可与黄金、自由兑换货币一样充当国际储备。因为它是国际货币基金组织原有的普通提款权以外的一种补充，所以称为特别提款权。最初发行时每一单位等于 0.888 克黄金，与当时的美元等值。发行特别提款权旨在补充黄金及可自由兑换货币以保持外汇市场的稳定。2015 年 11 月 30 日，国际货币基金组织正式宣布人民币 2016 年 10 月 1 日加入 SDR（特别提款权）。2016 年 10 月 1 日，特别提款权的价值是由美元、欧元、人民币、日元、英镑这五种货币所构成的一篮子货币的当期汇率确定，所占权重分别为 41.73%、30.93%、10.92%、8.33% 和 8.09%。

者迟延交付对承运人提起的任何诉讼，不论海事请求人是否合同的一方，也不论是根据合同或者是根据侵权行为提起的均适用《海商法》关于承运人的抗辩理由和限制赔偿责任的规定。前述诉讼是对承运人的受雇人或者代理人提起的，经承运人的受雇人或者代理人证明，其行为是在受雇或者受委托的范围之内的，适用前述规定。海运货物的收货人往往并非提单下的当事人，如没有上述规定，收货人就货物灭损以侵权为由起诉承运人，则承运人无权以免责事项进行抗辩或请求责任限额。有了上述规定，在收货人提起的侵权之诉中，不影响承运人运用法定的抗辩理由和请求赔偿限额。

4. 承运人赔偿责任的承担和分担

海上货运在很多情况下并非由签合同的承运人履行，《汉堡规则》明确了实际承运人的概念及承运人与实际承运人之间的责任关系。承运人赔偿责任的承担和分担是承运人赔偿责任的一个重要方面，直接关系着海上货物运输合同当事人和关系人的利益平衡。

在实际承运人接受委托或者转委托履行货运合同时，无论其接受的是全部或者部分运输，承运人对实际承运人的行为或者实际承运人的受雇人、代理人在受雇或者受委托范围内的行为负责，此为承运人与实际承运人之间责任关系的一般原则。《海商法》第 60 条规定："承运人将货物运输或者部分运输委托给实际承运人履行的，承运人仍然应当依照本章规定对全部运输负责。对实际承运人承担的运输，承运人应当对实际承运人的行为或者实际承运人的受雇人、代理人在受雇或者受委托的范围内的行为负责。"该条还规定，在海上运输合同中明确约定合同所包括的特定的部分运输由丁承运人以外的指定的实际承运人履行的，合同可以约定，货物在指定的实际承运掌管期间发生的灭失、损坏或者迟延交付，承运人不负赔偿责任。此外还规定，"对承运人责任的规定，适用于实际承运人""承运人与实际承运都负有赔偿责任的，应当在此责任范围内负连带责任"。在此种场合，实际承担了赔偿责任的一方，在承担赔偿责任后有权向应当责任的另一方追偿。由于大量的海上货运合同由实际承运人履行，《海商法》因此明确对承运人责任的规定适用于实际承运人；对实际承运人的受雇人、代理人提起诉讼的，可以适用承运人的抗辩理由和责任限额；经证明，货物灭损或者迟延交付是实际承运人的受雇人、代理人的故意或过失造成的，责任限额丧失。

5. 托运人的责任

《海商法》和国际公约中关于托运人责任的规定，包含以下几个方面：

按照《海牙规则》和《海牙－维斯比规则》第 4 条第 3 款的规定，托运人只对其本人、其代理人或受雇人的过失或疏忽所引起的使承运人或船舶遭受的灭失或损害负责。由此可见，规则中对托运人的责任实行的同样是过失责任制。

根据《海牙规则》和《海牙－维斯比规则》第 4 条第 3 款以及《海

商法》第 70 条的规定，关于托运人责任的主体应包括两类人员：一是托运人本人；二是托运人的受雇人或代理人。由上述两类人员的过失而对承运人或实际承运人所造成的损失或对船舶所造成的损坏，托运人或其代理人、受雇人应负赔偿责任。

所谓托运人的责任，就是指托运人在不履行或不适当履行义务的情况下所应承担的法律后果，《海商法》第 70 条规定"托运人对承运人、实际承运人所遭受的损失或者船舶所遭受的损坏，不负赔偿责任；但是，此种损失或者损坏是由于托运人或者托运人的受雇人、代理人的过失造成的除外。托运人的受雇人、代理人对承运人、实际承运人所遭受的损失或者船舶所遭受的损坏，不负赔偿责任；但是，这种损失或者损坏是由于托运人的受雇人、代理人的过失造成的除外。"托运人的法律责任基本上可以概括为下列几种。

（1）货物包装不良的责任；《海商法》第 66 条规定："托运人托运货物，应当妥善包装，并向承运人保证，货物装船时所提供的货物的品名、标志、包数或者件数、重量或者体积的正确性；由于包装不良或者上述资料不正确，对承运人造成损失的，托运人应当负赔偿责任。承运人依照前款规定享有的受偿权利，不影响其根据货物运输合同对托运人以外的人所承担的责任。"

（2）货物标志不清的责任；

（3）提单记载内容不正确的责任；

（4）擅自装运危险货物的责任；托运人托运危险货物，应当依照有关海上危险货物运输的规定，妥善包装，作出危险品标志和标签，并将其正式名称和性质以及应当采取的预防危害措施书面通知承运人；托运人未通知或者通知有误的，承运人可以在任何时间、任何地点根据情况需要将货物卸下、销毁或者使之不能为害，而不负赔偿责任。托运人对承运人因运输此类货物所受到的损害，应当负赔偿责任。

（5）未按时提供约定的货物和所需各项单证应承担的责任。提供约定的货物和单证，是托运人的首项义务。对此，《海商法》第 67 条规定，托运人应当及时向港口、海关、检疫、检验和其他主管机关办理货物运输所需要的各项手续，并将已办理各项手续的单证送交承运人；因办理各项手续的有关单证送交不及时、不完备或者不正确，使承运人的利益受到损害的，托运人应当负赔偿责任。

（6）托运人未支付运费及其他费用的责任。《海商法》第 69 条规定："托运人应当按照约定向承运人支付运费。托运人与承运人可以约定运费由收货人支付；但是，此项约定应当在运输单证中载明。"在班轮运输的情况下，托运人支付运费通常有预付和到付两种方式。前者托运人应在货物装船后，承运人及其代理人或船长签发提单之前付清；后者则在货物安全抵达目的港由收货人提取货物之前支付。

对于托运人未付或者少付费用的，承运人有权留置货物。《海商法》

第87条规定,应当向承运人支付的运费、共同海损分摊、滞期费和承运人为货物垫付的必要费用以及应当向承运人支付的其他费用没有付清,又没有提供适当担保,承运人可以在合理的限度内留置期货物。同时,第88条还规定,承运人根据本法第87条规定留置的货物,自船舶抵达卸货港的次日起满60日无人提取的,承运人可以申请法院裁定拍卖;货物易腐烂变质或者货物的保管费用可能超过其价值的,可以申请提前拍卖。

这里需要提及的是,承运人对托运人的违约行为虽然享有受偿的权利,但并不影响其根据合同对托运人以外的人所应承担的责任。简而言之,在托运人违约而造成第三人的损失时,承运人应先行赔付第三人的损失,然后再向托运人追偿。

6. 收货人未按时提取货物的责任

在货物抵目的港后,收受货物既是托运人、收货人的一项义务,同时又是一项重要权利。

在班轮的运输情况下,托运人在货物装船后取得提单,凭此在目的港提货。货物抵达目的港后,托运人或收货人有权利并应及时在船边或者承运人指定的码头仓库提取货物。《海商法》第86条规定:"在卸货港无人提取货物或者收货人迟延、拒绝提取货物的,船长可以将货物卸在仓库或者其他适当场所,由此产生的费用和风险由收货人承担。"该条所指收货人,应当适用于托运人本人为收货人的场合。

在承运人违反合同及法律规定的义务并给托运人造成损失时,收货人有权请求损害赔偿。承运人可能给托运人造成损失的情形主要指:承运人单方面解除海上货物运输合同;违反适航义务、管货义务,或合理速遣等法定义务使货物遭到损害或灭失;违反合同的约定使货物遭到损害或灭失;因货物的迟延交付使托运人或收货人遭受的经济损失,等等。

8.5 海上保险合同

8.5.1 海上保险合同的概述

海上保险是海上运输事业不可或缺的重要一环,被保险人通过海上保险可以把风险转移给保险人,反过来保险人可以通过投保人筹集发展资金。保险人通过聚集保费资金对海上货物运输中发生的灾难和损失进行赔偿。使投保人及时得到经济补偿以便尽快恢复生产,同时可以避免各种纠纷的发生。

海上保险合同,是指保险人按照约定,对被保险人遭受保险事故造成保险标的的损失和产生的责任负责赔偿,而由被保险人支付保险费的合同。其实质是投保人将可能遇到的运输风险转移给保险人,再由保险人在投保人之间进行分摊。海上保险合同人对被保险人的损失进行赔偿的依据、赔偿的方式以及赔偿的限度，都应严格按照双方的约定。海上保险合同是一种特殊的财产保险和责任保险合同。保险事故，是指保险人与被保险人约定的任何海上事故，包括与海上航行有关的发生于内河或者陆上的事故。

海上保险合同的基本特点主要有：

（1）海上保险合同是赔偿合同，主要功能是补偿被保险人的经济损失。这主要体现为及时赔偿、全部赔偿和赔偿实际损失等方面。及时赔付是树立保险制度诚信信誉的重要一环。保险人必须及时对保险合同约定范围内的保险金给予赔付，使被保险人恢复到损失发生前的生产生活状态。全部赔偿原则着重于对被保险人的赔偿不能少于实际损失，赔偿实际损失原则着重于对被保险人的赔偿不能多于实际损失。

（2）海上保险合同承保的风险主要是海上风险，但也包括一定的水陆混合性风险。海上保险合同，可根据合同约定或贸易惯例，将保险责任扩展到赔偿被保险人所遭受的不是在海上发生的、但与海上运输和船舶有关的损失。

（3）海上保险合同应遵守最大诚信原则。诚实信用原则是指保险人与被保险人在签订保险合同时必须有诚意、守信用、不隐瞒作为签约依据的主要情况和条件，应将与投保有关的一切情况无保留地告诉对方。最大诚信原则是指保险人与被保险人在签订保险合同时，必须有诚意守信用、不隐瞒作为签约依据的主要情况和条件，应将与投保有关的一切情况无保留地告诉对方。依诚实信用原则而产生的告知义务和遵守保证义务属于被保险人及其代理人应尽的义务，依法经营和明确说明义务则是保险人应尽的义务。

海上保险合同可以按不同标准分为若干种类。

（1）按承保方式分，可分为四类：逐笔保险合同。它是仅就某一项具体的利益进行保险而订立的合同。）总括保险合同。它是把同种类的不同利益以同一条件一起投保的合同法。浮动保险合同。它是长期办理货物进出口业务的单位，为减少与保险人商洽的麻烦，与保险公司订立一个总的保险合同，承保一定时期内所有运进或运出的货物。预约保险合同。一般没有总的保险金额限制，所以也称为开口保险合同。

（2）按保险标的分，可分为船舶保险合同、货物运输保险合同和运费保险合同等。

（3）按承保的期间分，可分为定期保险合同、航次保险合同等。

8.5.2　海上保险合同的主要内容

保险合同的条款中，有的是保险单是事先印制好的条款，一般称为基本条款；有的是当事人根据实际需要，在基本条款以外特别约定的条款，称为特约条款。海上保险合同的内容，主要包括下列各项。

（1）保险人名称。

（2）被保险人名称。

（3）保险标的；保险标的包括①船舶；②货物；③船舶营运收入，包括运费、租金、旅客票款；④货物预期利润；⑤船员工资和其他报酬；⑥对第三人的责任；⑦由于发生保险事故可能受到损失的其他财产和产生的责任、费用。保险人可以将对保险标的的保险进行再保险。除合同另有约定外，原被保险人不得享有再保险的利益。

（4）保险价值。保险标的的保险价值由保险人与被保险人约定。保险人与被保险人未约定保险价值的，保险价值依照下列规定计算：①船舶的保险价值，是保险责任开始时船舶的价值，包括船壳、机器、设备的价值，以及船上燃料、物料、索具、给养、淡水的价值和保险费的总和；②货物的保险价值，是保险责任开始时货物在起运地的发票价格或者非贸易商品在起运地的实际价值以及运费和保险费的总和；③运费的保险价值，是保险责任开始时承运人应收运费总额和保险费的总和；④其他保险标的的保险价值，是保险责任开始时保险标的的实际价值和保险费的总和。

（5）保险金额。保险金额由保险人与被保险人约定。保险金额不得超过保险价值；超过保险价值的，超过部分无效。

（6）保险责任和除外责任。例如海运货物保险人对承运人所承运货物发生的损失负赔偿责任的情况大致有以下几种情况：一是由于承运人提供的船舶不适航或没有管好货物所引起的货损；二是由于承运人的过失造成，按照《海牙规则》的规定却又予以免责的货损；三是由于不是承运人和其他第三者负责的自然灾害和意外事故所引起的货损；四是由于承运人以外的其他第三责任人的原因造成的货损。

（7）保险期间。保险期间是保险人承担责任的时间范畴，即保险责任开始到终止的时间。除非另有约定，保险人只对保险期间所发生的承保风险造成的保险标的的损失负责。海上保险合同的保险期间可能是某个具体时间段，也可能是某个特定航次，即航次保险。

（8）保险费。

8.5.3　海上保险合同的订立、解除和转让

1. 海上保险合同的订立

海上保险合同的订立经过要约（offer）、承诺（acceptance）两个必要环节。要约就是订约的建议，是指投保人向保险人提出的订立海上保险合同的要求或建议。被保险人提出保险要求，经保险人同意承保，并就海上保险合同的条款达成协议后，合同成立。实践中，投保人一般是通过电话、传真或当面向保险人或其代理人提出投保意向，索要并填写投保单后交给保险人。保险人收到投保单后，对保险条件和保险费率等进行确定，然后通知投保人接受投保。保险人应当及时向被保险人签发保险单或者其

他保险单证，并在保险单或者其他保险单证中载明当事人双方约定的合同内容。保险单一般包括以下六部分的内容：声明部分、定义部分、承保约定部分、除外责任、保险条件及其他条件部分。

合同订立前，被保险人应当将其知道的或者在通常业务中应当知道的有关影响保险人据以确定保险费率或者确定是否同意承保的重要情况，如实告知保险人。由于被保险人的故意，未将规定的重要情况如实告知保险人的，保险人有权解除合同，并不退还保险费。合同解除前发生保险事故造成损失的，保险人不负赔偿责任。不是由于被保险人的故意，未将规定的重要情况如实告知保险人的，保险人有权解除合同或者要求相应增加保险费。保险人解除合同的，对于合同解除前发生保险事故造成的损失，保险人应当负赔偿责任；但是，未告知或者错误告知的重要情况对保险事故的发生有影响的除外。

保险人知道或者在通常业务中应当知道的情况，保险人没有询问的，被保险人无须告知。

订立合同时，被保险人已经知道或者应当知道保险标的已经因发生保险事故而遭受损失的，保险人不负赔偿责任，但是有权收取保险费；保险人已经知道或者应当知道保险标的已经不可能因发生保险事故而遭受损失的，被保险人有权收回已经支付的保险费。

被保险人对同一保险标的就同一保险事故向几个保险人重复订立合同，而使该保险标的的保险金额总和超过保险标的的价值的，除合同另有约定外，被保险人可以向任何保险人提出赔偿请求。被保险人获得的赔偿金额总和不得超过保险标的的受损价值。各保险人按照其承保的保险金额同保险金额总和的比例承担赔偿责任。任何一个保险人支付的赔偿金额超过其应当承担的赔偿责任的，有权向未按照其应当承担的赔偿责任支付赔偿金额的保险人追偿。

2. 保险合同的解除

海上保险合同的解除，是指海上保险合同成立后，合同的一方当事人由于法定或约定事由的发生，而向另一方当事人作出解除的意思表示，使保险合同自始无效的单方法律行为。保险责任开始前，被保险人可以要求解除合同，但是应当向保险人支付手续费，保险人应当退还保险费。

除合同另有约定外，保险责任开始后，被保险人和保险人均不得解除合同。

根据合同约定在保险责任开始后可以解除合同的，被保险人要求解除合同，保险人有权收取自保险责任开始之日起至合同解除之日止的保险费，剩余部分予以退还；保险人要求解除合同，应当将自合同解除之日起至保险期间届满之日止的保险费退还被保险人。但是货物运输和船舶的航次保险，保险责任开始后，被保险人不得要求解除合同。

合同解除后，保险人应当将自合同解除之日起至保险期间届满之日止的保险费退还被保险人。

3. 保险合同的转让

保险合同的转让是合同主体的变更，主要是指保险单项下权利的转让，也就是被保险人把保险单所赋予的损害索赔权及其相应的诉讼权转让给受让人。实践中，海上保险合同的转让往往是由于保险标的的转让而引起的。但保险标的的转让并不必然引起对该标的的保险合同的转让。需要指出的是，海上保险只有在保险标的发生损失时具有可保利益的人，才有权向保险人索赔，但对保险单的受让人并不要求他在损失发生时已经取得了可保利益，接受保险单后就表示他在整个保险期间都具有可保利益，受让人的可保利益的取得是通过保单受让实现的。所以他在损失发生时实际上是有可保利益的，例如货物在运输过程中被多次转卖，保险单的最终受让人并不知道损失是什么时候发生的，但他仍有权获得赔偿。

海上货物运输保险合同可以由被保险人背书或者以其他方式转让，合同的权利、义务随之转移。合同转让时尚未支付保险费的，被保险人和合同受让人负连带支付责任。也就是说，海上货物运输保险合同的转让可以由被保险人单方意思表示完成，无须征得保险人的同意，甚至无须通知保险人。

因船舶转让而转让船舶保险合同的，应当取得保险人同意。未经保险人同意，船舶保险合同从船舶转让时起解除；船舶转让发生在航次之中的，船舶保险合同至航次终了时解除。合同解除后，保险人应当将自合同解除之日起至保险期间届满之日止的保险费退还给被保险人。

4. 预约保险

被保险人在一定期间分批装运或者接收货物的，可以与保险人订立预约保险合同。预约保险合同应当由保险人签发预约保险单证加以确认。

应被保险人要求，保险人应当对依据预约保险合同分批装运的货物分别签发保险单证。

保险人分别签发的保险单证的内容与预约保险单证的内容不一致的，以分别签发的保险单证为准。

被保险人知道经预约保险合同保险的货物已经装运或者到达的情况时，应当立即通知保险人。通知的内容包括装运货物的船名、航线、货物价值和保险金额。

8.5.4 被保险人的义务

除合同另有约定外，被保险人应当在合同订立后立即支付保险费；被保险人支付保险费前，保险人可以拒绝签发保险单证。

被保险人违反合同约定的保证条款时，应当立即书面通知保险人。保险人收到通知后，可以解除合同，也可以要求修改承保条件、增加保险费。

一旦保险事故发生，被保险人应当立即通知保险人，并采取必要的合理措施，防止或者减少损失。被保险人收到保险人发出的有关采取防止或者减少损失的合理措施的特别通知的，应当按照保险人通知的要求处理。

对于被保险人违反规定所造成的扩大的损失，保险人不负赔偿责任。

8.5.5　保险人的责任

发生保险事故造成损失后，保险人应当及时向被保险人支付保险赔偿。

保险人赔偿保险事故造成的损失，以保险金额为限。保险金额低于保险价值的，在保险标的发生部分损失时，保险人按照保险金额与保险价值的比例负赔偿责任。

保险标的在保险期间发生几次保险事故所造成的损失，即使损失金额的总和超过保险金额，保险人也应当赔偿。但是，对发生部分损失后未经修复又发生全部损失的，保险人按照全部损失赔偿。

被保险人为防止或者减少根据合同可以得到赔偿的损失而支出的必要的合理费用，为确定保险事故的性质、程度而支出的检验、估价的合理费用，以及为执行保险人的特别通知而支出的费用，应当由保险人在保险标的损失赔偿之外另行支付。

保险人对前述规定的费用的支付，以相当于保险金额的数额为限。

保险金额低于保险价值的，除合同另有约定外，保险人应当按照保险金额与保险价值的比例，支付规定的费用。

保险金额低于共同海损分摊价值的，保险人按照保险金额同分摊价值的比例赔偿共同海损分摊。

对于被保险人故意造成的损失，保险人不负赔偿责任。

除合同另有约定外，因下列原因之一造成货物损失的，保险人不负赔偿责任：①航行迟延、交货迟延或者行市变化；②货物的自然损耗、本身的缺陷和自然特性；③包装不当。

除合同另有约定外，因下列原因之一造成保险船舶损失的，保险人不负赔偿责任：①船舶开航时不适航，但是在船舶定期保险中被保险人不知道的除外；②船舶自然磨损或者锈蚀。运费保险比照适用该规定。

8.5.6　保险标的的损失和委付

保险标的发生保险事故后灭失，或者受到严重损坏完全失去原有形体、效用，或者不能再归被保险人所拥有的，为实际全损。船舶发生保险事故后，认为实际全损已经不可避免，或者为避免发生实际全损所需支付的费用超过保险价值的，为推定全损。货物发生保险事故后，认为实际全损已经不可避免，或者为避免发生实际全损所需支付的费用与继续将货物运抵目的地的费用之和超过保险价值的，为推定全损。不属于实际全损和推定全损的损失，为部分损失。

船舶在合理时间内未从被获知最后消息的地点抵达目的地，除合同另有约定外，满两个月后仍没有获知其消息的，为船舶失踪。船舶失踪视为实际全损。

保险标的发生推定全损，被保险人要求保险人按照全部损失赔偿的，应当向保险人委付保险标的。保险人可以接受委付，也可以不接受委付，但是应当在合理的时间内将接受委付或者不接受委付的决定通知被保险人。委付不得附带任何条件。委付一经保险人接受，不得撤回。

保险人接受委付的，被保险人对委付财产的全部权利和义务转移给保险人。

8.5.7　保险赔偿的支付

保险事故发生后，保险人向被保险人支付保险赔偿前，可以要求被保险人提供与确认保险事故性质和损失程度有关的证明和资料。

保险标的发生保险责任范围内的损失是由第三人造成的，被保险人向第三人要求赔偿的权利，自保险人支付赔偿之日起，相应转移给保险人。被保险人应当向保险人提供必要的文件和其所需要知道的情况，并尽力协助保险人向第三人追偿。

被保险人未经保险人同意放弃向第三人要求赔偿的权利，或者由于过失致使保险人不能行使追偿权利的，保险人可以相应扣减保险赔偿。

保险人支付保险赔偿时，可以从应支付的赔偿额中相应扣减被保险人已经从第三人取得的赔偿。保险人从第三人取得的赔偿，超过其支付的保险赔偿的，超过部分应当退还给被保险人。

发生保险事故后，保险人有权放弃对保险标的的权利，全额支付合同约定的保险赔偿，以解除对保险标的的义务。

保险人行使前述规定的权利，应当自收到被保险人有关赔偿损失的通知之日起的七日内通知被保险人；被保险人在收到通知前，为避免或者减少损失而支付的必要的合理费用，仍然应当由保险人偿还。

除有明确规定外，保险标的发生全损，保险人支付全部保险金额的，取得对保险标的的全部权利；但是，在不足额保险的情况下，保险人按照保险金额与保险价值的比例取得对保险标的的部分权利。

8.6　海上交通安全管理

8.6.1　海上交通安全的概念和基本管理原则

1. 海上交通安全的概念

海上交通流动分散、难以控制，环境条件复杂多变，海上交通安全十分重要。在"海洋强国"战略的背景下，海上交通安全的内涵既包括保证正常航行的安全，又包括保障正常勘探、开发、作业和演习的安全；既包括保持通航水域、各种专门作业区的活动畅通，又包括为发展海洋经济留出广阔的水域空间；既包括对海上船舶、人员和财产紧急情况下的救助，又包括对船舶侵害中国海洋权益行为的制止、打击等等方面。

2. 海上交通安全管理立法

为加强海上交通管理，保障船舶、设施和人命财产的安全，维护国家权益，1983 年 9 月 2 日第六届全国人民代表大会常务委员会第二次会议通过了《中华人民共和国海上交通安全法》（以下简称为《海上交通安全法》），2016 年进行了修正。《海上交通安全法》总计十二章五十三条，分别为总则；船舶检验和登记；船舶、设施上的人员；航行、停泊和作业；安全保障；危险货物运输；海难救助；打捞清除；交通事故的调查处理；法律责任；特别规定；附则。该法适用于在中华人民共和国沿海水域航行、停泊和作业的一切船舶、设施和人员以及船舶、设施的所有人、经营人①。

3. 海上交通安全管理机构

海上交通安全管理主体，是指国家为了确保海上交通的通畅安全，专门设立海上安全管理机构，依照相应的法律法规，执行海上交通安全管理与监督事务。我国港务监督机构，是对沿海水域的交通安全实施统一监督管理的主管机关。中华人民共和国海事局（交通运输部海事局）为交通运输部直属行政机构，实行垂直管理体制，履行水上交通安全监督管理、船舶及相关水上设施检验和登记、防止船舶污染和航海保障等行政管理和执法职责。

国家渔政渔港监督管理机构，在以渔业为主的渔港水域内，行使法律规定的主管机关的职权，负责交通安全的监督管理，并负责沿海水域渔业船舶之间的交通事故的调查处理。海上军事管辖区和军用船舶、设施的内部管理，为军事目的进行水上水下作业的管理，以及公安船舶的检验登记、人员配备、进出港签证，由国家有关主管部门另行规定。在实践中，海洋部门和环保部门也会参与到海上交通安全管理工作中。

8.6.2　海上交通安全管理基本制度

1. 船舶检验和登记

船舶和船上有关航行安全的重要设备必须具有船舶检验部门签发的有效技术证书。船舶必须持有船舶国籍证书，或船舶登记证书，或船舶执照。

2. 船舶、设施上的人员

船舶应当按照标准定额配备足以保证船舶安全的合格船员。船长、轮

---

① "沿海水域"是指中华人民共和国沿海的港口、内水和领海以及国家管辖的一切其他海域。"船舶"是指各类排水或非排水船、筏、水上飞机、潜水器和移动式平台。"设施"是指水上水下各种固定或浮动建筑、装置和固定平台。"作业"是指在沿海水域调查、勘探、开采、测量、建筑、疏浚、爆破、救助、打捞、拖带、捕捞、养殖、装卸、科学试验和其他水上水下施工。

机长、驾驶员、轮机员、无线电报务员话务员以及水上飞机、潜水器的相应人员，必须持有合格的职务证书。其他船员必须经过相应的专业技术训练。

设施应当按照国家规定，配备掌握避碰、信号、通信、消防、救生等专业技能的人员。船舶、设施上的人员必须遵守有关海上交通安全的规章制度和操作规程，保障船舶、设施航行、停泊和作业的安全。

3. 航行、停泊和作业

船舶、设施航行、停泊和作业，必须遵守我国有关法律、行政法规和规章。外国籍非军用船舶，未经主管机关批准，不得进入我国的内水和港口。但是，因人员病急、机件故障、遇难、避风等意外情况，未及获得批准，可以在进入的同时向主管机关紧急报告，并听从指挥。外国籍军用船舶，未经我国政府批准，不得进入我国领海。国际航行船舶进出我国港口，必须接受主管机关的检查。本国籍国内航行船舶进出港口，必须向主管机关报告船舶的航次计划、适航状态、船员配备和载货载客等情况。外国籍船舶进出我国港口或者在港内航行、移泊以及靠离港外系泊点、装卸站等，必须由主管机关指派引航员引航。

船舶进出港口或者通过交通管制区、通航密集区和航行条件受到限制的区域时，必须遵守我国政府或主管机关公布的特别规定。除经主管机关特别许可外，禁止船舶进入或穿越禁航区。大型设施和移动式平台的海上拖带，必须经船舶检验部门进行拖航检验，并报主管机关核准。主管机关发现船舶的实际状况同证书所载不相符合时，有权责成其申请重新检验或者通知其所有人、经营人采取有效的安全措施。主管机关认为船舶对港口安全具有威胁时，有权禁止其进港或令其离港。

船舶、设施有下列情况之一的，主管机关有权禁止其离港，或令其停航、改航、停止作业：① 违反中国有关的法律、行政法规或规章；② 处于不适航或不适拖状态；③ 发生交通事故，手续未清；④ 未向主管机关或有关部门交付应承担的费用，也未提供适当的担保；⑤ 主管机关认为有其他妨害或者可能妨害海上交通安全的情况。

4. 安全保障

在沿海水域进行水上水下施工以及划定相应的安全作业区，必须报经主管机关核准公告。无关的船舶不得进入安全作业区。施工单位不得擅自扩大安全作业区的范围。在港区内使用岸线或者进行水上水下施工包括架空施工，还必须附图报经主管机关审核同意。在沿海水域划定禁航区，必须经国务院或主管机关批准。但是，为军事需要划定禁航区，可以由国家军事主管部门批准。禁航区由主管机关公布。未经主管机关批准，不得在港区、锚地、航道、通航密集区以及主管机关公布的航路内设置、构筑设施或者进行其他有碍航行安全的活动。对在上述区域内擅自设置、构筑的设施，主管机关有权责令其所有人限期搬迁或拆除。禁止损坏助航标志和导航设施。损坏助航标志或导航设施的，应当立即向主管机关报告，并承担赔偿责任。

　　船舶、设施发现下列情况，应当迅速报告主管机关：① 助航标志或导航设施变异、失常；② 有妨碍航行安全的障碍物、漂流物；③ 其他有碍航行安全的异常情况。

　　航标周围不得建造或设置影响其工作效能的障碍物。航标和航道附近有碍航行安全的灯光，应当妥善遮蔽。设施的搬迁、拆除，沉船沉物的打捞清除，水下工程的善后处理，都不得遗留有碍航行和作业安全的隐患。在未妥善处理前，其所有人或经营人必须负责设置规定的标志，并将碍航物的名称、形状、尺寸、位置和深度准确地报告主管机关。

　　港口码头、港外系泊点，装卸站和船闸，应当加强安全管理，保持良好状态。主管机关根据海上交通安全的需要，确定、调整交通管制区和港口锚地。港外锚地的划定，由主管机关报上级机关批准后公告。主管机关按照国家规定，负责统一发布航行警告和航行通告。为保障航行、停泊和作业的安全，有关部门应当保持通信联络畅通，保持助航标志、导航设施明显有效，及时提供海洋气象预报和必要的航海图书资料。船舶、设施发生事故，对交通安全造成或者可能造成危害时，主管机关有权采取必要的强制性处置措施。

5. 危险货物运输

　　船舶、设施储存、装卸、运输危险货物，必须具备安全可靠的设备和条件，遵守国家关于危险货物管理和运输的规定。船舶装运危险货物，必须向主管机关办理申报手续，经批准后，方可进出港口或装卸。

6. 海难救助

　　船舶、设施或飞机遇难时，除发出呼救信号外，还应当以最迅速的方式将出事时间、地点、受损情况、救助要求以及发生事故的原因，向主管机关报告。遇难船舶、设施或飞机及其所有人、经营人应当采取一切有效措施组织自救。事故现场附近的船舶，设施，收到求救信号或发现有人遭遇生命危险时，在不严重危及自身安全的情况下，应当尽力救助遇难人员，并迅速向主管机关报告现场情况和本船舶、设施的名称、呼号和位置。发生碰撞事故的船舶、设施，应当互通名称、国籍和登记港，并尽一切可能救助遇难人员。在不严重危及自身安全的情况下，当事船舶不得擅自离开事故现场。主管机关接到求救报告后，应当立即组织救助。有关单位和在事故现场附近的船舶、设施，必须听从主管机关的统一指挥。外国派遣船舶或飞机进入中华人民共和国领海或领海上空搜寻救助遇难的船舶或人员，必须经主管机关批准。

7. 打捞清除

　　对影响安全航行、航道整治以及有潜在爆炸危险的沉没物、漂浮物，其所有人、经营人应当在主管机关限定的时间内打捞清除。否则，主管机关有权采取措施强制打捞清除，其全部费用由沉没物、漂浮物的所有人、经营人承担。上述规定不影响沉没物、漂浮物的所有人、经营人向第三方索赔的权利。未经主管机关批准，不得擅自打捞或拆除沿海水域内的沉船沉物。

8. 交通事故的调查处理

船舶、设施发生交通事故，应当向主管机关递交事故报告书和有关资料，并接受调查处理。事故的当事人和有关人员，在接受主管机关调查时，必须如实提供现场情况和与事故有关的情节。船舶、设施发生的交通事故，由主管机关查明原因，判明责任。

本章小结

本章首先对海上运输法进行了概述，介绍了我国海上运输法的历史发展和现状和海上运输基本法律制度，接着从海上运输管理结构及职责权限、海上运输主要管理制度方面介绍了海上运输管理体制，接下来具体从客运和货运、海上运输公约角度介绍了我国海上运输法律制度，最后阐述了海上运输强制保险法律制度和海上交通安全管理法律制度。

本章的重点和难点是海上运输合同及海上运输保险制度。

习题

一、名词解释

1. 海商法
2. 共同海损
3. 海事赔偿限制
4. 提单
5. 海上保险合同

二、单项选择题

1. 承运人签发的对于货物表面未作批注的提单是（ ）。

    A. 指示提单

    B. 收货待运提单

    C. 清洁提单

    D. 不清洁提单

2. 我国《海商法》规定的承运人赔偿责任限额的计算单位采用的是（ ）。

    A. 特别提款权

    B. 人民币

    C. 金法郎

    D. 美元

三、简答题

1. 海上运输承运人在客运以及货运中的主要权利和义务有哪些？
2. 海上旅客运输的保险制度有何特点？
3. 海上运输中提单与海上货物运输合同有何关系？
4. 简述船员的权利和义务。

附录 A

相关法律法规规章

1. 铁路运输

《铁路法》1990 年，2015 年修正

《铁路运输安全管理条例》2013 年

《铁路交通事故应急救援和调查处理条例》2007 年，2012 年修订

《铁路运输企业准入许可办法》2014 年

《铁路机动车车辆驾驶人员资格许可办法》2013 年

《铁路基础设备生产企业审批办法》2013 年

《铁路专用设备缺陷产品召回管理办法》2015 年

《铁路主要技术政策》2013 年

《中长期铁路网规划》2016 年

《云南省高速铁路安全管理规定》2017 年

《中华人民共和国土地管理法》1986 年，2004 年修正

《深化标准化工作改革方案》2015 年

《国家标准化体系建设发展规划（2016—2020 年）》2015 年

《铁路标准化"十三五"发展规划》2017 年

《关于改革铁路投融资体制加快推进铁路建设的意见》2013 年

《动车组列车互联网售票暂行办法》2011 年

《铁路交通事故应急救援和调查处理条例》2007 年

《货物运单和货票填制办法》1987 年

《铁路货物运输国际公约》1970 年

《铁路安全管理条例》2013 年

2. 道路运输

《公路法》1997 年，2016 年、2017 年修正

《公路安全保护条例》2011 年

《收费公路管理条例》2004 年

《城市道路管理条例》1996 年，2017 年修订

《道路交通安全法实施条例》2004 年

《道路交通安全法》2003 年，2011 年修正

《机动车交通事故责任强制保险条例》2006 年，2016 年修订
《出租汽车服务质量信誉考核办法》2011 年
《出租汽车驾驶员从业资格管理规定》2012 年，2016 年修正
《网络预约出租汽车经营服务管理暂行办法》2016 年
《城市轨道交通运营管理办法》2005 年

3. 航空运输

《中华人民共和国民用航空法》1996 年，2016 年、2017 年修正
《通用航空飞行管制条例》2003 年
《统一国际航空运输某些规则的公约（华沙公约）》1929 年
《国际民用航空公约》1944 年
《东京公约》1963 年
《罗马公约》1952 年
《海牙议定书》1955 年
《巴黎协定》1956 年
《蒙特利尔协议》1966 年
《蒙特利尔公约》1999 年
《危地马拉城议定书》1971 年
《公共航空运输企业经营许可规定》2005 年，2016 年修订
《中国民用航空旅客、行李国内运输规则》1985 年，2004 年修订
《中国民用航空旅客、行李国际运输规则》1984 年，1997 年修订
《国内航空运输承运人赔偿责任限额规定》2006 年
《航班延误经济补偿指导意见》2004 年
《航班正常管理规定》2016 年
《通用航空飞行管制条例》2003 年

4. 水路运输

《中华人民共和国港口法》2003 年，2015 年、2017 年修正
《中华人民共和国航道法》2014 年
《国内水路运输管理条例》2012 年
《中华人民共和国内河交通安全管理条例》2002 年
《水路旅客运输规则》1995 年，2014 年修正
《水上交通管制办法》2016 年

5. 海上运输

《中华人民共和国海商法》1992 年
《1974 年国际海上人命安全公约》1974 年
《1974 年海上旅客及其行李运输雅典公约》1974 年，2002 年修订
《关于统一提单某些法律规定的国际公约（海牙规则）》1924 年

《关于修订统一提单某些法律规定的国际公约议定书（维斯比规则）》
1968 年

《1978 年联合国海上货物运输公约（汉堡规则）》1978 年

《国际船舶安全营运和防止污染管理规则》1993 年

《2010 年国际贸易术语解释通则》2010 年

《ICC 跟单信用证统一惯例（UCP600）》2007 年

《中华人民共和国海上交通安全法》1983 年，2016 年修正

《中华人民共和国国际海运条例》2001 年，2013 年、2016 年修订

参考文献

[1] 胡乔木. 中国大百科全书：法学卷 [M]. 北京：中国大百科全书出版社，1994.

[2] 魏振瀛. 民法 [M]. 6 版. 北京：北京大学出版社，2016.

[3] 王利明，崔建远. 合同法新论：总则 [M]. 北京：中国政法大学出版社，1996.

[4] 罗仁坚. 我国综合运输体系理论研究发展回顾 [J]. 综合运输，2009（03）.

[5] 李永军. 合同法 [M]. 3 版. 北京：法律出版社，2010.

[6] 梅迪库斯. 德国民法总论 [M]. 邵建东，译，北京：法律出版社，2013.

[7] 陈晖，张柱庭. 从法律的视角看公路与城市道路的差异 [J]. 中国公路，2011（04）.

[8] 邹海林. 责任保险论 [M]. 北京：法律出版社，1999.

[9] 赵维田. 国际航空法 [M]. 北京：社会科学文献出版社，2000.

[10] 邢爱芬. 民用航空法教程 [M]. 北京：中国民航出版社，2007.

[11] 唐明毅，陈宇. 国际航空私法 [M]. 北京：法律出版社，2004.

[12] 陆民敏. 海运软实力 重在"定规则" [N]. 中国水路报，2017 - 07 - 04.

[13] 郭瑜. 海商法教程 [M]. 2 版. 北京：北京大学出版社，2012.

[14] 卢永真. 运输合同 [M]. 北京：中国民主法制出版社，2003.

[15] 邢海宝. 海上货物运输合同中的关系人 [J]. 法学家，2002（03）.

[16] 郑翔. "一带一路"对中国交通法律体系的挑战和对策 [J]. 中国经济报告，2017（06）.

[17] 郑翔. 北京市治理交通拥堵法律问题研究 [M]. 北京：北京交通大学出版社，2016.

[18] 郑翔. 交通事故损害赔偿法律问题研究 [M]. 北京：北京交通大学出版社，2015.

[19] 张长青，郑翔. 铁路法研究 [M]. 北京：北京交通大学出版社，2012.

[20] 张晓永，孙林，张长青. 交通运输法 [M]. 北京：清华大学出版社，2008.